总 主 编　李红权　朱宪
本卷主编　李红权　朱宪

近代蒙古文献大系

政治卷

◇ 第六册 ◇

中华书局

目　录

凉城县二十一年一、二、三月份行政计划

作者不详

一、整理保卫团　查本县各区村保卫团之设历有年所，而实力未充，以致遇大股土匪入境每感调用不足，指挥散漫，且服装、枪械均欠整齐，而子弹尤感缺乏。刻分三步整理：第一，令各区扩充保卫团甲牌数目，以增名额；第二，除服装已一律置备外，所有枪械、子弹设法筹款领购，以充实力；第三，会同教练员督饬各区副教练员加紧训练，以求整齐而免散漫，俾成健全之民众武力。

二、实行清查户口　凉城地势辽阔，人口众多，民国以来迄未清查，虽有各区呈报约数，然究与事实相离甚远，不仅户口无从知其确数，而于庶政进行障碍甚多，即盗贼匪类之窝庄亦〈不〉易清除。现已印就户口调查表七万张，连坐切结一万五千张，令发各区，将户口调查表暨邻右连坐切结按村挨户同时查填办理，并编订门牌，以期得有确数，盗匪得以清除。

三、劝办积谷以备灾荒　查积谷备荒古有明训，未雨绸缪理之当然。刻已通令各区督促所属各乡镇按村庄之大小、户口之多寡，依照省颁积谷章程，限三月底办竣，至保管积谷，或存公社，或存殷实民户，由乡镇长负责监督保管。将来全县各区村如一律成立仓廒，纵遇灾荒，人民亦可免流离饥饿之忧。

四、完成各区电话　查本县前奉令筹设电话，已拟具计划［员］呈奉核准在案，去冬已将所需材料由平购回，刻正拟冻消后

赶办架设，以利全县消息。

五、完成丰凉汽路　查本县前奉令兴修绥凉、丰凉、凉卓等汽路，丰凉汽路业于十九年十月十七日兴工，分段包修，工未及半，嗣因隆冬地冻暂停，刻已督促建设局继续兴修，加工赶做，以期早观厥成。

六、厉行植树　查造林植树不惟能防治水旱、巩固堤坝，并可调和气候、点缀风景，本县历年办理颇见成效，本年拟将县苗圃力加整顿，由建设局负责筹划，再分令各区督促各村一律人植一株，官道两旁每五尺距离植树一株，至公共荒地荒山亦饬广为栽植，以尽地利而厚民生。

七、恢复各区高初级小学　查凉城因迭遭荒旱，人民无力负担，民国十八年曾将各区高初级小学忍痛停办。十九年县长到任，曾饬教育局将各村国民学校按三期恢复并呈报钧府、教育厅在案。刻已恢复两期，本年春季除恢复第三期国民学校外，所有各区高级小学拟一律恢复，以期普及。至于经费，因上年、前年人民收成较佳，所有各村国民学校需款之由县地方补助或完全支领者，本年已令一律取销，节省经费即作开办各高级小学之用。

八、整理田赋，催收民欠　查凉城田赋久未整理，历有民欠，除十六年以前民欠明令豁免外，至十七、十八、十九各年份民欠尚多，此中固有田地逃废须加整理者，亦有少数奸狡希图拖欠者，刻拟分别整理，一面令各区督促村长负责协催欠户务令将历年民欠旧赋扫数完纳，一面定期招集地方士绅研究整理，其实在逃废，即予呈明注销，以期年清年款，地粮相符，而免苦乐不均。

《绥远省政府年刊》

绥远省政府秘书处

1932 年

（李红权　整理）

凉城县二十一年七、八、九月份行政计划

作者不详

一、筹办模范乡镇　现值训政时期，地方自治亟为重要，本季拟遵照民政厅颁发《各县局设立模范乡镇实施方案及标准》，令各区督促合乎《实施方案及标准》之乡镇积极筹备，以树楷模。

二、厉禁缠足　查本县虽有天足分会每月分派女稽查下乡查禁，然时久弊生，不无松懈，本季拟将办事不力之女稽查斥革，另行更换，并令各区转饬所属各乡镇长副剀切劝禁，期收实效。

三、整顿街巷卫生　查县城街道不平，秽土满街，猪狗之类任意游行，若不加以取缔，实于卫生上大有妨碍。拟于各街巷适中处置垃圾木箱若干，商号、民户秽土随时倾倒，派夫舁送城外，猪狗之类严禁街上行走，以重卫生。

四、取缔厕所　查公私厕所固为必要之设备，地点既应适中，尤应僻静。县城各街巷所有厕所地点多有不适，非仅妨碍卫生，亦且观瞻不雅，拟分别存废，加以整顿。

五、井水卫生　查水为人生最要之品，设一不慎，疾病随生，而性命因之危险。拟将县城所有水井数目调查清楚，一律加修木盖，以防毒秽等物之浸入。

六、另筹支差的款　查财务局兼代差徭事宜，因无支差的款，每逢军队驻县，困难横生，若不根本解决，另筹的款，不仅累及地方正款，愈亏愈巨，亦且将来驻军到县，定感棘手，拟召集各

机关、法团妥拟办法，以期永久。

七、建筑营房以利驻扎　查本县公共处所无多，遇有军队驻县，除商家、民户外别无驻所，驻扎日久，军民均感不便。拟由地方设法筹拨款项建筑营房数十间，以利驻扎。

八、督修各乡镇道路　查县属各乡镇道路、桥梁多被山洪冲塌，坎坷不平，行旅不便，拟令各区督促所属各乡镇于秋收后整理修垫，以利交通。

九、督催各乡镇设立村苗圃　查县区苗圃次第成立，各乡镇苗圃虽经迭令设立，而设立者究居少数，拟于本季督饬各区实行严饬所属各乡镇积极筹办，以立推广林业之基。

十、改良私塾　查本县因灾荒之后，民困未苏，各乡小学未能普及，因之各乡镇多有设立私塾，使子弟入学其中，办理完善者固有，不遵学制仍授《三字经》、《杂字》之类者时有所闻，若不严加取缔，诚恐贻误学童殊深，拟将各区村私塾严加考查，务使酌量情形，将师资、课程力求改良，并一律改为初级小学，以资划一，否则予以取缔，以重学务。

《绥远省政府年刊》
绥远省政府秘书处
1932 年
（李红权　整理）

凉城县二十一年十、十一、十二三个月行政计划

作者不详

一、筹办冬防　查本县零星股匪经饬保卫团迭次剿除，渐有肃清之望，值此冬防期间，潜伏各匪蠢蠢欲动，若不严行防范，诚恐复起为害，现已严令公安局、县、区、乡保卫团切实随时防剿，并实行邻县会哨与本县会哨，借资联络。

二、调查荒地以备植树　查本县不能耕种之荒地随村皆有，如能利用栽植树株，本县林业不数年当有可观。拟令建设局切实调查荒地数目，以便筹划分期植树而利民生。

三、整理各乡小学校　查各乡小学校经费完全系由联络村庄按亩摊款，原计每百顷设办一校，嗣因划拨不宜，以致纠纷时起，拟于本季令饬教育局切实重行整理，以息纠纷而利学务。

四、完成架设未完电话　查本县电话刻已将第一、二两区架设通话，三、四、五各区现正在架设中，本季拟督饬切实从速架设，以期完成。

《绥远省政府年刊》
绥远省政府秘书处
1932 年
（李红权　整理）

临河县二十一年一、二、三月份行政计划

作者不详

甲 民政

一、注重城防 查本县城门、城墙屡被大水浸湿，坍塌不齐，城门已于去秋修筑坚固，所有城墙拟于春季饬令建设局长筹款补修，以固城防而壮观瞻。

二、整顿积谷 查本县地质肥沃，产粮颇丰，惟以年来灾祸频降，水旱迭遭，加之驻军年余，给养浩繁，十室九空，曾于十九年间积起仓谷八百余石，防备灾荒，现在办理新谷恐为不易，拟将原积之谷尽力整顿，如数保存，地方稍形恢复再积新谷，倘遇灾荒，用以救济。

三、构筑士〔土〕围、土堡暨防匪工事 查本县各村围堡业经筑就者已有三分之二，其余未筑数村拟饬遵照颁布图式，于本年谷雨节后兴工修筑，以便自卫。

乙 财政

一、整理田赋 本县农户强半为春来秋去，对于征收田赋极感不便，且年来大军驻境，供应浩繁，人民逃亡更多，征收田赋，

派遣专员，责成各村村长依限报解，所有催款员旅费拟定每月三十元，由丈青费项下拨给之，各村长如能依期收齐，拟由县支七厘办公费内提给二厘，以资酬劳。

二、整顿契税　限期税契早经通令在案，惟年来大军驻境，秩序紊乱，人民逃死，对于税契未遑顾及。兹拟于今春秩序安定时，派遣干员下乡督饬各村长认真稽查，务使人民有契皆税，以裕收入。

三、整顿地方财政　查本县财政以地亩摊款为大宗，年来因大军驻境，人民疲于供给，且粮价奇贱，无法变款，故此项摊款积欠甚多。兹规定平粜粮价以粮抵款办法，使摊款可收，人民不至为难。

丙　建设

一、修理桥梁、道路　查本县桥梁、道路因年久失修率多破坏，车马行人均感不便，拟饬建设局长筹款修治，并咨请五原县政府协助进行，以利交通。

二　提倡植树　查植树一事既可以调和气候又可以防御水旱，本县历年举行在案，惟所植株数似觉稀少，本年拟扩大举行，令各区多送树栽，广为种植，并传令民众有能自动植树者由本府分别嘉奖。

丁　教育

一、检定乡村小学教员　查师资不良足以贻误青年，本县文化落后，教育萌芽，以故人才缺乏，学校不振，拟先检定乡村小学教员，分委各乡立小学，着手进行，徐图发展。

二、设立民众阅报社　查报纸可以传递消息、增进学识，本县僻处边陲，民智晚开，当此国家多事，变更无常，各机关借报纸之记载尚可聊悉一二，而民众则无由所知，隔膜颇深，拟于城关设立民众阅报社一处，俾民众对于时事之变迁、国家之存亡得知梗概也。

戊　公安

一、注意公共卫生　查公共卫生关系重要，拟取缔不洁食物、洒扫街道、沟渠，并修理通衢厕所，以防发生传染等病，并随时剀切劝导，务使人人了解公共卫生之真谛。

己　蒙务

一、联络蒙旗　查本县境内原为杭锦、达拉等旗报垦地，蒙汉杂居，现以蒙地多事，非尽力联络不能彼此往来，故为联络蒙旗起见，拟聘一熟习蒙文者为本府翻译员，来往公文既不困难，调查蒙情亦能真确。

《绥远省政府年刊》
绥远省政府秘书处
1932年
（丁冉　整理）

绥远省临河县政府拟具二十一年四、五、六月份行政计划

作者不详

（甲）民政

（一）办理清乡　查本县王部盘踞年余，现在虽经他往，四乡仍不免有余匪、宵小潜匿扰害，欲弥此祸，势非办理清乡不足以彻底铲除，拟于本季办理清乡，以杜流害而安闾阎。

（二）抚慰灾黎　查本县连遭奇灾，民不聊生，加之匪军蹂躏，老弱转乎沟壑，壮者流之四方，啼饥号痛，惨不忍闻。现在匪部既窜，灾后余生尚有复苏之望，拟于五月间县长躬身下乡，视察民间疾苦，并极力抚慰，以安灾民。

（三）办理自治　查本县自王部驻扎以来，行政人员日以支差为务，一切庶政无法进行。至办理地方自治，实属当今之要务，迭奉上宪催办，势难如期完成。现在地方秩序渐次恢复，一切事项亦可循序进行，拟饬各区长招开乡镇民大会，依照《自治施行法》改□乡镇长限六月底办竣，并拟组织自治讲习所，实行训练自治人员，以期地方渐臻完善。

（四）整顿保卫团　查本县迭遭匪患，悉因自卫力之薄弱，以致年来伏莽时起，民无宁日。拟挑拣县保卫团兵若干名集中训练，

呈由省府请领械弹，以充实全县自卫力量而免散漫不统一之流弊。

（五）整理各村账簿　查本县年来支应浩繁，各村账簿难免复杂，亟应从速整理以杜流弊。拟将各村账簿饬令各区长监督，彻底清算，呈由本府详加审核，然后发给官账，以昭划一而免弊端。

（乙）财政

（一）整顿牲畜捐　牲畜捐款为本县地方大宗收入，公安、教育经费胥赖于此。向例于每年夏季征收，惟办理日久，积弊太深，势非剔除中饱、积极整顿难裕收入。兹拟于委派征收员时，由财务局长遴选妥人，负责保荐，倘有弊窦发生，即由该局长连带负责，并由县政府拟定牲畜捐征收办法暨征收人员奖惩办法，饬令遵照实行。

（二）催收流通券　查流通券限期缴清早经通令在案，本县以遭灾奇重，人民困苦异常，率多无力缴还，兹拟通令各区召集借户，剀切晓谕，限期缴清，并令抵产局遵照办理。

（三）流通金融　年来王部盘据，金融异常滞塞，市面极感不便。现在驻军到防，秩序安定，拟请省政府饬令平市官钱局来县设庄，以资汇兑而便流通。

（丙）建设

（一）修治渠道　查本县农田收获向赖渠水灌溉，年来旱潦不适，皆因渠道失修，关系民生良非浅鲜。拟饬建设局长会同各水利社筹款修渠，以利农业而免灾劫。

（丁）教育

（一）调查学龄儿童　查本县僻处边陲，文化落后，学校虽设立多处，而学生尚属寥寥，人民率重务农，对于读书竟视为无关轻重。拟调查学龄儿童，先以劝告父兄令其入学，如无效时即实行强迫教育，务求失学儿童日见减少，普及教育渐臻善境。

（戊）公安

（一）训练警察　查城关秩序全赖警察维持，警察之能否尽职当以平日训练与否为断。本县警察因年来经费困难，环境恶劣，虽欲加以整顿，势所不能。现在地方一切既渐恢复，训练警察自属要务。拟于本季实行训练，并拟购置服装，以壮观瞻。

（二）增设岗警　拟在城内、东关各增设岗警一名，充厚治安力量。

《绥远省政府年刊》
绥远省政府秘书处
1932 年
（李红权　整理）

临河县二十一年七、八、九月份行政计划

作者不详

甲　民政

（一）整顿政务警察　查本县年来因王英驻境，地方事务悉归该部处理，所有政务警察每日支差，疲于奔命，现在地方逐渐恢复，事务日繁，拟于本季实行整顿，施以训练，并购置服装以壮观瞻。

（二）整顿保卫团　查地方治安全赖团警维持，本县各区保卫团丁上季曾经实施整顿，惟限于经费困难，暂时未能扩充。拟于本季添购枪弹，增加实力，并将各区团警调县训练，再按村庄之大小，每村设立现役团丁五名至十名，分期训练，以固防事而安闾阎。

（三）办理积谷　查本县年来兵匪、荒旱、灾祲频降，地方困苦已达极点，人民颠沛流离，触目皆是，曾于十九年间积起仓谷八百余石，饬由各区绅董暨区长等负责保管，以备救济。本年迭奉上宪令饬积极整顿，前因环境恶劣，未能如命办理，现在地方已告安靖，禾苗尚佳，拟乘本季秋田收获后，招集全县士绅筹商续积办法，并积极整顿，以备灾荒而资救济。

（乙）财政

（一）办理丈青　查本县应征田赋及地方摊款均以每年勘丈青苗地亩数为标准，惟历年勘丈人员积弊太深，若不彻底认真办理，势难勘丈平允。拟于本季丈青时遴选妥人认真清丈，并派员随时抽查，以期勘丈公平，地亩增多。

（二）分期催办税契　查限期税契迭经催办，惟本县灾后人民困苦颠连，无力完税，且曩由县政府分饬各区村长办理，各区村长因事务纷繁，对于催办契税往往视为具文，无暇办理。今后整顿之法，应分期进行，拟自七月一日起至九月十五日截止为第一期调查时期，由县政府分派干员下乡调查民间未税契纸，开具名单呈报县政府；自九月十六日起至月底截止为第二期催税时期，调查完竣后即分张布告，限期投税，并派警挨户严催；十月至十二月三个月内为传比时期，经派警严催后，倘仍有延不投税者，即派警持票传唤，勒令到县投税，务期有契皆税，裕库便民。

（三）严催田赋　查本县农民外籍者居多，秋收后往往徙回原籍，且以年来地方不靖，留居者更形减少，催收田赋颇感困难。本年拟于丈青后随派干员分赴各区，严催田赋，务期于本年底将应征田赋全数收清，以免逃亡拖欠之弊。

（丙）教育

（一）整顿教育　查本县僻处边陲，教育尚在萌芽时期。本年春间学潮突起，学生大肆嚣张，虽经一再制止，奈无知青年受人教唆，终归无效。嗣将肇事学生管押儆戒，学潮始告平息。数月来学校停顿，学生旷课，影响教育殊非浅鲜。今后应由根本上加以整顿，务使弗踏前辙。再，学校良否，当以教师优劣为断，拟于暑假后对各学校教员饬令教局慎重选择，宁缺勿滥，务使教师得人，教育逐渐进步，并限定每班学生人数，以期教管适当。

（二）经费独立　查本县教育经费向归财务局收支，本年因地方财政窘迫，各校经费竟延欠两三月不能发给，拟将教育经费划归教育局，组织保管会收支，免经费受他种影响。

（三）建筑乡村小学校舍　查本县各乡镇小学校舍率多借用民房，因陋就简，致无适当地址，教学两方均感不便。已饬令教育局按乡镇学童多寡，分期三年建筑完备。

（四）设置教育用品贩卖部　查本县因交通梗塞，购置教育用品甚感困难，故各学校之用品及学生课本等物均不能按时备妥，已饬教育局于本季筹款千元，设一教育用品贩卖部，专卖教育用品，以期供用便利。

（五）规定学生津贴　查本县学生津贴前曾规定并呈准在案，现以旅外学生日渐增多，原数不敷分用，拟将学生津贴另行规定，务期津贴不至虚縻，学生日渐增多。

（六）提倡乡村教育　查本县乡村学校虽由教育局监督指导，而学款仍归各乡镇长经手，历来乡村小学对于教员薪金每多积欠，以致教员敷衍从事，毫无成绩，其于乡镇教育障碍殊多。拟将乡村学款预定全年数目，由教育局代收，按时转发各乡教员，如此办理，经费既能充足，教员亦不至敷衍。

（丁）建设

（一）修理护城坝　查本县于每年河开时渠水暴涨，城垣即被水淹，前曾筑有护城坝，约高五尺，惟因本年水势过大，护城坝即被冲坏。近经一再派员实地察看，据报因旧坝距城过近，地势洼下，复查城西二里许之高岗处原有旧坝，多年失修，此坝距城较远，地势较高，若将此坝加高培厚，防城甚为得力。故拟在永刚渠南、魏羊渠东，另就高岗地筑一大坝，计长二千一百六十丈，宽一丈五尺，高五尺余，预计此坝成功，即或渠水出涨，亦无淹城之虞，现已饬建设局长督工修理，并限于本季竣工。

（二）补修城垣　查本县城垣因受水浸，坍塌不齐，虽经随时修理，无如且修且塌。查设城筑垣关系治安，实属重要，已饬令建设局长将城垣塌毁不齐者着实修理坚固，以重城防而壮观瞻。

（三）举办路政　查本县道路迭被水淹，坎坷不平，汽车行驶大感不便，阻碍交通良非浅鲜。年来屡修屡坏，致行旅常感困难。拟于本季将汽车路及各大道会同汽车管理局修理，以利交通。

（戊）公安

（一）清查户口编置门牌　查本县王英部众盘据年余，现在虽经击溃，而潜匿宵小在所难免，若不彻底肃清，将来为患地方，实堪忧虑。已饬公安局及各区协同乡、镇、闾、邻长清查户口，并编置门牌，以便考查。

（二）整顿警察　查本县警察在王部驻境之时，因环境恶劣，行为习染不良，复以经费支绌，服装褴褛不堪，虽欲加以整顿，势难如愿。现在地方秩序虽渐安定，而城关治安仍须警察维持，故整顿警察实属当今之要务，且不容稍缓之事也。前于上季已由本府职员及公安局巡官施以学术之训练，并已将服装购置齐全，较前大有起色，现复拟定整顿办法，每月由职亲自点名一次，并将应如何勤慎服务，应如何遵守规则，应如何维持治安各要素谆谆训诲，使之日臻良驯，每日用考勤簿填明各人工作之概况，切实考核，至月终分别奖惩，用以激戒。至每日学术之训练，仍继续进行。

（三）注意卫生预防时疫　查近日包头时疫流行，死者日达数十，五原亦已发现，死者日渐加多。本县接壤五原，往来人众，此种疫疾传染甚速，亟宜防患未然，以期杜绝。现已招集军、医官员及中西药房，成立临时防疫会，实施防御治疗办法。

《绥远省政府年刊》
绥远省政府秘书处
1932年
（李红权　整理）

临河县二十一年十、十一、十二月份行政计划

作者不详

甲　民政

一、办理冬防　查本县大股土匪虽经肃清，而河西大股残匪犹未扑灭，转瞬河结，难免仍有余匪窜回潜匿，为害地方，自应遵照颁发大纲，拟定详细办法，着实办理冬防，以清匪患而安闾阎（详细办法另呈之）。

二、整顿保卫团　查本县村保卫团以种种困难率多有名无实，遇有匪警难期自卫。冬季将届，若不整顿所属，虚有其名，无补实际。为整顿计，拟规定每大村团丁十五名，小村十名，每区委任副教练员一人或二人，定期轮流训练，以增进其军事智识而逐渐充足地方自卫力量。

三、训练乡镇长　查本县各乡镇长多目不识丁，不特无自治之能力，且无自治之常识。年来经土匪之扰乱，益使乡镇自治大生阻障，是欲乡镇自治进步，非先从训练自治人员着手不为功。县长有鉴于此，曾经提交本府县政会议决议，推定教、财两局长为筹备员，筹设自治讲习所，定期招集实行，嗣因禁烟等事，各乡镇长忙碌异常，训练之举遂从缓办。冬季事务渐简，农事作毕，

拟即着手实行。至训练科目，当以自治科目为主要，次即授以普通常识。

乙　财政

一、整顿田赋　查本县田赋系按丈青地亩征收，曩少民欠，年来因灾祲迭降，地方不靖，人民逃亡，对于征收田赋大受影响。除民欠田赋派催款员分赴各乡严催外，并拟于本年丈青完毕后派员按名严催，先令大户清交，以免积欠疲玩之弊。

二、整顿地方财政　查本县地方财政历年均系按丈青地亩摊收，惟因年来连遭灾祲，农村经济破产，粮价疲贱，农民更为痛苦，以致摊款催收不易，地方财政无法维持。本年拟于秋季丈青后酌派摊款，不使农民负担过重，再拟征收房捐妓〔及〕菜圃捐等项，补助团警及教育经费，以期逐渐整顿。

三、整顿契税　依照整顿契税进行办法认真进行。

丙　建设

一、开修南北城门　查本县之城原有四门，嗣因于任迷信风水之说，遂将北门垒塞，本年春大水围城，南门浸塌，当时为防堵水患，遂〈鸠〉工将南门垒塞，仅留东西两门，交通不便，亟应筹款开修，以利交通。

二、建筑东关围城　县城之东关，商业繁盛，居民较多，每遇匪患，则东关必受巨损。为保障东关民商起见，于八月间续筑新城一座，以安商民而资防卫。

丁 教育

一、附设冬夜学校 查本县文化晚开，教育幼稚，除城镇学校外，各乡村学龄儿童多有不能依时就学，亟应设法补救。现在农事将毕，拟在各小学校内附设冬夜班，专供失学儿童教学。至附设办法及补习时间，饬由教育局长另行规定。

二、严催失学儿童 查本县城镇失学儿童为数尚少，乡村则居多数，虽因帮助农忙，实亦农民对于读书漠视之故也。兹拟一面附设冬夜学校，一面严催失学儿童使之入学，饬由教育局负责办理，再令各乡镇长协助进行，期易收效。

三、改进阅报所 查本县关于社会教育概付阙如，曾于本年春间倡设民众阅报所一处，嗣因经费困难，报纸不全，拟于本季设法筹款切实改进，增订报张，以期人民得知国事之变迁及新闻传播，并可借以增进学识，裨益教育良匪浅鲜。

《绥远省政府年刊》
绥远省政府秘书处
1932 年
（丁冉 整理）

清水河县二十一年一、二、三月份行政计划

作者不详

甲　民政

一、征积社仓　窃以积谷储仓既为民食所赖，亦为备荒要政，历代相因，莫不重视，否则一遇荒旱，束手无策。且本县地处高丘，谷禾歉登，故办理积谷允宜视为要图。迭奉上令饬催，县长遵即饬令各区长务于本季内将二十年应积新谷征集齐全，储存妥善，责成村闾长负责保管，俾免侵蚀，并将所积数目具报查核，以重仓储而备民食。

二、整顿保卫团　查保卫团为防匪要政，整理得法则民众可各安生业，诸事亦可渐次举行，否则任何事物必致停顿，无法兴办。因之本季遵奉钧府颁发整顿保卫团办法，将本县现役保卫团会同正副教练员切实训练，并督饬各区将预备保卫团丁按法选就，造册送府，以便顶补。并由区督饬会哨侦探，以期守望相助，御匪有方，收官民协剿盗匪之实效，借保闾阎而维治安。

三、劝禁缠足　查缠足为吾国陋习，害及妇女健康，尽人皆知，不必赘及。除未缠足幼女禁止缠裹外，县长督饬天足分会，务于本季内将已缠足妇女一律劝令解放，并责成各村、闾、邻长等协助查禁，以清遗害而除陋俗。

四、植树造林 ［植树造林］语云：一年之计树谷，十年之计树木。本县山脉连绵，类多童秃，河滩砂咸〔碱〕不宜种植之地亦所在多有，兹届春融，拟于本季内晓谕民众，择地之不宜耕作者普种树株，最少每户一株，以兴事业而裕民生。

乙 财政

一、整理财政 公款涓滴为重，财政民脂攸关，若不彻底整顿则弊窦丛生，人民之负担必重。县长为减轻人民负担、整理财政起见，除饬财务局将本年预算赶速编送外，并拟于本季内彻底清查，以期款无虚糜，负担公允。

二、整顿契税 本季内遵照奉颁《整理契税章程》切实整顿，惟因各该村长类多目不识丁，拟责成各区长督同村正副逐户详查，认真整顿，以裕税收而固产权。

丙 建设

一、续筑城垣 查本县地处边陲，毗连托、和，盗匪窜扰频年不已，若不筹筑城防，实不足以御匪患而维安宁。且县城为政令之所自出，施政之重心，县城危急，乡间更不堪问矣。故修筑城垣、巩固城防为切要之图。县长有鉴于斯，故于去岁招集地方各界议决呈奉核准修筑城垣，惟工程浩大，不获已，于天寒地冻时议决停工。兹定于本季内继续兴工，俾竟全功。

二、修理县道 查本县僻居偏隅，山岭重叠，交通梗阻，民智因以闭塞，货物因以停滞，欲求彻底建设，首在发展交通，故修理县道不容稍缓。县长已分令各区长督同村、闾、邻长等分段修筑，宜行车者辟为车路，即驮路亦宜设法修理，务于本季内一律修齐，以利交通而便行旅。

丁　教育

一、整顿学校　整顿学校首重师资，师资之选择尤应以人材为准，故对于师资不得不有相当之甄别，期收整顿教育之实效。除令教育局督饬各学校校长、教员等切实整顿外，并责成该局长派遣督学随时视察，分别优劣，具报以凭奖惩。此本季内整顿学校之办法也。

二、扩充教育　查本县风气锢蔽，民智晚开，人材缺乏，甚至政令一出，虽百方宣传，每多误会。揆厥原因，皆由教育不能普及之所致也。故欲启牖民智，阐扬党政，尤非扩充教育不为功。县长拟于本季内实行扩充小学数处，以期教育普及，俾宏造就，借启民智。

戊　公安

一、遵照绥远公安管理处警字第九九号令发《本年春季三个月警察行政计划》切实进行。

《绥远省政府年刊》

绥远省政府秘书处

1932年

（李红权　整理）

清水河县二十一年四、五、六月份行政计划

作者不详

甲　民政

（一）继续整顿保卫团　查保卫团为地方武力自卫机关，稍一疏虞，治安不无影响。现在冬防虽过，境内固无股匪骚扰，然仍恐零星小伙不免潜伏乡间乘隙滋扰，为防患未然计，本季拟仍遵照奉颁《整顿保卫团办法》，切实整顿。所有县城驻扎之现役团丁，会同正副教练员，继续加紧训练，至各该区预备团丁，均由各该管区长遵照编制授以相当训练，并责成各区长酌量所属各乡情形，或数村联络，或单独一村设法购置枪弹，倘因各该村一时力有未逮，暂令制造土炮，以资防范而歼匪氛。一面督同教练员，派遣骑步各团前往各乡镇各要隘侦缉纠察，俾资周密。

（二）劝禁缠足　缠足恶习，尽人皆知，历年劝禁，颇见成效。但僻处山隅、住户星散之乡，缠足妇女仍属不少，拟于本季仍责成天足分会暨各区长督同各乡、镇、闾、邻长赓续查禁，已缠者勒令解放，未缠者不准再缠，倘有违抗，除将该本人处罚外，并申儆该管乡、闾、邻长，如此办理，肃清自易，缠足恶习不难最近铲除。

（三）维持商务　本县僻处边陲，交通梗阻，商务向不发达，

历年饱经匪患，殷实商号早经停业，现有商号二十余家，类多小本经营，萧条达于极点。嗣于上年五月间，溃兵陷城，复遭损失，本年几有全数闭市之势。县长目睹此状，爰特督同商会主席，劝谕各商照常营业。所有地方军事负担，向系农七商三，兹为维持商业计，由地方议决改为农八商二，如有困难随时设法解除，相机扶植，以冀恢复原状。

（四）整顿乡镇公款　查本县全境皆山，土地硗瘠，人民困苦居全绥之首，所有各乡长经手公款，其兼〔廉〕洁自持者固不乏人，而虚靡浪费者仍恐难免。兹为彻底整顿村公款计，除饬各区长遵照县自治进行程序，各乡镇成立监察委员会以资清理外，拟于本季内遵照民政厅令饬办法，由本府置备账簿，加盖县印，交由各该区长转发各乡长需用，所有乡镇收支各款逐一登记令发账簿，不得再用其他账簿，以免蒙混浮冒滥支等弊，自本年五月一日起，每届月终，呈由该管区长核阅一次，年度终了，由区送县总核，以资整顿而杜虚靡。

乙　财政

（一）整顿契税　查本县整顿契税，业于上季遵照奉颁《整顿契税章程》并参酌地方特殊情形，责成各区长督同各乡长副逐户检查，分别已税、未税，列表具报，有因故遗失或年远无约者，当由本府制定声请书，经村、闾、邻长证明，估价投税，以期产皆有契，契皆投税，毫无遗漏。末季仍继续督饬各区长协同各乡长副严密检查，务期依限办竣，以裕税收。

（二）清理田赋　查本县田赋计额征银为一万六百余两，历年经征均在九成以上，歉数甚属寥寥。此等歉户，其中症结约有二端：一为确系赤贫，生活困难，无力缴纳；一为土地河淤砂碱，承种无人，以致粮无着落，甚或逃亡他处。县长奉令整理田赋，拟将历年歉户先行严加比追，此外如确系不堪耕种之地，无人承种，当即拨归村有，由村负完粮责任，待水退砂去堪以耕耘时，即划为村中收入，如此或可年清年款。兹拟于本季督饬各乡镇详细履勘，核实清理。

丙 建设

（一）续筑城垣 查县城为全县重心，设城防不固，乡间更不堪设想矣。本县向无城围，自卫兵力亦极薄弱，一有匪警，形同束手。县长有鉴及此，故于上年邀集地方各界议定呈奉核准修筑，嗣因天寒地冻，工作停止，本季仍继续修筑，以固城防。所需石条以及各项材料均已运集城街，业经开始填基，督工修垒，并筑炮台二十余，约计全部工程于本季内完全告竣。

（二）修理县道 查本县道路、桥梁业于上季内分令各区长督同各乡分段修理在案。惟查本县山岭重叠，除去绥大路勉强行车外，余皆羊肠鸟道，崎岖难行，工程浩大，绝非短时间所能修竣。拟于本季内仍督饬各区乡继续分段修筑，以利交通而便旅行。

（三）散放耐旱籽种 查本县农民上年试种各项耐旱籽种，结果成绩优良。县长于上季业将各该试种农民收获数量除留作足够该农民等继续试种外，所余尽数备价购回，计各项共二斗三升五合，兹届播种之期，业经饬令建设局将购回各项耐旱籽种散发各乡农民试种，借资推广而兴农业。

（四）造林植树 语云：“一年之季树谷，十年之季树木。”本县山多童秃，自应及时造林植树。绥地气候干燥，雨量时缺，广植树株，或可借以调和。现届清明、谷雨，按之绥省气候，正在植树之时。县长除督同各机关、各法团举行大规模植树外，并饬各区长转饬各乡人民，于田头、陇畔、河边、道傍及砂咸〔碱〕不宜耕种之地广为种植，最低限度亦须每人植树一株，以兴林业而裕民生。

（五）增设苗圃　查本县荒山遍野，即砂咸〔碱〕不堪耕耘之地亦所在多有，惟树苗缺乏，难期尽量栽植。兹为培植各种树苗计，除将现有苗圃督促加意培植外，拟择各区乡适宜地点，增设苗圃数处，以便培植。

（六）改良瓷业　查县属第四区磁窑沟、黑矾沟有私营瓷窑制造黑白瓷器，运销本省各县及陕、甘等处，然多范围狭小，制造粗鲁，终恐难期发达，有碍畅销。据研究此业者均称此间瓷质优良，特以乡民无知，牢守旧法，不知研究改良，兼以近年来屡遭兵匪、旱荒，成本昂贵，销路日蹙，瓷业渐臻凋敝，致令货弃于地，殊堪惋惜。兹为改进瓷业、推广销路起见，拟由该业工徒中选派聪慧热心者二人，由地方筹给往返川资、膳宿等费，呈请建设厅保送山西阳泉瓷场潜心学习，返县后设法仿造，再由公私合资开设大规模之磁场，以期发展而便畅销。

丁　教育

（一）继续整顿小学　查本县风气锢塞，民智晚开，欲启民智，阐扬党义，非教育普及难期成效。本季仍责成教育局派遣督学，随时前往各校指导，一面查察失学儿童，勒令就学，使学龄儿童均有就学之机会；一面查核各乡实际情形，设法增添小学，以期教育普及。

（二）考察各学校成绩　查学校之发达与否，全视教职员之是否称职，教授是否合法，学生有无进步为定衡，拟将现有各学校责成教育局认真考查，评定优劣，据实呈报，以凭奖惩。拟由该局每月派遣督学前往各校确实考查，附近各校，县长不时亲往视察。

（三）改良私塾　查本县环境皆山，住户星散，或三五户一庄，或十余户一村，或负担无力，距校较远，欲期学校普及，事实上力有未逮。故较小村庄，或距校较远者，率多成立私塾，以期子弟读书识字。此项私塾，若遽予取缔，反致儿童失学，不得不暂准设立。惟际此训政伊始，所授课本多不适用，拟于本季内饬令教育局督促设法改良，一律讲授课本，以期改进。

戊　公安

（一）遵照绥远省公安管理处令发本年春季警察行政计划切实继续进行。

《绥远省政府年刊》
绥远省政府秘书处
1932 年
（李红权　整理）

清水河县二十一年七、八、九月份行政计划

作者不详

甲 民政

（一）整理县保卫团 查本县县保卫团原设马步团丁六十名，杂色枪械六十八枝。在贾前县长任内于本年四月二十四日夜被匪首杨增勾结团丁马通泉等闯入县府，将所有枪械劫去六十四枝，地方兵力骤失凭恃。县长到任后，拟定暂行缩编徐图扩充办法，业经呈准在案。嗣经向和林县交涉，领回破枪七枝，又由第二区寻获该杨匪埋放枪械一十九枝，但内有一十七枝无拴（业经呈准送省修配有案），现在连同县府残废枪枝总计有枪三十四枝，而勉强能应用者仅十余枝。又自五月十一日起将原有团额编为二十名，徒手悉行裁去，每月可节省经费洋二百一十三元，此款另行积储，专作购领枪弹之需。预计至秋季终了，除将现有废枪全行修配齐全外，并按省府规定每枪一支带弹百粒价洋八十元之规定，可添购快枪十余枝，并拟由财务局筹垫一千六百元，购枪二十枝，估计冬防开始即可恢复原有枪械六十余枝之数。枪械备齐后，拟将现有团丁扩充为四十名，分持快枪四十枝，其余枪枝因公安局警察十名二〔二十名〕向系徒手，拟发给快枪二十枝，城工完竣后担任城门守卫，一旦有事，亦可协助团丁拱卫城乡。

（二）扩充区团　各区从未设立保卫团，故四乡每有零星匪股，人民叫苦连天，无法抵御。县长到任后，有鉴及此，遂将县保卫团前向各乡按月征发之给养自五月十一日起一律取销，以苏民困。至县保卫团丁，已分别酌增饷干，所需给养均归自备，而各乡以前按月摊送之米面、草料等项改折现款，限期交各该管区公所转送县财务局，作为成立区团购领枪弹之用，当经决定各区成立保卫团丁二十名，因财力关系，拟先令各购快枪十枝，其余十人由本府酌发手掷弹参配应用。县长为促早观厥成计，前经分令各区由前县保卫团给养项下一次抵摊现洋八百元，以便最短期内汇齐购领转发成立。嗣据各区呈称，乡民反对者多，款不易起，拟请缓办，业经分别驳斥，并令对乡民善为劝导，并说明区保卫团急速成立之必要，仍令限期交款各在案。兹计划于秋季内期其实现，如万一因摊款不克措齐，最低限度亦必须先成立第一、二两区区保卫团（因一、二两区与和林、凉城接近，时有匪股，此次被匪区域即一、二两区所属）。

（三）预备团丁　年来县境股匪横行，民不安生，其原因在人民无团结抵御之组织。县长拟于秋季内将四乡所有人民遵照颁发《整顿保卫团办法》，凡在二十岁以上四十五岁以下之壮男一律编为预备团丁，由县府派员协同区所分期轮流训练，除平日随时缉捕盗匪外，如遇团丁缺额，即以预备团丁拣择补充之。至县城预备团丁约有二百余人，因此次王匪窜境，由县长星夜征集商民，共得一百余人，各有簿册可稽，秋季内拟本此组织再事扩充，分批训练，一遇匪警可协助警团拱卫城池。

（四）劝禁缠足　缠足之害为我国独有之恶习，虽经劝禁有年，颇具成效，但于庙会、街衢幼女缠足者仍属所见不罕。兹拟按照上季计划，于本季内严令所属继续切实劝禁，务期少年妇女人人皆成天足为止。

（五）整顿差徭办法　清县一切差徭向未规定章则，每有军队到县或其他差徭，办事人员为敏捷方便，多由县城附近村庄或道途商贩任意索拉，而城内商民及远处村庄甚有经年不负担分文者。兹为平均负担计，拟定秋季招集地方各界详加讨论，切实规定办法，务期全县远近人民一律公平摊派，借除苦乐不均之弊。

（六）成立政务警察　本县因财政拮据，从未设立政务警察。县府一切职务，向由公安局兼办。然政务司法事甚烦琐，公安局警察名额仅二十名，办理政务犹且不足，公安职务自然废弛，历任局长事实上不能执行本身职务，非尽属因循敷衍放弃职责也。县长拟于秋季开一地方会议，实行撙节地方开支，以余款成立政务警察，如万一事实困难，亦拟另筹经费，本年内无论如何决计实现。

乙　财政

（一）整理契税　查整顿契税虽历经前任贾县长设法整顿，但四乡人民迄仍多村〔存〕未税之白契。此案前据第三区区长将该区田房白契调查列表呈报，各乡竟有未税白契一百五十余件。县长拟于秋季通令各区切实挨村调查，按照调查数目勒令限期投税，以裕税收而固产权。

（二）改革征粮弊端　本县田赋向由八里公局征收，县府不过按期提款而已。查此种组织据传云清代乾、嘉之际，官厅征粮弊窦丛生，地方人起而反对，遂将全县划为时、和、年、丰、家、室、盈、宁等八里，组织八里公局代为征收，每半月将征起之数送缴官厅一次。局内设总领四人，总甲十人。总领系由地方推举家道殷实之绅士担任，任期二年，总管局内征粮事宜。总甲专负下乡催粮之责（即俗所谓粮差），由总领互商雇用。此外并设书记二名，担任缮写粮票、账簿等事。民国以来，历任县长均沿袭旧制，未加改革。县长到任后，对于旧制度之不扰民、无流弊者，原不愿多所更张，惟下车伊始，即闻该局相沿日久，流弊丛生，农氓无知，听其剥蚀，历任县长虽明知其有弊，因恐遭地方人之反感及征收之繁难，因循至今，无人过问。县长问讯后，本为民解除痛苦之念，公余之暇，明密察访，□于五月二十七日下午在巡视城工之际，访得本县第二区七墩沟村人民任和完纳粮银七钱，竟浮收票洋五角之巨，县长当晚传到该局总领张万祥、交粮人任和，并调来该局账簿，当面核算对质，证明确系舞弊，当即管押候讯。翌日即召集地方各界会同核算，该局账簿舞弊之处屈指难数，此该局成立组织及流弊之大概情形。兹拟将该局取销，改归县府征收，再由地方派员监察，以除积弊。

（三）推销印花　本季内每月令农、商两会至少必须各推销印花四十元，多多益善。再财务局代售庚帖，每送县用印时，按张分别粘贴印花五角，借资推广。

丙　建设

（一）完成城垣　筑城工程于贾前县长任内已筹备兴修约成二分之一，县长到任后仍督促城工会积极进行，继续修筑，以期完成。现在城垣除东门今正鸠工赶筑外，其余工程大致均已告竣。刻因财力支绌，业将东街圮坍不堪之三官庙及东阁拆毁，材料改建门楼。县长计划于本季除亲身督饬修筑东门及南城水口外，并拟将城周通挖外壕，以期城防更增巩固。此次筑城总计须款万余元，城壕秋季能否完成，须视财力而定，如万一不能，拟冬季赓续进行。

（二）改良瓷业　本县第四区磁窑沟、黑矾沟向有人民私营瓷窑，制烧白黑粗瓷两种，因愚民无智，只知墨守旧法，不知从事研究，兼之近年匪旱为灾，各窑户日见凋敝。此虽经前任县长计划改良，但迄未实行。县长拟于本季呈请建设厅转商山西省阳泉镇瓷业工厂或天津唐山等磁厂，由本县各该磁窑工徒中择其聪颖俊慧、忠实热忱者二人，由地方筹措费用，保送前往专心学习，一俟学习成就，返县由公私招集股本，创设新式磁场，从事仿造，尽量烧制，以便推销本省各县及附近省份，以厚民生而兴实业。

（三）乡村土围　各乡修筑土围为防范盗匪最要之工作，前奉钧府饬遵在案。惟清县全境皆山，人民居住又极星散，三十家之村庄百不得一二，三五家成村者居最多数，沿山挖洞，比窑而居，每村修筑土围，不但地瘠民贫，势所难能，而天然地形，临沟背山，工程浩大，亦非三五家住户所克担任。县长拟于秋季亲赴各村视察，凡在五十家以上村庄及现在各区公所所在地方，必须兴修土围，以防匪患，如股匪入境，该有土围之乡民固可凭恃抵御，即各该附近人民亦有逃避之处。

丁 教育

（一）成立小学教员检定委员会　本县教育幼稚，固因学校不能普遍，然师资不齐亦其一因。兹拟本季先调查本县师资多寡，然后成立小学教员检定委员会，切实检定各教员资格、学识，汰劣留优，分别委任，以免贻误学子。

（二）取缔私塾　各乡成立私塾，考其教师多为老年粗通文字者所充任，其所授科目既不为现代国家所需要，一切措施又多有危害儿童心理之处，亟应严加取缔，改为学校。兹拟分期逐渐取缔，如万一事实上有困难处，最低限度亦须更换教师及其课本。

（三）增设乡村女校　本县第四区柳青村向设小学一座，虽名为男女合校，但实际并无女生。前据教育局呈称，该村于本年夏季女子十余人有意上学，惟教员一人，势难兼顾，添聘教员，经费无着，兹拟定该村自七月一日准加聘教员一人，另设女生一班，教员薪俸由地方款开支，公费一项由该村担任。

戊 公安

（一）整顿警政一案，查前奉绥远省公安管理处颁发本年春季警察行政计划，虽经遵照分期办理在案，惟事实上多未实行。兹拟本上季规定赓续进行，其中最要者为清查城内户口、编定街巷门牌及注意讲求卫生等事。

《绥远省政府年刊》
绥远省政府秘书处
1932年
（李红权　整理）

清水河县二十一年十月至十二月份行政计划

作者不详

甲 民政

（一）筹备冬防治安肃清盗匪办法　查绥省历年土匪猖獗，人民不堪其苦，而尤以每年冬季封河以后为患最烈。本年夏季虽经政府决心痛剿，未及数月，竟将股匪全部肃清，然距省垣较远各边远各县仍恐余匪潜伏，乘时结伙出劫，容或有之。现届冬令，对于本县防务应即思患预防，悉心筹划，以维治安。兹将拟定肃清盗匪办法分列于下：

1. 清查户口　本县于民国十九年间虽曾举行清乡，但迄今时逾数载，人民生死逃亡、迁移他往诸多变更，兹拟本季遵照部颁《清乡条例》，由县长督饬各区及公安局重行清查户口，并举办邻右连座〔坐〕切结，按期分头抽查，务使人民与政府协力进行，以期根株肃清匪源。

2. 联防会哨　清县北界和林，西接托县，东毗凉城，从来土匪过往，每经县境。况本县境内山势层叠，不但剿除困难，且对匪情消息亦甚迟滞。本季仍照往年成例，令饬各区与邻封各县实行联防会哨，遇有股匪骚扰，以便联络各县协力兜剿，勿任逃逸。

3. 整顿保卫团　本县县保卫团自被杨匪勾结团丁哗变抢劫

后，地方自卫枪械损失殆尽，经县长到任以来，竭力筹措购置，业已恢复原状，现正严加训练团丁。惟各区区保卫团曾经令饬摊款购枪，限期成立，旋以本县虎疫流行，兼之县府专注催收烟亩罚款，以致无形停顿。现届冬防吃紧，县长已令各区火速收款，购枪械成立，以资防卫，并分别饬令将城区乡镇所有征编之预备团丁派员严加训练，借厚实力。

（二）整顿差徭　查本县规定人民支差办法，业经县长于本年上季行政计划拟办在案。兹查此项办法已经县长详细拟定，一俟本季招开县政会议讨论通过后，即行专案呈报，备案实行。

（三）劝禁缠足　本县严禁妇女缠足，不啻三令五申，无如人民玩〔顽〕固不化，多有阳奉阴违暗行裹缠，殊属可恨。近来迭据天足分会及各区长报告本县妇女遵令放足者日见增多，然究无查得放足妇女确实人数，本季仍令继续劝令解放，并将未放、已放会数列表报查，以便核办。

乙　财政

（一）整理契税　查本县整理契税，前经本府分令各区派员挨村调查田房白契，列表具报，并一面按查得白契数目，勒令人民投税〈在〉案。兹查各区长遵令办理者有之，敷衍塞责卒未呈报者亦有之，兹拟本季仍照上季计划，通令各区严密调查，限期饬其投税，以［在］增税收。

（二）推销印花　查本县自奉令增加印花税额以来，按以向例，推销甚感困难。县长前经招集区长会议，结果决定于本季由城内商民及各区村分别派销，至将来是否顺利进行，当另文呈报。

（三）改革征粮办法　查本县征收田赋向由地方组织八里公局代为征收，其征收人员不时有舞弊情事。县长于上季行政计划拟将该局撤销，归为县府征收在案。嗣经县长详细考察，缘本府从未设有行政警察，兹若一时收回，由县府催征全县田赋，窒碍诸多，兹拟最近妥筹完善办法，再行改革。

丙　建设

（一）补筑城垣　查本县修筑城垣，除东城门楼刻将工毕外，其余工程均早告竣，惟南城墙因秋雨浩大，山洪汹涌，竟被河水冲倒三十余丈。前经本府专案呈请协款修补，旋奉指令，未蒙允准在案。当兹冬令防务吃紧之际，已由本府筹款，分令建设局暨城工会觅工兴修，以资防御。

（二）乡村筑堡　查本县上季行政计划，拟将全县凡五十家以上之村庄均须修筑土围，业经督促建设局及各区长遵照转饬兴修在案。嗣据各村人民报称，各该村人民均靠山临沟居住，且住户又极星散，对于修筑圈村土围工程浩大，需款甚巨，绝非一村人民力量所克担任，请予实地派员勘查等语。县长拟于本季躬自下乡出巡，前往各村实地履勘，凡五十家以上之村庄，其村落形势有修筑可能性者，县长随时招集村民谆谆劝导，令其修筑之。

（三）修治道路　清县山脉连绵起伏，鸿沟交错，道路蚰蜒，崎岖险峻，除赶赴省大道勉能行车外，其余道路仅能通行驴骡，交通极其梗塞，虽经每年春冬修理，然而夏秋即被雨水山洪□毁不堪，本年秋雨浩大，各处冲塌尤过往年。县长于本季除令所属各区长负责转饬各村切实修治并派员勘工报查外，并令建设局将赴绥大道由县城至小庙村一段约长十余里被水所冲毁之道路、桥梁，实地勘验，计划兴修，以利行旅。

丁 教育

（一）成立师范讲习所 查本县文化晚开，民智谫陋，欲图教育发达，首在普及学校。故县长于上季行政计划拟行检定小学校教员及取缔私塾，嗣因本县人材缺乏，一经检定合格者无论矣，若将其不合格者一律取销，则又深感代替无人，如此办理，不但未能普及教育，且使现有各校亦须停顿。县长按诸本县实地情况，为根本改进着想，必先培养师资，方有振兴之望。县长已与地方人士商妥，于本季成立师范讲习所一班，招收学生四十名，定为六个月毕业，俟其修业期满，由教育局尽先委任各小学校充任教员，所有该所简章、预算及成立日期，当另文呈报备案。

戊 公安

（一）训练警士 查本县警察向无枪械，所有本年春、夏、秋三季均遵照奉颁《警察行政计划》训练知识教育，现在本县已由省府购领回大批枪弹，拟于本季发给公安局充分枪枝，以从事训练技术教育，使之担任城防事宜，并抽查户口，取缔不正当之游民，以杜隐患。

（二）请求公共卫生 卫生与人生有密切之关系，一人之康健与否固关系于卫生，而一地方民众生活之苦乐，亦以其讲究公共卫生与否为关键。县长拟于本季令饬该公安局广修公共厕所，与逐日扫除街道，并取缔偏处小巷不准随便扔弃污秽脏物，如有违抗愚民，则带局严重处罚。

《绥远省政府年刊》
绥远省政府秘书处
1932年
（李红权 整理）

区公所办事通则

作者不详

第一条　本通则依《区自治施行法》第五十一条规定之。

第二条　区公所处理事务，除《县组织法》及《区自治施行法》规定外，悉依本通则办理。

第三条　区长承县政府之监督指挥综理本局〔区〕一切事务，乡民发生争执，只可依理调解，不得越权受理民刑诉讼。

第四条　区助理员辅助区长办理本区事务。

第五条　雇员承区长、助理员之命办理缮写文件及保管案卷、钤记各事宜。

第六条　区公所办公时间由县政府规定，呈报本厅备查。

第七条　区长请假，应由县政府核准，并派员代理。其请假在七日以上者，须呈请本厅核夺，但在遇必要时不准请假。

第八条　区公所应办文件，最要不得过一日，次要不得过三日，寻常不得过五日，但有特别原因者得声请展限，如无故逾限，即行惩戒。

第九条　区长对于民政厅直接饬办之件得径行呈覆，分呈县政府备查。

第十条　区公所所〔关〕于本区应兴应革事宜得先详叙事由，呈请县政府审核转呈本厅核准再行办理。

第十一条　区长呈报公文、函电，均须遵照定式署名盖章。

第十二条　区务会议决议各案呈由县政府核定后，应呈报主管机关备案，转呈省府。

第十三条　区公所收支款项、保存公物、文件均应登入印簿，遇区长交代时列入交案，移交后任接收。

第十四条　区公所经费另定之。

第十五条　区公所收支各款，每届月终公布周知，并呈明县政府查核汇报省政府及主管机关备案。

第十六条　本通则如有未尽事宜得呈请随时修改。

第十七条　本通则自公布日施行。

《绥远省政府年刊》
绥远省政府秘书处
1932年
（朱宪　整理）

萨拉齐县二十一年四、五、六月份行政计划

作者不详

甲　民政

一、拟取缔莠民，设立莠民训戒所。此案经众议决，由自治筹备处先行调查，查明注册后再行设所，勒令入所训戒。

乙　建设

一、拟促各乡镇凡有河道渠岸者，无论公私地界均应造林，以固渠道而重森林。此案经众议决，督饬建设局指道〔导〕民众一体照办，用收实效。

丙　教育

一、拟取缔私塾，整顿学校。查私塾、学校教员不明现代教育趋势者居多，若不设法整顿，长此迁延，殊于社会前途、文明进展窒碍良多。此案责成教育局负责办理，将私塾教员定期严格考试，如学识优良，适合现代教育小学师资者委用，其腐化不堪者一律淘汰，免误青年，俾凑〔臻〕完善。

丁 财政

一、查本县地方财政收支紊乱，向无精确办法，各机关经费自收自支，各自派役赴乡催款，络绎不绝，村民颇受遭扰之苦，机关经费终归不足。兹拟统一地方财政，经众议决设一萨县统一地方财政委员会，力加整顿，先推起草委员将草案起就，即行成立，逐项整理，由财务局统收统支。如此办法，在各机关经费不至不足，在乡村可免遭扰之苦。

戊 公安

一、查本县居民复杂，良莠不齐，又值地方不靖，匪徒出没无常，城内治安最关重要。兹为防患未然计，责成公安局督率长警，除白日应尽职务外，每于夜间必须由官长带队分班巡逻，以维治安。

《绥远省政府年刊》
绥远省政府秘书处
1932年
（李红权 整理）

萨拉齐县二十一年七、八、九月份行政计划

作者不详

甲　民政

一、训练全县乡长副　查本县现任各乡镇长深明大义、奉公守法者间有其人，而因循玩忽、不明责任者实居多数。凡县府令办一切行政事项，专以敷衍违抗为能事，似此情况，决非现代所宜。兹拟设立乡镇长训练所传习现任各乡镇长，除第一区在城内设所训练外，其他第二、三、四、五各〈区〉均附设于各该区公所，以各区长为副所长，以县长为正所长，由副所长召集训练，正所长按期轮赴各所讲话。以一个月为限，自九月一日起至三十日止，并规定简章，以资遵循。至训练材料，即采取《区自治施行法》、《乡镇自治施行法》、《乡镇公所组织法》、《保卫团法》、《违警法》、《户口调查统计报告规则》及《人事登记暂行条例》等项，以期致用。

乙　建设

一、扩充五区较大乡镇电话　查本县在各大乡镇设置电话，除第二、三、四三个区公所所在地及毛岱等数大村现已设备齐全外，

惟第五区区公所所在地与其他大村应设置者尚未举办，兹拟继续督饬建设局详细计划，次第扩充，以资全县各大乡镇消息联络，守望丑〔互〕助。

丙　教育

一、整顿各校学生依照假期入学　查本县国民小学校向有一种不良习惯，如每届开学之时，不能依期上课，实因乡村学生多属农家子弟，其家长皆以农事忙迫，顾在田间工作，不肯令其子弟早期入学。此种办法殊于教育前途窒碍非浅，兹已令饬教育局长负责积极整顿，每届开学时期，务饬各校学生依期到校，勿再延误，免致青年耗废光阴。

丁　财政

一、整顿乡镇财政饬造支出计算书　查本县各乡镇如摊派社款，毫无限制，每任乡镇长随便滥费，尽数派收，历来官府不加过问，于一般辛勤农民增无数之负担，长此迁延，农民何堪？伏维兴利必先除弊，兹据实行村款预计算并审核账簿，如查有浮收过多，确无正大用途或滥费情事者，除责令补还外，得以行政范围严于处分，以示儆戒而除积弊。

戊　公安

一、拟辟商场整顿县城各小摊贩　查本县城内通衢，商户门首、大道两旁摆设小摊及肩挑贸易者麇集其间，对于往来车辆大有堵塞不便通行之患，如乡村人赶车进城多有撞倒滩〔摊〕帐，双方发生口角事端等事，兹已责成公安局另辟市场，将县城摊贩等营业妥为安置，免生事端而维公共治安。

《绥远省政府年刊》
绥远省政府秘书处
1932 年
（李红权　整理）

萨拉齐县二十一年十月至十二月份行政计划

作者不详

（甲）民政

（一）依照《县组织法》督饬各区区长慎重人才，实行改选乡镇长副，即饬依法交接，转报县区，并严厉取缔旧日甲头会首轮流充任、顶名代替等恶习案。查本县各区乡镇长副历年以来多有沿用旧日习惯，常以会首甲头轮流充任，或系顶名代替，且对新旧交接既无准确时期，亦不依法办理，人选既形复杂，办事率多黑幕，且对要公往往因此交接无期，俱多推诿停顿，若不〈积极〉整顿，严行取缔，影响行政前途实非浅鲜。本年对于各区乡镇改选下年乡镇长副严令各区区长依照《县组织法》改选章程，慎重人才，一律重新改选，并经规定自本年十一月起至十二月底止为改选时期，不论大小乡镇，凡改选乡镇长副，务由各区长及助理员亲赴各乡投票监选，倘新选乡镇长副资格不合，或仍有沿用旧日习惯社首甲头轮流办理顶名代替者，惟各区长负责是问。现除第五区因地面辽阔尚未选竣报县，其他各区均已改选完竣，册报县府，现在正由县府慎重审查、分别择委之际，并已令知各区乡镇一律限于下年一月一日实行新旧交接，由区汇案报县，以备考查。

（二）依照《县组织法》督饬各区实行组织各乡镇调解监察委员会，并实行改选，由县委任案。查本县各区乡镇调解监察委员会已组织者固有多数，未组织者尚亦复不少，并查以前各乡镇监察调解委员多有以无委令办事推诿，不肯负责。本年乘此改选各乡镇长副之际，凡未组织者一律实行组织，已组织者亦须同时改选，并经规定一律由县政府印发委任，以专责成而免推诿。至接事日期，与上列乡镇长副同。

（三）依照《县组织法》每月举行县政会议三次案。查本县县政会议以前举行并无定期，本年自九月一日起经开会规定每月举行县政会议三次，以每月一日、十一日、二十一日为县政会议例会定期，以免遗误一切要政进行。

（四）招集地方各团体机关规定农商支应军差办法案。查本县农商两界对于地方驻军支应军差向未规定办法，以致往往有推诿延误情事。兹于本年十月二十二日第十七次临时行政会议拟定《农商支应军差办法》五条，经众逐条审查通过，以后农商两方对于支应军差遵照此项办法办理，尚未发生推诿纠纷情事。

（五）招集地方各团体机关规定县政府政、法警察暨公安局各区所警察下乡办公制止骚扰民间办法案。查本县县府政、法两警暨公安局各区所警察往往下乡办公有骚扰人民情事，本年冬季经本县农会□请规定制止办法，当经县府招集地方机关团体，于十月十七日开第二十三次行政会议讨论规定各机关警察下乡传案办公或送达文件，仍须遵照省府前颁办法确实执行，除依照办法应发旅费外，所有各乡镇以前一切不正当之食用、供给完全取缔，凡路过打尖、住宿之各乡镇，警役概不得仍前须索，所有警察以前随从之无名黑役以后应即严厉取缔，各乡镇长对于此项黑役，凡按文件、谕票概无注名之警役一律不准支应。再由县府督同公安局各区所对于所属警役严加甄别，确实训练，以期开发知识，不扰于民。此案自议决后，现已谕令全县乡镇长副遵照实行在案。

（六）招集地方各团体机关，重新计划规定各区乡镇夺获匪马枪枝务须一律呈县归公，不准隐匿，私擅处分，暨规定提赏办法案。查本县各区乡镇向来对于夺获匪马枪械等物，虽经县府以前制定处分匪物办法，向各乡镇多有未能遵照实行者。本年冬季经县政府招集地方机关、法团于□月十六日第十七次行政会议时确实计划，重新规定处分匪物办法九条，分别谕令全县各区乡镇确实遵行，不得再有隐匿匪物、私擅处分，致干传县惩处情事。并由县内各机关团体推定密查人员五人，分赴全县五区确实调查，随时报告。

（乙）财政

（一）清理全县粮赋，派员分赴各区乡镇确实清查遗漏未税地亩，就便稽查一切隐匿未税契约，以资整顿国课而裕税收案。查本县粮租向分大粮官地、未折银及官租厂地、四成粮地等四项，租赋按每年额征总数应为三万二千余元，但每年实收总额仅可收到十成之五六，且各乡镇遗漏未经升科地亩从未确实清查。自本年夏季接奉财政厅令颁《整理粮赋处暂行办法》后，遵自本年五月起，依照办法确实进行。惟因本县粮名九万余户，只造粮赋清册二百八十余本，已于十二月中旬完全造竣，并于十二月下旬将整理粮赋处人员全体出发，分赴五区，每区一人，前往乡镇间，携带清理粮册，确实清查各乡镇遗漏未经升科黑地，并详密调查各乡镇大户应交粮租，有无串通乡镇长副令各小民户代为负担黑幕情事，以便严厉取缔此种恶习。再对各乡镇推手地亩尚未过割粮名各户乘此清理粮赋之际就便过割妥当，免除以后一切纠纷。□查本县各区乡镇人民买卖田房，对于税契往往有希图省钱隐匿不税情事，此次整理粮赋处各职员下乡清理粮租之际，就便分赴各区乡镇，按户确实调查各乡人民究竟有无此项未经税验契约，在此度限期内务使有契皆税，慨〔概〕无匿漏，以重产权而裕国课。

（二）督同财务局规定统一办法，实行整理地方财政，以资统收统支，力图撙节而免虚糜地方财政案。查本县县地方公款每年收入约计五万余元，而地方各团体机关经费开支每年约计六万余元，收不敷支竟达一万余元之巨，且此项地方财政收数每年实收总额仅能收到十分之五六，以致各机关经费积欠垒垒，无法维持现状。此中困难情弊，因各机关经费多系自收自支，慨〔概〕无统一办法，在各区乡镇支应各机关催款员役此去彼来，纷至杂沓，已实苦于应付，而在各机关所收经费寥寥有限，积欠依然，现状仍系无法维持。似此情况，若不实行整理，统一收支，则地方财政前途之紊乱与支〔夫〕一切纠纷之危险，诚有不可思议者矣。此次县政府督同财务局长拟定统一整理地方财政计划案，经提交十二月二十一日县政府第七次县政会议一致通过，并由财务局汇造地方财政收支预算书，交由县政会议详确审查，实行撙节，拟将此项计划及预算数定自下年一月实行，并已将此项计划案及预算书业经另文呈报财厅备查在案。

（三）督同财务局重新改定公安局经费起收办法，免除全县一切纠纷而维该局经费现状案。查本县公安局经费在上年以前系由屠宰、契税、商捐、婚帖等地方各项税捐附加暨县城商户补助，自上年冬季经奉民、财两厅会令规定各县公安局经费一律由粮租项下附加后，本县各区乡镇人民佥以乡镇人民粮租地亩担负党费、教育、建设、差徭及乡村一切花费，为数已重，若将公安经费全数再由粮租附加，殊嫌偏苦太甚，佥多反对，县府以事关通案，未便擅改，虽经屡谕各乡镇长依章交纳、勿得推抗，但各乡镇终以公安局设在县城，县城商民住户均沾保护之益，反于该局经费分文不摊，并将旧有底款移作别用，悉数增加乡镇负担，认为不平，嗣后虽未敢明目张胆公然抵抗，但必借口种种故意推延，以致该局经费常有积欠数月，无法维持现状情事。本年夏秋之际，迭经县府将欠款各乡镇长传县押追。但察各该乡镇对于此种观念存心坚决，未能稍移，虽经押追亦不肯交，且全乡〔县〕各乡镇等联名呈禀，恳请变更原案，县府睹此情况，再不权宜稍予变通，诚恐纠纷愈甚，而该局经费更恐起收愈难，势将现〔陷〕于停顿也。旋奉民厅迭次令饬，亦以公安局经费不论粮租附加或由农商摊派，务须赶速确定，以免现〔陷〕于停顿，当经十一月间县政府第五、六两次县政会议对于原案暂稍变更，将该局经费重新计划，除由县城各项摊捐、店捐等杂项每月起收一百七十元，商会补助九十元外，其余不敷之二百元再由各区乡镇粮租附加。自此改定起收办法后，各区乡镇认为公允，不至如前顽抗，而该局经费亦似稍有底款，不至如前之各乡镇推抗不交即现〔陷〕于停顿无法维持也。

（四）招集地方各团体机关筹定保卫团丁因公伤亡给赏恤金办法案。查本县保卫团丁以前因公伤亡按章应给恤金，只因地方财政蹎〔竭〕蹶异常，未经筹定的款，虽经讨索，无可筹发，既违省令，尤失鼓励，殊欠妥善之至。此项整理统一地方财政之际，将此项恤金作为行政临时费列入地方财政预算，每月以二百元摊派起收，由财务局专款储存，不准挪作别用，此后再有因公伤亡团警，有此的款予以筹给，既了〔可〕鼓励团警之勇敢，尤可促进人民之自卫。

（五）督同各区区长严厉取缔各乡镇长对于滥费公款并规定以后各区乡镇一切摊款未经呈请县区核准者一律禁止私擅摊派案。查本县各区乡镇长人选既形复杂，办事俱多黑幕，而对村社一切花费尤多任性妄为、滥费虚糜，甚至舞弊多端、黑幕重重，对于应行倡办之教育、建设诸项要政率多借口穷困推诿不办，而于迎神赛会、修台盖庙种种无益之滥费每多迎合村民迷信，乘机舞弊侵吞，动辄摊派千万，耗费甚巨，此种恶习若不严厉取缔，病民殃民殊非浅鲜。本年冬季县府第九次县政会议当经提案，议决应谕令各区乡镇严厉取缔，并饬各区区长负责监督，并规定自二十二年起各乡镇以后一切摊款不论数目多寡，事前务须呈报区所，转呈县府核准后始准摊派，倘各项摊款未经县府核准私行摊派者，除摊派无效，并对乡镇长等予以严重惩处，区长未能察觉，事前制止，亦须受连带处分。

（丙）建设

（一）督同建设局架设第五区各大乡镇电话，完成全县乡镇电话工作案。查本县第一、二、三、四等区各大乡镇均已架设乡镇电话，惟第五区各大乡镇因距县城窎远，兼以筹款无着，尚未架设，全县乡镇电话因此功亏一篑，未能完成。值此冬防之际，殊深窒碍。本年冬季由烟亩罚款、建设费项下筹拟款洋六百余元，已将第五区各大乡镇电话一律架设完善，全县乡镇电话工作现已统一完成矣。

（二）招集县城商民住户修葺县城城墙以固城防案。查本县城墙因年久失修，坍塌甚多，且有数处奸宄私□上下。值此本县吃紧之际，若不修葺坚固，殊不足以重城防而消隐患。当于本年十月招集县城商民、住户、镇闾长等开临时会议，决议按户派夫，共同修葺，先后修理半月有余，以前坍塌私行之处全已修葺坚固。

（三）令饬全县各区乡镇督率民众对于本年疫症死亡人口加深掩埋以重人民卫生案。查本县各区乡镇暨县城本年夏季由包头传来疫症后，势甚猛烈，伤亡甚众，各乡镇民众对于掩埋死亡人口多因仓猝畏惟〔惧〕，掩埋未深，若不令饬各区乡镇对于此项疫症伤亡人口督率民众加深掩埋，诚恐天气暖和之际臭气再发，殊属有碍卫生，故于本年十月十一日间由县政府迭次令饬各乡镇长对于疫症伤亡人口埋葬处所悉数加深掩埋，加高土堆，并饬各区区长负责勘查，随时督促具报。

（四）招集全县沿民生渠乡镇长等严定保护民生渠一切建筑器物，并经规定损失赔偿办法案。查本县民生渠一切建筑器物□地方，竟有奸宄之徒窃盗螺丝、木板等物，若不严厉查禁，设法保护，殊属有碍公益，妨害区务。本年十月十一日自奉省令后，当经招集沿渠乡镇长等到县开会两次，按照省颁保护办法，严谕各乡镇等负责保护。并经议定凡坐落各村界内之建筑物品，应由所在地之乡镇负完全保管责任，以前损失各物限期缉获窃盗送案办法，如系未能缉获，损失各物即由各村负责赔偿，倘能缉获窃盗损失器物，除免赔偿，并由县府筹款嘉奖。自会议后再有损失器物情事，除由所在地之乡镇照数赔偿、限期缉捕窃盗外，并处各乡镇长四百元以下之过怠金。

（五）拨派民夫整修县城街道阳沟暨帮同驻军修筑城外车站等处土马路案。查本县城内街道向未勤加整修，以致坎坷不平，污秽处多，而各大街巷阳沟尤为藏姤〔垢〕纳污，妨害市面卫生为最甚。本年冬季自十月中旬至十一月上旬，招集县城商民、住户、镇闾长等迭次议妥拨夫整修，连同阳沟一并修掘，先后共修月余，各巷街道均经整修平坦，行走便利，阳沟以内亦经修掘通达，污秽恶水畅流无阻。至县城至车站马路，亦经帮同驻军于十一月上下两旬修理完竣。惟县城至新农试验场马路现因天寒地冻，拟于明春修理。

（丁） 教育

（一）督同教育局拟于各区乡镇增设全县高小学校两处以救儿童失学案。查本县高小学校只有县城一处，按全县各区乡镇距县穹远暨各乡镇之小学校学童升学计，实系不敷容纳，确有再须增设高小学校之必要。但为乡镇学童求学便利计，所拟增设之高小学校应择各区之适中较大乡镇设立为宜。本年冬季经迭次行政会议提议，全县拟再增设高小校两处，第一、二、三区境界毗连，相距非远，应择适中地设立一处，第四、五两区地势接近，应择适中地设立一处。惟因地方财政困难，筹措非易，现正督同教育局筹划进行中。

（二）督同教育局、各区长转促各区未设学校之各大乡镇赶速筹设国民学校及已设学校之各大乡镇实行修理教室照章上课，严厉取缔仍由土炕教授私塾习惯以资振兴教育案。查本县各区乡镇自民国十五、六年后因荒旱连年，继以匪患，以前各大乡镇已经设立之学校因起款困难多数无形停顿，即现在已设学校之各大乡镇亦多敷衍从事，不修教室，仍系沿用旧日私塾习惯土炕教授，且查所用课本多系一切杂字书籍，不合章程，以上各项均应严厉取缔，急积整顿，除督令教育局长严饬所属常赴各乡分别督促进行外，并于本年十一月二十六日县府招集全县乡镇长开会时，当场督促，仍责成各区区长协同教育局负责催办，以资促进。

（三）招集地方各团体机关共同计划筹措本县教育大宗不敷经费以维教育现状案。查本县全年教育经费支出按二十一年度计约需一万三千余元，但查近数年来教育经费收入仅有五六千元，收不敷支竟达半数，近二年来幸有烟亩罚款附加补助，尚堪稍维现状，否则积欠尤多，几有无法维持之势。似此不敷甚巨，若不妥筹善策，借资补助，诚恐教育前途危险殊甚。本年冬季迭经县府行政会议暨县政会议提议讨论，原拟于民生渠土地增值税附加地方教育基金五分之一，此项附加倘能筹集五万圆〔元〕，每年发商生息，约可收到五六千元，再加旧有的款五千余圆〔元〕，则教育经费自堪充实无虞。惟此项计划已奉省令暂行缓办，但此项教育不敷经费尚须妥速筹措，势不可缓。刻已督同教育、财务两局，乘财务局统一地方财政之际，拟将此项教育不敷经费暂由各区乡镇分别摊派，以维教育现状而免停顿，以后再另妥筹的款，借以补助。

（四）招集地方团体机关规定旅外中学以上学生津贴为贷金，并查明本年领取津贴各学生如有领得津贴不肯入学、虚糜地方公款者严定追还办法案。查本县旅外中学以上学生，近数年来每年均由烟款附加筹给津贴，不论贫富一律筹发，既失津贴原意，并且虚糜公款。本年冬季经地方各团体机关在县府招开临时行政会议，将津贴款项改为贷金，凡系贫寒学子无力升学者，可由地方公款借给贷金，卒业以后分年归还，既可鼓励贫寒学生升学，兼免致虚糜公款。至本年领取津贴各生，应由教育人员负责调查，倘有领得津贴以后并未入学、虚糜地方公款者，应即严行追交，以重地方公款。

（戊）治安

（一）督促各区设立区保卫团以维全区治安案。查本县共计五区，除第四、五两区已设有区保卫团外，其他一、二两区并未组设区保卫团，第三区虽已组设区保卫团，但枪械、马匹均付缺如，设备殊欠完善。本年冬季，以冬防治安关系重要，当经令饬一、二、三区赶速依章组设区保卫团并筹备枪马，既可保卫区所安宁，复可巡逻全区盗匪。惟各区乡镇长等多以起款困难，意图推抗，复经县府招集各乡镇长到县开会，加紧督促，现在第三区区保卫团正在筹备枪马之际，第一、二两区区保卫团现亦着手办理，正在进行组织中。

（二）督饬各区、局计划编查全县户口并饬各乡、镇、间、邻造制门牌，出具连坐确结以清潜匿余匪案。查本县全县户口向未编查，以致全县户口概无确数。本年冬季乘此清理余匪之际，拟将全县户口确实编查一次，既可确定户口数目，并可清理隐匿零匪。当经县府于十一月十八日招集全县各区长、公安局长、各保卫团董开会议决，自十二月起先制户口编查表，限两月内编查完竣，每户三份，县、区、乡、镇各存一份备查。并拟令饬各区乡、镇、间、邻将所管住户一律编造门牌，出具邻右连坐切结，各间邻内倘有潜匿余匪，确能改邪归正安分求生者，应饬找寻妥保，呈请自首，如有潜匿余匪，既不呈请自首，邻右各户亦不报告，以后发生盗匪情事，邻右各户暨所管间邻长等均须受连坐处分。

（三）遵奉省颁《冬防联防剿暨〔剿匪联防〕办法》暨奉民厅制定《冬防办法》九条督饬各区乡镇保卫团确实遵行案。查本年冬季奉到省府颁发《各县冬防剿匪联防办法》暨《清理余匪办法》并奉民厅颁发制定《冬防办法大纲》九条，当由县府于本年十一月中旬招集全县各区区长、各区乡镇长与各区乡镇保卫团董招开会议三日，将上列各项办法石印数百份，每人发给一份，在县政府会议室逐条详加解释，旋即规定各区与区联防会哨日期及办法、各乡镇等互相联络巡逻及会哨期限办法，饬自本年十一月起一律实行，并由县保卫团总部与各区区长分别负责监督各乡镇是否依期巡逻会哨，并随时游击全县各区小股余匪。

《绥远省政府年刊》

绥远省政府秘书处

1932 年

（李红权　整理）

绥远民政厅组织规程

作者不详

第一条　本厅受省政府之指挥监督，管理全省民政事务。

第二条　本厅设厅长一人，管理全厅事务，并指挥监督各县及所辖各官署及本厅职员。

第三条　本厅设主任秘书一人，秘书二人，承厅长之命办理机要事务并核阅文稿、审查拟办事项。

第四条　本厅设第一、第二、第三、第四四科，每科设科长，一人科员及办事员若干人，分任本科事务。

第五条　第一科掌理事项如左（人事）：

一、关于吏治考核事项（凡事吏任免、奖惩及记录、注册等事项均属之）；

二、关于所属各机关编制事项；

三、关于行政诉愿事项；

四、关于各县区整顿考核事项；

五、关于外交事项；

六、关于交通事项；

七、关于统计事项；

八、不属于其他各科事项。

第六条　第二科掌理事项如左（行政）：

一、关于地方自治事项；

二、关于行政区划事项；
三、关于审核视察报告事项；
四、关于荒歉赈恤、救济事项；
五、关于选举及公共团体事项；
六、关于社会公益、慈善事项；
七、关于褒扬节义、整饬风纪事项；
八、关于祠宇及礼俗、宗教事项；
九、关于著作出版事项；
十、关于调查、保存古迹、古物事项；
十一、关于市行政事项；
十二、关于剪发、放足事项；
十三、关于禁烟事项。
第七条　第三科掌理事项如左（总务）：
一、关于稽核所属官署出造报告事项；
二、关于本厅监印、校对事项；
三、关于本厅庶务事项；
四、关于本厅会计事项；
五、关于本厅收发事项；
六、关于土地调查、测量、收用及官地收放事项；
七、关于蒙旗各事项。
第八条　第四科掌理事项如左（警务）：
一、关于警察法规编查事项；
二、关于规画警政改进事项；
三、关于各县公安机关之设置及区划分配事项；
四、关于各县局警官之任免、保障、赏罚、抚恤事项；
五、关于警察教育及纪律事项；
六、关于集会、结社之保护及取缔事项；

七、关于外人游历或传教之保护、取缔事项；

八、关于卫生防疫事项；

九、关于国防事项；

十、关于清乡及剿匪事项；

十一、关于户口之调查事项；

十二、关于交通警察事项；

十三、关于消防警察事项；

十四、关于司法警察及违警处罚、行政处罚之审核事项；

十五、关于强制处分之审核事项；

十六、关于军器、暴〔爆〕烈物及其他之危险物之取缔事项。

第九条　本厅因调查、催督、监察及其他临时发生事故得酌设视察员、特务员。

第十条　本厅因缮写文件、翻译蒙文得酌用雇员、翻译。

第十一条　本厅办事细则另定之。

第十二条　本规程如有未尽事宜得随时呈请修正之。

第十三条　本规程自呈奉核准之日施行。

《绥远省政府年刊》

绥远省政府秘书处

1932年

（丁冉　整理）

绥远省各市县公安局官长奖惩章程

作者不详

第一条　各市县公安局官长之奖惩除其他法令别有规定外，依本章程行之。

第二条　各市县公安局官长有左列情事之一者，由公安管理处察核情节，酌拟奖励：

一、积极改善警政，对于保卫治安著有特殊成效者；

二、对于职务确有成绩者；

三、侦缉盗匪异常出力，消灭重大之危险者；

四、训练警士确有成绩者；

五、热心地方公益确有事实，为舆论称许者；

六、对于应行遵守之一切法规、功令切实奉行，廉洁自持者。

第三条　各市县公安局官长有左列情事之一者，由公安管理处察核情节，酌拟惩戒：

一、吸食鸦片及染其他不良嗜好有玷官规者；

二、贪赃受贿及其他不法行为者；

三、结交地方土劣欺侮人民者；

四、吞没公款及克扣警饷、警赏者；

五、擅行滥罚或越权受理违悖警法者；

六、对于违警罚金隐匿不报或以多报少者；

七、不得长官许可擅离职守者；

八、长警欺凌人民官长制止不严或迹近庇纵者；

九、对于奉行法规、功令延不遵行或阳奉阴违者。

第四条 奖励之程序如左：

一、嘉奖；

二、记功；

三、记大功；

四、升级。

第五条 惩戒之程序如左：

一、申斥；

二、记过；

三、记大过；

四、罚薪；

五、降级；

六、撤职。

第六条 记功三次者得为一大功，记大功三次者得提升。

第七条 记过三次者得为一大过，记大过三次者撤职。

第八条 凡受罚薪处分者，以月薪十分之一至十分之五为限。

前项罚薪除别有命令支配外，准留各该局作为办理公益或奖赏长警之用，但开支后须报公安管理处备查。

第九条 各市县公安局官长之功过得互相抵销。

第十条 凡发表奖惩时，以公安管理处处令行之，并通令各局，以昭观感而资激劝。

第十一条 各市县公安局官长如所犯情形重大，本章程不能拟议时，得按照情节另行惩处。

第十二条 本章程如有未尽事宜得随时呈请省政府修正之。

第十三条　本章程自呈奉核准之日施行。

《绥远省政府年刊》
绥远省政府秘书处
1932年
（李红权　整理）

绥远省会公安局中西医士考试规则

作者不详

第一条　凡本省会中西医士除有免考资格外，所有必须考试方准营业之中西医士均适用本规则之规定。

第二条　每年考试分春秋二期，第一期于春季三月举行，第二期于秋季九月举行，过期不准呈请投考。

第三条　每届考试由本局延聘中西医界闻人组织考试委员会办理之。

第四条　委员会组织如左：

1. 委员长一员，由局长担任；

2. 委员除本局卫生职员及平民医院院长为当然委员外，并函聘中医士五人、西医士三人分科担之；

3. 书记一员，由委员会临时指派。

第五条　报名地点及手续：

1. 地点　本局；

2. 日期　临时布告；

3. 手续：

甲、履历　中西医士每人一份；

乙、像片　中医四张，西医三张，均以最近半身四寸软片为合格。

第六条　考试地点、日期及手续：

1. 地点　本局；

2. 日期　临时布告；

3. 手续：

甲、报名医士届期携带笔墨，听候唱名、核对像片，领卷入场。

乙、弥封试卷，由委员会核阅评判分数后张榜揭示。

第七条　考试科目除中医士仍照《管理中医暂行章程》第九条之规定办理外，关于西医士应试科目如左：

1. 基础医学　组织、胎生、生理、病理、解剖学等属之；

2. 应用医学　皮肤、花柳药物、内科、外科、眼科、产科、妇科学等属之。

第八条　本规则如有未尽事宜得随时呈请修正之。

第九条　本规则自呈准公布之日施行。

《绥远省政府年刊》

绥远省政府秘书处

1932 年

（丁冉　整理）

绥远省警士教练所章程

作者不详

第一条　本所为增进全省长警学识起见，抽调现役长警集团训练之。

第二条　本所每次训练各县长警四分之一，轮流抽调训练，以期普遍。

第三条　本所训练期限每期定为三个月，即十二个月全省长警全受训练。

第四条　每期期满考试及格者给予毕业证书，其成绩优良者得存记提升之，不及格者留入下期补习，如认为不堪造就者开除之。

第五条　本所训练时间每日定为六小时。

第六条　本所规定之课程如左：

一、三民主义浅说；

二、警察要旨；

三、勤务要则；

四、违警罚法；

五、刑法摘要；

六、侦探要义；

七、警察法令；

八、调查户口摘要；

九、本地地理；

十、精神讲话；

十一、军事学摘要；

十二、兵操；

十三、国术、技术。

第七条　前条所列课程如有应乎必要，必须授他种学科时，得酌量情形更改或增加之。

第八条　本所讲义专以浅要明了、易于了解、切合实行为主。

第九条　本所术科时间占全课程时间四分之一。

第十条　本所长警仍支原薪。

第十一条　本所长警之服装由原送之局将抽送之长警服装费呈缴，以期制作划一。

第十二条　本所长警之伙食由原饷糈内扣除。

第十三条　本所长警之教育费由选送之县每名每月呈缴三元，余类推。本所教职员薪饷及讲义、笔墨等费由此项教育费内开支，其不足之数由管理处补助之。

第十四条　本所设所长一员，教育主任一员，队长一员，分队长三员，专任教官一员，兼任教官六员，国术、技术教官一员，办事员一员，雇员二员。

第十五条　前条教职员由公安管理处处长遴选委任或聘任之。

第十六条　本所除专任者支薪外，所有兼任者概不支薪。

第十七条　本所长警每届毕业造册呈报公安管理处，转呈省府备查。

第十八条　本章程如有未尽事宜得随时增订之。

第十九条　本章程自公布日实行。

《绥远省政府年刊》
绥远省政府秘书处
1932年
（刘哲　整理）

绥远省区长奖惩章程

作者不详

第一条　区长之奖惩除法令别有规定外依本章程行之。

第二条　奖励分左列五种：

一、嘉奖；

二、记功；

三、记大功；

四、加俸；

五、升叙。

第三条　惩戒分左列五种：

一、申戒；

二、记过；

三、记大过；

四、减俸；

五、停职或免职。

第四条　区长之奖惩除有特别事故专案呈办外，均归年终汇案考核。

第五条　区长有左列事实之一者，由县政府察核情节，于每届年终叙述事实汇案呈请奖励：

一、遇有非常事故能随机应变保持境内秩序者；

二、办理保卫著有成绩者；

三、办理赈务异常出力，境内灾民无流离失所者；

四、办理救济事业著有成绩者；

五、提倡教育著有成绩者；

六、全区道路如限修理完竣者；

七、全区户口如限详实查竣者；

八、劝导全区民众植树成活株数超过人口总数者；

九、提倡农工信用合作社确有成绩者；

十、倡办水利、矿务确著成绩者；

十一、办理公共卫生卓著成绩者；

十二、破除社会迷信及改正不良风俗著有成效者；

十三、奉行禁烟、禁赌、放足、剪发等事著有成效者。

第六条　区长有左列事实之一者，由县政府察核情节，于每届年终叙述事实汇案呈请惩戒：

一、违背党义者；

二、奉行法令不力者；

三、事变发生怠于防制致成重大损害者；

四、有不良之嗜好者；

五、废弛保卫事项者；

六、办理自治不力或措置失当不洽舆情者；

七、办理赈务不力或挪用赈款者；

八、调查户口、修理道路有敷衍情事者；

九、对于教育设计奉行不力者；

十、废弛卫生行政者；

十一、纵容员役营私舞弊或凌压区民者。

第七条　前二条之奖惩于每年年终汇案考核，以省令行之。

第八条　考核办法按上、上中、中、中下、下五等分别奖惩：

一、考列上等者记大功或加俸、升叙；

二、考列上中等者记功或加奖；

三、考列中等者留职；

四、考列中下等者记过或减俸；

五、考列下等者停职或免职。

第九条　区长到差未满三月者不加考核，未满一年者不得加俸或升叙。

第十条　功过得互相抵销，但连考两次中下者以下等论。

第十一条　本章程如有未尽事宜得随时修正。

第十二条　本章程自公布日施行。

《绥远省政府年刊》
绥远省政府秘书处
1932 年
（朱宪　整理）

陶林县二十一年一、二、三月份行政计划

作者不详

甲　民政

一、举行县政府行政会议　查《县政府行政会议规程》公布后，本县历任县长尚未举行。县长为促进县属政务起见，拟即召集全县行政会议，规定本年二月为筹备期，三月为开会期。

二、开敬老会以敦风俗　查属为偏僻之区，文化晚开，鲜知礼仪，关于敬长、恤幼、怜孤、矜寡多未之闻，值此刁风炽昌、匪氛不靖之时，非敦风俗不足以挽颓靡，非事敬长不足以言孝悌。县长拟于二月间（即旧历正月）趁民间闲暇之际，亲往各乡村开敬老会，使一般民众知亲其亲、长其长，存其礼仪之心，启其慈善之念，则庶几盗风因之以息，政化因之以行。

乙　财政

一、改革粮租催征办法　查本县催征粮租历来仅赖县府少数催役负责办理，又不发给花名清册，兼之本县面积辽阔，催征确有未周。县长拟仿照内地各省办法办理，于本年二三月间责令各村推选村公役一人，每于开征之始发给粮户花名清册一份，专司督

催事宜，盖因此项村公役生长乡间，对于粮户之住址、地亩之方向均能彻底明了，催征必易，并定期来县听候核比。一面仍责成县府催役照常督催，以免各该村村长及村公役之敷衍，如此办理征收，征收上可期畅旺。

二、召集各村村长开会厘算军差费用　查陶属连年患匪，时有驻军，因之支用浩繁，供给特夥，每届摊款，其狡猾之村一再延推，终不交款，其和平之地则应需呈缴，似此畸形，殊失公允。县长拟于二月间（即旧历正月）农闲之时，召集各村村长副来县开会讨论以后施政方针及厘算已往账目，俾得公诸舆论，以释群疑。

丙　建设

一、建筑县政府及所属各局　查陶林县政府及所属四局地址均系出资租赁，每年官家房租之出纳不下五六百元，现在确有自行建筑之必要。县长拟于二三月间先行施行勘定地址及筹划建筑费。

二、开林业会议　查陶属区域不宜种树，间有种植亦多不茂盛。县长年前出巡各乡，实地察看，如三区各村尚有可以植树株地点，二区之哪力点素农民李兴盛种有树秧万余株，枝叶颇茂，县长拟于二月间召集该农民到县详订植树办法，分派专员到宜植树木各村督饬村长认真种植，并严订奖惩办法，使共加以保护，知所爱惜，将来树木成林，则匪特可以成材，即与气候之寒暖亦有莫大之关系也。

丁　教育

一、成立小学教员研究会　查陶林小学教育近年以来尚形发达，特以师资无多，时感困难。前于上年呈请绥远省教育厅准予成立研究会，以研究教学方程，用备小学教员之用。拟于二月十五日开学授课，先尽在职各教员召集来县从事训练，俾其思想换〔焕〕发，学识增长，再令其返校任职，庶可在教育方面知所注意。

戊　公安

一、讲求卫生　查陶邑远处边陲，文化晚开，人民生性懒惰，鲜有卫生知识，以致街巷、院落任意便溺及抛弃污秽物品，实于卫生上大有妨碍。上年夏季曾于街巷要处设备官厕所十五处以资救济，施行以来尚见成效，仍拟于本年一、二、三月督同公安局厉行卫生工作：（一）扫除街道；（二）取缔任意便溺及抛弃污秽物品。

己　蒙务

一、提倡牧畜　查陶林毗连蒙疆，地多蒙民，均以牧畜为业，惜多徇于旧习，不知改进。拟于本年二三月间督同建设局长暨各区区长亲自指导各牧畜农民施行换种，以期增加蕃殖效率。

《绥远省政府年刊》
绥远省政府秘书处
1932 年
（李红权　整理）

陶林县二十一年四、五、六月份行政计划

作者不详

甲　民政

一、厉行放足工作　查陶邑办理放足事宜历有年所，终以人民狃于旧习，积重难返，未克收效，至为惋惜。现在本县前定劝导期间截至本年三月底止，已届期满，并呈报在案，亟应从事检查以利进行。然若同时并举势必感觉困难，且亦不易收效。兹经县长斟酌地方情形，拟定检查办法如下：（一）本年四、五、六月份先由本县公务员及区、乡、镇长副家庭着手施行检查，盖因此辈均系知识阶级，提倡、劝导责无旁贷；（二）县城派女检查员二人，每区派女检查员一人，在城者会同公安局，在区者会同各该区公所，逐一施行检查；（三）如查有仍未解放者，即按照中央颁发《禁止妇女缠足条例》处罚；（四）在此检查期内各该检查员对于民众均负有劝导责任；（五）本期检查完毕，再着手对民众施行检查。如此办理，庶可收效于宏远也。

二、厉行建筑防御工事　查陶林地处边陲，边防重要自不待言，且内部多山，盗匪尤易隐匿，使非有极坚固之防御工作，对内对外实多隐忧。前虽经奉令构筑，而以天寒地冻未克动工，兹届春暖冻解，正宜开始修筑，业经指定全县重要且有力构筑者十

八镇乡克日兴工，除责成各区长及村长副随时督促具报外，并由县长、处员逐日分头下乡督查，以期促进，仍不时勘择次要村庄指定构筑，拟于四、五两个月内将全境防御工作造成网罗化。

乙 财政

一、组织城垣基金委员会　案查陶林县城时历二载始克竣工，只以完全用土筑成，至夏季雨水连绵之际必须时常修理方能永久保全。前当建筑之时民商两界曾发生摊款数目不匀之情事，嗣经商会另行摊洋一千二百元作为修补城垣基金作为了事在案。拟于四月开始筹备，五月间成立城垣基金委员会专司其事，发商生息，俾期永久。

丙 建设

一、架建电话　查县属第一区三道沟村为村〔县〕北重镇，区公所在焉，且系通土木尔台必经之路，为北部枢纽，拟将城内电话延长通至该村，计长三十华里，由四月起开始筹备，五月着手架建，决定六月以内完成，将来再行计划延长至土木尔台，俾期完整。

二、提倡水车　考陶邑历年灾荒均因雨水欠缺，若欲设法改良，必亟力提倡水利；惟有安设水车，不但易于收实效，且可少用资本。刻已购置一架，拟于四月间安置于本城农事试验场内，一面作为试验，一面广为宣传，〈俾〉人民明了其利益，逐渐达于各乡村，务期普及全县，无地无之，荒旱之年庶不复见于陶林也。

三、厉行造林　查陶林地高质燥，向为林木不易成活之区，数年以来虽屡次奉令办理，然至今未收效果。今岁早具决心，派员调查适宜栽种地点，业得其二：（一）第二区典力宿台德隆社有地一段，气候适宜，地面宽阔，该村大户咸愿将该地让为县有，永远造林，计该地可栽树株可成大林；（二）第三区新德义村有庙产一段，计地五亩，气候适宜，该村长、学董、大户等协商，咸愿让归县立苗圃作为培植树秧之所，计可栽树株，四月份内决拟完成，再行陆续推广及于全县，至详细方案另列入四月份工作报告中。

丁　教育

一、成立县立第二女子小学校　查县属第二区红格尔图地方人烟稠密，市面繁盛，女童众多，来县求学殊感不便；但女子教育颇关重要，拟于四月间先行饬令教育局督同该村长组织县立第二女子小学校，用期教育之普及。

二、改正学期　查县立第一小学校各级均系春季始业，既与现代教科书不合，且卒业时期与升学时期诸多障碍，拟于四月间饬令教育局将该校新召初级生改设幼稚园一班，逐日补习，至秋季始为正班，以资改正。

三、纠正私塾，改良教育　查县属各村私塾林立，所在多有，几倍于县立学校三分之二，自应严加取缔以资改进。拟于四、五两月间督同教育局派员下乡视察甄别私塾，优良者加以协助，改用新教材，务希达到教育革命化之目的；其腐化不堪者着令停办。预计至六月间当可完成。

四、学款独立　查迭奉宪令，教育经费亟待划分独立。惟以陶邑学款拮据，情形特殊，迄未实行。近来三项教育补助捐业经征收有日，所有收入完全作为教育底款，约至五月间当可收有成数，即将学款划分独立，并遵章组织教育基金保管委员会。

五、调查学龄儿童准备施行强迫教育　查本县僻处边塞，文化晚开，人民率多固守旧习，对于学校教育视为畏途，以故办理学校虽有年所，入校生徒除县城各校略见增加外，其余各乡校学生仍不见增多，若不认真整顿，失学者日众，将何以收普及教育之效。拟于四、五、六三个月份内督同教育局先行调查全县学龄儿童，以备下学期施行强迫教育。

六、筹备县立图书馆　查县立图书馆迭奉令催，亟待设立，拟于四、五两月从事筹备，将收起之鼓乐捐先行采办，并将财务局保存游艺会所募之款扫数拨给，分别购买书籍，至六月份内务期成立。

戊　公安

一、清查户口　查清查城内户口本年三月间已经着手进行，一俟调查完毕即编订门牌，以便稽查，俾匪人无法隐匿。

二、筹设公安分局所　查土牧〔木〕尔台地居冲要，商业茂盛，土壤肥沃，人烟稠密，为陶邑东北之要镇，宜适〔设〕立公安分驻所以固边圉，并经奉令遵办在案。县长兹拟在该处增设公安分驻所一处，已令饬公安局长遵照妥拟具体办法呈覆核夺，务于本年四五月间组织成立，以符规章而重警政。

《绥远省政府年刊》
绥远省政府秘书处
1932年
（李红权　整理）

陶林县二十一年七、八、九三个月份行政计划

作者不详

甲　民政

一、组织保卫团训练所　查保卫团训练所业经呈奉省政府令准组织有案。本县第一、二、三、四、五各保卫团自整理以来，实力与组织均极可观，惟关于训练方面不甚彻底，拟乘此地方安靖之际，将该训练所组织成立，对各保卫团施以简单学科、术科之训练，期增实力。计共团丁一百二十人，每以三十人为一班，每班以十五日为一期，预计二个月可以竣事。并拟定以七月为筹备期间，以八、九两月为训练期间。

二、设立言事箱　本县文化落后，人民知识简单，只知畏惧权势而不知权势之不可畏，故对于官厅员役之需索、土劣及暴力之高压往往含诟忍辱，不敢鸣官，虽节经设法扶持，终鲜成效可言。县长为彻底澄清吏治、提高人民知识起见，拟于七月起设立言事箱于县政府前，并制定章则，准人民于法定范围内自由申述冤情，每日封启悉由县长亲司其事，庶几有济于事而利于民。

乙　财政

一、组织城垣基金委员会　案查前以陶林县城历时二载始克竣工，只以完全用土筑城，必须时常修理方能保持于永久。又当建筑之际，民商两界曾发生摊款不均情事，业由商会另行摊洋一千二百元作为修补城垣基金了事，并列入夏季行政计划，组织城垣基金委员会妥为保管，发商生息，以四月为筹备期间，五月为成立期间各在案。嗣以王匪滋扰未及办理，兹再规定以六月为筹备期间，八月为成立期间。

二、甄别催粮差役　查催粮差役良莠不齐，若不从严甄别，诚恐流弊无穷，兹经县长拟定甄别条件如下：（一）年青力壮；（二）家道清白；（三）品行端正；（四）取有殷实铺保；（五）略通文字。定于七月间将原有催役一一予以甄别，合格者留用，不合者开除。又以前发路费无几，委实不足养廉，并拟酌增充分之路费，以免滋扰而利催科。

丙　建设

一、修筑碾子沟堤坝　查本县城南碾子沟，每届夏令，山水暴发，直冲县城，危险堪虞，兹拟于七月间开始浚渠筑堤以防水患，用款先尽募化，不足时再由地方款补助。

二、修筑北壕堑至大王庙道路　查城北北壕堑至大王庙县路一段相距约六里许，每年夏季道路泥泞，行走不便，兹拟于七、八两月会同各村鸠工兴修以利交通。

丁教育

一、纠正私塾改良教育　案查前以各村私塾林立几倍于学校三分之二，自应严加取缔以资改进，业经列入夏季行政计划，并拟于四、五两月督饬教育局派员下乡视察，切实甄别，优良者加以协助，收用新教材；腐败不堪者勒令停办在案。嗣以匪患滋扰未及办理，兹拟定于八月间从事彻查，以别优劣，用期改善。

二、学款独立　案查前以本县教育款确有独立之必要，业经列入夏季行政计划，并拟于五月间着手办理暨遵章组织教育基金委员会在案。嗣以匪患滋扰，未遑顾及，现在地方告靖，拟于八月份督饬教育局赓续办理，俾收成效。

三、调查学龄儿童准备施行强迫教育　案查前以本县文化落后，人民率多故守旧习，对于教育视为畏途，以故陶邑办理教育虽有年所，入校生徒除县城各校略见增加外，其余各学校仍未见增多，亟应认真整理，以收普及教育之效，业经列入夏季行政计划，拟于四、五、六三个月份内督饬教育局先行调查全县学龄儿童，以备施行强迫教育。嗣以匪患滋扰，人民逃避一空，无从办理，兹拟于八月间再行继续进行，以利教育。

四、筹备社会教育机关　案查前以图书馆、民众阅报处、讲演所迭奉令催，亟待筹设，业经列入夏季行政计划，规定四、五两月从事筹备，六月可期完成在案。嗣以匪患滋扰，所有底款收入均属无几，以致未能进行，兹拟于九月份筹备成立。

戊　公安

一、清查户口　案查前以城内居民复杂，亟待清查，重行编订门牌以靖匪患，业经列入夏季行政计划，并督饬公安局妥善办理在案。惟当清查之际，适值王匪滋扰，未克竣事。现在地方告竣，又恐土匪匿迹县城，兹拟于七月起按照前定计划继续办理。

二、修理水道 现在大雨时行之际，各街水道极观〔关〕重要，拟于七月督同公安局切实修理，以免淤积城内而重卫生。

三、安置路灯 查陶邑已往时有设立路灯之举，而多因大风摧残不能保持永久，以致数年来尚付阙如。惟查路灯之设关系治安至为重要，岂能漠视不顾，兹经县长迭次督同公安局长筹商，以最科学之法、极坚固之原料制成路灯十余具，安于各重要街口，预计八月间可以安置完毕。

四、讲求卫生防止疫病发生 现值夏令百疫盛行之际，我陶人民对于卫生素不讲求，传染病每一发生即行蔓延，贻害无穷，更悉包头虎疫发现，传染甚厉，兹拟于七月份起开始防疫工作，第一由公安局逐日查禁各摊贩，不得出卖有碍卫生食品，并督饬居民对于卫生竭力讲求；第二通知商民各界，如有传染病发现应立即报告，以便诊治，用免流行；第三如有故违即予以相当惩处，似此办理，或可防患于未然。

《绥远省政府年刊》
绥远省政府秘书处
1932 年
（李红权 整理）

陶林县二十一年十、十一、十二三个月份行政计划

作者不详

甲　民政

一、举行冬防会议　查冬防临迩，关于县境治安至为重要，自应严密筹划，厉行冬防工作，以期歼绝匪患而靖地方。县长拟于本年十月十三日下午二时召集各警团、区长、各机关团体并地方士绅在县政府开冬防会议，商定进行实施办法。

二、继续训练保卫团　案查本县保卫团前责成正副教练员在三道沟村抽调训练，只以时间短促，收效未能圆满。然当此冬防之际，各团均负有防务之责，集中训练势所难能，兹拟于十、十一、十二各月份仍责成各该正副教练员分赴各团作长期之巡回训练，以收实效。

乙　财政

一、整理房捐　卷查本城房捐前于六月间派员整理，因鉴于商民正在起造新房、修葺旧舍之际，碍难确定，旋即停止进行。现在房舍渐将工竣，兹拟于十月间着手派员切实清查，以资整理。

二、清算各机关薪饷　查本县近数年来迭遭灾难，各属薪饷均弗克按月发放，每月只领少数接济以应急需，故各机关积欠经费为数颇巨，迄今未能清结。兹拟于十二月间（即二十一年度上半年终了之期）督饬财务局结算清厘，以资结束。

丙　建设

一、修理县城周围道路　查陶邑地势高亢，寒冷较早，一切土工渐至束手。兹拟于十月间乘地冻未坚之际，督饬建设局将县城周围十数里左近车碾坎陷不平及水缴冲刷各道路加工修理，以便坚冻后车马通行无阻。

二、计划凿井以兴水利　查陶邑历年灾荒频仍，民生凋敝，虽由于雨水缺乏，而水利不兴洵一重大原因。兹为提倡水利起见，拟于十一、十二两月间趁农民稍暇之际，督饬建设局会同各区、乡、镇长实地查勘，计划来春凿井工作，以兴水利而免亢旱之灾。

三、改良农业　查本县农业殊欠发展，考其原因，实由于一般农民固守旧习，罔识改进，至为惋惜。现在禾稼登场，农事告竣，拟于十一、十二各月份督饬建设局派委专员，分赴各乡调查农作状况，并宣传改良农业，推广耐旱籽种，为来春耕种之预备。

丁　教育

一、筹设妇女训练所　查陶林僻居边陲，文化晚开，女子教育尚未发达，一般中年妇女之生活大都均仰给于男子。兹拟于十月间督饬教育局筹设妇女训练所一班，授以家庭间必须之常识，并教以《平民千字课》、珠算等课程，用期发展女子教育而资增筹其生计。

二、增设民众学校　查本县文化落后，教育颇不发达，现在城乡各地虽设有男女各普通小学校三十余处，然实际考查，各村乡失学青年仍为数甚夥，若不认真整理，则将来教育前途实难收普及之效。兹拟于十一月间农作稍暇，督同教育局指定人烟稠密村庄，在每区各设民众学校两处，以资补救，倘试办略见成效，再行次第扩充之。

三、召开全县教育行政会议　查教育之兴替隆污，全赖群策群力，共谋改进。县长爰本暂〔斯〕旨，拟于十二月份各校寒假期间，督饬教育局召集各乡长副、学董、职教员及热心教育士绅等开全县教育行政会议，借征良谋，俾资改善，并可报告本年教育状况及讨论明岁教育进行方针，期达蒸蒸日上之效。

戊　公安

一、训练警士　查本县警察素乏教育，际兹警政日繁，一般警士若无充分之学识、健全之能力，万难胜任，亟应积极训练以资造就。兹拟于十、十一、十二各月份督饬公安局对于各警士加紧训练，凡春季已受训练者即施以第二期教练，新补警士即施以第一期教练，所有教授课程悉遵照前公安管理处所定者办理。

二、复查城厢户口　查现届冬令，宵小易生，关于城内防务异常重要，清查户口诚为肃清盗匪根本办法，兹拟于十月间督饬公安局挨户逐一清查，俾免盗窃混迹，危害治安。

《绥远省政府年刊》
绥远省政府秘书处
1932 年
（李红权　整理）

托克托县二十一年四、五、六月份行政计划

作者不详

甲　民政

（一）出巡各区　县长拟出巡各区督办各项要政，并印有调查若干种、印刷品若干种。

（二）整理保卫团　查本县保卫团早已着手整理，积极进行，惟以经费无着，服装极不一致，现已筹有巨款定购军服，不日即可做齐。又已办竣者如驻扎第二区防匪窜扰步兵改为马兵等事项，其余犹遵省令现〔规〕定之整理办法努力办理。

（三）举办积谷　查积谷一案事先饬令各区调查地亩确数后，又抄发《积谷征集办法》，现已积有成数，五月底即可呈报。

（四）办理地方自治　查本县办理地方自治，除依照法令推进地方自治外，特别赶办者如乡镇年度预算之规定，重行调查户口与人事登记，组织调解委员会，地方优秀分子及乡中老成笃实之人士使有相当机会可以取得各自治人员候选之资格，训练现任乡镇长以期地方自治圆满实现。现在调查户口业将办竣。

（五）积极改进社会习俗　查绥省风化晚开，民志懦弱，如妇女缠足一事犹未彻底戒除，拟分三期共五月内妇女完全解放。先由公安局登记缠足妇女，由县政府、公安局协同本县天足会挨户

检查，分年岁老少严行处罚，其他如破除迷信、禁止烟赌等事亦行拟具妥善办法，积极铲除。关于缠足一项，现在第一期已办完，正在办理第二期查禁。

乙 财政

（一）整理田赋　查本县人民迭受灾荒，以致历年积欠粮租过巨，除遵财政厅颁发办法定期设立田赋整理处积极整顿，并拟进行程序，先按红簿花名清算欠数，按区立簿，此项工作竣后即派员分头下乡催收欠款并过割。

（二）整理契税　查本县契税一项收入寥寥，皆因人民惜小费而不顾产权之重要，以是时起争执。兹遵照财政厅颁发《整顿契税暂行办法》，派员下乡协同街村长副清查，既可弥因地而争之隐患，又可借裕税收。

（三）统筹教育经费　查本县教育经费无着，迭经设法统筹，现决调查黑河西未上社土地起收学款一项，业经呈请上宪并派财、教二局长负责办理，街公所、公安局从事调查，现已先后呈报地数，即起收学款以维教育。

丙 教育

（一）检定乡村小学教员取缔私塾　查私〔师〕资不良，足以贻误青年，拟定期检定乡村小学教员，分委各乡立小学；所有师〔私〕塾亦允其受教员检定，同时取缔私塾，提倡私立小学，教育局不时与以指导，以减少失学儿童。

（二）调查学龄儿童实行强迫教育　查本县人口十余万，儿童约占三分之一，学龄儿童又占三分之二，全县小学校有五十余处，每校平均以五十人计算始有二千五百学生，是失学儿童有十分之七，若每校以二百学生容纳，则失学儿童即可减至二分之一。兹拟着教育局协同公安局及各区公所从事调查学龄儿童，实行强迫教育，此项已与清查户口同时调查，现在将办理完毕，并拟具强迫教育之办法，竭力实行。

（三）筹设露天学校数处　由各处教〈员〉或随时派员定期讲演礼义廉耻及造林、开渠等事，以助功令之进行。

丁　建设

（一）兴筑归托汽车路　业经呈准绥远建设厅，桥梁工程准由公家担款筹修，至修路工程，应由归、托两县分段派修，所有详细办法已呈准在案，因经费关系未及如期举办，建设局长已赶制标识分段，不日下乡督促兴修。

（二）安置各区电话　查各区公所距离县城不过五六十里，但关于一切消息多不灵通。去年拟筹设各区电话，以县政府为中枢，各区为终点，约需洋二千元上下，由各区负担，详细办法业经县政会议修正通过，现已令各区摊款，俟款收足即可兴办。

（三）筹开什力圪兔渠　查本县第三区什力圪兔及新丈营等村原有小渠一道，历年已久，无人补修，迄今淤垫殆平，业已勘测，估计重行洗挖约需洋五千元，拟变卖官荒五十顷，约得价二千余元，下欠之款归人民负担，业经另文呈请在案，一俟核准即日兴工。

（四）构筑土围、土堡暨防匪工事　查本县各村团堡迄去年底业经筑就者已多，本年奉令构筑，除照颁布图式外，并令建设局拟具修筑围堡办法，以二、三两区为土匪出没之要冲，特定二区官四窑等十四村，三区韭菜滩等九村必须修筑，现在已筑成者约有半数，未筑者令其赶修。

（五）修筑县城　查此案已令建设局会同公安局详细绘测，估定价额，呈府核办。

戊　公安

（一）振兴警政　查本县警政向来限于经费关系颇不振兴，拟制备服装以杜〔壮〕观瞻，施于〔与〕相当训练，汰弱留强，使其遵守纪律，克尽其职。服装已制就，现在从事训练。

（二）提倡公共卫生　查卫生为人民生命与健康之保状，关系社会健全甚为重要，拟取缔不洁食物，清除街道沟渠，注意街巷厕所之清洁，以防发生传染等病症，并随时剀切劝导，使人民人皆知卫生之有益于身体。

《绥远省政府年刊》
绥远省政府秘书处
1932 年
（李红权　整理）

托县二十一年七、八、九月份行政计划

作者不详

甲　民政

（一）整理保卫团　查本县保卫团遵照省令规定之整理办法积极办理，惟以经费无着，进行较缓，拟于本季将服装一律做齐，分别发给，以壮观瞻。

（二）筹办积谷　查本县举办积谷，春夏两季虽严厉催办，而各村所积之谷为数无多。本年雨旸时若，秋收丰稔，当此新粮登场之际，若不及时办理积谷，何以救济民生。拟严令各区乡务须遵照省令暨部章多为积存，用备荒年之需。

（三）督促区务　查各区对于应行查填事项多敷衍不报，除严饬遵办外，并令其对于一切区务不准稍有停顿，嗣后亦令按季呈拟区务进行计划，并逐月造送报告书，以便比较而资考成。

（四）办理地方自治　查本县办理自治除依照绥远民政厅规定之《地方自治进行表》及中央法令推进外，特别赶办者如乡镇年度预算之规定，重行调查户口与人事登记，组织调解委员会，地方优秀分子及乡中老成笃实之人士使有相当机会可以取得各自治人员候选之资格，训练现任乡镇长，以期地方自治圆满实现。现在调查户口已办竣。

（五）改进社会习俗　查绥省风化晚开，民志〔智〕闭塞，社会上种种之不良习俗不易铲除，禁止妇女缠足前已分期办理，现在偏僻乡村尚有缠足妇女，拟令天足分会严行禁止，烟、赌等事亦令公安局妥拟办法从严查禁。

乙　财政

（一）整理田赋　查本县田赋上期已实行整顿，本期仍积极进行，民欠数目未清算者现已无几，一俟完竣，即派员施行调查逃亡绝户荒地及过割等事。

（二）整顿契税　查本县契税上期曾派员赴各区村调查未税未验红白契约，而民间未报税者甚鲜，今为求彻底计，严饬各区村必须使用十八年呈准县制之草契，并须加街村所图记，以防捏造等弊，庶便查验，以免隐漏而裕税收。

（三）催收流通券　查本县近数年人民屡遭饥馑，所有民欠流通券催收益感困难，除遵令派员数十清算抵产局收欠数目以免□用外，并严饬抵产局加紧催收，随收随解。

（四）推销印花　查本县商业凋敝，民鲜殷实，行销印花极感困难，拟饬各区长负责劝导，务使各乡民咸知贴印花在契约合同上有法律之保障，不可图惜小费以冀隐漏致反受害等事，借利进行而便推销。

丙　教育

（一）检定小学教员取缔私塾　查师资不良足以贻误青年，拟定期检定乡村小学教员，分委各乡立小学。所有教授私塾之人亦允其受教员检定，同时取缔私塾，提倡私立小学，教育局不时与以指导，借以减少失学儿童。

（二）调查学龄儿童实行强迫教育　查本县学龄儿童约占全县人口十分之二，前已与清查户口同时调查，现在各小学校正在招收新生之际，拟实行强迫教育，俾免儿童失学。

（三）设立阅报所　查本县向以经费关系对于社会教育少有设施，兹拟成立阅报所数处，在未筹有的款时先向本城各机关借阅报章，以增人民之知识。

丁　建设

（一）兴筑归托汽车路　查本县与省城拟修筑归托汽车路，业经呈准绥远建设厅，桥梁工程准由公家担款筹修，至修路工程应由归、托两县分段派修，所有详细办法已呈准在案，因经费关系未及如期举办，建设局长已赶制标识分段，不日下乡督促兴修。

（二）安置各区电话　查各区公所距离县城不过五六十里，但关于一切消息多不灵通，去年拟筹设各区电话，以县政府为中枢，各区为重点，约需洋二千元上下，由各区负担，详细办法业经县政会议修正通过，现已令各区摊款，俟款收足即可兴办。

（三）筹开民康渠　查本县第三区什力圪兔及新丈营等村原有小渠一道，历年已久，无人补修，迄今淤塾殆平，业已勘测，估计重行洗挖约需洋五千元，拟饬人民承领官荒五十顷，约得价二千余元，下欠之数归人民负担，业经呈准。现详拟办法，绘具图说，似〔俟〕人民报领竣事即行兴工。

（四）构筑土围、土堡暨防匪工事　查本县各村围堡迄去年底业经筑就者已多，本年奉令构筑，除照颁布图式外，并令建设局拟具修筑围堡办法。以二、三两区为土匪出没之要冲，特定二区官四窑等十四村，三区韭菜滩等九村必须修筑，现在已筑成约有半数，未筑者令其赶修。

戊　公安

（一）振兴警政　查本县警政颇不振兴，拟继续严行训练，汰弱留强，使其遵守纪律，克尽其职。

（二）提倡公共卫生　查卫生为人民生命与健康之保障，关系社会健全甚为重要，拟取缔不洁食物，清除街道沟渠，注意街巷厕所之清洁，以防发生传染等病症，并随时剀切劝导，使人民皆知卫生之重要。

《绥远省政府年刊》
绥远省政府秘书处
1932年
（李红权　整理）

托县二十一年十、十一、十二月份行政计划

作者不详

甲　民政

（一）办理冬防　查本省大股土匪虽经剿除，而余匪潜伏，伺隙而动，值此冬防将届、伏莽思逞之时，若不妥为防范，何以奠安闾阎。兹召开冬防会议，遵照绥远民政厅颁发《冬防办法大纲》拟定施行细则，划分戒备区域，业经呈请核示在案，俟核准后即行分令各警团施行。

（二）整理保卫团　查本县保卫团向均散驻各村，致使兵力不能积〔集〕中，刻以冬防在迩，西北防务尤为重要，拟将二、三两队均集合于西北区之重要乡镇，一面驻防，一面加紧训练，以收事半功倍之效。

（三）筹办积谷　查本县筹办积谷，春夏两季虽严厉催办，各乡所积之谷为数无多。本年收成丰稔，粮价低落，劝办积谷最为适当之时，业经令饬各区长暨各乡镇长认真劝办，多多益善，并将所积之谷具报。兹拟严加考察，务使多事集〔积〕存，以重民生。

（四）改进社会习俗　查绥省风化晚开，民智闭塞，社会上种种之不良习俗不易铲除。禁止妇女缠足前已分期办理，现在伪

〔偏〕僻乡村尚有缠足妇女，拟自十月份起严行禁止。至烟赌等事亦令公安局妥拟办法，从严查禁。

乙 财政

（一）整顿契税 查本县契税一项收入甚少，拟遵照绥远财政厅颁发《整理契税暂行办法》，派员赴各乡调查未税未验红白契纸，报府税验，以裕税收。

（二）整理地方财政 查本县地方财政竭□□□□□，若不从事整理，各机关、各学校将有停顿之虞，拟先从节流方面入手，地方各机关实行缩减公费，以省费用而维现状，一面从事整理地方附加，俾裕收入而资整理。

丙 教育

（一）检定小学教员取缔私塾 查师资不良最足贻误青年，拟定期检定乡村小学教员，分委各乡立小学，所有教授私塾之人亦允其受教员检定，同时取缔私塾，提倡私立小学，教育局不时与以指导，借以减少失学儿童。

（二）提倡国术 查学习国术为强种救国要图，际此国难时期，凡属国民均应淬砺精神、锻炼体力，以御外侮而雪国耻。兹拟除成立县国术馆、本县人人皆可学习外，并各校加增国术一课，以资提倡。

丁 建设

（一）兴筑归托汽车路 查本县拟筑归托汽车路，本县境内现已动工，除由建设局督催各乡加紧修筑外，并呈请绥远建设厅兴修桥梁，迅令归绥县转饬各村即日动工。至汽车由官民合办，已从绥购得汽车一辆，以备开驶。

（二）构筑土围土堡　查本县各乡筑有围堡甚多，本年秋收丰稔，各乡动工筑堡亦复不少。兹拟按照建设局所拟具修筑围堡办法，令行各区转饬各乡均筑围堡，将成坚壁清野之势，土匪无处隐藏，不剿自散。

（三）督促灌溉　查本县有民利沙河、什力邓三渠，每届灌溉之时，各水户因使水不均，累起纠纷，影响水利实匪浅鲜。兹拟〈由〉县长及秘书科长暨建设局长自十月份〈起〉轮流监督，以免发生纠葛而便多灌溉田亩。

（四）提倡植树　查十、十一两月栽植树木最易成活，拟派员到四、五两区认真劝导，多事栽种，以期广植成林。

戊　公安

（一）训练警士　查本县警〈士〉素乏训练，拟实施训练，对于巡逻、稽查以及一切违警事项皆加以教练，以期办案敏捷，使匪人绝迹。

（二）注重公共卫生　查卫生为人民生命与健康之保障，关系社会健全甚为重要，拟督饬公安局及各区竭力宣传卫生之道，并清理街衢，严禁道旁倾倒、堆积污秽之物，以免传染而重卫生。

《绥远省政府年刊》
绥远省政府秘书处
1932 年
（李红权　整理）

五原县二十一年四、五、六月份行政计划

作者不详

甲　民政

一、训练自治人员　查自治训练所上期计划业经规定，因地方糜乱未克办理，如能于最短期间将王部平定，各乡秩序就范，即拟依法〈定〉手续办理之。

二、清剿盗匪　拟于王部平定之后拟定单行规则，取缔游民，救济失业，责成闾、邻、乡长举报各该邻闾之游民及形迹可疑者，知情不报连坐之规则另案呈请核定。

三、清查户口　查本县第一区户口业经调查，惟二、三各区因土匪充斥未能办理，拟即遵照颁行章则、表式，督饬各区长克期办理，并随时安定门牌以便稽查。

四、厘定自治经费　将旧有自治经费认真清厘，并设法增加，分别区乡编造预算。此项预算分经常、临时、建设三种，并平均负担，按月将收支各款公布以示公开。

五、普遍识字注重社会教育　调查失学人数，广设补习学校，并推广巡回演讲，除隆镇已设社会教育处，内设讲演、阅报、图书馆、平民学校外，并拟在各区先推广讲演，开办平民学校。

六　建筑土堡　查此项土堡曾一再召集乡长积极办理，只以地

方不靖，人民逃亡未能办理，现土匪即去，既〔即〕拟召集会议，督饬各乡长实行兴工建筑。

七、改组保卫团　查本县保卫团现已遵照省颁《改组保卫团暂行办法》实行改编，对于人马汰弱留强，对于钤记、旗帜、服装一律从新更易，将来团警训练所学生毕业后，即分别插补于各区保卫团内，以资整顿，俾收捍卫地方实效。

八、严格训练警察　查本县警察多无相当智识，拟在公安局开补习班严格训练之。

九、拟设警察教练所　拟在公安局附设教练所，所有服务警士将来均以曾受教练者补充之。

乙　财政

一、金融救济券设法兑现　本县因救济市面呈奉令准发行金融救济券，原以存粮作底款，嗣以土匪充斥，粮石不能依限征齐，是以此券虽已实行，未能尽量兑现，拟于最短期间另筹底款，俾速兑现，以坚信用而使通行。

二、整顿税契　在城由社会教育处劝办，在乡由区长劝办，俾使民众有契即税。

三、整顿粮租　本县田赋依照水利局丈青征粮、蒙各地租款，多有不实不尽，本年丈青拟由本府另派专员勘丈，办法另定之。

四、划一度量衡　查隆镇一般奸商对于蒙人贸易轻出重入，类如收买羊毛则用二十两秤，发卖米面则用十二两秤，甚至斗有大小，出入至不公平，拟即严加取缔，并仿照新度量衡标准施行之。

丁　教育

一、检定小学教员　查隆镇小学教员多不合格，甚至文义不通，滥竽充数，其乡下教员有名无实，尤为误人子弟，先拟检定其资格，再认真考其学术。

二、推设各乡初级小学　拟俟各乡秩序如常，即由各编村于每一乡组织初小一处，旧有者整顿之，向未设立者强迫令其成立。

三、调查失学儿童及成年之补习　责成乡长挨户检举，由闾长考查送入学校，乡长负督饬责任，区长则强迫办理之。其贫寒无力及农民子弟亦必令其半日工作半日读书。

丙　建设

一、整理街市　查隆镇街市房舍当初遂〔随〕意修盖，侵占官街，犬牙相错，甚至横斜凸凹，既碍交通又妨建设，拟将官街让出，并将横斜凸凹者令之改修整齐。

二、安设桥梁　查后套渠道纵横，交通至为不便，拟商之水利局，无论干支渠交道口均须搭设木桥，以利行人。

三、调查官地、垦地、公地、荒地亩数及状况　查后套粮、蒙各地向分已垦、未垦，其中官民公荒概无统计，拟令各区长实地查明，分别勘查呈报，办法另定之。

四、隆镇马路之修理及清洁　隆镇桥东西马路及通县城之马路坎坷不平，亟宜修理，且街市随意便溺，一面修建厕所，一面禁止街市便溺。

《绥远省政府年刊》

绥远省政府秘书处

1932年

（李红权　整理）

五原县二十一年七、八、九月份行政计划

作者不详

（甲）民政

一、整饬吏治　查各局局长以及各区区长率皆因循泄沓，对于应办职务多未见诸实行，嗣后拟即严定考核，分别奖惩，以资鼓励而示观成，并养其俭朴耐劳之习惯而为民众表率，并遵照巡视程序力求民隐，解除民间痛苦。

二、办理自治　查奉颁二十一年自治程序以训练自治人材为根本入手办法，因地方财力关系，拟于训练乡村教员班内，由各乡选其年富聪颖、粗识文义之有身家土著人民随班训练，并由本府各科长分别授以地方自治各课程，俾毕业后练习四权之行使，并注重民众训练及七种登记。

三、整顿文献委员会　查文献关于一县史乘，五原虽有斯会之设立，并未实行办事，有名无实，等于虚设。拟即认真招集本地有智识阶级者与本府各科长同力合作，不另支薪俸，用费省而收效宏。本地人均有敬恭桑梓之心，拟即设法鼓舞，广事搜罗各项史材，从事编辑，借明敷教播治之由。

四、整顿保卫团　查本县保卫团向分四队，均系招募各处无业游民，当兹地方多事之秋，不但不能保卫地方，且多乘机蠢动，

是以民国十九年刘前县庆茬任内有保卫团哗变戕害区长等情事，若不彻底改革，实为地方隐忧。所谓改革者，第一汰弱留强；二注重切实铺保，或乡长或地方士绅与之作保；三必须确有身家；四认真各种训练，并拟将本任训练之团警第一班各学生分别抽换充任，以收名实相符之效。

五、清剿余匪　查王英率队东窜，地方虽渐臻平靖，而遗留余匪及各处无业游民仍恐不免小丑逃〔跳〕梁，拟即严饬各区乡长督饬乡闾长认真清乡，并饬各乡闾邻长出具无匪甘结，并派各保卫团教练四乡游击，以期禁绝盗匪、安谧闾阎。

（乙）财政

一、催收赋税　查五原连年匪盗频仍，被灾奇重，以致粮赋、租课民欠累累，拟即厘定催征有效办法，并饬乡长副认真催解；关于税契推销印花以及屠宰各税均拟切实规定办法，以期收入畅旺而杜偷漏之弊。

（丙）建设

一、考察种树办法　查本年种树原期每人至少种树一颗〔棵〕，而本年植树节正值王匪东窜，地方靡〔糜〕乱，未能按原计划办理，仅由农事试验场及各区区长督饬各乡长分别种植，拟即派建设局技术员分别查报成活株数及种植地点，认真实地考查。

二、督修汽车道路　查绥西交通以包五汽车路为最要，所有五原境内各桥梁必须由各区长随时查验，督饬乡长修理，其河渠浇水有冲毁道路者尤应即时平垫，以免阻碍交通。拟即饬各区长调查具报。

三、委托农民试种生长状况　查委托农民试种历经办理有案，殊鲜成绩。今春经本府购备多量工艺作物及耐旱籽种，发给各乡长分别委托试验有案，所有生长状况亟应分催查报，拟派建设局技术员实行考查，以凭研究而资改进。

（丁）教育

一、组织巡回讲演　查五原民众智识至为幼稚，关于巡回讲演为开通民智切要之图，拟即督饬社会教育处派员分投宣讲，以期普及而开民智。

二、开办乡村教员训练班　查五原各乡小学全县设立未及半数，概因地方不靖停办，现在土匪已经剿除，地方渐臻平靖，已设者亟应恢复，未设者赶紧办理。而师资训练实为整顿小学基本要图，拟即由本府各科长及各学校校长担任各门教授，招考小学教员开班训练之。

三、整顿隆镇各小学校　查隆镇各小学校长有力图振作者，有因循敷衍者，其各教员亦有不称职者，拟于暑假后严加整顿。

《绥远省政府年刊》
绥远省政府秘书处
1932 年
（李红权　整理）

五原县二十一年十、十一、十二月份行政计划

作者不详

（甲）民政

一、办理冬防　查清查余匪已据各县长将无匪甘结前后呈送到府，现在冬防已届，亟应认真继续清查，凡通匪、窝匪均以盗匪论。拟饬各乡长秘密报告，并拟饬各区长拟定下道路线会哨地点及日期，此项会晤并联合地方驻军及各游击队并邻县一体协助办理。

二、整理保卫团　查旧日保卫团向分三队，已分别裁汰，饬具妥保实行区团长职务，分驻五区各十人，直接归区长指挥，并派教练员实行训练。城内总团部留团警三十人，归总部教练员训练，并不时与各区之团警互相对调来城会操。并拟饬各乡长检送本乡土著之有身家、年富力强聪颖优秀青年，每乡三名，来城施以训练，为第二期团警训练班。

三、筹办积谷　查本县积谷今春原议种地十顷以下者每顷纳粮一斗，十顷以上者每顷二斗，按青苗随摊派征收，本年秋收尚属丰稔，拟即饬各乡长一律收齐，交财务局保管。

四、整顿商务　查后套粟贱民贫，百业不振，拟即商之绅董，

将后套粮食由黄河运至晋南销售，一可济晋南之粮荒，一可输出后套之产□，诚属一举而两得，裨益民众实非浅鲜。拟即一面试探沿河路程，并接洽沿河老梢手（即船夫），俾知沿路水量、水性以及某处危险某处如何运渡，一面呈请省府转请晋、陕免税办法，如本年不及办理，来年开河一定试办，果此行无阻，非但后套之产粮有出路，晋南一带居民均可借此调剂也。

五、改进社会风俗　查后套妇女十有八九不知操作女红，较之口里妇女生活苦重实有天壤之别，是以风俗浇漓，言之浩叹。现拟在县城组织一毛织工场作为提倡，务使全县妇女均有职业以挽颓风。此项办法务使每户至少有纺车一具，其□能多纺织、堪作模范者并设法奖励。

（乙）财政

一、整顿税契　查杜绝买契固有报税者，其典当契纸多有不知报税，拟于嗣后不论买典契纸，如过期不税，一经涉讼，白头契纸概归无效，如此办理则税契当可畅旺。

二、整理地方财政　查本年粟贱民贫，财源滞塞，必须开源节流以免竭蹶，现正邀集地方绅董设法整理。

（丙）教育

一、整顿乡村小学并取缔私塾　查乡村小学多数设立，拟即严饬教育局督饬遵照定章施以相当教授，其各私塾尤应严加取缔。

二、管理社会教育　如阅报所之增设，阅报牌之安置，以及巡回讲演、图书保存、平民教育各项均应严厉整顿，以期名实相符而收教育普及之效。

（丁）建设

一、饬乡长调查各处桥梁　查后套渠道纵横，交通不便，凡各渠之交道口必须架设桥梁，以利交通。现正饬各乡长分别调查，以便明春筹款建筑。

二、建筑土堡　查土堡之建筑不啻三令五申，兹为□匪计划，如一乡不能办理则由邻乡合力建筑之。

三、督饬灌溉　查后套之地浇水则为沃壤，不浇等于石田，现正饬各乡长设法广浇地亩，俾来年可多种植。

四、提倡植树　查本年植树业已因匪愆期未能多种，拟饬各乡在向阳隙地多挖树坑，以备来年植树之用。

《绥远省政府年刊》
绥远省政府秘书处
1932年
（李红权　整理）

武川县二十一年一、二、三月份行政计划

作者不详

甲　民政

一、整顿保卫团　查本县保卫团现有人数在三百三十名以上，枪马齐全，实力充足，倘能切实训练，纪律严明，免除旧日散涣不振之弊，不惟自卫有余，匪众胆寒，值此国防吃紧之秋，亦可御防外患，保守疆土。故整顿保卫团为本县民政切要之首图，兹将本季进行事项列左：

（1）严加训练现役保卫团，使其精神集合，增加军事知识，为强有力之地方武力，使有消灭盗匪力量，以安闾阎。

（2）各乡村赶办预备保卫团，实行乡村自卫，以补现役保卫团之不足而厚实力。

（3）实行联合会操，以收整齐划一、精神团结之效。

二、遵令切实奉行积谷案　查本县地面辽阔，粮产最多，但地方习惯民间不事积储，一遇荒年便鬻妻卖子，拆散人口，按十六、七、八三年已往灾情之惨，即可知改良风俗、积谷备荒实为切要之图。本季预定除各区已积起杂粮四百四十余石外，拟再积六百六十石，妥为保管，以备荒年，倘能多积更善。

乙 财政

一、整顿粮赋 查本县旧升科粮赋额征数为三万五千余元，但十七、八两年征起数最多仅至八千余元，十九年征起数最多仅至一万四千余元，民欠之多，实属无比。推原其究，地荒户绝者有之，隐匿玩〔顽〕抗者有之，若不彻底清查，非特公家受损，建设无资，亦且狡黠者既免应尽之义务，良懦者必增额外之负担，苦乐不均，民困实甚。拟俟奉到财政厅整顿粮赋办法后，切实清理整顿之。

二、整理地方财政 查本县自财务局成立之后地方财政均归该局统收统支，惟间有因特殊情形经地方会议令由各区代收者，实行以来不无弊窦，本府现决意整顿，仍归财务局接办，以符统收统支之实而清弊端。

丙 建设

查本县县城城围业经建筑告竣，其余各区村镇筑堡工作有已完成者，有毫无计划者，现拟遵照省令，计划筹备各区乡会自卫工事，一俟夏令令消，即实行建筑而防匪患。

丁 教育

一、本县教育粗具端倪，且财政维艰，改进较难，本季拟先从按现有各学校从事整顿，以期名实相符。

戊　公安

一、遵令筹办冬防巡逻联合办法，以期官民合作剿除盗匪而安闾阎，现已将县城各街民户编成二队，每队分五组，昼夜巡守，区乡正在分别编组中。

一、训练长警，使其得有公安智识，精神振刷。

己　蒙务

一、本县接近蒙边，值此国防吃紧之秋，对于蒙情应详加侦查，俾便应付。已分派多数侦探每日探报，并饬各区严加防范，随时具报。

《绥远省政府年刊》
绥远省政府秘书处
1932 年
（李红权　整理）

武川〈县〉二十一年四、五、六月份行政计划

作者不详

甲　民政

（一）督促各乡村建筑土堡防匪工事　查武川地面辽阔，向无此项工事之建筑，一旦有事，危险堪虞。在郑前任已规定每区择选最大之村庄，于本年四月底最少限度各完成五处。县长到任后，专以此项工事为当要之务，特召集各区长及训练员来县开会，当场征求各地情形，参酌适宜地点，彻底计划。十区共能建筑土堡、土围及散兵壕三十余处，业经绘具图说呈报在案。惟在三月以前因地气寒冷，土质不开，未能兴工；至四月春风解冻，正宜动工，各区均在进行中，突遇王英股匪过境，除一区乌蓝花镇暨古营子村已完成土堡、城壕各一处外，其他各区乡村均影响停顿。刻下土匪东窜，拟仍督促各乡村继续赶筑，统展限至六月底一律完成。

（二）调查地方被匪损失案　查此次王英股匪到境，所有经过之区村被害较重者为七、二、九等三区，其他各区村被灾轻重不等，拟由本府规定调查表式，分令各区详实查报，并派员分途下乡覆勘，切实具报，一面召抚人民赶速回村，以利春耕。

（三）调查各区所积之谷是否被匪损失案　查积谷一案照章规定每区积成之谷责由区公所设仓储存，并选公正士绅二人保管，

以资整顿而备灾荒。查本县各区所积之谷因区公所向无适宜仓廒，故因陋就简，暂由各乡镇公所择选民仓零星存储，拟俟各区筑有专仓再行集存。此次王英股匪过境，骚扰普遍，所有经过之区村对于积成之谷难免不无损失，拟令饬各区切实巡查，赶速呈报，以凭稽考。

（四）办理清乡案　查此次王英股匪过境，大股匪徒虽已东窜出境，而零星小股暨残余之匪难免隐避乡间，贻害非浅，若不彻底清查，实不足以清匪患而安闾阎。拟严令各区督饬乡、镇、村及闾、邻长勒限搜查，随时具报，如逾限不报，即由乡、镇、村长出具切结，由区转报县府核办。

（五）办理天足案　查本县办理天足历有年所，其能明了危害、已经解放者不过十分之三四，而顽固不化、仍有此种恶习者尚居多数，究其原因，实以天足分会徒具虚名，既无女稽查之设，又无负责之专员。县长到任后，对于此项要政决心取缔，惟欲彻底铲除，非宽期严查不足以达圆满之目的。拟自三月份起，先从劝导着手，传谕各街、乡、镇、闾、邻长转告各住户，务使家喻户晓，一面将十五岁以下之缠足妇女依照前颁检查缠足妇女登记簿式样刷印多份，分饬登记，拟俟天足分支会实行组织成立后，即令饬男女稽查员挨户检查，务使已缠者速行解放，未缠者不令再裹，实行检查后倘再查有执迷不悟仍行缠裹者，不特科以罚金，并予家长或其本夫以相当之处分。县长拟不时下乡视察，务将此有伤人道之恶习取缔净尽，借收美满效果。

乙　财政

（一）整理田赋　查武川全县额征各项粮赋已达四万八千余元之多，惟考诸历年征起数目竟不及额征之半，推究已往，实由于各村长副暨各花户等习于陋规，每逢派警催缴，非借词甲户潜逃，即曰乙姓绝亡，年复一年，均置纳粮于不顾，依瞒哄为能事，常此以往，其影响国课何堪设想。兹遵照颁发整理粮赋及各村长副催解粮赋各办法成立田赋整理处，先从调查各村亩数、粮数着手，采取最彻底、最有效之方针，切实奉行，总期经此次整理后，使各粮户年清年款，不得任意拖欠，再蹈陋规也。

（二）整理地方财政　查武川财务局地亩摊款标准均按各区旧日应社〔税〕之区地计算，并任各区自行呈报，该局事前亦未切实调查，难免奸诈之徒以多报少，忠实之人以实报实，因之负担不均，苦乐不一，实非久远之计。拟令该局于本年四、五、六三个月内着派妥员下乡切实调查，以杜流弊而示公允，此其一。又该局摊款自十八年起至本年度止每年积欠甚巨，以致各机关经费无法支付，拟令该局于本年五月间一面派员下乡清算各村长账簿，一面饬令各起款员加紧起收，以资支付而杜流弊，此其二。

丙　建设

（一）造林　查武川地质、气候均远不如归绥等县之温和肥沃，故历年所植树株成活者甚鲜，而去年县城附近共植杨树千余株，成活三百余株，本年植树期间派专员下乡调查，选择气候、地带适宜之处实行大规模之栽植，期收成效。

（二）育苗　查武川向无树株，关于树苗秧条甚为缺乏，往年所植之树秧多由归绥南区购买，往返既感不便，秧苗辄受损伤，是以每年植树成活甚难。本县树秧去年虽成活数百株，然为数过微，不敷应用，拟于植树期内设法筹款赴绥购买榆籽，并每区择定相当地点，督促各区实力播育，以期推广林业。

（三）开渠　查武川县第一区所属塔步河及第五区所属隆盛德

至拐角铺之渠道均为本县切要之建筑，本年夏季拟分别情形，鸠工加以开挖修浚，以期完成而利农田。

（四）建修　查建筑县府暨地方各机关，业于去岁经地方行政会议决议，由羊捐项下及地亩公摊建筑费洋二万元以资建筑，当于是年六月间实行动工，现落成者仅县立第一高小学校一处，其余因冬令不宜，故暂停工，本年夏季拟继续建筑以期完成。至本县去年所筑之城围，因风雨侵蚀、行人践踏，颓坏之处甚多，本年夏季亦拟加重工事，通行修葺，以资防守而保治安。

丁　教育

（一）扩大县立各小学校校舍　查本县县立男女第二小学校暨县立第一女子小学校之建筑费已于本年春季筹有成数，现在各方接洽，购置材料。又因县立第二小学校系蒙汉合办性质，学生极其踊跃，非规模宏大之校舍不足以资发展，已有着落之建筑款仅合三千八百余元，不敷之数甚为浩巨，拟于本季详细列举概算书暨校舍略图，呈请省教育厅拨发专款，以便动工。其余各校统拟于本年六月开始建筑。关于监工事宜，由建设局、教育局双方派员会同当地热心士绅组织工程委员会办理之。

（二）视察各学校　查本县所属各小学校早经先后开学，拟于本季派督学分别视察二次，并随带大宗奖品择优奖励（拟以教育局代购课本余款购买奖品）同时核定各校之等级，以作秋季增加经费之标准。

（三）继续调查学龄儿童　查本县学龄儿童业于上季开始调查，现在尚未竣工，拟于本季赶急办理，务期于六月底一律完竣。

（四）筹备师范传习所　查本县师资甚为缺乏，尤以乡村小学校最感困难，拟于本季筹备成立师范传习所，以资训练区立小学校之教员，暨各乡原有塾师均得受训练，在本年暑期开学毕业后分别成绩委用。

（五）成立乡立小学校　查本县拟将各乡之私塾改为乡立小学校，已由上季着手办理，其经费由全乡地亩公摊供给，或数乡联合担任。所受〔授〕课程由教育局规定，现改设完善者已有五乡，拟于本季继续办理，期收全功。

（六）劝导蒙民学生入学　查本县县立第二小学校原为提倡蒙旗教育而设，惟因蒙民扭〔狃〕于旧习，鄙视教育，拟于本季令由教育局长亲赴四子王旗一带广施劝导，宣传入学之必要及其利益，蒙民子弟或可闻风兴起，踊跃入学，蒙旗教育庶乎有豸。

（七）清算区立小学校结存经费　查本县各区立小学校之经费，因教职员之俸薪系由开学之日起至放假之日止计算开支，假期即行停止，每年摊款均有结存，有欠在地方者，有存于区所者，拟令该局于本季派督学分别清算，会同各学董视学校之需要，添买应用之校具，如无校舍建筑费者，即充建筑之用。

戊　公安

（一）训练长警　查该局长警素乏训练，况警察为人民表率，一举一动胥为观瞻所系，不但体格贵乎健全，即学识亦须粗具，执行职务方能应付裕如。若不加一训练，未免临事张遑，贻误事机诚非浅鲜。警察教育实为当务之急，现由该局自定学术科进度预定实施表，分班训练，按公安管理处所定智识教育、素养教育大纲均〔切〕实进行教育长警，以期深造，俾养成良好警材。

（二）清查户口　查近来匪患日炽，杀人越货视为所常，僻壤城市重在预防，消弭隐患必先清乡、调查户口，清查完竣之后继续抽查，以防匪人混迹。此外对于旅馆、客栈逐日派警，特别注意巡查之。

（三）严加考勤　查长警服务须加考核，勤于职务者奖励之，服务不力者斥革之，综核名实，以儆欠庸而励有功。

（四）公共卫生　查卫生为人民生命健康之保障，增进健康须预防疾病。现当夏令，为排除障害起见，现正进行取缔不洁饮食物，检查屠兽场，清除街道之尘芥及秽物，注意街巷厕所之清洁，取缔医药，管理水井，以防传染疾病。

（五）添设分局　查前奉公安管理处训令，以警察范围仅及于县城，于规章未合；县境乌蓝花镇可增设公安分局，北达四子王府可增设分驻所。第四次县政会议提出讨论，因地方财政困难关系，公拟须俟六月开全县会议再行公决进行办理。

己　蒙务

查本县北界蒙边，侦查边情尤属当要，除令饬沿蒙边之一、九、二等区随时派警探查具报外，拟选委粗通蒙语、熟习蒙境、素与蒙人能接近之专员一人或二人，化装贸易，常川驻守，秘密侦查，不特消息灵通，对于蒙情足可得悉底蕴。

《绥远省政府年刊》
绥远省政府秘书处
1932 年
（李红权　整理）

武川县二十一年七、八、九月份行政计划

作者不详

甲　民政

一、考核村长　查政治进行之效力当以下层之工作为定评，苟下层工作不得其人，则一切应行应革之事皆不能纲举而目张。尝考本县各村村长廉隅自爱、守法奉公者固不乏人，而假借村长之名实行鱼肉乡里、甚且捏造民意而阻扰要务者亦属不鲜，此种症结若不早为革除，则病氏〔民〕害政罔有底止。兹拟于本季实行考核村长，凡有不良嗜好及品行不端、办事不力者即一律革除，另行选委，以期增加下层工作之效率。

二、取缔保卫团之分权　查本县之保卫团每区三十名，向归军事助理员带领，而区长虽名为保卫团之区团长，但实际方面对于指挥调动颇不灵活，凡事不经助理员之认可则团丁便不能差遣；并且各村长对于其村内之事亦多以助理员意为转移，似此权限不能统一，而对于区务之进行甚多窒碍。拟自本季起，将区保卫团完全饬由区长负责，而助理员仅有协助及服从命令之义务，不得有专断之权力，凡有不服从者拟即撤惩，以免尾大不掉之弊。

三、催办积谷　查积谷为备荒之要政，迭奉上令催办，不能稍缓，只以近年以来荒旱不绝，而当时之生活尚无法维持，故不暇

于备荒。本年雨水调匀，秋收大有希望，兹拟乘丰收之际竭力筹办，一面由民众起积，一面拟向赈务会贷款籴积，双方并举，庶可收有备无患之效。

乙　财政

一、调查各区死亡逃户荒地　查各区地方亩捐向由起款员负责催收，近年以来各区欠款累累，一经催征则各村长便以死亡逃户支吾，不肯交纳，自非彻底清查不足以明真相。兹拟于本季印制《死亡逃户地亩调查表》饬交起款员，一面催收新款，一面调查荒地，照表填列，限三个月办竣具报，以便清理而资整顿。

二、规定发款手续　查地方款之支领向系各机关径向财务局领取，本府概无查考。兹经规定嗣后财务局支发各款非经本府批准不得擅发，以昭郑重而免纠纷。

三、规定起款员之任用　查各区起款员向为区选制，而对于该员等之去留财务局从不过问，所以各区之欠款虽经饬催终无效果。兹将起款员废除区选制，嗣后一律由财政局选用，如此指挥既便而催征自不难矣。

丙　建设

一、扩大举行县农产比赛会　查本县农民对于籽种之选择向不研究，是以农业方面毫无进展，本年秋季预筹的款，拟扩大举行县农产比赛会，并征集各种作物，品量等级分别奖励，用资观摩，借收成效。

二、提倡凿井　查本县多属旱田，每遇雨泽愆期即有荒歉之虞。兹拟于本年秋冬饬令建设局长分赴各区竭力提倡，督促人民实地进行，以期完成，借资推广。

三、县道里道之修筑　查本县地多平原，县里道路尚无若何险阻，惟第三区至第五区中经点红代沟，山路较为崎岖，交通颇感困难。兹拟于本年秋季筹款修治，借便行旅。

四、安设各区长途电话　查本县地面辽阔，区乡散漫，一遇匪患，消息既不灵通，剿堵自难周密。兹拟于本年秋季先择扼要各区安设此项长途电话，以期消息灵通，便易防匪。

丁　教育

一、筹设讲演所　查本县因屡受灾荒，而对于社会教育毫无设施，拟于本年秋季先行筹设讲演所一处，任用讲演员二人，分赴各区乡镇讲演，以期促醒民众知晓人民对于国家应负之责任。

二、筹设消费合作社　查本县因教育之不发达，向无书局，迩来虽学校逐渐增加，然因土匪不时骚扰，此项书局仍无人投资开设。兹鉴于各区乡小学校购买课本及其他用品之困难，拟由县地方款内筹措本金大洋若干元，暂由教育局附设消费合作社一处，以便各学校购买用品而励合作之精神。

三、确实考核六、八两区乡间小学校之教员　查六、八两区本年春季由私塾改设之小学校其教员能否胜任，彼时因土匪过境未加考核，兹拟于秋季派督学前往该两区确实考核，以定留汰而免滥竽。

四、县立第一女子小学校及县立第二小学校增加高级班次　查该两校成立不久，所以只有初级而无高级，本年夏季各有初级第一班学生毕业，故拟于秋季增加预算，各添高级一班。

戊　公安

一、训练长警　训练长警分为二项：第一技术教育。查警察为维持社会安宁，职司侦查、逮捕，不仅要有警察知识，且须养成健全体格。兹定每星期六练习体操、拳术，以资锻炼身体。第二知识教育。查警察事务既繁，责任綦重，非有恪守之轨范不能运用职权。兹以《警察问答》、《违警罚法》、《户籍法要义》等作知识教育基础。第三素养教育。查警察执行职务均以干涉为原则，己身不正何以服人，所以警察首要养成品行，如保持廉洁、和平处事、戒绝嗜好等，假〔自〕宜时加勉力，并饬遵照绥远省公安管理处颁发之《素养教育大纲》次第进行。

二、清查户口　查办理警政之基础，清查户口最为重要，拟于本季饬令公安局会同街闾邻长接续按户清查，俾有确切之统计。至关于游民、无职业者，并由便衣警随时调查其行动及生活状况，以免余匪潜匿妨碍治安。

三、筹设乡镇警察分局　查本县地面辽阔，前拟于乌兰花添设分局一处，曾经本府第四次会议提出讨论，议决俟秋后再行核议。兹拟于本季重行提议，以期早日成立。

己　蒙务

查本县北界蒙边，值此赤俄南窥之际而侦查边情极为重要，除令沿边之一、九两区派警随时探查具报外，兹复派密探员能与蒙人接近者常川驻守昭府，密秘侦查，以期消息灵通。

《绥远省政府年刊》
绥远省政府秘书处
1932 年
（李红权　整理）

武川县二十一年十、十一、十二三个月行政计划

作者不详

甲　民政

一、筹办冬防　查历年以来，每届冬防之期，不免有匪人三五成群，乘时抢劫，以致行者畏于途，居者惮于室，则不安之象无一人而不感受也。兹拟于本届冬防期内，对于城市方面分饬警团严查旅店，昼夜梭巡，并商同驻军建筑哨所，广为设哨，以资周密；对于各区乡镇除饬各区保卫团互相会哨外，并随时清查户口，由乡、闾、邻长具结负责，以期根本肃清，永获安谧，其详细办法另案呈报。

二、筹办乡镇长训练所　查本县地处荒徼，文化落后，现在乡镇长中识字者甚属无多，值此训政进行之时，而村本工作异常纷繁，自非将各乡镇长加紧训练不足以观成效。兹拟会同县党部，在此冬季农暇之时组织一乡镇长训练所，将现有之乡长分班调县训练，以期得有常识而便策进，所有组织章程及课程表并预算俟拟后另案呈报。

三、督催成立调解委员会　查本县人民知识简单，不明大体，而彼此之间稍有龃龉辄设法兴讼，甚则累月经年者有之，耗时废

事莫此为甚。兹拟饬令各乡镇从速组织调解委员会，以期减少讼案，经济时间，多加生产而敦厚其私德，则人民之团结力便日有进步焉。

乙 财政

四、清理历年旧款 查本县历年以来地方摊款积欠甚多，以致各机关经费不能按月关发，每向各乡长催款时，不曰地方穷困难以起收，即讲逃亡死户无处寻找，此种情形固属难免，但借端推诿者亦复不少。兹拟于本季令饬财务局妥派专员，分赴各乡迅速清理，以明真相而免乡长蒙混之弊。

五、调查新垦地亩 查本县第一、二、三、四各区近年以来新垦地亩甚多，但未列入地方摊款，殊属苦乐不均。兹拟于本季令饬财务局派员前往各该区调查已开亩数，俟清查后即饬加摊地方款，以资平均负担。

六、稽核各乡簿账 查本县地方摊款皆由各乡长经管起收，惟乡长之中良莠不齐，不免有乘机舞弊鱼肉乡民或挪用公款抗不交纳情事，兹于本季拟令财务局饬派委员分赴各乡稽核各乡账簿，以资整理。

丙 建设

七、筹办农林试验场 查本县农民对于籽种之良窳、品种之性质概不加以择选，复未能实行试验，是以农业总无进步。又关于林业一项，以本县树秧缺乏，采运困难，而人民盖不重视，似此衰落现象，若不积极设法振兴而为害实非浅鲜，拟于本季令饬建设局由烟亩附加建设费内拨一部分专作筹办农林试验场以期改进农业、推广林造，其详细办法另案呈报。

八　调查全县之出产及蕴藏之各种矿物　查本县关于出产及蕴藏各矿物尚乏确切［切］调查，故于生产方面毫无迈进，兹拟于本季令饬建设局派技术员分赴各区实地调查，每月作一报告，以便根据兴办。

九　调查河流　查本县开辟未久，关于全县土地、河流向无确实统计，拟于本季令饬建设局派员从事调查，并绘制图表，以便兴办水利，开拓富源。

丁　教育

十、指导各区小学教授　查本县各小学校除县立小学四处教授尚属合法外，其余各区立、乡立小学多系师资欠缺而教育自难合法，兹于本季拟令教育局饬派督学分途沿区视察，专在设备、教授方面指导，以期促成合法教育，借补师资之缺欠。

十一　年底派员考绩给奖　查历来区乡小学对于学生学期考绩不甚重视，兹拟于指导教授之后、年假以前，除饬教育局长亲自检考县立第一、第二及女子第一、二小学外，并派督学持带奖品，分途沿区考绩，一面试查学生之成绩，一面试看教员之教授是否能依指导方法实行、优劣何在，如师资欠缺太甚者，拟再另行设法补助，以期划一。

十二、增设冬季民众补习班　查本县偏处蒙边，文化晚开，不识字之民众较他县为独多，又兼历年匪荒频仍，教育几及破产，故年成〔成年〕之民众多不识字。幸本年收获较丰，秋忙已过，拟于本季就在各区立小学之内增设成年民众补习班，一班定期三月，而教员即由区立小学教员兼任，酌加津贴，如因人数过少或过多，时可酌量情形两区合并，或另聘专员教授，以普通常识为科目。

十三、成立短期师范传习所　查本县交通不便，文化晚开，区乡立小学教员师资均属缺欠，如不设法补救，而对于教育之进程关系实大。兹拟于本季令饬教育局筹设师范传习所一处，先抽调六、八两区各小学教员，假县立第一小学校地址试办一班，定期两月，授以高级小学各科要目，并专学教授及儿童心理管理法等要义，所需教员由当地党、政、教机关聘请担任，均属义务，如书记、差役、公杂费等开会另筹。

十四、成立局务会议　查教育局为全县教育行政机关，对于教育之进行应染〔集〕思广益，共同讨论研究，乃能有事半功倍之效。拟于本季起饬令教育局每月筹开局务会议一次，以局长为主席，而各督学将下乡见到情形及事务员将奉行拟办要件均得向会报告，以资讨论，并县立男女小学校校长以〔亦〕应就近列席。

戊　公安

十五、冬防紧急戒备办法　查本县地僻民稀，北接蒙边，而警察力量过于微薄，设遇紧急事变，除鸣笛求援外，饬即径请驻军协剿，以策万全。

十六、巡查旅店　（一）小店为纳垢藏污之地，除每晚八点钟派巡长一名率警士四名巡查盘诘外，并每日派便衣警径赴各店调查二次，其有携带物品随时检查；（二）各商号行栈人类不齐，深恐宵小潜踪、相机发动，则调查手续同前；（三）饭馆、肆酒〔酒肆〕以及暗娼等家均应分别严格调查。

十七、严禁赌博　查赌博一事为害严〔甚〕厉，并亦易藏匪类，滋生事端，已饬派警随时察查，一面布告严禁，以杜恶风。

十八、设立岗楼　查本县每入冬季，气候严寒、大风时作，长警服务露主街巷，痛苦特甚，拟饬设立岗楼二个借避风寒，所需款项即由违警罚款项下开支。

十九、修筑厕所　查本地人民无知，任意便溺，不惟观瞻不雅，且亦妨害卫生，拟饬选择相当地址修筑厕所五处，以重卫生。

己　蒙务

二十、调查边情　查本县北界蒙边，值此赤俄南窥之际而侦查边情极为重要，除令沿边一、九两区派警随时探查具报外，兹复派密探员能与蒙人接近者常川驻守昭府，秘密侦查，以期消息灵通。

《绥远省政府年刊》
绥远省政府秘书处
1932 年
（李红权　整理）

修正农民训练所简章

作者不详

第一条　为筹裕民生起见设立农民训练所，由各县局于农暇时调集，以灌输农事智识，提高作业能力。

第二条　调集农事每年一期，自二月十五日起至四月十五日止，训练期为两月。

第三条　调集农民应由各县局建设局长按规定资格选择，选定后再由县政府如期送所，其未成立建设局之各县局应由县局长负责办理。

第四条　选择农民各县局应按各区村分村之大小，先就大村轮流选送，但前此已经选送之村庄不得再为选送，以使全县农村农民有受训练均等之机会，借以促进农业之改良。

第五条　选送人数按县份大小分配之，各县局应选人数开列于左：

归绥、萨县、包头、丰镇、武川、和林、托县、五原、兴和等九县每县五人；清水河、东胜、集宁、凉城、临河、陶林、固阳、安北等八县局每县三人。

第六条　选送农民资格以年在二十五岁以上五十岁以下，确系真正自耕农民，兼有地产、粗识文字，并无残废病者为合格。

第七条　训练期满后举行口试，成绩足五十分以上者准予毕业，发给党国新农证书，派充本村农民指导员。

第八条　训练农民科程分列于左：

1. 公民党化；

2. 村政大意；

3. 农村信用合作；

4. 作物浅说；

5. 园艺浅说；

6. 果树浅说；

7. 土壤浅说；

8. 肥料浅说；

9. 种树造林浅说；

10. 畜牧浅说；

11. 农产制造浅说；

第九条　农民所需旅费、膳费由各县局筹支之，计旅费量路途之远近酌发往返一次，膳费每人每月需现洋五元，两月共计现洋十元。

第十条　前条规定各费除农民来所旅费由县直接支领外，其膳费暨返县旅费应于农民送所时一并呈缴。

第十一条　本所经费由建设厅实业费项下筹支。

第十二条　本简章自呈准公布之日施行。

《绥远省政府年刊》
绥远省政府秘书处
1932年
（李红权　整理）

修正区长下乡巡视办法

作者不详

第一条　本省各区长为宣传政令、指导自治及考察地方情形起见，须依本办法之规定每月下乡巡视。

第二条　区长每月下乡日期最少以五十〔十五〕天为度。

第三条　区长下乡应按所属乡镇多寡及地方环境情形酌量轮流分往巡视。

第四条　每逢下乡时，应将现行政令及自治要端务须在乡镇公所召集乡、镇、闾、邻长及其他自治人员切实讲解，并对于民间疾苦及庶政得失切实访询调查，随时呈报。

第五条　区长下乡巡视，应将所到乡镇及经过事实分别详载日记，月终汇订成册呈报县政府查核。

第六条　县政府接到各区巡视日记后，应即实地详细考察所报是否合乎事实，并将其办理成绩按月附注于日记后，俟届三个月按季考核时，综核各月成绩并列考核表内，呈报民政厅备案。

第七条　区长下乡巡视如一月不及十五日时，应于月终详述理由，呈由县政府核办。

第八条　区长下乡巡视，应轻骑简从，一切需费概由自备，不得向乡民需索。

第九条　区长下乡巡视，如有骚扰乡民情事，或奉行不力，以及捏报蒙蔽情事，由县政府查实，酌量惩儆，呈报民政厅备案。

第十条　县长、区长对于本办法奉行不力，经民政厅查觉，均受连带处分。

第十一条　本办法如有未尽事宜得随时呈请修正之。

第十二条　本办法自公布之日施行。

《绥远省政府年刊》
绥远省政府秘书处
1932 年
（李红权　整理）

外蒙古的新政府

爱亭　译

本文系译自日文的《从中国制度上所见的蒙古》一书，原书为南满洲铁道会社东亚经济调查局所编，于昭和四年六月——一九二九年——出版，内共分二十四节，本文即其中的一节。

译者附志

一　组机新政府概论

外蒙古在民力上、财力上、武力上虽甚微弱，然能奋然兴起而建树一个新的政府，从那久被尘埃所污的古巢，一跃而飞入一个新的社会，他们这一种的意志，不得不令吾人钦佩之至，此实为蒙古人吐了万丈的气焰，为民族增光不少啊！

元朝灭亡后，蒙古民族分为南北两部，其避于北方的一部族，号称哈尔哈，而实行自治。当清康熙帝时，噶尔丹率兵南侵，被清兵不费吹灰之力就把他灭亡了。当此时代如无哲布尊丹巴和噶尔丹二人，将不知发生如何的变动，或者被俄罗斯所吞并也未可知，总之他们的命运是十足令我们怀疑的。

其后到了清朝和民国的交替期，内蒙和外蒙即乘机宣布独立。又至一九一五年——民国四年——中俄在恰克图的条约成立，蒙古取消独立而组织自治政府。待徐树铮为西北筹边使时，强迫蒙人取消自治，而仍然归顺了中国，此是民国八年十一月事也。

在表面上是取消了自治，而实际上是等于零，到了民国九年夏间，此种不安的状态益形显露，遂至翌年二月库伦陷落，此时中央政府的权威完全扫地，此是中国政府自一九一〇年以来，库伦又第二次的被蒙古人收回了。

二 文格恩攻取库伦

所谓白卫军的旧俄残党文格恩，率领不足千人的一小部队，从敖嫩河方面侵入库伦，一九二〇年冬间开始总攻击。蒙古人为之内应，遂至翌年二月三日库伦陷落，当时都护使陈毅、边防军旅长褚其祥及守备队长高在田收拾残卒逃往恰克图。当时中国虽拥有比攻击军多一倍以上的兵力，可是就轻轻地把库伦放弃了。

都护使的一团人计画驻在恰克图，可是此处自一九一九年以来，所谓蒙古革命党的一团人，势力渐渐扩张，不满意陈毅等的居留，借劳农政府的援助，把陈毅等逐出境外，此时民国政府的名誉益形坠落矣！

此种革命党徒更南下入库伦，对白卫军的不法乱暴的行为，大为不满，乃驱出之。是时库伦和恰克图完全为革命党所占领，而建树一新政府，在外蒙古，新政治从此创始，此乃一九二一年事也。

三 蒙古革命政府

新政府称为蒙古革命政府，虽说同哲布尊丹巴成立了妥协，可是新政府得到一个革新的机会，旧来的施设，从根本上悉加破坏。然在旧王公、札萨克及喇嘛之间屡屡发生纷扰，关于施设的变更增减，政府的改称等等杂多的事件，继续发生，遂在一九二四年五六月间取消了蒙古革命政府，改称为蒙古共和政府，并同时制定了宪法而施行之。

四 蒙古共和政府及其宪法

当初尊奉哲布尊丹巴为君主的制度，只不过是一种临时的政策而已，所以此时取消君主而全然变成了一个共和制。

设内务、外交、司法、财政、陆军五部以组织国务院，置一国务总理以统率之。各部置总长一人，主事各一人，秘书各一人，任命书记若干名，并特分课而设主持员，以专任主理之，此为蒙古官制之大略也。

宪法

第一章 勤劳国民的权利关系

第一条 蒙古为完全独立的民主共和国。

第二条 蒙古共和国的目的从根本上铲除封建的神权制度，以巩固民主共和政体的基础。

第三条 蒙古共和国内的土地、矿产、山林、湖川及与此类似的一切天然财源等为完全公共的所有，严禁此等物产的私有权。

第四条 蒙古共和政府在一九二一年以前，与外国缔结国际条约及义务条约并有强制的外债关系等等有害主权的东西，一律宣告废弃。

第五条 蒙古国民为保持政权而编制蒙古国民革命军，以实行武装国民政策。并对于一般的青年施行必要的军事教育。

第六条 宗教及寺院与国家脱离关系，但承认人民信教自由权，并将此意宣告于全体国民。

第七条　蒙古共和国为尊重人民的言论自由权，而组织出版事业，以开发人民的智育。

第八条　蒙古共和国为尊重人民的集会自治〔由〕权，而开放适当的场所，以备各种人民的会议场。

第九条　蒙古共和国承认人民的结社自由权，并对贫困的勤劳国民予以积极的援助。

第十条　蒙古共和国为使贫困的子弟及一般国民易求智识，而设免费教育。

第十一条　蒙古共和国不问民族、宗教、姓〔性〕别，凡住居在蒙古境内者，皆享有平等的权利。

第十二条　旧日的王公贵族等阶级称号，宣告一律取消，并将哲布尊丹巴及［日］汗（土谢图、赛因诺汗、札萨克图、车臣［的日］）等所有的权利同时废除。

第十三条　世界各国的勤劳民族都想着推翻资本主义而向共产主义的方针前进，蒙古共和国鉴于此种的趋势，对外政策务必联合被压迫的弱小民族及世界革命的勤劳民族，采取一致的行动，以达共同的目的。

附则　蒙古共和国应时势的要求，保留同资本主义惯行以外的各国缔结了的亲交关系，但遇有对于蒙古共和国的独立和主张有侵犯者，当以武力抵抗之。

第二章　军事关系（乃关于根据宪法和国民通过了的军事的根本法则）

第一条　认为现在的陆军编制为适当，且定现行的陆军组织法为永久的法则。

第二条　政府对于各国文化政策的教育务须特别注意。

第三条　军队撤废卫护税关的任务，而另组织管理征收事务的巡役。该巡役的政治战术的教育由各军的长官分任之。

第四条　国家改良、扶助国民革命军官兵的家族之法则。

第五条　在军事会议上议决陆军指挥权为单一制，即依此制以统一军政。

以上的宪法及军事暂行法，由中央及地方行政机关布告国民，并为研究宪法的基础条规。在全国的学校及军队中，特定专科，以使人民明了宪法的命意。

五　各机关的组织

直接属于国务院的机关有：（1）国民党中央委员会，（2）青年党中央委员会，（3）学术馆，（4）审查司，（5）国民合同公司等是也。国家的主权依国务会议、国会、中央委员会三大机关发动之。凡关于对内对外的重大问题，由各部总长及各机关的代表等所组织的会议议决执行之。

陆军由元帅一人、参谋长一人统率之，为全境军事的总机关，其下特设一内防处，为防止内乱发生的唯一机关，也就是旅行者的卡伦——监视所，以监查、侦探旅行者的出入，遇有行迹可疑者加以逮捕，按照军事机密手续处理之。并对居住者的行动亦加以注意焉。凡外蒙旅行者须豫先由证人领得旅券，然后可入境旅行，此种麻烦的手续，即此内防处之命令也。

国务院直属的审查司，专考查各机关的处置大小事务，又凡关于国民党、青年党所督察的事务，审查司亦负有代为弹劾的义务。所以上自王公、总长，下至书记、兵卒莫不畏惧之。

内务部的教育司专负管理学校之责，一九二一年以来，在库伦所谓速成国民大学者即是其一，学生现有四十余名。又中学校一，学生六十余名，小学三，学生二百余名。在旗内有小学校十八处，学生八百余名。在库伦有国家学术馆，专以搜集蒙古物产及学术参考品等，又有国家图书馆的筹备处，以编纂出版蒙古各种的图书，为将来设立国家印刷局的计画，蒙古的新旧文化事业从兹勃兴矣！

各种的教科书以蒙古语编辑之，教师皆采用蒙古人，体操、唱歌亦皆引用蒙古语。至于服装则参酌西洋式。总之，以贯彻保存国粹为主义。俄语习读不采用专课，而列入于特别课目中，专备有志望者及在官厅中必要的人员习读之用。

国民合同公司为唯一的会社，当初成立时，资本为一百万元，其旨趣在产业方面的开发。本店在库伦，支店分设于科布多、乌里雅苏台、恰克图、桑贝子及其他必要的地方共十余处。现在蒙古方面的商业交通殆完全掌握于此公司之手中，羊毛、革类的输出，杂货、被服材料、食粮品等的买入，颇形发达。萨巴利咖露铁道沿线的俄商视察蒙境，眼看到蒙古的生气勃勃，回想到本国的商业沉滞，未免吃了一惊。

沿库、恰间的哈拉河地方土地沃饶，在前清时代即为出产麦子的良好耕作地，合同公司将此农业地移为公共所管理，该公司内的重要人物全为国民党员及青年党员，但实权则操于国民党员之手。

六 交通

交通以库伦为中心点向东南西北四方的发展，南经乌得而至张家口，北经恰克图而达萨巴利咖露州的上乌京斯科，西经乌里雅苏台，一线通新疆，一线通科布多，东经桑贝子而达海拉尔和满洲里。张、库间和库、恰间自一九一七年以来，由于自动车的运行，而促成了纵贯南北的一大交通要道，因时变曾经一时断绝来往，待革命党占据恰、库后，而货物的运转，旅客的输送又照常的通行。此种的自动车，非为合同公司的所有，即为个人大规模的经营，旅行货物的运输，毫无障碍，只有旅券查证之一难关耳。

电报因时变而杜绝，其后锐意修筑，现在以库伦为中心，北线从恰克图而达上乌京斯科，南线过乌得而接中国。电话南北线自乌得至库伦、恰克图间，自始开通，迄未中断，东线和西线，现正在修筑中。

以库伦为中心，在四方有官设的驿站，但因时变而破坏，其后从新建设，尚未回复原状，现在的公文来往，只得委托个人的通信。在徐树铮时代所新设的无线电信台，现在或许开通矣。

蒙古政府架桥于库、恰间的哈拉河，名之曰革命第一桥，在交通上至感便利。现在蒙古通电、通信虽是这样的利便，但是检查旅券仍是那样的严重——交通机关原为内务部所掌管，可是陆军部中在军政施行上，与四方的交通有大关系时，两者可互相通行。

七　国防

以骑兵常备军为国防军，其数约一万五千名。其中一部四千名驻屯在库伦附近一带的地方，以保卫中央政府，其余的配置到四方，称之为西路、东路、北路、南路的国防军。各地的兵数如左：

（1）东路	桑贝子旗内	一,〇〇〇人
	格木斯克	一,〇〇〇人
（2）西路	乌里雅苏台	一，五〇〇人
	科布多	七〇〇人
（3）南路	达里冈崖	七〇〇人
	乌得	七〇〇人
（4）北路	恰克图	二〇〇人

在其他各处的卡伦——监视所——配置若干名，以资守备。

八　军事教育

自一九二一年以来，在库伦设立了军官学校，从劳农政府聘请军事专家二十名当作教官，又招聘卡尔马克人数十名，但后者为下士资格，前者为高等教官，而分别担任训练。

将蒙古军队里的中队长、小队长选拔出来的一百五十余名，及一九二四年卒业的一百名，配置在各队中。兵的种类有骑兵队、炮兵队及机关枪队，每兵每月发给银二两，衣食、马粮由国家供给，其被征集的兵卒，待受六个月训练后，仍各自归还本旗。

号令、军歌、军乐全用蒙古语，现在已受完训练者约有三千余名。

九　蒙古政府的强硬

当蒙古政府在恰克图而尚未树立共和政府的时候，联合劳农政府而侵入到库伦，在其组织新政府的时期，特别对于中国的关系上，皆受俄国所支配，惟俄人马首是瞻，外交全为俄国所左右。然其后蒙古的新旧两派相提携，政府的基础刚才稳固，则首先对劳农政府交涉撤退在蒙古境内所有的俄兵，而劳农政府以境内尚未平静为理由，不肯撤兵，最后经强硬交涉的结果，苏俄以保护本国代表为名，在库伦驻兵二百名。

其后又交涉的结果，将昔日俄蒙间所缔结的片面条约，一律废弃无效，两国间的关系，完全为对等的、互惠的。所以在蒙古境内从事于工商业的俄人和其他的外国人须纳同样的关税。

十　俄蒙两国代表的派遣

两国代表各驻在对方国的首府这件事决定后，俄国派遣宛希利阿夫为代表驻在库伦，现在库伦颇有势力。蒙古派遣丹簪驻在俄都，可是中国政府以蒙古无资格派遣代表，乃对俄提出抗议，昨年即一九二五年二月间，俄国遵从中国的意旨令丹簪退出。其后蒙古政府又派颜巴为正式使节驻在俄都，中国政府派外交部朱参事向加拉罕大使提出严重质问，但尚未闻加拉罕有何答覆云云。

十一　中央执行委员会

中央执行委员会对各部政治机关有绝对的权能。此盖仿效劳农政府之组织也。此委员长即所谓蒙古出身的策凌多尔济者是也。

十二　国民党

国民党和青年党为蒙古的两大政党，两者都参于〔与〕各部政治的工作，又对于各旗内的治安维持也有所活动，现在在蒙古都有很大的势力。

国民党的组织法采用委员制，其组织的纲领如左：

（1）在库伦设立国民中央委员会以参与国政。

（2）设分会于各部落以监督各旗的政治施设。

（3）中央委员会每年一次，在库伦开全体大会，以议决本党内部的及关于政治上的各种重要问题。

（4）中央委员会的委员由大会选举之。

（5）党员不遵党则而有不法行为者除名，并剥夺其公民权。

一九二三年八月，国民党的首领波多，因勾结中国人及蒙古的旧派而贪私利，青年党以其图谋不轨的理由提出弹劾，遂捕而枪杀之，此乃新政府成立后的首次政变也。

十三　青年党

顾名思义即知此青年党为少壮者所组织。其纲领与国民党相同。

（1）党员须在二十五岁以下。

（2）得直接干与国政。

（3）专注重一般青年的智育、学育、德育的修养。

（4）以民族自强、民权发达、民生富裕为目的。

青年党为国民党的后援，当初结党时，还没有多么大的势力，可是现在青年党的势力日见扩张，大有凌驾国民党的趋势。其结果发生了干与政治的倾向，中央委员会的席位全为青年党所把持，其党员散处各地，约有三千余名。其所以能与国民党并驾齐驱的原因，在其党员全为王公、札萨克等的子弟之出身。现在省议会的议员殆全为青年党员也。

国民党是最初的一个团体，首先攻陷了库伦，赶跑了残党文格尔〔恩〕，而成立了新政府，然就地盘、势力的关系而论，则较次于青年党。以前国民党的所为在剥夺札萨克、王公等的地位，使其化为一般平民，可是彼等的子弟之为青年党者，现在在政治上及其他方面占有极大的势力，其后变作为父兄报仇的结果，此实不可思议也。

国民党初入库伦时，王公、札萨克等为树立新政府的最大障碍，一般守旧顽固的败类及废物化的喇嘛等为革新政治的最大妖魔，乃逮捕而淘汰之，青年党不无力焉。当此政变开始，政府基础尚未巩固之时，国民党为缓和民心计，各部的总长及在各机关内亦采用王公及旧派的人物，此亦青年党之画策也。

现在外蒙的政权，完全为青年党所操纵，青年党的势力亦因之而愈大。青年党员之留学俄国，而得有新智识、新思想者颇不乏人，彼等对于本国的国情异常明了，其受劳农政府之愚弄而被其利用者绝无一人，同时对于中国政府的交情又不漠视。总之凡合于青年党的主义者，无论其为何国——中国也好俄国也好，青年党无不乐与之提携握手，反是者恨不得排除净尽。所以中国政府对于这样的一个外蒙，如何应付，依著者的观察，中国政府如能与青年党有相当的融洽，外蒙的问题许有解决的可能罢！

十四　蒙古国民会议

一九二四年的秋间，在库伦举行蒙古国民大会，当任命新阁员的时候，特别选任地方出身的平民阶级为司法、财务、外务的委员，此种破格儿的办法，也是青年党的主张。

大会在十月八日举行盛大的礼式，选德希亚德牟夫为议长，举基诺威那夫、加列宁、齐齐伦三人为名誉议长，举第三国际的全权代表鲁易斯克鲁夫、布列亚共和国人民委员会议长阿鲁巴夫、俄国全权代表宛希利阿夫三人为会议的名誉干事。政府又把札萨克等的印玺交给议会。在本会议上所任命的阁员如左：

一、执行委员长　　策凌多尔济

一、副委员长兼商务委员　　阿木尔多尔济

一、军务委员　　玛察尔札布

一、总军司令官　　宰巴尔桑

一、军务会议议长　　楚克楚那

一、内务委员　　车臣汗那旺那林

一、文部委员　巴班

一、经济会议议长　阿玛克罗夫（共产党员）

本会又决定了在本会议隶属的阶级没有选举权，其理由在彼等不能自营生计，但此等人系指奴仆而言，即所谓不能独立的阶级者是也。

以前把恰克图的地名改称为阿尔坦布拉克（译为金泉），可是本会议又改称为乌兰·巴阿图儿和屯（译为赤心勇者的城，或热血男子的城）。又选定了国旗而树立起来。

在宣言上说蒙古共和国的疆域是和自治时代的疆域相同的，是永久不变的，又说蒙古和布列亚共和国及俄国的联结，在不背相互的盟约的限度内，是不能变更的。

自治时代的疆域，包含有车臣、土谢图、赛因诺颜、札萨克图的四汗部八十六旗，杜尔伯特部二十旗，唐努乌梁海五旗。

国民大会本定每年举行一次，去年曾又开会一次，前年逝世的活佛所遗留下的百万圆，经大会审查后，决议充作国民教育费之用。

十五　财政

蒙古既标榜以民众政治而组织政体，所以各部总长的薪俸甚低，每月约有二三百两，各部机关人员的薪俸全都以此做标准。各部内的俄人及布列亚人等之当做顾问者，也有相当的津贴费。其散在各处的军队内而担任训练的卡尔马克人，全都以下士的资格而领受津贴费。

蒙古政府因为聘请了多数的外国人，以致财政感觉异常拮据，竟出乎彼等意料之外。尤其的自时〔事〕变以来，劳农军费浩大，更难支持，政府曾将此等费用分配到各旗内，而引起民众再四地非议。

蒙古政府的岁出、岁入列如左：

一、收入（两）

（一）商业公司营业税　二〇，〇〇〇

（二）关税及其他间接税　二，四〇〇，〇〇〇

（三）木头沁（地名，入口税、护照税等）　一〇二，〇〇〇

（四）国有产业（土地、木、森林房屋等）　一二六，七〇〇

（五）国家专制事业（邮政、电报等）　二八七，〇〇〇

（六）国家经营事业（矿务、电灯、印刷等）　一九六，七〇〇

（七）各种药品之执照税　二一八，一〇〇

（八）财政方面公债及银行股票等的利息　三六，〇〇〇

（九）其他各种事业收入　一八，五〇〇

（十）其他特别收入　八〇四，五四二

合计　四，六六六，二九二〔四，二〇九，五四二〕两

一、支出（两）

（一）政府行政费　四六，五三〇

（二）内国管理费　一五，〇〇〇

（三）内务部经费　二六，一〇〇

（四）司法部经费　二四，二三〇

（五）外交部经费　二四，六九〇

（六）蒙古议会费　三六，七三五

（七）中蒙会议经费　一一，一一〇

（八）驻外公使经费　二〇，一〇〇

（九）阿尔泰、恰克图两行政费　二〇，一〇〇

（十）乌里雅苏台区经费　　九，七〇〇

（十一）邮电行政经费　　六四，二六五

（十二）中央　　六〇，〇〇〇

合计　　三六四，九九六〔三五八，五六〇〕两

前表内关乎税关及陆军经费皆未记入，又新关税的经费也未记入，新关税从今年度才开始实行。今附带再说明者，即前年度的关税只有二百三十一万五千两。

蒙古财政困难，已非一日，在前清时代，欠户部银行的债有五十六万余两，旧债既不能偿还，新债又不能不借，待徐树铮为筹边使，接办政务时，只有现银五两，其穷可知。在其报告于政府的一节内云，在库伦东西二税局及木税局的年额有七十万两或九十万两，而所负债务有大清银行二十万两，中国银行五万四千两及俄国银行三百八十余万两云云。以上所述仅是官方的借债，如再加上个人间的贷借，则其数更大矣。蒙人贷借于华人较多于俄人，毕竟蒙人的对方为中国商人而非俄国商人也。

中国政府以前每年支给蒙古各王公等八万两，今也停止支付。又驻在外蒙的历代中国官吏，无不贪污，吸民膏血以自肥，舞弄蒙古的财政，混乱不堪。在前清时代库伦办事大臣的官职，全以二十万两买来的，从此可知库伦办事大臣实为一种肥美的好缺啊！

蒙古由独立而自治，由自治而建立共和政体，此在政治上可谓大有进步矣。但财政仍如旧日，没有如何的发展。俄蒙银行成立后，以宛希利阿夫和财政总长多尔济二人为顾问，又从俄蒙两方各选出三人为董事。

税率全课以百分之六，纸卷烟草税为百分之十二，酒税为百分之三十（酒精、烧酒、纸烟等由中俄输入颇多）。当新政府创立时，多数劳农军之给饷，及其他耗费甚繁，又加上种种的苛捐杂税，终惹起人民的沸腾和非议。可是现在不公平的课税，大体上

早已撤除净尽了。

税率内外人一律平等，但除中国以外的外国人往往不遵守定率而随意破坏。现在国内流通的货币，除其本国固有外，尚有俄国的金币、银币，中国的银币三种。至于纸币和兑换票则尚未能通行也。

十六　排斥喇嘛的运动

不承认喇嘛有特殊的地位，使喇嘛与庶民化为同格，这一件重要的事迹，也是青年党努力的赐物。

喇嘛原来是隶属于商卓特巴衙门——宗务局，当哲布尊丹巴做教长时，威严甚张，莫敢鄙视，但是后来先受青年党的压迫，后又活佛逝世，喇嘛的权势从此失坠矣。

当喇嘛全盛时代，和宗务局同有绝对的权力，在前清时代，库伦办事大臣三多统御喇嘛，亦颇感棘手。革命政府时代，奉活佛为君主，乃为一时的术策，所以不久就把他废除了，后来到了一九二三年五月，政府断然停止佛号，拿青年党的名义布告于一般民众。

青年党这样一做，于是惹起了喇嘛等的纷争，青年党和国民党则站在平等思想的立场上，说明喇嘛本身不应存有特殊阶级的观念，一般国民既是平等，喇嘛即不应享受特别的待遇。又说信教是人民的自由，国家不加干涉，但是宗教和政治是要分离开的。喇嘛听了之后，大为不满，声明这样的做法，是剥夺喇嘛天赋的特权，和青年党争执最烈，甚至于演出流血的惨案。到最后喇嘛被屈服，各自退散到各人的出身地，现在的喇嘛没有从先那样的大势力了。从此后活佛因病逝世，于是宗务局和喇嘛等昔日的威风，一落千丈，永无抬头之日矣！

当哲布尊丹巴在世时，为蒙古喇嘛教的教长，又为政治上的主长者，政教两权，完全握于他一人之手。当时宗务局和沙毕等自觉有势，乱暴特甚，破坏风俗，扰乱治安，恣情所欲，无所不为。在实际上彼等真是难于应付的一种特殊阶级，人民早已恨之入骨，现在青年党这样一做，一般民众对之颇为感德云云。

十七 哲布尊丹巴逝世

活佛逝世，至〔在〕普通一般蒙古民众的信念中，认为不是死去，而是转生。按喇嘛教的教理上说，胡图克图——大喇嘛的尊称——是永久不死的，这就叫做胡毕尔罕。

蒙古政府对于活佛的逝世，付于人民二周间的服丧期，停止公务三日，发给丧葬费三千元，又按着宗规，对于死尸施以香料、药材等物，并且特别为死去活佛建一寺院，以志不忘。

前年逝世的活佛，一八七〇年生于西藏拉萨，其父为达赖喇嘛的会计吏，六岁时迎入于外蒙古，父母兄弟等皆住在图拉河畔。幼时学习教义，及长，达赖喇嘛授以哲布尊丹巴的法号。在蒙古为八代的格根汗。活佛尚有一子，本年方十三岁，将来如何的待遇尚不得而知。总之，活佛乃是历代中之多难者，换言之，活佛是处在一种不幸的境遇之人也。

十八 中俄的态度

外蒙公然如此的独立骚动，民国政府的面目就算完全倒溃了。实在说来，蒙古人也真看透了中国，相信中国政府不会用武力把蒙古征服了的。自事变以来，中国政府照例地用恐吓手段来屈服蒙古，结果是一点也不发生效力的，实在说来，这种办法也就不会能有甚么效果的。

中国政府时常企望着把外蒙征服了，可是这种计画不久就消沉了。在中国对蒙古无办法的当儿，蒙人很努力地保持着境内的秩序，巩固了政府的基础，同中国政府作对等的交涉，亦已准备好了。

蒙古人受俄国的煽动，而起了革命，并不是无意识的，盲动的，其唯一的理由在反抗中国政府的束缚，而想建一个独立自主的国家。外蒙原来计画着联络内蒙，采用一致行动，可是内蒙与中央政府甚融洽，不受其愚弄，而外蒙的计画，终成泡影。

据云俄国和外蒙缔结了种种的密约，独立了很多的利益，著者始终不信，但是检阅新闻电报的记载，细审其条约上的规定，似与传说者无多大出入。假设俄蒙间真有一种密秘的条约，亦只不过是一种宣传而已。试观没有资力的外蒙能做出甚么成绩来？张、库间及恰、库间所建筑的铁路，能有甚么利益？从恰克图到赤塔的一线，也只是一种儿戏而已。

中国政府屡次胁迫加拉罕从蒙古撤兵，当时加拉罕送一撤兵的通牒与中国，今将其译出，以供参考：

中华民国外交总长阁下：远自一九二一年，白军被赤军所破，一部退入蒙古，勾结反对苏维埃政府的分子，以期造成推翻农工政权的基础。赛美意拉夫和文格恩匪党在蒙古自由行动，俄国屡请贵国加以取缔，而贵国政府皆漠然置之。从此白党益益猖獗，集合党徒，编成军队，外借帝国主义者（日本）的援助，而作攻击俄国之准备。俄国为镇压边乱计，遂派军入蒙以平匪乱。匪被平后，俄国为保持地方的安宁，及防止余党的复起计，乃派兵驻扎外蒙。此后蒙地较为平静，俄国即陆续递减兵数。惟此时中俄未复邦交，且贵国异常仇视俄人，因之赤军之入蒙问题不能解决。直至一九二四年五月三十一日，中俄的协定成立，解决此问题的大纲才能决定。依协定所载，须待中俄会议决定了撤兵期限及维持边境治安的办法后，俄国才能开始撤兵。按会议的举行，须在协定成立后一个月内，惟贵国当时因内政的关系，未能如期履行。因此俄国暂时不能撤兵，以静待撤兵期限及保证安宁办法的决定。然而俄国政府现已决定，不待中俄会议的举行，即实行撤兵。敝使谨将此意通知贵国政府。现在俄国政府已得蒙古当局之同意，已于日前开始撤兵。敝使希望贵国政府能尊重俄国政府此种友善的态度，并同时敝使敢表示，今后的情形无论有如何的变动，赤军无再入蒙古的必要。望贵国政府勿失此良机，得与蒙古人民和平了解，敝使深信两兄弟民族相互间的问题，得以早日解决。俄国政府对此问题，完全认为是中蒙两民族间的事宜。俄国政府甚乐观中俄两民族间的关系，是建设在两民族的热望及公正的基础上，以保证外蒙与西北两区的经济进步，并中俄间的经济及其他的关系得以促进。

加拉罕，一九二五年三月六日

赤卫军的蒙古撤兵问题于此暂告一段落，待中国政府任命新交涉委员后，再着手进行。

其后中俄同意举行会议时，俄国主张在会议项目中，加入蒙古问题一项，俄国得以明白中蒙关系的真像，这是俄国当然的权利。

此问题是自一九二一年以来的老问题，蒙古能否安定的问题，亦就是中国北方能否永久和平的问题。

一九三一，一二，一〇，译于三斋

《西北研究》（月刊）
北平西北研究社
1932年4期
（李红权 整理）

班禅谈启发蒙民

须从蒙文入手先使各王公明悉

纪守光　访　　班禅　谈

（绥远通讯）班禅现驻绥远武川县界之白灵庙，绥省党部派监委纪守光往谒，兹录其问答如下。

纪问：现在国难方殷，外侮迫切，边防问题最关紧要，此次佛爷奉命宣化西陲，远途跋涉，至为劳瘁，希望劝化蒙民，晓以爱国大义，俾与全国人民精诚团结，一致努力御侮，巩固边防。

班答：余自去岁由海拉尔、呼伦一带来此间，广事宣化，所经之地，深悉过去因地方当局对于蒙民情形，不据实呈报中央，返〔反〕而有时加以苛待，多年来蒙汉人民间种种隔膜，悉由于此。今后欲谋巩固边防，宜用和平手段，从优待蒙民如〔入〕手。余此次经过各地方，对于此层误会，极力劝解，藏〔蒙〕民对于中央意旨均已了然，从此蒙汉间感情，定能和善如初，共起御侮，捍卫边疆，君意与余意相同。

纪问：方今科学昌明，演成知识战争世界，今后开导蒙民智识，已为刻不容缓之事。此宜从提倡教育，创办学校入手，灌输人民以科学技能，始可迎头赶上，未审尊意若何。

班答：蒙民智识浅薄，甚堪忧虑。设学校有相当困难，因蒙民游牧生活无法集中，殊难着手。余意此时蒙民大半不识蒙文，启发其智识，须先使各王公、贝子等，明悉中央意旨，设计兴学，使蒙民先学蒙文，后学汉文，并授以科学智识，始克有济。此事蒙人自身力量有限，尚望各方进而教之。

纪问：自九一八事变以来，日本帝国主义者，对于满蒙地方，积极侵略，日甚一日，同时苏俄共产党徒，亦不时潜入内蒙，冀图煽惑，望佛爷对于一般蒙民，剀切说明赤白帝国主义所施之阴谋，与毒辣手段，俾蒙民勿为日、俄所利用。

班答：蒙藏为中国属土，人民对中央素极信赖。此次余由海拉尔来此，外蒙人民闻知，纷纷来投。外蒙人民对俄敢怒而不敢言，于严重压迫下，尚且如此，内蒙自可无虞。余对外蒙逃来之难民，电请中央拨款收容，经安插者，约千余人。余此次经过各地，对于民晓以中央优容意旨，并告以嗣后遇有若何事情，可随时报告当地县政府，必能圆满解决，加以保护。此番宣化以后，蒙民决不至再入歧途，同时边防问题，亦可保无虞。

《西北专刊》（半月刊）
南京西北专刊社
1932年5期
（朱宪　整理）

溥仪与蒙古人谈话

李怡星　撰

星按：原稿现存北平故宫博物馆文献陈列室。《与蒙古人对话》系溥仪幼年所记，今照原文录上，未加标点①。

余见蒙古人，彼言语甚为可笑，故记上。

余曰：你们几时来京城儿？

蒙古人曰：我们没有吃茶。

余曰：不是吃茶，我说你们何时来北京城儿？

蒙古人曰：呕呕，臣才明白皇上问的是甚么时候来北京呵，是不是啊？

余曰：为何不是呢？

蒙古人曰：大前天早五点来的。

余曰：我听说蒙古的地不安静，可有甚么？

蒙古人曰：皇上胡说。

那彦冈〔图〕大呼曰：蒙古人敢口出不逊！这是皇帝，不准你乱七八糟的胡说八道。

蒙古人曰：是是。

余曰：不要紧，他没有见过我，偶尔说一两个不对的话，也无须责备。

---

① 标点为整理者所加。——整理者注

蒙古人曰：皇帝说的甚对。

那彦冈〔图〕又叱之曰：皇帝二字是你叫的么？

蒙古人曰：那么你为甚么说皇帝？

那彦冈〔图〕曰：呸呸！我不同此等混蛋说话了！

登时出去。蒙古人下去。

我下座大笑，简直的是斗口，不是余见人也。

李怡星来稿

《论语》（半月刊）
上海中国美术刊行社
1932年6期
（李红权　整理）

今后之外蒙古问题

吴永詹　撰

一　绪言

蒙古本部落之名，自成吉斯汗出，蒙古之名大著，遂亦以称其部属蕃衍之地，简称曰“蒙”，或称“鞑靼”，史乘又有蒙兀、蒙骨斯、朔漠。漠北之号，其特称外蒙古者，以在大漠之北，对漠南内蒙古而言也。

外蒙疆域，横亘瀚海沙漠之北，为我国朔北屏藩。有大阿尔泰山脉分支之唐努山、杭爱山横亘全境，有色楞格河、乌尔克穆河、科布多河、帖尔河、扎布干河等分流其间，山川雄伟，宝藏富厚。面积约当美国三分之一，人口则仅及七十万，性质骠悍，尚未脱游牧之习，自昔为中国患。观我国历史数千年政治上对外之政策，几多以此区为对象。然自元以来隶我版图，有清二百余年，更水乳相融，遂合汉、满、回、藏而为一家矣。及俄人东侵，与我接壤，交涉渐多，清代遂有《恰克图条约》之订定，然仅及疆界及通商问题，其他殆无与及。盖俄人之东侵也，初以满洲为目的，无暇顾及蒙古。不图日俄战争，俄人败北，满洲之经营大受阻力，遂转其方向于蒙古。初则优礼佛教徒，笼络哲布宗丹巴，以入其圈套，继则蛊惑一般蒙古青年，以达其侵略之目的。故自民国以来，外蒙无时不在俄人刀俎之下，加以近数年来，俄〔我〕国内乱频仍，边疆问题无人过问，俄人乃如入无人之境，无所忌惮，肆意侵掠矣。

盖苏俄目前东方政策，完全取义于帝俄时代之策略，其在近东方面如土耳其，业已亲善，波斯、阿富汗，均经先后收复，足以威胁英领印度而有余。而于远东，则恃外蒙为其根据地，以图中国本部之“赤化”。民国十六年清党以后，共党在华，已成强弩之末，苏俄见于宣传中国本部之技已穷，遂转锋锐意经营外蒙古，且一方厉行封锁政策，拒绝华人入境，一方唆使蒙古青年，竭力排华。同时更利用赤色宣传引诱内蒙青年，加入共产党，希图将内外蒙古打成一片，而直迫中国内部诸省，造成“赤化”中国北部之局面。苏俄野心，固不在小也。由是论之，今日之外蒙古问题，非一局部问题，乃全中国政治上一大问题也。

今内战虽息，而东北已成疮痍之地，同时开发西北之呼声，甚嚣尘上。爰乘此开发西北呼声正在高涨之际，谨将外蒙问题之发生，与苏俄关系、蒙古最近政情，及外蒙独立后我国所受之影响，作系统之叙述，以备留心边务者之一助也。

二　外蒙之经济地位

蒙人为游牧民族，牲畜即其富源，亲朋相遇，必先问家畜安否，然后始叙寒暄，故蒙人之主要生计为家畜之饲养。照一九二六年之官家统计：家畜饲养之总数，为一千九百二十二万二千头，骆驼四十一万九千头，马一百九十九万一千头，黄牛和水牛一百九十五万七千头，绵羊一千二百七十二万六千头，山羊二百五十二万九千头。又据一九二四年的人口调查，蒙古人无牛之家庭，只占蒙古游牧家庭之总数百分之六，有牲畜者自一百到七百波多

（注）的，占百分之七，有牲畜在七百波多以上者，占百分之零五，又有牲畜一百波多以下之家庭，占百分之八十六有五。照苏维埃经济学者之估计，从一九二六年到二七年家畜之饲养（其中包括家畜、羊毛、皮及外皮等），共值一千六百万吐墨李克（合美金五百七十六万）。这还是用极原始的方法，若更就皮毛骨角，加以科学利用，利更莫伦〔论〕。

外蒙之第二个重要源流为皮业，有鼷鼠、松鼠、狐、熊、野猫、兔、鼬鼠、大豹以及其他许多生毛之动物。照本地统计每年皮毛之总值共有五，四五二，〇〇〇外蒙元，约合一，九六二，七二〇金元。

在蒙古游牧情形生活中，农业之发展极慢，已垦熟之土地在塞楞格河和鄂尔浑河流域，点缀几个小的农业村庄，农夫大半为中国人或俄国人。蒙古农业在国内的西部，主要的是科布多区域，但土地耕种者，甚属寥寥。在一九二八年开垦之农地约十万五千英亩，以蒙古全面积比来，约为五千分之一，现在蒙古的农业总出产，约有二二，九五〇吨，约值四，八〇〇，〇〇〇蒙古元，即合一，七六〇，〇〇〇金元。

蒙古虽有丰富之矿藏，而采矿事业尚未发达。金矿公司在革命以前即已从事开采，领有许多金矿地，而在一九〇一年至一九一九年间，此金矿公司在蒙古生产有十吨以上之金。在南拉海（近乌兰巴拖、哥呼图）有泥板石煤田，在一九二七年出煤约一万吨。其余有盐和贵重石子的矿产。

蒙古之工业是正在开始发展，且具有国家资本之性质，此等工业多系把游牧之各种原料品来制造的。蒙古已有许多工业和企业，从事制造粗毛织布，普通蒙古人的鞋子和革履、肥皂、腊肠，以及其他烟的产物，此外还有几个粉磨、一个发电厂、一个制糖厂和一个制砖瓦厂。所有上列各厂出产总额，和其他同样之小企业之出产，共值三，〇〇〇，〇〇〇外蒙元以上，即合一，〇八〇，〇〇〇金元。

外蒙古之输出大宗为皮张及农产品，输入多为日常应用品，每年国家的纯收入可得二千五百万到三千万外蒙元。对外贸易为中国与苏俄。自俄人组织蒙协定贸易公司及苏联贸易公司后，外蒙华商日见减少。俄人驱逐华商之方法有三：a. 今蒙古政府，借华商漏税名目，没收其全部财产；b. 禁止华商汇兑；c. 征收特税。由是华商行将绝迹，而俄商日多，俄货充斥。兹将中俄在蒙商业消长之情形表列如左：

中俄两国在外蒙商务的百分比

年	一九二四	一九二五	一九二六	一九二七
中	八五·七	七八·三	六八·七	六三·六
俄	一四·三	二一·七	三一·三	三六·四

据上表观察，华商在外蒙，已江河日下。最近虽无统计，然据各报所载，其程度当更甚于前数年，若长此以往，将来外蒙必变为苏俄供给原料之殖民地，殆无疑意也。

外蒙与中国内地之交通，向由张家口至库伦大道，行程全恃牛、马、骆驼为运输之具，费时耗财，行旅苦之。民国六年始由商人景学龄等集资，创办大成张库汽车公司，计自张家口经兴化城、滂江、乌得、叨林而至库伦，共二千三百四十五里，五日可达。大成开办后，颇著成效，继者纷起。除大成公司外，又有西北汽车公司、美商元和洋行等，在同一路线内驶行汽车，合计不下三百辆。自库伦以北至恰克图七百余里，现亦有俄人组织之库恰汽车公司，通行汽车。库伦、恰克图及张家口、科多布〔布多〕间，可通电报，库伦方面，更有俄人经营之无线电台。航空事业，亦经举办，惟铁路尚在计划中尔。

总上以观，外蒙土地最广，人口至稀，而荒土未治者极多。盖蒙古除畜牧、狩猎而外，实业殊无足称者。然外蒙天惠甚厚，迄未开发。即以农业而言，除沙漠、高山而外，类皆适宜耕植，惟无确实统计，足资参考。今以沙漠、高山各占三分之一计之，外蒙古至少有一百余万方里，可供农业之用。况高山可以造林，即沙漠亦非毫无农业价值，水利兴，灌溉便，其生产力殆与沃土无异。政府倘能注意开发，则不啻于埃及、美洲也。

三 苏俄侵略外蒙之经过

蒙古东扼关东，西控西域，南障大漠，北临强俄，中国北部之绝大屏藩也。自秦汉以来，匈奴、突厥之患，史不绝书，其关系中国之安危，实非浅鲜。乃自清代绥定蒙疆以后，不知实施统治，仅求朝贡虚荣，对于蒙人之愚昧，不思加以教导，对于蒙地之利源，未尝加以开发。迨夫俄力东渐，虎视鹰瞻〔瞵〕，利用俄〔蒙〕人之愚昧，则日肆煽惑，觊觎蒙地之利源，则竞争操纵。鼎革以还，变乱也，独立也，日喧聒于耳，今且以唐努乌梁海加入苏俄联邦闻矣。而我于蒙地，则无一官之设，一兵之守，听其自然，任其变化，长此以往，北顾之忧，恐非仅在蒙古一隅也。

苏之掠我蒙古也，亦大有其原因在。盖俄国版图虽广，而海口独付阙如。故至彼得大帝时，即曰："吾之志在海而不在陆。"其在位时，即连年与瑞士〔典〕作战，而略取瑞士〔典〕在波罗的海东岸之地。既而又于芬兰湾头建设圣彼得堡新都，以为俯瞰欧洲之窗户。惟芬兰湾又长期结冻之港，不遂己志，故至皇后加太邻二世时，更与土耳其两战，而略取克里米亚及黑海之北部。尼古拉斯一世时，又侵略土耳其而掀起克里米亚大战，终以遭英之忌，引法助土而击俄，西方海口，仍无通过博斯波罗及鞑靼雷斯海港之望，然则俄人不能不别图发展，于是中国遂成其注视之一脔矣。

俄人之谋我中国，其注意点为满洲与蒙古，迨日俄战后，满洲之势力受日本之打击而败北，于是不得不转力经营外蒙。盖俄人经营远东之主干，在乎西伯利亚铁路。该铁路长二万余里，其形势殆若常山之蛇，以海参威〔崴〕与圣彼得堡、莫斯科为首尾之呼应，蒙古适当其冲。在军事地理上，不时有被中国袭取之可能，故俄国无论为消极的保护西伯利亚铁路，或积极的兼并中国北部，不得不先经营蒙古。故近数十年来俄政府一贯之主张，其东方侵略之方向，莫不以蒙古为中心，第以世界政局之改变，其侵略之情形，亦因之而互易耳。

前清末叶帝俄势力东渐，我国以列强环攻，应付俱穷，本部十八省之领土，已有朝不谋暮之势，外蒙远处西北，一时无暇顾及，帝俄乃乘机笼络活佛，买其欢心，由此外蒙外向，遂起端倪。适我国辛亥革命，国体变更，俄人乃乘我革命之际，怂恿活佛为外蒙君主，于清宣统元年宣布独立。未几俄政府径与外蒙政府订立密约，举凡外蒙之开矿、航行、运输、土地、森林、法权、练兵、邮政、电线等权，无不包括在内，从此规定，外蒙古直为俄人所属矣。我政府以外蒙为中国领土，万无与外国订约之资格，向俄国提出严重抗议，往复谈判，辩争不已。截至民国二年十一月五日，始缔结《中俄协定》五款，另声明四款，然仅承认中国在外蒙有宗主权，而中国承认外蒙有自治权，但关于内政、外交，中国无权干涉，则宗主权之为宗主权也，可想而知矣。

民国三年（一九一四）袁政府依据前约，遂派毕桂芳、陈箓与俄国驻库伦总领事及外蒙委员会议于恰克图，而成《中俄蒙协约》，至是外蒙确定其完全之自治制度，且有主权与各国缔结工商之国际条约，名曰自治，实与独立无异。以愚昧之蒙人，而与狡猾之俄人相周旋，其有不受欺骗与侵略者乎？自此条约缔结后，俄人侵略蒙古之策划遂大告成功。及民国六年俄国内部发生革命，无暇东顾，又因赤军进占库伦，蒙人不堪其压迫，始有内附中国之意。民国八年十一月七日，外蒙活佛、王公等，正式恳请我政府准其取消自治，归政中央。我政府派徐树铮为西北筹边使，进驻库伦，俄人侵略外蒙之进行，自此告一段落。

苏俄大革命后，中俄关系起一新变化，外蒙问题本可与我以收回解决之机会，不期外蒙撤消自治以后，仅及一年，又阴谋第二次独立。考其原因，一为徐树铮之措施失当，对于活佛、王公倍极压迫，一为日本之积极经营蒙古。民国十年俄常〔党〕受日人怂恿，率蒙匪陷库伦，活佛即于是年三月二十一日宣布第二次独立，然实权操于恩琴一人之手。未几赤军逐白俄军占据库伦，而外蒙之自治权，又转入赤俄手中矣。

一九二四年（民国十三年）《中俄协定》，俄国承认外蒙为中华民国之一部分，及尊重在该领土内中国之主权。一九二五年苏俄大使一再声明“苏联政府得蒙古当局之同意，开始由外蒙撤〔撤〕兵，业已撤〔撤〕尽，希望蒙境不至再有赤军入境情形，及对蒙古为和平的了解”。此不过一种欺人手段耳。实则自第二次独立后，即摹仿莫斯科政府，创一共和制政府，于一九二四年十一月间，更招集议员制订宪法。揆其要点即：外蒙为一独立共和国，劳工阶级握最高政权。高级官吏由人民选举之，经国民代表大会任命。国民代表大会产生政府，蒙古共和国根本铲除封建的神权制，令国家与宗教分离，并宣布宗教为每个国民之私人信教的原则，自是外蒙由僧侣主政而转为革命党主政矣。此为外蒙有史以来最大之变化。

近今外蒙政治共分两派：一派以外蒙国民党为中心。国民党站在“外蒙是外蒙人的外蒙”旗帜之下，力主反俄亲华；一派以外蒙青年革命党（即人民国民党）为中心，系共产团体，受第三国际之支配，力主反华亲俄。外蒙国民党自组织外蒙国民政府后，颇占优势。青年党乃与蒙古军中之俄顾问及军官勾结，煽惑军队反叛国民党，国民党领袖迫于环境，宣告辞职，青年党领袖铿顿遂任中央执行委员长，政治大权悉入于青年党人手中。该党成立于一九二一年，总会设于库伦，今改名曰乌拉巴托尔科多（即红英雄城之意）。在一九二五年末，外蒙全境组成一百五十个党的支部，计其党员四千人，不及全人口百分之一。此党仿效苏俄先例，均完全自贫苦及中等阶级中征求党员，农民入党易，贵族及喇嘛入党难。农民占全党员百分之八十，贵族百分之二十〔十二〕，喇嘛百分之八。该党专政事事取法苏俄，并由俄人参加，于是蒙古政治大权，完全落于俄人掌握中矣。

四　俄蹄下之外蒙现状

外蒙自共和政府成立后，名义上为独立自治，实则一切大权都操于俄人之手。每一机关或领袖后皆有美其名曰“苏俄顾问”之监督者，各机关之一切事宜，大半仰承苏俄之意志进行。以军事言，则军官多属俄人，编制悉仿俄规，蒙人仅供驱策；以教育言，则完全俄化，课程悉仿俄制，小学即授俄文，中等学校完全俄语教授，甫脱喇嘛经典私塾，又进为“赤化”教育之机关；以交通言，虽废旧日骡车驼队，而代以汽车，然交通枢纽皆操于俄人手中；实业、矿〈产〉悉由俄人越俎代谋，故外蒙在表面上虽为独立，实则等于亡国。更可注意者，近二年来，青年受苏俄之旨意，阴谋联合内蒙，派员分赴内蒙各地，从事共产宣传，以期扩张势力，而图华北之“赤化”。是外蒙问题，一日不解决，西北边疆即一日不安，而中国之政治，亦不能有安定之日矣。兹就最近苏俄侵略外蒙之政经情形，分条述之如左。

（一）政治上之侵略　外蒙共和政府，最高权利〔力〕机关为国民大议会，一年开会二次。开会时选五名之常置干部委员，及政府阁员等，政府由总长及次长，苏维埃议长、军事苏维埃议长、经济苏维埃议长，及内政、外交、财政、教育、司法、经济、陆军、参谋、保安、国家检察院各大员组成，任日常国务之进行。各部中财政部内有苏俄财政顾问四名，参谋部内有苏俄军事顾问八名，国防保安部内有苏俄顾问六名，是以蒙政府干部中之人物，除一二中立王公派外，强半为亲俄派，而背后又多以俄顾问发纵指示者，至于我国之势力，则已丝毫无复存在。且俄人之侵略外蒙，其处心积虑，完全利用蒙人之愚昧，事事务求迎合蒙人之心理，阴谋发展其势力，除以大批金钱供其筑路建设之外，并于恰克图以外，将贝加尔湖一带，划分与外蒙共和国，表示对蒙宽大，以资利诱。据蒙藏委员会驻平办事处调查，俄人所绘东亚分析图，蒙古即与中国异色，竟视外蒙为其附属国，并变更各旗盟名称。如库伦所在之一旗，即已改称汗山，各地名亦多更改，如库伦之改称乌兰巴图〔托〕尔科多，恰克图改称阿拉坦卜拉喀（意为金泉），其用意尤属险恶也。

（二）军事上之侵略　外蒙自第二次革命以来，军队编制，仿照苏俄，并采征兵制度，军械亦由苏俄供给，坦克、炮、飞机以及各种新式军器，均有置备。蒙人由十七岁至三十岁均有服兵义务，法定三年为训练更换时期，如按人口总数五与一之比例计算，则全蒙一百八十余万之人民，战时约有兵力三十六万。据蒙藏委员会调查，外蒙现有军队，已及十万（此外有航空军三大队，每队飞机六架，共计十八架），就中以骑兵为多，亦以骑军为精。蒙古军人生活，较华为佳，训练方法，悉仿红军。此实为中国之当头患也。

（三）文化之侵略及“赤化”之宣传　外蒙自国民政府成立以来，积极振兴教育，全境有国立小学九十余处，旗立者数处，库伦有中学校、商业学校、大学校、党务学校等，并有国家学术馆，为文化中心机关，文化之发达有一日千里之势，独惜赤色太浓。小学即授俄文，中等以上教员多系俄国留学生，而各教室及公共场所，多悬挂列宁、马克司及俄国革命人物的肖像，学生服装亦多取俄式。至苏俄在外蒙宣传“赤化”之方，除努力在各级学校进行外，主要者为独占言论机关，开纪念会，及利用职业组合与劳动组合等。库伦的各种杂志，几乎全带共产色彩，苏俄更诱惑蒙政府，开各种纪念会，以鼓动国民的革命心理。此外对于外蒙之“赤化”宣传，尤为有功效者，则莫如职业组合，与购买组合制度。职业组合乃将都市之劳动阶级组合而成，而贯以左倾思想。但外蒙人为游牧民族，各住民因职业的关系，不能团结于都会上者极多，故为普及宣传起见，又于各地设立购买组合，购买组合，现为外蒙人购买生活必须〔需〕品之中心机关，若外蒙人不从此机关以购买必需品，则外蒙人不能维持日常生活，故在此机关之内安插多数左倾事务员，则外蒙人受其感化，亦必渐渐左倾。现在此种组合在外蒙异常发达，而蒙人之心理亦日益亲密于俄也。

（四）垄断贸易　苏俄助蒙政府资本，使设国家贸易局，听受苏俄商务委员之指挥，其宗旨以驱逐华商为第一事。据俄《半官报》载，苏俄商务，二年内增加百分之六十，而华商则大退化。一九二四年华商大者九家，每年贸易〈额〉四十万，中等二十家，年十五万，小商五十家，年三万，最小者不计，库伦税局估计华商营业共计七百万，三年之内，几全消灭。盖因：（1）蒙人欠华商债务一概被政府取消；（2）华商来源断绝；（3）蒙政府增加税额；（4）外蒙合作社盛行，而其最要因原，尤在苏俄垄断入出口货之贸易权也。盖苏俄曾于库伦设立远东贸易分局，所有蒙地出产，均先集中于俄人操纵下之合作社，然后由该局输出之。除运英、美一部经由张家口外，余均道经俄境，而蒙人所需之铁、面〔麦〕、糖、纸、织物、石油，亦由苏俄运入，中国茶亦概由俄人采办，转运入蒙销售。

（五）操纵金融　外蒙有国家银行一所，名曰蒙古银行，为蒙古共和国与苏俄合办。据此银行章程，其目的为巩固两国经济关系，发展蒙古的商业及工业，并增进其货币流通。该行创立于一九二四年，资本计一七五,〇〇〇银元，现在已增至三,〇〇〇,〇〇〇元，创立三年后，即获利六五六,八〇〇元。至营业则百分之五十为华方，盖该行发行一种不兑换纸币，禁用现金，故将钞价强制提高，以利通用。此种纸币，俄人并不收用，专以吸收华商现金为目的，华人如欲运现金，则百分阻挠，务使用其纸币而后已。此项钞币，由俄人承印，蒙人既不签字又不盖章，全由俄人一手包办，故其权利完全为俄人攫去。该银〈行〉并设法使各地蒙人储款，故设数分行，营业异常发达，而俄人在外蒙之经济势力，亦从此蒸蒸日上矣。

（六）图占交通机关　苏俄对于外蒙铁路、汽车，不但日图独占，即于航路及航空，亦复锐意经营。外蒙境内琵棱噶河，本为叶厄色河之上源，在外蒙二次独立以前，俄人已试航，嗣以中国反对而中止。目前中国已无反对势力，于是苏俄于一九二三〈年〉起再试航行，并制成详细地图。一九二六年七月，又经委员详勘，并利用相连小河转运木料。至于航空方面，一九二六年七月，苏俄曾由伊尔库次克开始飞行邮政，并与蒙古政府订有库伦与维克牛丁斯克间航空邮信及客合同。

（七）侵略蒙民生计　查蒙人之主要生计为牧畜事业，不图近年俄人在蒙开设规模极大之畜牧公司，资金二千万元，营业范围，几包外蒙全部牧畜事业。该公司并不以此为足，复进一步运动外蒙政府，嗣后凡有大宗牲畜买卖，皆须向该公司领取代办执照，执照费用，按价值百抽三，各〔名〕为经纪，实同征税，因该公司并不派人亲身为之介绍故也。曾经各旗蒙人反对，几酿巨大风潮，寻以外蒙官吏，既受该公司贿赂，不能不竭力压迫蒙人，故未获有圆满结果。其他各种工厂，或由俄商独办，或由俄蒙合办，亦均与蒙人生计上有极大影响也。

此外苏俄之五年计划，亦在外蒙积极实行，内容与苏俄国内之五年计划相等。据最近莫斯科消息，蒙古人民革命党近在库伦举行大会，曾致函苏俄共产党领袖史丹林，内称苏蒙〔俄〕之社会主义建设，及五年计划，蒙古已经仿行，颇著成效云云。

统观以上情形，可知苏俄之侵略外蒙，无微不至，我国人无时不在其压迫之下，侵我主权，害我民生，离间我民族，攘夺我民权，大好山河，无形落于仇人之手。其侵略我国之手段，较之其他各帝国主义为尤甚。我国民若不速自觉悟，群起挽救，收复我主权，行见偌大国土，尽变为赤色帝国主义之践踏地也，可不痛哉。

五　今后外蒙之解决问题

前面已将外蒙之过去情形与现在的状况，摘其重要者简略叙述了几段，以下我们再讨论将来外蒙之解决问题。外蒙问题之严重，不仅在外蒙之被俄侵略，其于中国前途，实有莫大之影响，今日之小失，或可造成将来之大患。我们除掉为外蒙担忧与中国隐痛外，便〔更〕当注意外蒙后日之实施与中国政府和外蒙民众之觉悟。外蒙之贻误，未尝不是过去政府之余孽，而今后之图谋挽救，实为今日应行之急务。况乎俄帝国主义者居心叵测，其赤色主义在何〔向〕前进攻，如不为亡羊补牢计，中国前途何堪设想。爰就草拟之解救外蒙问题方案，谨献于一般关心边疆问题者。

（一）防止苏俄势力之进展　查《中俄协定大纲》第五条：“苏俄政府承认外蒙为完全中华民国之一部分，及尊重在该领土

〔土〕内中国之主权，并声明于相当条件及期限撤〔撤〕退外蒙驻军。”现在俄人在外蒙既如此跋扈，显然违背中俄协约，而华人在外蒙生命财产之损失，尤应由俄人负责。当兹中俄交涉之秋，应将外蒙问题提出讨论，我方宜依《中俄协定》规定之原则，要求俄国尽数撤〔撤〕退外蒙俄兵，保证在外蒙不得再有侵害中国主权之行动，取消未经中国承认之一切俄蒙间条约，并根据以前所订之《中俄协定》条文，另订具体之新约。

（二）改变治蒙方针　我国治理蒙疆，自清末以还，因政府不能按照宏图计划前进，诸如外蒙地方经济改革事项，鲜有计及，遂使外蒙感受不满，于是卒以帝俄之诱惑，遂生外向之心，二十年来，外蒙政治纠纷，殆由于此。其后虽有人欲谋恢复旧观，又以好大喜功，操持过切，不但劳而无功，抑且引起外蒙恶感，故今后治理蒙事者，自宜深加注意。且外蒙风俗人情，与内地不同，民性诚实，风俗特殊，此后办理边政者，切忌有欺诈行为，一切设施，宜本中山先生亲爱精诚之态度，使之心悦诚服，汉蒙之膈膜既除，而汉蒙合作亦自易矣。

（三）提倡蒙民教育　外蒙为文化落后之国家，民众大都末［未］受教育，故关于提倡蒙民教育事，实为刻不容缓之急务。况苏俄之赤色宣传，在蒙已有根本势力，故为蒙古计，唯在教育发展以输灌祖国文化而唤起蒙民之民族精神，方能抗赤俄帝国主义。按二中全会第四次会议，关于蒙藏教育决议之方案：a. 回〔通〕令各盟旗及外蒙、西藏等主管官厅，迅速创办各级学校，编译各种书藉〔籍〕，及本党党义之宣传品，实行普及国民教育，励行识字运动，改善礼俗，使其人民能受三民主义之教育，具备自治之能力；b. 确定蒙藏教育经费；c. 在教育部内特设专管蒙藏教育之司科；d. 在首都及其他适当地点，设立收容蒙藏青年之预备学校，并特定国立及省立之学校，优遇蒙藏等地学生之办法。

（四）组织蒙地考察团　外蒙因交通不便，来往困难，内部之人口、风俗、民情、土地、出产……等，均未经过详细调查与统计，故对于一切建设方案，均难有确当之计划。故目下政府当急行训练蒙地调查人员，组织蒙地调查团，派往外蒙各地，分期调查实在状况，制订各种调查统计表册，作精密之统计，以谋教育、行政、实业各种建设。

（五）外蒙民众应有之觉悟　在赤俄苦榨剥削下之外蒙民众，应深悟自己处于非“人”之地位，同时，民族之灭亡危在旦夕。故为争求自由计，非组织整个团体抱进取无畏之精神，努力革命不为功。须知外蒙乃中国之外蒙，非俄人之外蒙也，故蒙人应同心一志，与祖国亲善而仇视敌人，庶乎不受亡族为奴之苦痛，此外蒙民众应有之觉悟也。

总上以观，俄人之侵我外蒙，阴狠贪婪，令人切齿。而我对于外蒙交涉，又着着失败，处处伤心，所谓海棠叶形之中国河山，又将为其蚕食一片，是可忍，熟〔孰〕不可忍。凡我同胞，亟宜猛醒，日本之与辽、吉，殆亦苏俄之与两蒙也。当兹国难方殷、民族生死存亡之际，不但东北问题，要积极解决，即西北未失之各地，尤须积极讨论，准备谋一妥善办法，庶乎亡羊补牢，犹可解救于万一也，望我执政诸公与全国民众共注意之。

（注）波多是外蒙地方税的一单位。一个波多等于一头公牛，一匹马，七只羊，或是四只鸡。一只骆驼可抵二个波多，征收波多时，小牲畜不在计数之列。

《西北研究》（月刊）
北平西北研究社
1932年7期
（朱宪　整理）

绥远省各县代表大会代表资格审查暂行办法

民国二十一年六月十九日指导委员会第六十六次会议通过　民国二十一年三月三日执行委员会第二十五次会议修正

作者不详

一、本办法根据中央颁布之《县代表大会组织法大纲》及《绥远省各县代表大会组织条例》第十条订定之。

二、县代表大会代表到后，须将本人党证及当辽〔选〕证书一并缴验。

三、县代表大会代表凡有左列情事之一者，代表资格审查委员会除直接停止其出席或取消其资格外，须将详情宣告大会，并呈报省执行委员会：

1. 无党证及证明书者（呈报遗失者不在此限，但须有忠实同志二人以上之证明）；

2. 无当选证书或其他证明文件者；

3. 非所属区分部选出者（在所属区分部未办理县代表大会代表选举前，已履行移转登记手续者，不在此限）；

4. 曾受刑事处分而未经撤销者；

5. 曾受本党处分者；

6. 有不良嗜好者；

7. 曾有反动言论或行为者；

8. 选举不合法或有舞弊情事者。

四、县代表大会代表经审查合格后，应由代表资格审查委员会发给合格证明书。

五、审查工作结束时，代表资格审查委员会须将经过情形作总报告呈报大会。

六、全市代表大会代表资格审查事宜，准用本办法之规定。

七、本办法由绥远省执行委员会通过后施行。

《新绥远》（半月刊）
国民党绥远省执行委员会宣传科
1932年7、8期合刊
（朱宪 整理）

绥远省各县代表大会组织条例

民国二十年六月十九日省指导委员会第六十六次会议通过　民国二十一年三月三日执行委员会第二十五次会议修正

作者不详

第一条　本条例依据中央颁布之《县代表大会组织法大纲》订定之。

第二条　县代表大会以审查合格之全县各区分部选派之全县代表大会代表组织之。

第三条　县代表大会主席团定为三人，由县执行委员公推一人及出席代表推定二人组织之。

第四条　县代表大会之职权，依据本党总章第五十四条之规定如下：

（甲）接纳及采行县执行委员会及本党县机关各部之报告；

（乙）决定本县党务进行之方案；

（丙）选举县执行委员、候补执行委员及监察委员、候补监察委员。

第五条　县代表大会之会期定为三日，遇必要时得延长之，但至多不得过五日。

第六条　县代表大会须有过半数代表之出席方得开会。

第七条　县代表大会秘书处由县执行委员会指定负责同志若干人组织之。

第八条　县代表大会推选三人组织宣言起草委员会起草大会宣言，其内容由大会决定之。

第九条　县代表大会推选代表三人组织提案审查委员会审查各项提案，其审查标准由大会决定之。

第十条　县代表大会代表资格之审查事宜，由县执行委员会推定二人，县监察委员会推定一人，共同组织县代表资格审查委员会办理之。

第十一条　县代表大会秘书处组织条例及大会议事规则另定之。

第十二条　全市代表大会之组织准用本条例之规定。

第十三条　本条例由绥远省执行委员会通过后施行。

《新绥远》（半月刊）
国民党绥远省执行委员会宣传科
1932年7、8期合刊
（朱宪　整理）

中国国民党绥远省各县市代表大会会议规则

民国二十年六月十九日指导委员会第六十六次会议通过　民国二十一年三月三日执行委员会第二十五次会议修正

作者不详

第一章　总则

第一条　本规则依据《中国国民党绥远省县代表大会组织条例》第十一条订定之。

第二章　主席

第二条　县市代表大会主席以主席团担任之。

第三章　开会、散会及延会

第三条　县市代表大会每日开会二次，每次以三小时为限，遇必要时，得依大会议决延长之。

第四条　县市代表大会会议，须有过半数代表之出席方得开会。如遇预定开会时间二十分钟而到会人尚不足过半数者，得改开谈话会或延会。

第五条　议事日程所载之议题议毕后如无临时动议，主席即宣布散会。

第四章　议事日程

第六条　议事日程由秘书处拟呈主席团核定之。

第七条　县市代表大会应议事件及开会日期，必载明于议事日程，由秘书处先期印刷通知。

第八条　议事日程之次序如左：

甲、县市执行委员会提出之案；

乙、所属各区党部及直属区分部提出之案；

丙、各代表提出之案；

丁、各建议案。

第九条　如遇有重要事件未载议事日程，或已载议事日程而顺序在后，必须速议者，得由主席提出或代表动议议决变更之。

第五章　议事

第一节　提议及动机

第十条　提议案件，应附具理由，并须三人以上之连署，始得提出大会。

第十一条　一切提案须经提案审查委员会审查。

第十二条　议案标题经朗读后，由提案审查委员会或提案人说明其旨趣。

第十三条　会议时，代表提出临时动议，须有二人以上之附议，始得成立。

第十四条　开会时对于议事日程所载之议题，欲发言者，须起立报告席次之号数，经主席允许后，始得发言。

第十五条　二人以上同时请发言时，主席认先起立者令先发言，如同时起立者，则发言之次序由主席决定之。

第十六条　提案说明时，每人不得逾十分钟，讨论时每人每次不得逾五分钟。

第十七条　讨论案件时，不得溢出议题之外。

第十八条　代表于同一议题发言不得过三次，但质疑、应答或辨明、报告及说明动议之旨趣等事，不在此限。

第十九条　停止讨论由主席于适当时间宣告之。

第二十条　发言未经完毕，如有提起讨论中止之动议，由七人以上之附议时，得不付讨论即表决之。

第二节　表决

第廿一条　各项议案以出席代表过半数表决，可否同数取决于主席。

第廿二条　表决时以举手或起立行之，必要时得举行反证表决或记名投票表决。

第廿三条　议案有关于代表本身者，该代表不得参与表决。

第廿四条　主席宣布议案付表决后，无论何人不得再就本议题发言。

第六章　纪律

第廿五条　主席宣告停止、退席，非经主席团许可，无论任何人不得请求退席，其擅自退席者，以放弃职权论，不影响于出席法定数。

第廿六条 逾休息时间无故不出席者，以放弃职权论。

第廿七条 议场内不得有左列情事：

一、戴帽；

二、携带非议场所需之物。

第廿八条 会议时不得有左列情事：

一、移坐交谈；

二、杂阅非关于议案参考之书报；

三、喧噪以妨害他人之发言或朗读；

四、吸烟及任意吐唾。

第廿九条 闻主席号铃后，当立即肃静。

第三十条 凡不遵守规定纪律及不受主席之制止者，得由大会惩戒之。

第卅一条 惩戒之动议，须于事件发生后二日内行之，并须有七人以上之附议。

第卅二条 惩戒之方法如左：

一、于一定期间内停止发言；

二、于一定期间内停止出席；

三、于议场内公开谢罪；

四、除名。

第卅三条 凡应行惩戒事件，须经大会决定，由主席宣告之。

第七章 附则

第卅四条 本规则由绥远省执行委员会通过后施行。

《新绥远》（半月刊）
国民党绥远省执行委员会宣传科
1932年7、8期合刊
（朱宪 整理）

中国国民党绥远省各县市执行委员及监察委员选举条例

民国二十年五月十九日指导委员会第六十五次会议通过　民国二十一年三月三日执行委员会第二十五次会议修正

作者不详

第一条　本条例遵照中央规定之《县市执行委员及监察委员选举法大纲》定订之。

第二条　县市执行委员、监察委员之选举，由省执行委员会酌量情形，指定下列选举法之一行之，并须派员到场监选：

甲、由全县市代表大会或全市党员大会，按照上级党部规定之县市执行委员、监察委员人数，完全采用直接选举制，以记名连记法行之；

乙、由全县市代表大会或全市党员大会，按照上级党部规定之县市执行委员及监察委员人数，以记名连记法选出加倍之候选人，呈由执行委员会圈定之。

第三条　选举权及被选举权，以各县市之党员为限。

第四条　县市执行委员及监察委员之选举，须有全县市各区分部所选出之代表，或全市党员达半数出席方得举行。

第五条　县市执监委员以得票较多者为当选，次多者为候补，票数相同者决选，决选后仍相同，即以抽签法定之。

第六条 选举票有下列情形之一者，其票作废：

1. 非上级党部规定之正式选举票；

2. 不依定式填写或夹写其他文字者；

3. 字迹模糊不能辨识者；

4. 选举人未签名或签名与党证上姓名不符者。

第七条 选举票如有下列情形之一者，应将其错误之部作为无效：

1. 被选举人非本县市党员；

2. 所写被选举人之姓名与党证上姓名不符者；

3. 所写被选举人之姓名字迹魁〔模〕糊不能辨识者。

第八条 选举票全部作广〔废〕或一部无效，检票员不能决定时，由监选员决定之。

第九条 选举人呈验党证、对照相片后，方得领取选举票。

第十条 选举时，由全县市代表大会主席团推出一人为主席，出席选举时，由监选员代理之。

第十一条 选举时，须设发票员、检票员各一人至三人，记录一人，由主席商同监选员指定之。

第十二条 发票员之职务如左：

1. 查验到会人数是否与签到簿相符；

2. 检验党证及证明书；

3. 散发选举票。

第十三条 检票员之职务如左：

1. 唱名开票；

2. 核验投票数目及被选举人得票数目；

3. 检查投票纸真伪及决定投票之是否合法。

第十四条 记录员之职务如左：

1. 办理选举人签到事宜；

2. 记录选举时一切情形；

3. 记录被选举人姓名及票数。

第十五条　投票完毕，须当场开票以开毕为止。

第十六条　开票完毕，检票员须将开票结果报告主席，由主席向大会宣布。

第十七条　开票完毕后，主席应将选举票密封，交监选员签名盖章，并载明日期及票数，以备保存。

第十八条　选举规则适用区党分部之选举规则。

第十九条　本条例由绥远省执行委员会通过后施行。

《新绥远》（半月刊）
国民党绥远省执行委员会宣传科
1932年7、8期合刊
（朱宪　整理）

中国国民党绥远省县市代表大会代表选举条例

民国二十年四月二十四日指导委员会第六十一次会议通过 民国二十一年三月三日执行委员会第二十五次会议修正

作者不详

第一条 本条例遵照中央颁发之《县市代表大会代表选举法大纲》订定之。

第二条 县市代表大会之代表，由区分部党员大会依照直接选举法以连记名投票选举之，但须呈请上级党部派员到场监选。

第三条 选举权及被选举权，以该区分部之党员为限。

第四条 每区分部须派代表一人，满三十五人者得派代表二人，满六十五人者派三人，满九十五人者派四人，但至多以四人为限。

第五条 以得票较多者当选为该区分部之出席代表，票数相同得就同票者投票决选（决选应用决选票），决选后仍相同，以抽签法定之。

第六条 选举时须有该区分部党员过半数之出席，方得举行。

第七条 选举票如有下列情形之一者，该票作废：

1. 非上级党部规定之选举正式票；

2. 不依定式填写或夹写其他文字者；

3. 字迹糊模不能辨识者；

4. 选举人未签名或签名与党证姓名不符者。

第八条 选举票如有下列情形之一者，该票内一部无效（即该被选举人无效，其他被选举人仍有效）：

1. 被选举人非本区内党员；

2. 所写被选举人之姓名字迹模糊不能辨识者；

3. 所写被选举人之姓名与党证姓名不同者。

第九条 选举票全部作废或一部无效，检票员不能决定时，由监选员决定之。

第十条 选举人呈验党证后，方得领取选举票。

第十一条 选举时须设发票员、检票员各一人至三人，由主席商同监选员指定之。

第十二条 发票员之职务如左：

1. 查点到会人数是否与签到簿相符；

2. 检验党证；

3. 散发选举票。

第十三条 检票员之职务如左；

1. 唱名开票；

2. 检验投票数目及被选举人得票数目；

3. 检查投票纸真伪及决定投票之是否合法。

第十四条 投票完毕，须当场开票以继续开毕为止。

第十五条 投票完毕，检票员须将开票结果报告主席，由主席向大会宣布并交记录员作成记录。

第十六条 开票完毕后，主席应将选举票密封，交监选员签名盖章，并载明日期及票数，以备保存。

第十七条 选举规则另订之。

第十八条 选举日期及当选人名额由上级党部于七日前通知各

区党部，转知各区分部。

第十九条　各区分部出席县市代表大会代表之选举，须于规定县市代表大会开会日期以前办理完竣。

第二十条　当选人确定后，除呈报上级党部外，应分别通知各当选人并给以当选证书。

第廿一条　本条例由省执行委员会议决施行。

《新绥远》（半月刊）

国民党绥远省执行委员会宣传科

1932年7、8期合刊

（朱宪　整理）

绥远各县局二十年份司法概况

作者不详

一、归绥县　该县司法公署自十九年奉令取消，后由归绥地方法院接收。该院截至现在，每月民、刑案件平均有九十二件。其经费每月一千一百七十六元，临时费全年二千二百八十元，每月由国库内支领裁撤归绥县司法公署经费洋二百二十四元，高等法院司法收入项下月领裁撤附设地方庭经费二百六十元，其余六百九十二元，并全年二千二百八十元之临时费，悉数由该院司法收入项下自行留支。该县并无监狱，其民、刑看守所共计三间，女看守所二间，除已决要犯送押绥远第一监狱外，所有普通民、刑各犯，均羁于内，现共有男犯五十七人，女犯十二人，每人日给囚粮三合，卫生极欠讲求。

二、萨县　每月平均民事案件六七起，刑事案件十余起，有积压情形。监狱已废，现有民、刑看守所二处，狭小污秽，甚不卫生。

三、包头县　该县司法公署，每月平均受理民事案件十二件，刑事十五件。无监狱，设看守所一处，内分东西两小院，各有小土屋三数间，东院羁押女犯，西院男犯，凡一年以上之徒刑，即送往绥远第一监狱。房屋狭小，光线不足，对于卫生，尤欠讲究。

四、丰镇县　该县司法公署，每月平均民、刑案件三十余起。监狱建筑颇为坚固，内计房屋八间，押犯九十余名。民、刑看守所计房五间，押犯六十余名。囚粮已决犯每日每人小米十七两，未决犯每人十五两，监所经费每月三百七十五元，囚粮费在内。财务局月拨洋一百零八元三角三分三厘，商会月拨洋四十一元六角六分七厘，余系国库开支，向县府支领。

五、五原县　有民、刑看守所各一处，每月平均受理案件有七八起。

六、武川县　平均每月民、刑案件有十余件，其中以土地纠葛及窃盗案件为最多，债务案次之，奸情案更次之。判断稍缓，无受贿情事。有男女看守所各一处，共计房舍五间，多年未修，污秽不堪，往昔陋规，并未稍除。

七、兴和县　民、刑案件，平均每月有四五起。原有监狱一处，系清末所建，民十五西北军败退时，众囚破狱，门户损坏，迄未修茸〔葺〕。现在民、刑囚犯，均合并于看守所内，房屋黑暗，秽浊难堪。

八、集宁县　每月平均受理民、刑案件十六七起，积压常有，受贿未闻。该县只有小院一所，南房四间，两间为监狱，两间为看守所，不分民、刑案犯，均在一处看押。每月额定囚粮八十五元。

九、和林县　该县县政府承审处，设承审员一人，受理民、刑案件，每月平均七件，以刑事为多。有看守所一处，置看守长一人，男看守二名，女看守一名，房屋破烂，设置简陋。普通犯押所内，重要犯则囚置于木栅内，尤形惨酷。

十、固阳县　十九年全年内，受理民事案件十一起，刑事案件二十五起。无监狱，有民、刑看守所各一处。

十一、托县　该县司法、行政，有时混合不清，看守所附设县政府内，房舍九间，无监狱。

十二、凉城县　民、刑案件，每月平均二十起。旧监狱尚属完固，民、刑看守所附设监前，由管狱员兼看守所长。

十三、陶林县　该县司法案件，每月平均十五六起，刑事居多。该县政府地址，系赁用民房，经久未修，破烂不填〔堪〕。监狱共有六间，里四间名曰内班，羁押刑事囚犯；外两间名曰外班，羁押民事囚犯。

十四、清水河　十九年全年内受理民事十九件，刑事八十件。监狱系清代旧牢，内计房屋六间，深入地下，光线黑暗，臭气逼人。炕中不能生火，夏湿冬寒，极不卫生。外设民事看守所一处，形同虚设。

十五、安北　该局司法未独立，承审员由行政主任兼理。有民事押犯室一间，刑事押犯室三间，女看守所一间。

十六、东胜县　受理案件，平均每月民事三件，刑事二件。

十七、临河县　无监狱，有看守所一处，民、刑犯均在一处。

《西北青年》（不定期）
绥远省丰镇县旅平学生会出版部
1932年9期
（李红权　整理）

绥远各县局应兴应革事项

实察员　撰

一、归绥县　应兴事项：（一）开渠：该县气候纯系大陆性质，每易致旱，非开渠不足以挽救。（二）造林：居民多以农业为生，非造林不足以调和气候。

除弊事项：（一）取缔人民吸食鸦片：鸦片为害，尽人皆晓，亡国灭种，危险殊甚，本县人民嗜吸者约过半数，倘不严行取缔，其祸将不知伊于胡底。（二）裁减各区保卫团丁：各区保卫团丁，不讲军纪风纪，只能扰民害民，既不克剿匪以维治安，即应酌予裁减。

二、萨县　无报告。

三、包头县　利之可兴者：（一）添设乡村小学校。（二）提倡社会教育。（三）整顿市政：（1）平垫街道；（2）改善官私厕所；（3）各小巷筑地道引水。（四）组织水利公社，改善第四区渠道，以利灌溉。

弊之宜革者：（一）该县办理差徭，计有车务代雇所、马王驼社、清真驼社、俱进会、船筏会等五处，各处员警，滥行任用，车务代雇所一处，即有二三十名，名曰代雇，实即抓索，各差户虽月出帮差费若干，但应差犹难幸免，全年收入，平均不下万元，人言啧啧，舆论极坏，其他各处弊病丛生，亟应彻底整顿，归并一处，以期统一事权。（二）县政府及市公安局，往往受理民刑案件，并不转咨司法公署核办，似应严令禁止，以重司法独立。

四、丰镇县　弊之太甚者：（一）保卫团：查该县保卫团丁，兵匪参半，亟应严加甄别，裁恶留善。（二）私藏枪械。（三）训练警察：该县警察，既无巡逻守望之常识，又无保安捍卫之精神，以致城内窝匪聚赌，抢案时出，未能破获，亟应整顿，勤加训练。（四）改选村长：该县各村长，多系目不识丁，对于村政，不知尽责，惟奔走逢迎、欺压人民是务，间有通匪嫌疑者，亟应分别改选，并□加训练。（五）严禁粮商操纵：该县各粮店，每遇乡人来城粜粜，不准自由交易，强迫到店，以最不公平之出入，来回剥削；甚且于青黄不接之际，故意抬高粮价，以图操纵。亟应严加禁止，以维民食。

利之可兴者：（一）各区修筑汽路，安置电话。（二）东门外沿河应筑长堤：河身比城犹高，每遇大风，山水暴涨，为害甚烈，亟应筑堤以防之。（二）〔（三）〕提倡凿井。（三）〔（四）〕设立平民学艺所。

五、五原县　利之可兴者：（一）奖励种树。（二）创办毛织工厂。（三）奖励牧畜。

弊之太甚者：现无。

六、武川县　弊之应革者：（一）县政府衙役下乡传案或办公，膳宿等费，漫无规定，以致任意勒索，为所欲为，往往传案一次，即须向当事者勒索大洋五六元或十余元不等，此等积弊，亟应改革。

利之可兴者：（一）修筑归绥至乌镇汽车道：查县属乌兰花为通蒙大道，汉蒙贸易中心，关系国防，颇为重要，亟应修筑归乌汽车道，以利交通而便防卫。

七、兴和县　兴利方面：（一）提倡凿井。（二）提倡牧畜、种树。

弊之太甚者，即为正黄旗擅理民刑诉讼。该旗总管常在县属四苏木居住，借口盗匪事件，擅理民刑诉讼，不依法刑，妄断是非，人民之含冤负屈者时有所闻。

八、集宁县 利之可兴者：（一）第三区中特拉一带，未垦荒地约有一千余顷，亟应设法开垦。（二）第四区灰腾梁山绵亘数十里，水草畅茂，为天然牧场，亟应提倡牧畜，以收尽地利而厚民生之效。

九、托县 应兴应革事项：（一）兴水利以足民也：该县土地辽阔，黄河横亘东西，黑河流灌南北，引水灌地，至属易易。（二）建设西北区以防匪患也：西北区为全县门户，各村土堡较少，民团亦多不振，亟应妥筹建设以资防卫。（三）取缔司法警察旧有恶习以利村民也：该县司法警察，勒索骚扰情事，仍不少减，甚或一人挂有警察名义，数人代其出村勒索，若不严行取缔，民何以堪！（四）训练村长以实施村政也：村长仍多恶习未除，营私舞弊，即间有较好之村长，语以村政，亦皆茫然不知，非实施训练，难期有所改进。（五）修治看守所以重人道也：该县看守所地址甚隘，卫生不讲，以故被拘囚犯，每值盛夏之时，常有死亡，亟应设法修治，以重人道。（六）护路以利交通也：绥、托交通向称不便，土匪常有劫路情事，亟应派兵沿路驻扎，以利交通。（七）凿井以重民食也：该县北部各村，水多苦咸，饮之泻腹，宜设法开凿洋井，以资救济。

十、凉城县 应兴应革事项：（一）改移县治。（二）建设新县。（三）重行复丈土地。

十一、和林县 应兴应革事项：（一）修筑县城。（二）开掘煤矿。（三）广开渠道。（四）改良看守所。（五）禁止各区员警向人民自由摊派粮食草料。

十二、固阳县 该县财政不统一，自收自支，弊窦丛生，亟应

整顿，不容稍缓。(未完)[1]

《西北青年》(不定期)
绥远省丰镇县旅平学生会出版部
1932 年 10、11 期
(朱宪　整理)

① 未见后续刊载。——整理者注

为分割丰镇敬告绥远政治当局

王敬亭　撰

顷读丰镇各区民众“号”电，有“民政厅特派勘查县界委员赴平地泉，视查丰镇界限……”并有“集宁呈清〔请〕划拨丰镇二区北段及三区全部，归集宁管辖……”同时“本县（丰镇）各区代表开紧急会议议决：在本省通盘划界计画未规定以前，暂行电请省府缓办……”等语。不久《绥远民国日报》亦有同样的记载。作者阅读之下，殊深骇异，深望此种传说是虚伪的、抽象的，而不是真确的、事实的。万一不幸此事由虚伪而变为事实，由抽象而见诸实现，则省政府此举，无惠于地方，实足病民；无补于政治，徒滋扰民，甚负民众刮血肉供赋税，断头颅备驱使，敬仰政府牧民之盛意也。

案勘查土地事，载于国府之《土地法》，似乎本无置异之必要，不过此次省府之勘查范围，不是全省的、通盘的（姑且假定），谨志在分割丰镇二、三区地，归入集宁。是其勘查之动机，划分之原则，以及种种之经济关联，皆与《土地法》所载不合，我们一翻《土地法》，看丰、集之间，有没有重新划分之必要，而为公平之论断。

今将与本文有关系之条文列左：

第一编　总则

第一章　法例及施行

第五条　本法之施行法另定之。

第六条　本法各论〔编〕之施行日期及区域分别以命令定之。

第三章　土地重划

第十八条　因一定区域内之土地，其分段面积不合经济使用者，得有〔由〕主管地政机关就该区域内土地全部重行划分，并将重划地段分派于原土地所有权人。

第三编　土地使用

第二章　市地

第一节　使用限制

第一百五十二条　全部或大部分未建筑之建筑区，因路线通过致其中各地段有面积过小或形式不整不适于建筑房屋或其位置不临街道者，市政府得依本法关于土地重划之规定，于路线公布后一定期限内整理之。

第一百五十四条　一区段之建筑物因水火或其他之灾变毁灭，而该区内之土地有第一五二条情形或街道狭小有重划之必要者，市政府应于一定期限内重划之，并得于未重划前制止重建。

第四章　土地重划程序

第二百十一条　地政机关于该管区域内之土地，有左列情形之一时，得依第十八条之规定为土地重划：

（A）区内之土地，其各地段有面积狭小奇零不合耕作之经济使用者；

（B）有第一百五十二条或第一百五十四条之情形者。

总括以上土地重划之条文，我们很明显的得有两种原则：

a. 因我国幅员广大，各地情形不同之故，《土地法》施行日期及区域，将来分别以命令定之，现在尚谈不到实行。

b. 所规定重划之土地，概指城市商埠之地皮言（如一五二条及一五四条）。

反过来看，丰镇二、三两区，果合于上述之重划原则么？可以说丝毫没有。案二百十一条之A项，系根据总理之“耕者有其田”的主义，而改善农民经济之办法，换言之，是经济的，而不是政治的。不然，我们看作为政治的策划，那就大错而特错了。就如“各地段〈有〉面积之狭小奇零……”若细事推敲，则多有不通之点。究竟面积何为狭小？何为奇零？此文实为笼统，不无含混之余地。姑就事实言，我国横约九千里，纵约七千八百里，地形酷如蚕叶，而蚕叶之边缘，实具有“狭小奇零”之特征，难道我国为整齐计，尽可抛弃奇零狭小的土地如海南岛、舟山群岛、山东半岛的道理？这岂不是笑话。

再以我国各省地形的区划说，民国肇兴，各省面积区划，一仍明清之旧，而明清各省之区划，系采“犬牙相错，互相牵制”的原则。故各省地形类皆具大小、长短、宽窄……等不规则的形状。所谓“奇零狭小”之弊，无省无之，亦无县无之，反之，求一地形“方正”之省区，直若凤毛麟角。若与美国各州之区划相比拟，则尤不可同日而语，不过面积之大小长短，虽有不同，要其为省——地方行政区——则一，假如有人说新疆太大（五百五十万方里），浙江太小（三十二万八千余方里），为小大相等计，实有平均分配的必要，吾恐闻之者，必嗤之以鼻，曰：“哼，岂有此理！”

以上是就全国说，现在我们单论绥远。绥远全省行政区划，除乌、伊两盟仍沿前清旧制外，余多已开辟县治，截至现在止，共有十六县、二设治局。试问这十八县局的面积，大小果相若，地形果方正么？但是事实告述我们，不只各县的面积有小大，而各县的部分尤都有“奇零狭小”的不齐。兹将二十年各县实察员面积报告，依其大小列左，并将升科粮地及大地户插入，以见各县之经济情形，而资参考：

一、东胜县

1. 面积凡十四万二千八百余方里，分三区。

2. 升科粮地——一一，二〇七·五七五〇〇〇顷。

3. 大地户——张、高、李、王、部五家。

二、武川县

1. 面积凡九万六千余方里，分十区。

2. 升科粮地二四，二一五·一一〇四〇〇顷。

3. 大地户——张、石、淡、郭、刘、梁、任、王、皇甫等姓十二户。

三、陶林县

1. 面积四万零八百方里，分三区。

2. 升科粮地八，八〇九·八九二〇〇〇顷。

3. 大地户——因无报告，不知户数。

四、固阳县

1. 面积三万五千二百方里，分七区。

2. 升科粮地二四，一〇四·四七〇六〇〇顷。

3. 大地户——白、田二姓种地在五千亩以上。

五、安北县

1. 面积三万三千六百方里，计分三区。

2. 升科粮地四，七三一·一三九〇〇〇顷。

3. 大地户——安、张、侯各种地在三千亩以上。

六、凉城县

1. 面积三万二千方里，计分五区。

2. 升科粮地二三，三二五·二〇一四七〇顷。

3. 大地户——高、粱〔梁〕、贾、李、张、郑、双七姓，种地在万亩以上。

七、丰镇县

1. 面积三万零六百余方里，分六区。

2. 升科粮地三六，四〇九·四三七七〇〇顷（最多）。

3. 大地户——该县无大地主。

八、和林县

1. 面积二万八千八百余方里，分五区。

2. 升科粮地四，八〇一·五八六〇〇顷。

3. 大地户——有二十三家共种地二万亩左右。

九、归绥县

1. 面积二万六千六百五十方里，分四区。

2. 升科粮地一四，六〇〇·九二四二七〇顷。

3. 大地户——李、陈、苏、于、孟各户均有水地二百亩左右，每亩价值百元。

十、萨拉齐县

1. 面积二万四千七百五十方里，分五区。

2. 一五，三五一·〇四四八一四顷。

3. 大地户——有周、史、田、梁、任、禄、石、刘、董、崔等十一户。

十一、临河县

1. 面积二万二千五百余方里，分四区。

2. 升科粮地一，五二八·七六二〇〇顷。

3. 大地户——李、杨二姓种地均在十万亩以上。

十二、清水河县

1. 面积二万二千五百方里，分四区。

2. 升科粮地六，〇七九·四九〇〇〇〇顷。

3. 大地户——白、张、刘均种地五千亩以上。

十三、五原县

1. 面积二万二千一百方里，分三区。

2. 升科粮地一，五七四·五三〇〇〇顷。

3. 大地户——田姓有地十万亩。

十四、包头县

1. 面积二万一千七百二十八方里，分四区。

2. 升科粮地一三，〇六二·〇八四一〇〇〈〇〉顷。

3. 大地户——王、赵、张七家各种地二三万亩。

十五、集宁县

1. 面积二万一千六百方里，分四区。

2. 升科粮地一〇，四八一·九六三二〇〇顷。

3. 大地户——张、李、刘五家。

十六、托克托县

1. 面积一万一千二百七十六方里。

2. 升科粮地七，〇〇三·六六四一七〇顷。

3. 李、张、刘三家。

十七、兴和县

1. 面积九千一百二十余方里，分五区。

2. 升科粮地一八，〇四七·一六三五五〇顷。

3. 大地户——王、吴二姓各有地万余亩。

（以上各县升科粮地一觉〔览〕见《绥远省财政周刊》第十三号，面积、大地户是据各县实察员报告。）

我们看了上表的调查，可以得到下列结论：

A、绥远各县的面积，大小极不相等，最大的县份如东胜、武川等县，面积有十四或九万多方里，次之陶林、固阳、安北、凉城等县面积，皆在三四万方里左右。最小者为托县、兴和县，而其面积亦在一万方里左右。总之，各县面积在绥远比较，虽有大小之别，然与我国内地各县比较，统统不能算小县（因内地县份之面积，十九为数千方里），徒以地处边省，人烟凄凉，中央既视同边塞，不加开发；人民亦以各种压迫，苟且偷生，致有今日百业不振，日就没落之现象。

B、各县升科粮地，顷数虽多少不等，然大较所差无几，惟丰镇县以地仅三万零六百余方里之县（面积在各县中为第七位），而升科粮地数目字之多，在各县中占第一位。案全省升科粮地总数为二二五，三三三·〇三四五七四顷，丰镇一县就有三六，四〇九·四三七七〇〇顷，结果竟占全省升科粮地总数九分之一多。于此可见，丰镇仅“粮赋”一项，数目字已为本省之绝对多数，其他杂捐、烟税各类，更有不堪闻问之巨（据《大公报·平绥路访问记》载：丰镇仅商家杂税，有二十余种之多）。

C、在农村〔业〕经济社会，尤其是农村破产的今日，绥远各县的大地主尽〔竟〕有惊人的记录，这不能不说是一个重大问题。须知在农村社会中，首在求“经济使用”的合理，是无论政府与人民所极应当注意的。一则是社会下层基础所系，二则是民生问题攸关。可是“大地主”的增高，反过来说就是“自由农”减少和“佃农”无产者数目的扩大，最显著的，社会上有下列各种现象：

1. 大地户田连阡陌，一望无垠，小农贫无立椎〔锥〕之地，结果变成佃农或流为无产者。

2. 大地主亦有把持官厅、武断乡曲者，其自身则财富日增，势力日大，而小民则不特流为无产，抑且卖妻鬻子，身体不得自由。

3. 政府税收减少：地主既拥有大量的田地，而且是日日增加，同时农民就是日趋没落，是于国库的收入，当然要减少的。

看了以上实察员的记载，“大地主”在绥远十七县中，无县无之，而且每县不在少数。——惟有丰镇一县，别开生面的没有大地主。这不能不说是“经济（土地）的使用，较为合理”，他县独无而仅有于丰镇了。

总括各节，我们现在很明显的得一结论：就是“丰镇为什么升科粮地特多”？其解答如下：

丰镇升科粮地之多，不是县境面积大，也不是土地肥沃，更不是没有荒地，尤其不是财富丰厚；而其最大的原因（当然原因里边有种种，如官厅之勒索严厉啦，人民之无力抵抗啦……等等）是因为境内无“大地主”，自由农为农村中之中坚分子的也〔缘〕故。换言之，就是“土地使用之合理化”，农民的生产力相差不至太远。因之农民单个的力量，不足以抵抗官厅勒索，而政府得以征收大量的赋税。我们现在归纳《土地法》重划部分，可得一断案：

A. 凡不合理之经济使用者有重划之必要——大提前〔前提〕——

B. 丰镇县的经济使用合理化（自由农经济）——小前提——

C. 故丰镇县无土地重划之必要。——断案——

绥远各县之面积区划，既有大小之不同，大者如武、固、陶、凉等县，小者有兴、托各县，按政治的原理说，是不是有强其相等的必要，此中关联，至为复杂，任何政治家迄无一致之意见。不过就事实上考查，甚没有一致的必要。

今我省政府重划县境，如果为通盘的、整个的、一致的，则无论其合乎政治的原理与否，作者殊不敢执一辞，若果只限于丰、集二县之重划，则为无目标、无策略、无见地，徒有病于民，而无俾于国。

因为集宁县呈请划界的原因，不外以县境狭小，粮赋减少的也〔缘〕故，要知此种理由，是基础于剥削民众的，分割民众的，而不是为民众谋利益谋幸福的。概“政治”也者，是为大多数人谋幸福，不是为统治机关谋饭吃，进一步说，集宁在创设时代——民十至民十五——土地固等于现在，而彼时平地泉商业发达，在绥东一时无两，各种税课之收入，较之各县实驾而上之，然则今日之收入减少者，不在县境之小，而在时势之变，良以近来以来，蒙路阻梗，商务涩滞，加以频年荒旱，各县农村破产，以致不特民众难以糊口，即公家税收，亦减少大半，此岂集宁为然，各县实莫不然也。

概括的说来，经济问题是一切问题的中心点，而经济之使用，尤其是解决经济问题之先决条件，所以务必要求其合理化。任何一国度、一省份、一县治，各有其特殊的精神，这是不容丝毫忽视的，国、省暂且不论，即以县来说，一县的构成，至少具有若干相同的条件，就是经济、习俗、历史等条件，而在今日之“陆地发展”时期，尤以经济为最重要，如果经济利益不相同，无论其他条件怎样相合，也是不可能的。中央《土地法》提出经济使用之合理化，这是很重要的部分。政治当局如以“徒足病民”，不行重划则已，万一实行重划程序，则深望一本全省整个的策略，通盘筹划，取消犬牙相错的部分也好，平均分派各县的土地也好，但是务必要使农民土地使用之合理化。

一九三二，十二月，十四于故都

《西北青年》（不定期）
绥远省丰镇县旅平学生会出版部
1932 年 13 期
（朱宪　整理）

苏俄与蒙古

钟其本　撰

一

蒙古因为政治上、地理上的关系，分为内外蒙古，内蒙古自一九〇七年七月四日日俄第二次协约成功后，遂划为日本的势力范围之下。外蒙毗连于俄属西伯利亚，俄人苦心孤诣，积久侵略，蚕食鲸吞，置外蒙为其掌握之中。本文题为《苏俄与蒙古》，查苏俄对于内蒙古的关系甚浅，无庸多所研究，兹特将外蒙与苏俄的关系，详为论列之。

外蒙位于我国的北部，为我国北方屏蔽的要地。外蒙的疆土，东西长约五千里，南北长约二千五百里，面积约四百八十八万余方里，人口一百八十万，地广人稀，矿产富厚，实为我国北方的宝库。兹将该省矿产，列表如左：

又查只恰克图、库伦间一区中，含金面积，达二十五万方英里（参考谢家荣著《第二次中国矿产纪要》一五九页），其矿产之丰富，可以概见了。

矿别	产地		备考	参考书
金	土谢图汗北部	招莫多	在库伦、恰克图之间所产为线金，产地有司稷徒山、伊林大巴山、本布该山、哈林格那山及乌儿图山等五处	《矿业周报》第九十号，六九〇页
		伊罗河流域	产沙金，产地有伊罗金〈河〉沟、[河] 伊勒拍克金沟、不魁利莫怪叨勒盖图、布公台等处	同右
		奎通河流域	产沙金地有奎通那林哈那干、伊克哈拉格、那乌林堆等处	同右
		古法拉河流域	在支流河布坤处有古德拉金厂，又近俄边界有固朱林金矿	《中国矿产志略》九一页 《矿业周报》第九十期，六七一页
		索特纳木达尔吉雅旗	有沙金发见	《中国矿产志略》九一页
		罗布林海都布旗	同右	同右
		杭达多尔济旗	同右	同右
	车臣汗部	克鲁伦河域札萨克拉木旗	支流特勒基沟有特勒基金厂，有砂金发现	《矿业周报》第九十号，六七一页 《中国矿产志略》九一页

续表

矿别	产地		备考	参考书
	三音诺颜部	布图彦河流域	在达什陶么合硕旗境内，现已开采	《矿业周报》第九十号，六七一页
		札克河流域（亦作拜达里克河）	在札木蒙王合硕旗境内，仅有土人私采	同右
		推河流域	在固尔本郡王合硕旗境内，现已开采	同右
		阿尔泰山东脉之麓	在码尼漠合硕旗境内，仅有土人私采	同右
		阿尔泰山	线金	《支那矿业时报》第七十四号，一八七页
	札萨克图汗部	阿尔泰山东脉下近戈壁处	在陶保多尔济札萨克合硕旗境内，仅有在人蒙采〔蒙人在采〕	《矿产〔业〕周报》第九十号，六七一页
	唐努乌梁海	唐努山麓	产沙金，地点未详	《支那矿业时报》第七十四号，一八七页
		库苏古尔泊附近	同右	同右

续表

矿别	产地		备考	参考书
银	土谢图汗部		计三处，一处量征〔微〕，地〔他〕二处尚富	《支那矿业时报》第七十四号，一八七页
	三音诺颜部	阿尔泰山	线金中含银	同右
	车臣汗部		矿量及地点未详	同右
	科布多		同右	同右
	唐努乌梁海			《中华析类分省图》说明栏
铜	三音诺颜部	一处	面积甚广，藏量亦丰	《支那矿业时报》第七十四号，一八七页
	唐努乌梁海	加达哈拉		《中华析类分省图》说明栏
		乌素		同右
	土谢图汗部	三处		Karamisheft，“Mongolia and western China”，P. 110

续表

矿别	产地		备考	参考书
铁	土谢图汗部	甘台子	在恰克图东南	Karamisheft, "Mongolia and western China", P. 110
		又处	在甘台子附近	Karamisheft, "Mongolia and western China", P. 108
	车臣汗部	一处		同右
	三音诺颜部	一处		同右
	科布多	一处	Songoin 附近	同右
铅	土谢图汗部	二处	方铅，矿床甚厚	Karamisheft, "Mongolia and western China", P. 110
	车臣汗部	一处	方铅，矿床甚厚	同右
	唐努乌梁海		Egvingol	同右
石墨	同右		库苏古尔泊附近	同右
白金	同右	库苏古尔泊东	Alkobek 城附近	Targasheft, "Uinerol Resowrce & Tnclustry of Hetar East", P. 267
		萨彦岭	附近河沙中	同右

续表

矿别	产地		备考	参考书
煤	土谢图汗部	毛笃庆	在库伦东部	《中华析类分省图》说明栏
			又采者二处	《支那矿业时报》第七十四号，一八七页
	车臣汗部		采者三处	同右
	札萨克图汗部		采者二处	同右
	三音诺颜部		采者一处	同右
	科布多		采者一处	同右
石棉	唐努乌梁海	达河西岸		《中华析类分省图》说明栏
	唐努乌梁海	达布逊少	全部山脉皆产石盐，盐湖又多，湖盐产量亦多	《支那矿业时报》第七十四号，一八八页

此表引自《建设季刊》第十二期C五十七页至C六十页。

外蒙除矿产丰富而外，牲畜、皮毛产额之巨，亦堪注意，据民国十五年外蒙公家统计所载，饲养家畜之总数为一九，二二二，〇〇〇头，其中骆驼为四一九，〇〇〇头，马为一，五九一，〇〇〇头，牛为一，九五七，〇〇〇头，羊为一二，七二六，〇〇〇头，山羊为二，五二九，〇〇〇头。共值价一六，〇〇〇，〇〇〇“拖格列克”（Tugriks）（约合美金五，七六〇，〇〇〇元）。至于外蒙地方，皮毛最著之动物为土拨鼠、松鼠、狐猩〔狸〕、野猫、野兔、臭鼬、熊、豹等。据当地统计，每年所猎之皮毛，约值五，四五二，〇〇〇“拖格列克”（约合美金一，九六二，七二〇元）。此外每年所产家畜毛及皮革，亦很丰厚。我国虽有此偌大殷富之地，而不知开拓利用，而交通、教育，又毫无设施，因此外蒙和内地，好像划若鸿沟；外蒙古人对于我国的政府毫不信仰，我国的政府也视外蒙如化外，年代已久，相隔愈深，遂成外蒙古之存亡，好像无关痛痒的样子。俄人之对于外蒙古，则无日不处心积虑，积极经营。俄国之侵略外蒙古，可分为两个时代，第一是帝俄时代；第二是苏俄时代。苏俄之侵略外蒙成功，是由帝俄时代侵略外蒙先种下了根基，没有帝俄时代侵略外蒙的历史，今日的外蒙不会遽转入苏俄之手，所以要研究苏俄之侵入外蒙，就先要从帝俄时代之侵略外蒙研究起。

二

俄国资本主义，在十九世纪七十年代开始很急激的进展，到了八十年代遂有很大的成绩，我们只要拿下表来看，就可以窥见其一般：

年代	俄国工厂内所消费之棉花量（单位：千普特）	溶解之铸铁量（单位：千普特）	新设公司数
一八六一	二，六四三	一九，四五一	八
一八六六	二，九五二	一八，五八六	一八
一八七一	四，一六五	二一，九三三	六〇
一八七三	三，五三〇	二三，四八四	一〇六
一八七六	四，七八〇	二六，九五七	四一

“俄国产业的发展，由七十年代继续到八十年代初期，但是到了一八七九、一八八〇年，产业的生产品，已渐次没有贩卖的场所了。”（引自苏柯罗夫著，朱应会译之《俄罗斯的经过》第一篇第二章第十二节）俄国资本主义，一天天的发展，生产过剩的危机，推动俄国资本家向国外找寻市场的欲念逐日增加，所以俄帝国主义侵略我国的野心，也就未尝稍懈。至宣统三年（一九一一年）一月间，俄国遂根据光绪七年（一八八一年）中俄条约向我国提出要求六款，内容如下：

（一）一八八一年（光绪七年）之条约，及其他国际条文，皆在国境五十俄里（即中国百里）外，俄国政府制定国境之税率，不受限制。国境彼我五十俄里线内，两缔盟国领土内之物产及工业品皆无税贸易。

（二）在中国领土内之俄国臣民，关于行政裁判，归俄国官宪管辖；若中俄两国人民之民事诉讼，归中俄混合裁判所审理。

（三）蒙古及天山南北诸地方，俄国臣民得自由移转居住，不受何等独占及禁止之防〔妨〕害；且一切商品皆无税贸易。

（四）俄国政府于已设领事馆之外，更于科布多、哈密、古城三处有设领事之权。此权利之实行，虽应与中国协商，然是等地方，两国人民，屡起诉讼，足见实行此权利不可缓。

（五）中国官吏须承认俄国领事对于管区内之权能，关于两国人民诉讼，不得拒绝俄国领事会审。

（六）俄国于伊犁、塔尔巴哈台、库伦、乌里雅苏台、喀什噶尔、乌鲁木齐、科布多、哈密、古城、张家口等处，有设领事馆之权；俄国人民，对于是等地方有购置土地、建筑房屋之权。

从以上六款看来，我们很可以明白，俄国是要攫夺国外的市场为消售他的商品，我国对于此六款的要求，大致答覆赞成；惟以制定关税为增设领事之交换条件，盖亦根据光绪七年之中俄条约十五条："通商各条，每十年酌改"二语之规定；俄国就谓我国之答覆不满意，即调动军队，逼我边疆，大有一触即发之势；我国政府逼于武力之威胁，俯首贴耳，悉数允之。

俄国对于远东之发展，一从水路，一从陆路。水路方面，谋海参崴为出路；陆路方面，则侵略满蒙，为其不可缓之图。俄国之侵略外蒙，一面利用贝加尔等处之佛教与蒙人联络，一面煽惑活佛脱离中国而独立。一九一一年活佛为其所愚，遂宣告独立，举兵内犯，并驱逐华官兵于蒙古之外。俄国遂乘机援助，于一九一一年十一月向我国政府提出下列之要求：

（一）中国政府须认俄人自库伦至俄边境有建筑铁路之权。

（二）中国政府须与蒙古订约，声明左列三项：

①中国不得在外蒙驻兵。

②中国不得在外蒙殖民。

③蒙古之自治，受办事大臣之管辖。

（三）中国所有治蒙主权，改隶办事大臣，中俄交涉仍由两国政府协商。

（四）俄饬领事官协助，担保蒙人对于中国应尽之义务。

（五）中国在蒙如有改革，须先与俄国商酌。

右列之要求，把我国在蒙之主权，完全剥夺，俄帝国主义之凶恶，可谓烈矣。当时我国因革命事起，国事纷纭，对此要求，无暇答覆，俄国遂于民国元年（一九一二年）十月直接与库伦活佛订立左之《俄蒙协约》：

（一）俄国政府，扶助蒙古保守现已成立之自治秩序，及蒙古编练之国民军；不准中国军队入蒙古边境，与华人移殖蒙地之各权利。

（二）蒙古主及蒙古政府准俄国人民，及俄国商务，照旧在蒙古领土内享用此约所附专条内开各权利及特种权利；其他外国人自不得在蒙古享加于俄国人民所享之权利。

（三）如蒙古政府以为须与中国或别外国订约时，无论如何，其所订之新约，不经俄政府允许，不能违背或变更此协约及专条内各条件。

此外复订附约十六条，其重要者如左：

（一）俄国人民得在所有外蒙古各地自由居住移动。

（二）俄国人民得将俄国、蒙古、中国暨其他各国出产制作各货，运出运入，免纳出入口各税，并自由贸易；无论何项税课捐，概免交纳。

（三）俄国银行有在外蒙古开设分行之权。

（六）俄国人民得在外蒙古所有地内各城镇、各蒙旗，约定期限，租赁地段，或购买地段，建造商务制作局、厂，或修筑房屋、馆户、货栈；并且用闲地，开垦耕种。

（七）俄国人民可与外蒙古地方官协商开发享用矿产、森林、渔业及其他各事项。

（八）俄国政府有权与外蒙古地方官协商，凡须设领事之处，设派领事。

（九）凡有俄国领事之处，及有关系俄国商务之地，均可由俄国领事与外蒙古地方官协商设立贸易圈，专为领事管辖；无领事之处，则专归俄国各商务公司会社之领袖管辖。

（十）俄国人民得于外蒙古各地设立邮政。

（十二）凡自外蒙古域内流至俄国境内各河，及此诸河所受之河流，均准俄国属下之人乘用自备商船，往来航行，与沿岸居民贸易。

（十六）俄国属下人等，其所开处所，与蒙人、华人往来约定办理之事，可用口定，或立字据。其立约之人，可将所立契约送至地方官呈验，如地方官呈验契约有窒碍之处，当从速通知俄国领事官，与领事会商，将所出误会，公同判决。今应特行定明：凡关于不动产事件，务当成立约据，送往蒙古该管官吏及俄国领事处呈验批准；如享用天然财赋契约，必须经外蒙古地方官批准方可。如遇有争议之时，无论因口定之事，或须有字据之件，可由两造推举中人，和平解决；如遇不能和解时，再由会审委员会判决。会审委员会分常设、临时两项：常设会审委员会于俄国领事驻在地设置之，以领事或领事代表及蒙古官吏之代表相当阶级者组织之；临时会审委员会于未设领事之处，酌量所出事件之紧要，始暂开之，以俄国领事代表及被告居留或所属之旗之蒙王代表组织之。会审委员会可招致蒙人、华人、俄人为会审委员会之鉴定人。会审委员会之判决后，其关于俄人者，则由俄领事官从速执行；其关于华人、蒙人者，则由被告所属或居留之蒙旗蒙王执行之。

此《俄蒙协约》之订成，适满清政府推倒，中华民国肇造之秋。民国政府，得到俄蒙间缔结协约的报告，即电令驻俄公使刘式训，向俄政府提出抗议，其抗议书如左：

蒙古为中国领土之一部，未经民国政府之许诺，蒙古随意与他国缔结之协约无效。

一九一二年十月七日，复向驻京之俄公使克尔便斯基提出抗议，翌日俄公使提示该协约四条于民国政府，且附言如左：

关于蒙古问题，前曾数次向贵政府交涉，均不得何等之答覆，故不得已与蒙古开始直接交涉，订结协约。

我国上下，得此消息，举国鼎沸，各省都督通电中央，督促征蒙，或组织对蒙团、征蒙敢死队、敢死团等团体，或为排俄货运动，或为军费之义捐，大有与俄国结〔决〕一死战之慨。俄国因我国之反对，允我国另订中俄协约。经双方代表二十余次之会议，遂于民国二年（一九一三年）十一月，与俄国签订左列之条约：

声明文件

（一）俄国承认中国在外蒙古之宗主权。

（二）中国承认外蒙古之自治权。

中国承认外蒙古人享有自治外蒙古之内政，并整理本境一切商工事宜之专权。中国允许不干涉以上各节，所以不将兵队派驻外蒙古，及安置文武官人，且不办殖民之举；惟中国可任命大员，偕同应用属员，暨护卫队驻扎库伦。此外中国政府亦可酌派专员驻扎外蒙古地方，保护中国人民利益；但地点应按照本文件第五款商订。俄国一方面，担任各领事署护卫队外，不于外蒙古驻扎军队，不干涉此境内之各项内政，再不在该境有殖民之举动。

（四）中国声明承认俄国调处，按照以上各款大纲，以及一九一二年十月二十一日俄蒙商务专件明定中国与外蒙古之关系。

（五）凡关于俄国及中国在外蒙古之利益，暨各该处因现势发生之问题，均应另行商订。

声明另件

（一）俄国承认外蒙古土地为中国领土之一部分。

（二）凡关于外蒙古政治、土地交涉事宜，中国政府允与俄国政府协商，外蒙古亦得参与其事。

（三）正文第五款所载随后商订事宜，当由三方面酌定地点，派委代表接洽。

（四）外蒙自治区域，应以前驻扎库伦办事大臣、乌里雅苏台将军及科布多各参赞大臣所管辖之境为限。惟现在无蒙古详细地图，而该国各处行政区域，又未划清界限；是以确定外蒙古疆域及科布多、阿尔泰划界之处，应按照声明文件第五款所载，日后商定。

我国政府依此《声明文件》及附件之规定，于民国三年（一九一四）派代表与俄国会议于恰克图。至一九一五年六月间订成《中俄蒙协约》，记之如左：

（一）外蒙古承认民国二十〔年〕十一月五日（一九一三年之）中俄协约及声明附件。

（二）外蒙古承认中国之宗主权，中俄两国，承认外蒙古之自治及为中国领土之一部分。

（三）自治之外蒙，无权与各国缔结关于政治、土地之国际条蒙〔约〕。凡关于外蒙古之政治及土地问题，中国政府，担任按照民国二年十一月五日中俄声明附件第二〈条〉办理。

（四）外蒙古博克多哲布宗丹巴呼图克图汗之名号，由中华民国大总统册封之。外蒙古公事文件，用民国年历，亦得并用蒙古干支纪年。

（五）中俄两国承认外蒙自治〈官〉府，有办理一切内政及与各外国缔结关于工商事宜之国际条约之权。

（六）按照中俄协约第三款，中俄两国，担任不干涉外蒙古现有自治内政之制度。

（七）中国驻库伦之大员，其卫队不得过二百名。该大员之佐理专员，分驻于乌里雅苏台、科布多及恰克图各处者，每处卫队不得过五十名，若因外蒙自治官府之同意，于外蒙他处添设佐理专员时，每处卫队亦不得过五十名。

（八）俄国驻库伦总领事之卫队，不得过一百五十名。其他处已设或将来渡〔度〕设之领署或副领署，每处卫队亦不过五十名。

（九）凡遇有典礼及其他正式集会，驻库伦之大员，应列最高地位。若必要时，该大员有独见哲布宗丹巴之权。俄国代表，亦有独见权。

（十）中国驻库大员及各地之佐理专员，得行使最高之监督权，俾外蒙自治官府及其属吏之行为，不敢违犯中国宗主各权利及中国国家与人民在外蒙古之各利益。

（十一）自治外蒙古之区域，即以历来库伦办事大员、乌里雅苏台将军、科布多参赞大臣所管辖之区域为限。其与中国之界线，东以呼伦贝尔，南以内蒙古，西南以新疆省之戈壁，西以阿尔泰接界之各蒙旗为界。至于中国与自治外蒙古之正式划界，另由中俄两国及自法〔治〕外蒙古之代表协同办理。并于本约调印后二年以内，即着手共同测量。

（十五）自治外蒙古人民与俄国人民之民刑诉讼，按照一九一二年（民国元年）十月二十一日蒙俄〔俄蒙〕商务专条第十六条办理。

（十六）在自治外蒙古内，中俄两国人民之民刑诉讼，如俄人为原告，中国人为被告，则俄领事或所派代表，得参加会审。若俄人为被告，中国人为原告，则中国驻库大员，或代表，或佐理员，亦得到俄国领事馆视审。两方官员，均负有执行判决之义务。

（廿）中国驻外蒙之各官员，使用蒙古台站时，可按照一九一二年十月二十一日俄蒙商务专条第十一款之规定办理。

（廿一）一九一二年十一月五日之中俄协约与声明附件，

及一九一二年十月二十一日之俄蒙商务专条，均继续有效。

内条约订成〔订成条约内〕，俄国虽承认外蒙古为我国领土之一部分，及对于外蒙古之宗主权，但一方面我国又不能干涉外蒙古的内政，所谓领土之一部分，宗主权，完全是属于虚空的。

三

苏俄对于外蒙古，是与帝俄时代之一系相承的政策。苏俄侵入外蒙，始于一九二一年。一九二〇年冬，俄国白党败将谢米诺夫、恩琴，受日本供给军械，率领残部，结合蒙匪，占领库伦，想以外蒙古为百〔白〕党复兴的根据地。赤军于是借进剿白党为名，自恰克图攻入库伦，是年七月初赤军完全消灭白党，占领库伦。至此外蒙统治权，遂由白俄之手，移到赤俄之手了。

赤军进占外蒙后，视外蒙古为苏俄的囊中物，凡赤军屯驻之地，一切军用所需，皆勒令蒙人供给，稍有疏虞，即自由处治。外蒙本有警察，苏俄借名腐败，将警察权夺去，蒙人有不附和的，都指为乱党，格杀勿论。同时煽动蒙古人民建立独立政府脱离中国，以便以〈之〉统辖于苏俄政府之下。所谓蒙古独立政府，于一九二一年三月十三日宣告成立。

蒙古独立政府成立后不久，两国政府互派全权代表，于一九二一年十一月五日在莫斯科，由双方代表缔结《俄蒙修好条约》十三条，所谓《俄蒙修好条约》如左：

（一）苏维埃联邦政府，认蒙古国民政府为蒙古的唯一合法政府。

（二）蒙古国民政府也认苏维埃联邦政府为俄国的唯一合法政府。

（三）两缔约国负有左列之义务：

（甲）两缔约国无论何方之领土内，不许有以反抗地方或颠覆其政府为目的之团体及个人存在；同时不许以与他方战争为目的之军队，在国民内动员或寡〔募〕集义勇兵。

（乙）不许输入武器或从其领土内通过［于］与缔约国直接或简〔间〕接为战争行为之团体。

（四）苏维埃政府派遣全权代表驻蒙古首府，派遣领事驻科布多、乌里雅苏台、阿鲁顿蒲鲁伊克（即恰克图），及其他之都市。

（五）蒙古国民政府派选〔遣〕全权代表驻苏俄政府之首都，派遣领事于与苏俄蒙古〔协定〕之俄境各地。

（六）俄蒙间之国境，应于两国政府间特定之委员会定之。

（七）各缔约国国民居留于缔约国地方之领土内，享有最惠国国民之权利与义务。

（八）各缔约国之司法权，无论关于民事或刑事，在〈其〉领事〔土〕内，适用于缔约国他一方的国民；但基于文明与人道之原则，两国皆不适用体刑。两国执行刑法上之审判及判决，若对于第三国与以特权时，此特权亦宜自动适用于缔约他一方的国民。

（九）由两缔约国之他一方输入或输出之贸易品，宜纳法定之关税；但此等关税率，不得超过由其〈他〉最惠国国民所征之关税。

（十）苏俄政府对于存在蒙古境内的俄国所有的电信局及电信装置，无条件的让于蒙古国民政府。

（十一）为增进两国间之文化及经济关系计，俄蒙间邮便、电信之交换及经由蒙古电信问题之解决，皆为重要，两国对于本问题宜特行协定。

（十二）蒙古国民政府，对于在蒙古境内，所有土地及建筑物，俄国国民，宜与以适用于最惠国国民同样之土地所有权及赁借权；但俄国国民对此宜负担征纳法定租税及赁货〔贷〕〈费〉之义务①。

苏俄对于外蒙，一方面与外蒙缔结互惠修好的条约，以表示其对于外蒙是在平等的原则上结合，而另一方面又威胁外蒙古结密约，攫夺外蒙的权利。一九二三年二月二十日莫斯科政府与号称外蒙的代表订结密约，其重要者如左：

（一）外蒙当局须宣告一切森林、矿产及土地以后均归国有。凡无人占有之土地，均给蒙古贫民及俄国农民居住、耕种。

（二）外蒙天然富源，禁止私有；一切森林、矿产许俄国实业家雇用蒙人开采。

（三）全国矿产，归俄国工团及工营〔会〕承办。

（五）聘请俄国实业家，开发富源，振兴工商业。

（七）聘请俄国专门家，入外蒙政府以资指导。

（九）允许苏俄军队驻扎于外蒙，协助蒙人保全领土，以御中国。

此外苏俄强迫外蒙活佛，与外蒙财政顾问俄人阔金斯夫签订图什图业汉金矿采掘私约四条②如左：

（一）外蒙政府将图什图业汉部金矿采掘权让渡于俄人阔金斯夫，听其自由采掘。

（二）阔金斯夫采掘该矿，将来获得利益时，可由纯利益金中提出百分之三十五，归外蒙政府。

① 原文略去了第十三条。——整理者注

② 后文所列为三条。——整理者注

（三）阔金斯夫须以俄国现行纸币一百万卢布贷于外蒙政府，作让渡〈金〉矿采掘权之代价；惟此贷款与利息，于期满停采时，听阔金斯〈夫〉索回。

依于上列密约和私约的内容，苏俄把外蒙的种种权利操诸自己之手；然苏俄犹以交通不便，不能满足，遂于一九二四年二月二十四日强迫外蒙政府缔结协定。兹将双方所订契约十二条，详录于下：

（一）苏联共和国边〔为〕改善外蒙交通起见，自赤塔至库〈伦〉间敷设宽轨铁路。

（二）本铁路敷设资金，外蒙政府出资全额四分之一，其余四分之三由苏联政府负担，其他开发铁路附近矿业等之资金，不在此项资金以内。

（三）工程由俄国技师主持，路成后归苏联政府管理，外蒙政府不得过问。

（四）路员及敷设铁路之工人，许蒙古人民参加；但外蒙政府对于路员之任命，无权干预。

（五）苏联得于铁道沿线两旁一百俄里间有买卖土地及建筑房屋之权利。

（六）苏联于铁路沿线两旁一百俄里间之地带内有经营矿业及林业权利。

（七）苏联于蒙古有架设电信、电话之权利。

（八）苏联有护路之责任。

（九）铁路长官及一切职员由苏俄［由苏俄］政府任命之。

（十）铁路之一切收支应使用苏联政府发〈行〉之货币。

（十一）铁路自敷设后经过五十年期限之后，外蒙政府方有赎回之权利。

（十二）经过五十年期限时，外蒙政府如无资赎路，苏联政府则于再过九十九年以后，特该路完全交还外蒙政府。

苏俄侵入外蒙古之后，除订立种种不平等条约之外，外蒙政治上的措施、党团的组织、军事之进行，为〔无〕一不为苏俄所支配与利用。外蒙国民政府，苏俄顾问操政治实权，所有施行大政方针与临时重大事项，常取决于顾问。蒙古青年革命团，是仿照苏俄青年共产党的制度，他不受外蒙国民党的指挥，直授〔接〕与苏俄发生关系，专为监视外蒙国民党及国民政府之右倾或反俄之趋向。外蒙现辖军队，有骑兵、炮队、机关枪队、飞机队、汽车队、骆驼队等。常备兵额，现有一万六千人。预备兵额，现有三万五千余人。据最近调查，中路驻库伦及近郊的兵，计四千余人。南路驻达里干的兵，计七百余人。驻乌得的兵，七百余人。东路驻桑贝子的兵，一千余人。驻塔木斯克寺的兵，一千余人。西路驻乌里雅苏台的兵，五百余人。驻科布多南境的兵，七百余人。北路驻恰克图的兵，计二百余人。苏俄驻军，皆与之衔接，据查赤塔驻俄兵一万余人，与外蒙东路军相距只二百余里；恰克图驻俄兵一万余人，与库伦相距七百里（已通常〔长〕途汽车）。其他散驻各地的，尚有五千余人（参考《建设季刊》第十二则 A 十五页至十六页）。苏俄驻军各处与蒙兵衔尾相接，其用意，一面可以监视蒙兵；一面若与中国发生战事，可以内外相应，随机援应。又据《平等月刊》第一卷第四期第十三页所载：一九二九年鲍罗廷开始在外蒙组织大〈规〉模之蒙军，而以苏俄教练员训练之。训员等常驻外蒙，专任训练之责。此外苏俄每日必派军官到库伦监督。最近鲍氏更拟组织骑兵队、炮兵队、航空队；至其教练、驾驶官员，均由俄国拣选人才，声〔闻〕已先后抵蒙了。

苏俄之侵略外蒙，不特在军事上、政治上运用其政策，而且在经济上，更为利害。现在把苏俄对于外蒙经济侵略的情形，略为述之。

（一）苏俄与外蒙银行　现时外蒙古〈金〉融机关，以蒙古商工银行（Commercial and industrial Bank of Mongolia）或简称蒙古银行（Mongol Bank）为中心。总行设于库伦，享有境内一切汇兑专利及发行纸币之权。民国十三年（一九二四年）有资本墨银十七万五千元。其后增至三百万元，由苏俄国家〈银〉行出资半数，合伙办理，而营业管理权，则由苏俄人操之（见《建设季刊》第二期C九十二页《外蒙金融概况》）。

（二）苏俄与外蒙货币　外蒙币制于民国十五年（一九二六年）十二月间，从前所通行之中国银元及俄国卢布，均被禁用，现在美国金元，独许行使，其所行之银货币，名突几立克（Tugerick），分一、二、五、十突几立克四种，一银突几立克，合五十蒙哥（Mongo），银币所含成分，为十八格兰姆之银量，市上所通行［行］者，为银币及较小货币，亦由蒙古银行发行。额面除上述突几立克四种外，并有二十、五十及一百三种，但无论硬币、纸币，均完全由莫斯科制造（见《建设季刊》C九十二页共〔至〕九十三页《外蒙金融概况》）。

（三）苏俄与外蒙工业　外蒙工业，尚未发达，皮革、洗毛等工业，多由俄人操之（见《建设季刊》A四十六页第三行）。

（四）苏俄与外蒙商业　外蒙商业的中心，是库伦、乌里雅苏台、科布多等地，从前营商的，多为美〔华〕人，在一九二五年外蒙境内的公司和商号的总数有三百零一家，其中华商创办的占有二百八十三家，自苏俄握外蒙的经济和政治的势力后，我国在外蒙的商业，日益衰颓，而苏俄在外蒙的商业，则日益进展。近年来为苏俄所垄断的唯一商务机关——合作社，占蒙古对外贸易总额的四分之一。苏俄除握有合作社的势力外，而俄货由俄境输入外蒙的数量，也堪为我们所注意，兹将苏俄在一九二三年至一九二七〈年〉间的对外蒙贸易，列表如左：

	一九二三年至一九二四年		一九二四年至一九二五年		一九二五年至一九二六年		一九二六年至一九二七年	
	数量	金额	数量	金额	数量	金额	数量	金额
总输入额	五，七四六〔五，七三七〕	一，五〇四〔一，五〇三〕	六，四一四〔六，八一二〕	二，七六九	八，六〇〇〔九，一五八〕	三，六七〇〔三，六六二〕	一〇，九四三〔一〇，九九三〕	四，六三三
食料品	四，一八九	六五八	三，九九〇	一，二五一	五，四三七	一，四八七	七，四一〇	一，七七四
工业原料品及半加工品	九一六	三二三	一，九一七	五七一	二，〇八一	五六一	二，〇八七	七二七
制造品	六三二	五二二	九〇五	九四七	一，六四〇	一，六一四	一，四九六	二，一三二

数量以英顿〔吨〕为单位，金额以俄币一千卢布第〔为〕单位。

由以上种种事实证明，外蒙已成为苏俄的附庸，外蒙的人民已被蹂躏于苏俄的铁蹄之下，无可隐讳，所谓自治、独立，完全是欺人之谈。苏俄同是一个帝国主义者，其所不同的，不过是把白的面具改带上一项〔顶〕赤的面具罢了。一九二四年苏俄向本党送秋波，向我国民言亲善，然而其别具肺腑，欲以亡外蒙的故技，并我整个的中国，其阴谋险毒，实驾乎白色帝国主义者之上。

呜呼！苏俄休矣，从此扶助弱小民族的口号，要抛进毛房里去了。

《西北青年》（不定期）
绥远省丰镇县旅平学生会出版部
1932年13期
（李红权　整理）

读了绥远省各法团《请省府重修保卫团方案》文后

允中　撰

三月二十二日《绥远社会日报》载各法团《请省府重修保卫团方案》呈文，对民政厅修正整理各县保卫团方案有所讨论，兹将原文要点分录如下：

（一）与中央法令抵触　大意谓据内政部民十八公布之《县保卫团法》第二十七条载：保卫团除担任训练及办理文牍人员酌给薪水外，其余一律为名誉职。今民厅修正方案编制各项，则官长有俸，士兵有饷，显与中央法令抵触。

（二）支出巨大　大意谓该方案编制标准以区为单位，每区一队，每队经费预算，除炮弹、马匹费不计外，每队年需经费约二万元。绥民甫脱灾劫，又困粟贱，虽竭尽脂膏，亦难胜此任。

（三）一切官长回避本籍与自治原则相背驰　大意谓人民自卫为地方自治之一部，欲推行地方自始〔治〕，首宜健全民众武力。保卫团本系民众武力，其官长非由民选，势难收指臂之效。今修正方案，一切官长均由总团长保荐。副团长一职，且须回避本籍。资格学识之外，又加籍贯限制，于地方自治施行上觉有相背而驰之嫌。

（四）另设长官各支薪俸与民众武力原则相违反　大意谓国军驻防，调迁无定，对地方观念，不若当地人民关系深刻，故内政部公布之《保卫团法》第四条规定：县保卫团各级官长，由县区乡镇长兼任，其用意盖有由也。今修正方案，除县区长兼任总团长、区团长外，所有副团长、队长、分队长、班长、副班长等，均另设长官，各支薪俸，观其组织，俨然一变相之陆军，与树立真正民众武力之原则，有名不符实之处。

（五）现役团丁仍系招募与人民保卫团新规定之采用征兵制之原则相抵触　大意谓据内政部第二次全国内政会议议决：保卫团改为人民保卫团，并采用征兵制。理由至充，利益极大，今修正方案，现役团丁，仍系招募，与人民保卫团之新规定，颇有抵触。

总观右列五要点，该项修正保卫团方案，实犯了闭门造车的病。凡创设某种方案，主要条件，须看客观事实是否能称？就支出一项言，每区以一队计，除炮弹、马匹费不计外，年需经费约二万元，各县中区数最少者，不能下了三区，即以三个区计，需六万元，而炮弹、马匹还不在内，虽剥尽民膏，亦难凑足此数，此就经济言，实有不能相称者也。

地方自治，已为国民党主要政纲之一，孰能违之，孰敢违之？今修正方案居然有称回避本籍之规定，请问民众武力之云何？保卫之旨何在？设本籍之人，不能称职，撤换改委，尽有补救余地，何必假回避二字抹杀一切！触犯党纲，违背部定，无心为之，闭门造车也；有意为之，故违法令也。质之当道，何以处之？

世界兵额之多，以中国为第一，兵愈多而国愈弱，已成现在不可淹灭之事实。改革招募，实现征兵制，亦为时贤一致之主张。由保卫团做起，逐渐推广，自是良策。因如此进行，一切滑弁、游卒、市井无赖者流，均可涤净，军纪风纪，自能进步。遇到此等良机，亟应促其实现征兵制度，万不可仍袭故智，任意招募，使知者闻之，认为违反潮流，不知者闻之，指为培养个人势力，明达之士，决不如此盲为也。

今日之民政当局，颇有作为，对各法团所建议之卓见，想能诚恳接受，善自为之。吾人在未得到确实回答以前，不欲多所论列，甚望当道诸公，对此违反各点，毅然改革，岂止地方之幸，实国家之幸也。

二十二年四月十一日于北平

《西北青年》（不定期）
绥远省丰镇县旅平学生会出版部
1932年15期
（朱宪　整理）

蒙古民众抗日会宣言

作者不详

东北沦陷，已逾一年，此一年中海内外同胞奋起抗日，加入义勇军以铁血抵抗者有之，对日经济绝交，以经济力量为义勇军之后援者有之，不顾牺牲，前仆后继。但日本对于侵略满蒙政策，积极进行，无孔不入，最近除组织所谓“满蒙协进会”外，并密派多人分赴内蒙古各盟旗，对于王公及民众，多方煽惑，以期实现其“欲征服支那，必先征服满蒙”之野心。我蒙古民族为中华五大民族之一，过去有数百年以上勇武之历史，近年以来努力实现“国内各民族一律平等”之民族主义，与国内各民族精诚团结，整个中华民族之存亡，即我蒙古民族之存亡。日本虽阴谋百出，威迫利诱，离间挑拨，各种手段层出不穷，但何能丝毫移动我蒙古民族与中国国内各民族团结一致共御外侮之决心？惟是蒙古土地广漠，人民散处，虽各具抗日之决心，迄无集中之组织，同人等鉴于失地未复，国难日深，爰本国家兴亡，匹夫有责之义，组织蒙古民众抗日会，联络蒙古同胞，集中力量，与海内外同胞团结一致，齐心抗日，并组织蒙古抗日义勇军，加入东北作战，誓复失地，还我河山，为国家保疆土，为民族求生存。我蒙古民族务本过去光荣之历史，振发勇武之精神，与国内各民族精诚团结，共御外侮，再接再厉，不屈不挠，以〈保〉我祖宗遗留食毛践土之大好河山，同人等不敏，愿与海内外同胞共勉之。

《华侨周报》
南京华侨周报社
1932 年 19 期
（丁冉　整理）

章嘉宣化蒙旗之意义

李建章　撰

夫蒙旗者，即指巴图塞特奇勒图部三旗、车城〔臣〕汗部二十三旗、土谢图汗部二十旗、三音诺颜部二十四旗、札萨克图汗部十九旗、赛音济雅哈图部十九旗、呼伦贝尔部八旗、唐努乌梁海部五旗、青塞特奇勒图部十旗、乌纳恩素珠克图部十旗、伊克明安一旗、东西布特哈二旗、阿拉善一旗、阿济纳一旗、和硕特部二十一旗、土尔沪特部四旗、绰罗斯部二旗、辉特一旗、喀尔喀一旗、乌兰登〔察〕布盟六旗、伊克昭盟七旗、西土默特一旗、察哈尔部八旗、锡林果勒盟十旗、昭乌达盟十三旗、卓素图盟七旗、哲里木盟十旗，计凡二十旗〔盟〕部，二百四十一旗。公〔分〕布于外蒙古、热河、察哈尔、绥远、宁夏、青海、甘肃、新疆、辽宁、黑龙江等省一部或全部，人口繁多，势不可侮。惟自革命以还，当道诸公，群趋于内乱，而于边防要政，不事讲求，名为同隶于青天白日旗帜之下，实则尔为尔我为我，老死不相往来。蒙旗不知有中央，中央忘记有蒙旗，双方隔阂，情感消失，而多数蒙人至今仍服清制、奉清号，不知中原是谁家之天下者，实不能全归咎于蒙人之不开化也。长此以往，则总理所期望之国族，即整个之中华民族，何能形成，而国家何能奠于磐石之安也。

且俄当帝政时代，视外蒙为盘中肉，乘中原发生革命之际，即煽惑外蒙活佛乘机独立。中央为息事宁人计，于国民四年，签定《中俄蒙协约》，许其自治。嗣俄乱日炽，蒙人不堪其扰，于八年取消自治，归政中央。逾二载，白党恩琴不得志于俄，遂图库伦，捕虏活佛。未几，苏俄派遣红军入蒙，驱逐白党，于民国十三年，复助蒙人独立，成立共产主义之苏维埃共和国。尔时赤俄红军，表面虽属撤退，而实权仍操于第三国际者之掌握中也。外蒙之此次独立，虽因少数鞑靼蒙古人被赤色麻醉，自鸩其毒而不悟，而彼邦明达之士，深知此种独立，并不利于整个之蒙古民族。而先觉亚本丹萨等，即秉承总理主义，组织国民党保护国教，倡现民族自决。因外蒙人种，以额〔哈〕尔额〔哈〕人种为正统，彼认为成吉斯汗之后，人口计有三百余万，占全数外蒙古人三分之二有奇。亚本丹萨，即此旗〔族〕中之佼佼者。而其余一百万人，属于鞑靼种。原苏俄恃以宣传“赤化”，而为宰制外蒙之工具。人数相差，即如是悬殊，“赤化”非出于多数蒙人之自动，而赤色政府之不易永久树立，于此可见一斑矣。惟赤俄恃第三国际之威力，抹煞一切，立意孤行，诋毁宗教，肆意宣传，复于焚烧库伦大寺，屠杀教徒一万余人之时，而国民党之首领雅〔亚〕本丹萨，亦因此被害。于是群龙无首，人数虽多，暂亦不易逞其志。而“赤化”分子群相惊喜曰：“无吾敌也已。”于是毫无忌惮，为所欲为矣。并持其胜利之余威，而复有超越外蒙六盟一百十一旗，从事内侵之趋势。此蒙旗北方之危机，亦即受“赤祸”之大略也。

吾人复移视线向东观之，上年暴日内犯，占我三省，而辽西之哲里木盟十旗，黑西之呼伦贝尔八族〔旗〕，已暂屈服倭奴，不为我有矣。加以热河为东北要枢，华北门户，当九一八以前，虽形势不若辽、吉、黑之重要，今则辽、吉、黑三省沦于敌人之手，其热河之重要，当非迥昔可比。且就敌方言之，如得辽、吉、黑而不图热河，终为心腹之患，一旦对俄有事，我国苟起而收复失地，即腹背受敌，在军事上为被制于人。故敌人未得热河之前，一似芒刺在背、必不能多享三省之利益，倘能并热河与东三省为一区，则非独可固东三省，不受腹背之威胁，并可绝我收复失地之途径，且可转而威胁我平、津，窥我华北，以侵我中原。我平、津处热河、山海关水陆逼视之下，将一筹莫展，有若无实若虚。平、津失势，则华北危，华北危，则全国无复有宁日，存亡操之人手，可无待筮龟而立决。此所以日本之论满蒙，而将原满蒙政策中，包含蒙部之范围，仅限于哲里木盟者，而日渐扩大已至热河全境也。今则前羊虽亡，而后牢亟须待补，以免暴寇之由入门而至于升堂。惟蚩蚩蒙人，思想落后，素乏国家观念，复与中央无相当感情，奸人利用，易于为力。据本月十九日华联社沈阳电谓："日浪人团受关东军密令，分赴各地，煽动利诱散住东三省之无聊蒙古民众，昨日在苏家屯开蒙族大会，司会者为日浪人，决议文及宣言文案，乃日军部手定之官样文字。内容大略谓'满洲国独立，出于三千万华人之自决，否则，七十万蒙古人，将来必遭亡种灭族，望国联勿责日本，赞助伪满洲国'等语。赴会参加民众，咸不知其所为，只图得几许路费，会毕，即鸟兽散矣。日人乃以蒙族名义，致电国联，夸称蒙族亦拥护满洲国"云云。其日人之处心积虑，可以窥见一斑。且同时复集大军，压临热边，密遣侦探，传递军情。国闻社最近消息："根据热河来人谈称，日军暗探密布热河境内，近被义勇军李赐如部捕获六人，均已拘留，并未枪杀。彼复派遣大批妇女，以侨居为名，往返赤峰、朝阳间，暗通消息。日本军复于朝阳大本营，厚集兵力，筑垒严守。最初不过千人，近数日间，复增一倍，合计达二千余人。此部军队，据捕获间谍声称，系为明春进窥热河，及扰乱平、津之用者，而热河防务之吃紧，于此足以证明矣。"

夫外蒙之六盟部一百十一旗，计有四百五十万人，占七十余方里，脱离吾国而附庸于赤俄；辽西哲里木盟十旗，黑西呼伦贝尔八旗，复暂屈服于日，所余者，尚未足原有旗数之一半。加以赤俄卵翼下之败类，意图南犯，日本新兴之军阀，力事西进，恐不数年间，而此不足原有半数蒙旗同胞，均不能共戴青天白日之国旗矣。此就中国现时所处之境遇言，亦就整个中国之前途言，实有亟应宣化蒙旗之必要也。

再就蒙旗方面论之，蒙人之信佛教，几成第二天性。奉喇嘛教为国教，教之存亡，实与整个之蒙古民族攸关。北望外蒙，自“赤化”传入后，霹雳一声，即反对喇嘛教，焚寺院，杀教徒，手段残忍，可谓已达极点。内蒙各旗为本身计，惟有倾向中央，赖中央为后援，共谋御侮，以图护教而保种。且蒙古者就中国之立场言，当然为中国之一部，而仅就蒙古人之立场言，则亦可为蒙古人之蒙古。乃自外蒙“赤化”后，不数年间，库伦一埠，俄人竟增至五万余，享有种种特权，占全市人口四分之一有奇。而吾国内地旅蒙华人，当十年前约有三万余，近□有二千余。且此二千余华人，咸是宣誓信仰共产主义者，否则不准许其居住。赤俄人口移殖之速度，令人闻之咋舌。至东邻日本，自将满洲划为特殊权益区域以后，经济侵略、文化侵略、武力侵略，同时并进，日人移殖满洲，突进锐增，倘西犯而深入内蒙，则将以供献于满洲者，继续供献于内蒙，而日人之日渐增多，蒙民之日渐减少，势所必然，无庸考虑。夫如是宗教排抑，而蒙民之共同信仰，于焉消失，土地日蹙，而蒙民之游牧区域，从此缩减，经济日枯，而蒙民之物质生活，恐难继续。此就蒙民之立场言，就蒙旗整个之前途言，实有欢迎中央急派大员从事宣化之必要也。

然则何人可胜此重任，上不至有负使命，下不至无补边防，事关重大，实应平心考虑，多方权衡，万一用人非当，虽善政适足以蒙其害。试就华人与蒙人，分别论之。

若派中央素负夙望之大员，衔使命而赴蒙古，宣布国威，以喁民望，而环愿〔顾〕京方诸公，在蒙民方面素得十分信仰者，尚无如是人物。以一与蒙民素无深刻关系之人，骤而赴蒙宣化，彼思想固执之蒙人，欲收实效，诚非易事。

华人宣化蒙旗，即不相宜，则当于蒙人中求之。蒙古各王公固为各蒙旗之领袖，亦即为蒙民拥护者也。然此盟之盟长，不能得后〔彼〕盟人民之信仰，而同时彼盟之盟长，亦不能得此盟人民之信仰。且各盟旗间意见颇深，屡起争执，倘中央委任任何一盟之领袖，而负宣化使命，势必惹起他盟之反对。此不惟〈不〉能使其团结，适足以促其内争，盟旗各长之不能负全部宣化使命，于此可以了然矣。然则何人可以负此使命，曰唯有章嘉呼图克图而已。

夫章嘉呼图克图，为内蒙黄教之领袖。考黄教即喇嘛教之别名，兴于北宋之时，当公历前七世纪之中叶，释氏创佛教于印度，时至唐朝，始入西藏。玄宗天宝六年，有印度乌仗那之僧，敏汰喇噶希塔（Santa-Raksita）及怕突玛散摩叭哇（Padma Samphana）至西藏，始传密教，是为喇嘛教传入西藏之始。所谓密教，即喇嘛教也。迨蒙古兵入西藏，遂挟喇嘛教以归。元世祖忽必烈提倡之，始委西藏大喇嘛以西藏政权，崇为帝师法王，奖其布教。时章嘉呼图克图第八世活佛，尚在西藏青海唐克托原籍，亦经世祖派员诣藏，迎入燕京，编辑蒙文经典，阐扬黄教，创设内蒙各寺庙，掌各要处印务，传教于内蒙。旋复命章嘉呼图克图，管全国内蒙僧众，受金印，封为帝师，总理内蒙黄教，并奉世祖特旨，派回西藏，劝导达赖、班禅及哲布宗丹巴任活佛，分部前藏、后藏、外蒙，各为教主。此即四活佛分掌两蒙两藏黄教之滥觞。于是章嘉呼图克图，叙功加灌项〔顶〕二字名号，自此以降，章嘉呼图克图之职位，在四活佛中为特优，日〔且〕近京畿，翊赞多勋。元朝亡后，明成祖定都燕京，于永乐十二年，亦遣使迎接章嘉呼图克图第十世活佛到燕，特任为大国师，改授八十八两金印。明鼎既革，世祖顺治初年，复迎章嘉呼图克图到京，命以赞襄军务，后因劝服额尔〔鲁〕特、青海等处内附，复命节制内蒙等处呼图克图、呼毕勒罕、诺们罕暨堪布、班第达等达喇嘛，管内蒙等处各佛，为八大禅师呼图克图首长，掌京师、盛山〔京〕、五台山、热河、多伦诺〈尔〉等处印务，总持内蒙黄教。有清三百年间，边境绥靖，多以是赖。而历代章嘉之有功于中央，诚非其他三活佛可比拟也。而今之所谓旗，除外蒙六盟一百十一旗外，余悉称为内蒙，属诸章嘉呼图克图传教区域，所以内蒙包含之意义，并非仅限于绥远、熟〔热〕河、察哈尔三省，凡内蒙人民居住而信仰黄教之区域地均属之。语其范围，北至黑龙江呼伦贝尔诸旗，东至辽宁省哲里木盟诸旗，西至甘肃、新疆等省阿拉善、阿济纳诸旗，咸归章嘉管辖。以有如是权威之人，而令宣化蒙旗，几若父之教子、师之诲弟，胜任愉快，理固然矣。

惟用人既得其当，而使署仍须充实，使机关本身具有宏大之力量，俾得尽应［任］有之效能，否则画饼充饥，无补于事，无米为炊，巧妇难为。为今之计，宜授宣化使署以充实之权力，组织范围，不宜过事狭隘，俾得多用长才，分赴内蒙各地，宣布国威，使之倾诚内附，并调查其实况，以为开发宝藏、改革政治之资。复启迪其国家意识，从事组织，以期足以为杆〔捍〕边御侮之用。劝教既久，则双方感情融洽，恍若手足之于头脑，痛痒相关，休戚相共，脑有命令，手足动之，手足遇有刺激，则向脑府报之，一呼百应，灵活自如，而整个之中华民族，自能陶冶成功，边患永除，外侮自息，而章嘉此次宣化蒙旗，岂可与寻常使命比拟哉。

二一·十一·二十三　草于军事委员会

《蒙藏旬刊》
中央宣传委员会蒙藏旬刊社
1932年34期
（李红权　整理）

行政院之蒙古决议案

作者不详

行政院于二十二日、二十九日迭开七十七次、七十八次会议，内有关于蒙旗宣化使署组织法、蒙委会二十一年度概算书、修正缩减组织法及任免张家口台站管理局〈局〉长各决议案，探悉如下：（一）蒙藏委员会石委员长呈奉交核办蒙旗宣化使署组织法草案、二十一年度概算书、职员薪俸数目表及修正缩减组织法一案经开会审查酌予整理请鉴核案，通过。（二）蒙藏委员会石委员长呈张家口台站管理局局长吴树滋另候任用请予免职，遗缺拟达密林扎普接充案，决议：通过。

《蒙藏旬刊》
中央宣传委员会蒙藏旬刊社
1932年36期
（李红菊　整理）

外蒙最近状况

作者不详

库伦为外蒙都会，街市繁华，人烟稠密，为喇嘛教之中心，汉蒙商务之枢纽，自中俄断交后，张、库交通堵塞，商业一落千丈。近今中俄恢复邦交，一般商民欢喜异常，日前有华商二十余人由库伦返张，据谈库伦现状，至为详尽，兹特分志如次。

外蒙现状

外蒙逼近俄境，内部变化极巨。民国九年段祺瑞执政时，曾派徐树铮、高在天〔田〕前往库伦办理政治，讵〈移〉时被白俄驱逐出境。嗣有蒙人索克卜特儿以不堪白俄压迫，复请赤党克服白俄，此为赤俄入蒙之初步。迨中俄断绝邦交，外蒙一切政治，殆全入俄人掌握，计自民国十八年迄今，迭次实行共产，上自活佛喇嘛，下至身无立锥之蒙民，均被“赤化”。按外蒙计分六部，其中土谢图汗部、三音诺颜部，“赤化”较轻，车臣汗部，人民强悍，时招赤俄之忌恨与压迫。

军政设施

外蒙共和国政府为施政主脑机关，其次设有内防处、审判厅、执法处、兵部、财政部等衙门，执行通常政务，其中重要官职，均由俄人掌握。此外设有师范学校、中小学校，专以“赤化”一般青年。另青年会之组织，宣传赤党主义，外蒙人民亦有参加者。该会会员众多，分子复杂，本年夏土谢图汗部二合少（合少如“县”之范围）之蒙民独立，不受俄人约束，如有青年会会员前赴该地，则力予抵抗。至外蒙一带蒙兵计十余万人，赤军二万余人，而蒙兵名存实亡，俄人势力雄厚。在本年七月前，张、库来往信件，传递无阻，自是而后，遂阻窒不通。

社会一斑

外蒙民气闭塞，尚无显著进步，女子仍有终身不嫁，而随意结合，一般民众中，无婚姻礼节。因一般华人，谋生虽易，惟汇款奇难，华商钱财虽称富有，亦多从事挥霍，死后无人照料，生活亦颇可悯。民十八年前，设有库伦西合银行，专为内地汇兑款项，中俄绝交后，该行随之倒闭。现在库伦设有蒙古银行，发行蒙钞，并有蒙洋流行市面，蒙钞折合墨洋二角，蒙洋成分不佳，与墨洋较相差约二钱之谱。

华商困苦

库伦原有华商三百余家，小商极夥，矻矻计核，劳苦终年，颇获重利。民国十八年后，赤俄因与我断交关系，对于华商待遇，难免有不平之处，如加重税捐（抽十分之三），摧残商务，其无力缴纳捐款者，则拘囚处罚，如蒙商通和号，系京庄铺，计连号三家，十八年半年之间，捐款竟达十二万元。目前大小华商类皆倒闭，间有商货未被没收者，亦占极小部分。库伦商业，仅有党人经营之四点门凯儿（蒙音）与外蒙共和国组织之协和公司二处，专售日常需用食品，每日上午八时开始营业，下午四时即行停止，购买什物，须按次序，甚有等候终日而不得者。每日限制宰羊千只，牛五百头，大有供不应求之势。

工人待遇

外蒙现有华商及工人三万余人，内中以山西之阳泉、汾阳人为最多，察、绥人次之。操手工业者，约万余人，尚能维持，如木匠、瓦匠、银匠、裱糊匠、成衣匠等，在各衙门、工厂或私人处所工作。工人工资奇昂，瓦匠日约四元，裱糊匠约五元，银匠六元，木匠则八元上下。民国十九年时，工人所获工资，每月准予汇洋五十元，借以安家，二十年每月减为廿五元，本年一月，又复停止汇兑，故一般工人，赚钱虽多，无不挥霍以尽。

食粮缺乏

从前蒙古农田仰赖中国人耕种，自十八年起蒙古有红毛衙门，系官办性质，将华人经种土地完全垄断，所雇工人，只给饮食，不给工资，因之农地荒芜不堪，故所获食粮，仅供赤党人应用，尚感棘手，更无暇卖给蒙民。现在蒙人将红毛衙门推倒，仍归中国人原种地人耕种，其结果当稍有起色。

物价情形

外蒙以肉类为主要食品，赤俄势力膨涨后，牛羊群多为俄人搜括一空，食物仰赖于俄国之米粮。民国十八九年间，各种货物多由英、德等国输入，二十年则仰给于海参威〔崴〕、哈尔滨等地。本年各方来货断绝，间有张垣德华洋行运去之少量茶叶、烟、糖，只可供俄人应用，日常用品，乃日趋昂贵，如白面一斤价洋七角，羊肉一斤八角，烧烟一斤四元，生烟一包十两，值洋十二元，哈德门烟一小盒值洋一元五角，粉包烟一盒价洋二元，烧柴（一牛车五个）价洋二十元，棉花一斤价洋十二元，各色缎子每方（二十四尺对方）价洋五十元，蒙人嗅用之鼻烟一斤值洋三十六元。

华人回国

外蒙内防处专办华人及蒙人防卫事宜，二十年三月下令，允许华人以护照换领路照，截至八月为止。我国工商人，仅领得一千五百余，限期满后，返内地者，先由内防处汽车送往［子］乌得，车费每人一百三十三元，行李一斤，以五角收费，经乌得及三道卡子，均查验。再由乌得径至张家口，坐骆驼用洋二十五元，如坐汽车用洋四十五元，行李每斤洋二角五分。由库伦回国时，只允带蒙洋二百元，赤金六钱，蘑菇一普（合三十斤），银镯一对，并缎子材料、皮袄、衣物等件，逾量则没收充公。计二十年回国者三百人，本年五百余人，最近一批约百五十余人，其余五百五十人，尚未放行。华人入蒙时因未领路照，私自逃回，经三道卡子时，除没收其财物外，并处以四个月监禁，最后再给蒙洋十元放行，此数实不足路费，故无下落或死亡者，不计其数。

途中税捐

华人由库伦过乌得时，对于随带物品，抽税甚巨，如赤金一钱抽税十五元，蘑菇一斤抽税三角，镯子每重一两抽税一元，缎子材料价值一元抽税四角，新皮袄一件抽税六十元，所谓无物不税，无税不重者也，虽携有若干货物，出此重税亦必赔累无疑。

张、库通达

外蒙现在食粮非常缺乏，西有英、德，东有日本，均系工业先进国，农产品无多，俄国粮产，尚自顾不暇，势非取给我国难以维持，华工因外蒙内防处取消汇款之规定，曾于本年六月间实行罢工，经蒙古公益会调解始息。因此张、库交通如不恢复，我国华商损失难以数计，其影响内地商务，更非浅鲜，而库伦居民之食用，亦将感受莫大威胁，故即使中俄邦交仍断，张、库交通亦决不能永久封锁云。

《蒙藏旬刊》
中央宣传委员会蒙藏旬刊社
1932年38期
（朱宪　整理）

榆关失守请蒙胞兴起

奋生　撰

当此普天下欢欣鼓舞之一九三三年（民国二十二年）元旦之日，而我冀、鲁门户之榆关（即山海关）突为暴日之海陆空军所袭击！我守城将士，奋勇抗御，血战三日，卒以众寡悬殊，器械不侔，而我号称天险之“第一关”，遂变成一片焦土，我安德馨营五百壮士，全军就义，不得已退出城外防线抗守，从此战事伊于胡底，尚难逆断。溯自前岁九一八暴日夺我三省；去岁一二八暴日毁我淞沪；今岁于全世界休假娱快之元月元日，而暴日又寇关压境！是我五大民族，四亿同胞，在纵的方面，遭受千古未有之奇耻大辱；在横的方面，为全球万国未曾有之被人无理的袭据；在生存方面已至有家不能住，有饭不能吃，有命不保之悲境！而今而后，我人对日，纵无新式枪械，亦有刀剑戈矛，时之所至，“抵抗”而已，“血拼”而已，杀出一条血路，打退“国际强盗”！古人所谓“执干戈以卫社稷”，正为吾人今日之训条。愿以此义，勖我蒙胞。

暴日为实现其大陆政策，必侵热河，迭经论列。今者，日占榆关，势必进窥平、津，如平、津动摇，华北震荡无论矣；而此时之热河，已成日人瓮中之鳖，此乃日军攻取榆关，压迫平、津，对于热河占领上饶有重大之意味也。且日本陆军省九日声明，谓“热河问题，终必以武力解决”，其得热之决心，更倡言无忌。吾人既知榆关失守，为日人侧取热河之先声；而日阀之狂吠，知热河被攻，又势在必行。则我蒙胞人人宜觉醒家室之被殃，即在目前，抗日之决心，不容犹豫！谨献数端，以助抗日。

其一，各盟旗原有之武装组织，宜克日整顿完好。凡每盟辖下之各旗，应共推一临时军事首领，以负有掌管其盟下各旗军队之权。如此指挥统一，步伐一致，敌人虽悍，击首则尾应，攻东则西援，抗日战斗，收效必大。

其二，各旗蒙民成年之壮丁，宜即从事武力组织，公推一擅长军事及负有名望者，为其统率之领袖，类内地之民团，似东省之义军。其最大任务，为“就地抵抗”，并助正式军队之不足，以游击战法，疲敝敌人；以零星战法，分敌实力。裨益抗日，为效极宏。

其三，大战一起，热省必为国军云集之地，凡所以为我军队之向导，敌息之刺探，防御物之构筑，食物之接济等等，我当地蒙胞，必［非］尽最大之力量以辅之！如去岁一二八之战，沪上民众，凡上所举，无不做到，裨益于十九路军、第五军之作战者非鲜。所谓“民众与武力打成一片”，虽暴日之武器犀利，不足畏也。

凡上三端，我蒙胞能急起实行，方能由“绝境以求生”，“死地以求活”！战之神已临目前，怯懦畏葸，非所以保邦家全生命也。

《蒙藏旬刊》
中央宣传委员会蒙藏旬刊社
1932年39期
（李红权　整理）

俄文报论东京会议呼伦贝尔问题

作者不详

外论社译十月二十五日白俄《上海柴拉报》社论云：日本半官式之联合新闻社传出消息，日前于东京陆相荒木私邸曾举行会议，会间曾讨论呼伦贝尔、西线及热河情形问题。其时于第一点该会已得出结论，谓采取积极方法已非其时。于第二点，则决定采取适当方法。东京会议证明，日本似尚不欲占及兴安岭以外之北满，日本军队朝苏联边境之任何推展，将引起布尔什维克方面最锐利最恐惧之反应，日人占领有极大战策意义之兴安岭，莫斯科无条件将认其为直接之威胁。于现时国际形势下，日本与莫斯科必要之“友谊”，将立即破裂，虽数百日侨之落于苏炳文暴兵之手者，其生命已成孤注一掷，而日本军事当局于镇压中东路西线之暴动，犹表示其全不可解之消极者，唯以此而可以解释之。日本于现势下，已至三岔路口，或全力注意满洲，而完全放弃执行其在华所拟之计划，或暂使满洲处于现有状态，而先集中全力，于其有利之意义上解决与中国之冲突。不久以前，外相内田宣称，于结局中，中国于日较“满洲国”为主要。东京方面认为满洲为现在次要战线，且切实断言，于中日相互关系之主要问题决定后，则该处情形自有解决。

《外论通信稿》（日刊）
上海外论编译社
1932年207期
（朱宪 整理）

各团体电请国联制止暴日侵热

作者不详

热河告急，日寇进扰，各地党部及民众团体，均致电日内瓦国际联盟会，报告暴日侵热真象，并请作有力之制裁，兹探录各电原文如左：

湖北省党部电：

日内瓦国际联盟行政院鉴：自九一八事变，日人用武力侵占我东三省，中华民族为爱好远东和平，为保障我国主权，曾诉诸国联，且静候公平之处置，不意迁延至今，已阅十月有奇，尚无具体解决，而暴日凶焰益张，侵略不已，正月进兵淞沪，在满建设傀儡政府，破坏《九国公约》，现又进兵侵略热河。其蔑视我国主权，与蹂躏国际公法，昭然若揭。我国为维护公理及保障领土计，决准备作自卫之抵抗，尚望国联为维护自身之威权与世界之和平计，迅采断然有效之办法，制止暴日侵热之举动，否则远东和平，将被暴日之武力所破坏，而世界将沦陷于紊乱之惨剧也。中国国民党湖北省执行委员会叩。陷。

首都各界电：

日内瓦国际联盟会公鉴：暴日侵占我东北后，我国为爱护和平起见，特申诉贵会，以谋公正之解决。乃暴日不但无悔祸之诚意，且蔑视贵会之决议，方贵会调查团正值调查之际，竟袭击我淞沪，近复进兵图我热河，侵占靡已，我国忍无可忍，惟有自卫抵抗。

贵会职责所在，威信攸关，应取严厉有效之制裁，否则国联公约何存，世界和平何保？尚望贵会毅然决然制裁暴日，世界和平前途，实利赖之。特此电陈，尚希裁决！

又首都各界尚有致中央及调查团电，兹并探志如下：

电中央文：

中央党部钧鉴：东北沦亡，迄今期年，奈失地未复，而热河、平、津又告急，暴日得寸进尺，侵犯无已，若不速筹抵抗，国亡无日。恳请钧部迅饬张学良克日亲帅大军，竭力抵抗，以赎前愆，万勿再误戎机，重蹈不抵抗之覆辙，则热河可保，三省有收复之望。国家存亡，在此一举，迫切陈词，幸垂鉴焉！

电调查团：

北平顾代表维钧译转国联调查团诸公勋鉴：自东省九一八事变发生后，我中华民族为爱护和平，维持正义，信赖国联，尊重盟约，将日本侵略东北、蹂躏淞沪之事实，诉诸国联，不意迁延至今，迄未解决。而贵团此次再度赴日，日本朝野反以强硬态度表示承认东北傀儡组织，一面又进兵热河，扩大侵略，日本之无理横暴，想贵团更有深切之认识。尚望贵团将日本违反《九国条约》、国联盟约、国联决议之行为，破坏世界和平之阴谋及种种野心侵略实情，一并从速据实报告国联，请速取有效之制裁，并宣示于全世界，凭公理之制裁，维持世界之和平。是非既明，允宜当机立断，万勿顾虑因循，以贻世界无穷之大祸。临电不胜迫切，愿诸公鉴察之。

《中央周报》
中国国民党中央执行委员会宣传部
1932 年 218 期
（朱岩　整理）

暴日铁蹄下蒙古应有之认识

冠青　撰

日本侵略东北之野心，蓄志已久，良非一日，至田中组阁后，抱定武力侵略政策，如强弩待发，跃跃欲试。幸我国南北统一，无隙可乘，彼计虽狡，迄未获售。洎乎年来，彼之军阀专政，肆行无忌，其侵略东北之野心，较田中组阁时代为尤甚。竟于昨年九月十八日，甘冒不韪，出兵东北，大好河山，据为彼有。犹复贪婪不已，鬼蜮频施，扰乱天津，攻击淞沪，招土匪破坏治安，建伪国希图吞并，举凡人类所不屑为之事，彼悉悍然为之。凡有血气者，莫不痛心疾首，欲食其肉而甘心焉。近闻其派遣多人，赴东蒙各旗，从事联络，居心险诈，不问可知。其主要目的，要不外离间我同胞，破坏我国家，使我亲爱之蒙古同胞，入彼彀中，以饱其欲壑，而达吞并之目的。殊不知我各旗蒙胞，深明大义，恩怨分明，孰肯听小丑之鼓簧，甘心卖国乎？虽然，我纵不为利动，恐彼伎俩频施，偶一不慎，最易堕彼奸计。予故不惮烦屑，当此暴日铁蹄踏遍东北之时期中，关于蒙古同胞对此应有之认识，缕晰陈之，尚望我亲爱之蒙古同胞，勿河汉斯言也，幸甚。

一 王公方面

（1）宜领导民众誓死抗日

王公者，各蒙旗民众之领袖也。王公抗日，则民众随其后；王公观望，则民众效其尤。是王公一人之举动，全旗民众之趋向系焉。故各旗王公，丁兹倭寇方殷，正宜精忠报国，誓死抗日，领导民众，共赴国难。马革裹尸，效伏波之捐躯报国；输财助边，学卜式之纾难毁家。以此抗日，定获胜利，倭焰虽炽，终必扑灭，此各旗王公应有之认识者一也。

（2）宜训练民众努力杀敌

蒙古民族素性强悍，尤善骑射。当元代盛时，铁蹄遍欧亚，造成空前大帝国，中外咸震慑之。今国难方殷，实为我威武素著之民族，发扬光大之机会。各旗执政者对于一般民众，宜力加训练，关于军事上之知识，竭力教导之，爱国之思想，竭力灌输之。既使有勇，且使知方，行见一般民众，关心国事，如漆室女之忧天；同仇敌忾，学童汪踦之死难。铁骑成群，踏破东瀛，东北失地，不难收复，此各旗王公应有之认识者二也。

（3）宜严防民众与倭奴还往

倭奴侵略满蒙之野心，手段鬼蜮，居心险诈，夫人而知之矣。蒙人诚朴，与彼还往，难免不中其奸计。设不早为之备，行将有蔓延之患。故各旗执政者，允宜防渐杜微，禁止一般民众与倭奴还往，勿为利诱，勿为势迫，彼计纵诈，其如我不中何？倘有故违，即以卖国论，稍有血气者，孰肯甘冒此大不韪乎？此各旗王公应有之认识者三也。

（4）宜诚意改革力行新政

或者曰，蒙旗政治，垂数百年，上下相安，莫之或渝，又何必改弦更张，徒学庸人之自扰乎？殊不知时至今日，人贵平等，政尚共和，数百年前之专制政体，决不适用于今日。故各旗执政者，宜乘国难之秋，关于旗政，酌量改革，一切新政次第举办，使民众有参政之机会，即有少数不得志之青年，亦无所借口，决不能再挺而走险，甘心媚外。此各旗王公应有之认识者四也。

二　喇嘛方面

（1）宜虔心礼佛祈祷和平

喇嘛为方外人，主清洁，尚无为，一切尘事，固不能扰其心也。虽然，喇嘛以慈悲为主，以博爱为怀，讵能袖手旁观，坐视可怜之多数同胞，惨死于倭奴炮火下，而不动慈悲之念乎？故望各旗喇嘛虔心礼佛，晨夕诵经，祈和平之祷告，祝斯民之安宁。诚之所至，金石为开，因果报应，佛教垂为明训，此各旗喇嘛应有之认识者一也。

（2）宜协助王公劝导民众

喇嘛为蒙古之“上人”，视听言动，多足被一般民众之信仰。当兹国难方殷，正宜乘礼佛诵经之余，协助所在地之扎萨克，劝导一般民众，抱定主义，各安生业，勿为利诱，勿为势迫，彼倭奴之阴谋，虽极鬼蜮，其如我态度镇静，不为所动何？此各旗喇嘛应有之认识者二也。

三 民众方面

(1) 宜各安生业勿自惊扰

自九一八事变以还，倭奴不顾一切，出兵东北，对于哲盟各旗，尤垂涎三尺，急谋染指，一般民众，纵欲安居乐业，高枕无忧，其势殆不可能。虽然，倭奴吞并东蒙之思想虽极毒辣，而其手段，则确和缓，笼络之不暇，讵肯以敌对行为，惹起一般蒙人之反感？故各旗民众，乘此时机，正宜各安生业，行若无事，不受他人之利用，实谋己身之安宁，此各旗民众应有之认识者一也。

(2) 宜勿轻听闻致中诡计

蒙古交通梗塞，消息阻隔，远道传闻，每易失实。况日本自九一八事变以来，正利用此种弱点，捏造事实，颠倒黑白，以耸蒙人之听闻，使入彼彀中。我各旗民众，苟不之察，对于倭奴制造之消息，信以为实，不但一切行动，受彼束缚，即思想，亦为其所动摇。人常谓倭奴惯作政治上之烟幕，蒙蔽一切者，此也。故希望各旗民众，抱定主义，勿受感情之支配，轻于听闻，为人利用，此各旗民众应有之认识者二也。

(3) 宜服从命令捐躯报国

服从为蒙古民族之美德，由来已久，保守弗失，国人咸艳称之。惟自欧风东渐以来，平等之声浪，喧腾漠北，蒙古后起者流，对于王公之命令，间亦有反抗者，时势所趋，无怪其然。今倭寇方殷，正国人效命之秋，各旗民众，对于王公之命令，宜绝对服从，勠力同德，捐躯报国，勿存反抗之心，罔怀携贰之念，诗云

“兄弟阋于墙，外御其侮”者，有以夫。此各旗民众应有之认识者三也。

四　青年方面

（1）宜努力修养勿自满足

蒙古青年，蒙古未来之主人翁，亦中华民国未来之主人翁也。主人翁所负之使命，既重且大，其修养，亦必训练有素，始克满足国人之属望，否则学无根柢，夜郎自大，以之办行政，而不知行政之精义；以之办司法，而不知司法之条文；以之办实业，而不知实业之计划；以之办教育，而不知教育之宗旨。推之其他事业，皆瞠目不知所以。于此而犹欲改造蒙古，献身党国，是不啻南辕而北辙也。惟望蒙古青年，努力修养，潜心学习，不以浅尝辄止，不为外务〔物〕所诱。夫而后抱定革命之精神，负担青年之责任，以之改造蒙古，以之效力国家，当无施而不可矣。此各旗青年应有之认识者一也。

（2）宜宣传国难唤醒民众

当此国难临头，尤为蒙古青年努力报国之时，望各旗青年，关于日本侵略我国之原委，与蹂躏东北之经过，宜洞悉靡遗，然后笔之刊物，宣诸口头，以唤醒民众。务使人人脑海中，有一可恨可杀为人类唯一仇敌之日本，食其肉而寝其皮之观念。夫而后明耻教战，誓死杀敌，不难恢复九一八以前之原状，此重大责任，亦有一部分于蒙古之青年是赖。此各旗青年应有之认识者二也。

(3) 宜上下一心勿分党派

天下事和衷共济，克底于成，党同伐异，万难有济，平时且然，况当此国难临头乎？故刻间各旗青年宜与王公竭诚合作，一致对外，王公尊重青年之思想，青年尊重王公之经验，通力合作，无新旧之分，上下一心，无党派之别。行见人心团结，旗政可以革新，国耻可以雪除，老大病夫，不难一跃而为新青年矣。此各旗青年应有之认识者三也。

本文对于日本侵略东北之经过，既未能详细叙述，对于蒙古情形，更未能彻底讨论，原无发表之价值。第以国难期中，对于边防问题，允宜特别注意。况自九一八事变后，哲盟达、博各旗中不肖分子，聚众扰民，目无法纪，纵非叛变祖国，亦为倭奴利用，谋国者讵不应惄焉忧之。故不揣谫陋，简草此文，使一般蒙古同胞，已受倭奴煽惑者，能幡然归来，未受倭奴煽惑者，亦知所适从，则不徒蒙古之幸，亦中华民国之幸也。

《九一八周报》
北平九一八周报社
1932年1卷3期
（朱宪　整理）

国难中苏尼特右旗一瞥

半痴　撰

从九一八沈阳事变以来，东北三省相继沦陷于日本军阀暴力之下，同时暴日更怂恿满蒙独立，加紧其建设伪国运动，对于东蒙各旗，益复势迫利诱，极尽其离间煽惑的能事，希冀达到其最终的目的，贯彻其传统的政策。

我政府当局既鉴于日人诡谲的可畏，复明了蒙古政情的不可忽视，虽东蒙各旗一时在日人势力范围以内，不能派员宣抚以示关怀，但是西蒙各旗实有从事相当联络的必要，所以本年三月间有特派北平政委会蒙旗处长袁君赴苏尼特右旗从事慰问之举。所以首先赴该旗的原因有二：（一）该旗德王系锡盟副盟长，为王公中最青年有为且拥有相当权威，足以表率一般民众。（二）蒙众信仰最笃之班禅，又驻锡于此。此二人对于我政府向表热忱拥护，不可无以安慰，故赴该旗之行，实在有重要关系和使命。

记者因供差蒙旗处，乃获得随从处长一莅该旗，行前蒙孑遗师嘱作日记，志所闻见，借为注意研究蒙古问题的人作些参考资料。但是因为此次赴蒙，仅有十数日最短促的时日，而且塞外长途远征，本来除掉了行路而外就没有相当的时间可以作游览和调查的工做，所以本文所述，也没有什么相当丰富的材料，不过仅就数日以内见闻所及的范围，拉杂写出一些就是了。

平绥道上

我们备妥此次出发应用物品后，于上月某日搭乘平绥路车出发。汽笛一声，车竟载着我们离开繁华灿烂的北平，向西北荒原开驶去了。铁道两旁稀疏的树木，恍惚欢迎过客似的不断的迎车鞠躬，并且飞驰般的掠过，同时漫漫的远山近田和星散凌乱的村落，也随着不断的转动，此刻我的心灵，也惟有随着自然环境去支配了。

“我们北方铁路，只有这条路是没有外债，也不受任何国家的束缚牵掣，并且这条路的工程实在伟大……”同行邢君向吾这样说。伏着车窗看迷了的我，被邢君的话声打断了茫无头绪的思潮，收回了向外的视线。“啊！真的?”我这样毫不注意的回答。但是因为邢君的这句话，便引起了我对于此路工程的注意。

这条路是从重山深谷中通过，地势的凸凹，完全要由人工修平，不能修平的山岭，则又凭人工凿开山洞多处，车由山洞穿过，其中较大的洞车行约需五分钟，方可出洞，所以它的工程是很值得人们赞许的。

但是，谈到此点，追本溯源，又不能不联想到成此伟大建设事业的詹天佑先生了，因此车到青龙桥的时候，对他巍然特立的铜像，不觉悠然神往，同时生出一种不可思议的敬仰心和钦佩心，啊！这也许是他千古不灭的伟大精神换来的一种反映吧！

下午八时许我们的乘车已到了号称塞外重镇的张家口，遂下车寻寓，小住两日后，始又改乘长途汽车由张垣向塞外大漠出发了。

王　府

电驰星飞的走了两天渺无人烟的旷野，才到了右旗王府，于是耳目又为之一新。该王府是建在土丘环绕、地势较洼的一个地址，建筑的宏厂〔敞〕华丽，实不弱于故都所有的旧式王府，门前有东西二辕门，辕门的左、右、前三方面，均有毡制的“蒙古包”十数个，包的上盖均制有各色各样的花纹。远望府内屋宇，瓦砾辉煌，红绿相间，尤于夕阳反照的当儿，更见炊烟缕缕，马声嘶嘶，真令人疑为世外桃园，别有一番风趣。王府的东边有兵营一所，西有学校两处，房屋均不少，遥遥相衬，益壮观瞻。

政治、军事

该旗政治上的组织，和其他盟旗无甚差别，兹不详述。至于军事上旧式的组织：最高的军事长官为兵备扎萨克，由现任扎萨克兼代，其下有兵备协理台吉二人，兵备章京一人，副章京四人，管兵参领四人，由此数种阶级的人们统率士兵。现在的新组织：将全旗军队，共编为四大队，每大队又分二分队，每分队约四十余人，大队设队长一人，分队设分队长二人，分队长下又有班长二人，在四大队上层有总队长一名，担任指挥军事及教练等任务。

教练的时候，因各队驻扎不在同一地点，利用调换的方式，每月相互调防一次，调防至王府所在地的那一队，就受训练。各队如此次第的更番调换，所以防务的分担和训练的机会，都一律平均，无所厚薄。此外还有德王的卫队百余名，专供王府的警卫和随从德王外出时之护卫。至于他们各队所用的枪械，因队而异，例如甲队为三八式枪，乙队即或为套筒枪，各队并不一律。服用的服装除冬季服着笨重的大羊皮袄外，春、夏、秋三季，一如内地官兵一律为军衣军帽。兵士的饷项每人每月为十二元，并不扣除火食、衣服等费。此种待遇较诸内地优厚实多，故遇有战事时，莫不奋勇杀敌，以一当十。

外交

锡盟各旗关于对外交涉事宜，统由锡盟驻张办事处负责办理，苏尼特右旗当不例外。该办事处设处长一人，代表二人，此代表由各旗总管轮流充任，每三个月为一调换期。处长、代表下有翻译、书记、录士数名。倘与察省有交涉时，均直接向省府第四科接洽，因为第四科负责办蒙旗事务故也。

生产

锡盟全地处张家口之北，外蒙之南，全境均黄沙白草，旷野千里，气候干燥，土质硗确，种植禾稼势不可能，因此苏尼特右旗的正宗生产就首推牛、马、驼、羊各种牲畜了。不过此外还有几处产盐地带，也可以供给当地人的食用，此种盐的生产，是完全自然的，非人工的。在夏季偶有下雨的时候，晴后经日光一晒，地之表面上即浮出洁白的盐粒，这种产盐的地带，地面上有极密度的许许多多的小突起，据说这就是产盐地的特征。

宗教

蒙古同胞信仰佛教的专诚，是中外共知的一件事。苏尼特右旗地方，从班禅来此驻锡后，人民的宗教观念愈发浓厚，每日除了做照例应做的工作而外，许多的时间用在礼佛诵经上。

班禅的起居也有确定时间，每日的早晚必由他的徒众四人参杂的吹僧众所用的大铜号和小喇叭，作他起卧的信号，起后必诵经十数分钟，方盥漱用膳。

现在因为时届春令，内蒙古各旗往谒班禅者，络绎不绝，大有山阴道上的样子。记者曾有一次往王府前郊闲步，见有新张的帐幕极多，因为好奇心的驱使，就走到帐边和他们帐内人谈话，据说多是热河巴林北——即林东、林西两县地方——的蒙人，专为拜谒班禅而来。不远千里，风尘跋踄，毫不以为苦痛，蒙人对佛教信仰的深可见一般了。

教育

据说苏尼特右旗向来对于教育不甚注意，但是从德王执政以来，鉴于文化落伍，智识蔽塞，在王府的西隅设中小学校各一所，现有中学生三十余名，小学有学生五十余名，教员各二名，中学校长由该旗招待处长兼任，两校均为官费，学生并无任何担负。所授课程除蒙文为主要外并附带满文。

此行感想

以上所述的各方面，实在是挂一漏万，未能详尽，不过因为时间的限制，这也无可如何。

现在要附带着说一说的就是吾个人此行的感想和将来治蒙的意见。感想的一方面就是：（一）蒙地物质、文化非常的落伍；（二）教育状况太不普及；（三）宗教观念过于迷信；（四）阶级制度仍极严格。凡此种种都是蒙古民族保留向来社会制度毫未进步的显著的特征，当此二十世纪人类竞争优胜劣败的时代，我蒙古民族尚如此的保守、迷信、落伍，过那昏昏噩噩的旧式生活，实在危险到万分了。

可是现在一般号称熟习蒙情的诸位先生们，一谈到治蒙的方策，不曰移民实边就说放荒屯垦。其实这类主张就有些地方决对不能成功，即或有一部分地点可以勉强施行，但是考查它的结果，也没有什么实际的良好的成绩。即拿锡盟来说，全境几乎都是砂碛之地，据当地人说，漫说是种植禾稼，就是栽一棵小葱，无论任你怎样的培植灌溉，不到十数日的工夫它自然就要由黄而枯。像这样的地带你还能屯垦放荒吗？既不能屯垦放荒，还能谈到移民实边吗？像那些主张只不过唱高调，徒惹蒙古人民之反对和仇视而已。

依记者的管见，治蒙的惟一的良好办法，就是（一）迅速的便利蒙地的交通；（二）彻底的提倡蒙旗的教育；（三）实地的改良蒙地马种，和其他种种建设事业设法次第举行，蒙古地方自能日见进步，蒙古人民自能一律归心，于蒙于国，必同享利益，共臻佳境，亦决不能受日俄之诱惑，别有所图了。

《九一八周报》
北平九一八周报社
1932年1卷7期
（李红权　整理）

蒙古民族运动的现势

寿　撰

一

蒙古民族运动和中国辛亥革命是同时勃发的。自从一九一二年十一月俄人嗾使蒙人承认《俄蒙条约》，以至一九一五年六月《恰克图条约》中国承认外蒙古有自治权以来，蒙古的民族运动便在俄国南下政策威胁之下，渐次由反抗北洋军阀的倾向转变为反抗中国统治的倾向，更渐次而受了苏俄的利用和操纵。

谁都不能否认，蒙古社会发展过程，尚沉滞于游牧生产的时代。同时，受原始商业资本、国际资本的错综统治中间，苏俄第三国际共产党人硬要在沙漠上建设社会主义的国家，这实在是糊涂而且梦想！

苏俄共产党人看穿中国政府与蒙古的统治关系力量的薄弱(实际关系是建筑在汉族商人上面)，故近年来利用蒙古政权极力压迫中国商人，没收中国商人的大资本、土地。同时，俄人便在蒙建设皮革工厂、毛织工厂、火柴工厂等，欲以新式工业资本压倒中国人在蒙的经济势力，且以造成无产阶级，这种野心是很值得我们的注意。

兹将蒙古内部情形分述如下。

蒙古人民共和国分六汗部，以前许多地名都被更改，如（一）汗—康特—威卢斯基（即前车臣汗）；（二）直千里克—孟打卢斯克（即前三音诺颜汗）；（三）波格德—汗—威卢斯克（即前土谢图汗）；（四）汗—泰西卢斯克（即前札萨克图汗）；（五）德依卢沟—园—威卢斯克（即前北科布多汗部—达赖汗）；（六）德威庐伯特（即前南科布多汗—苏尔格底汗部）。此外，尚有亚庐泰—威里杨汗人和满洲境之打兰安德斯克地方等四旗加入了蒙古共和国。

各“汗部”之下分若干“旗”，旗之下分“索木”，“索木”之下分“亚卢巴”。亚卢巴是蒙古行政上的单位。各亚卢巴设长官，称“亚卢班”（打卢衙）。索木有索木会议，为索木之自治机关，乃由选举而成立。各旗各汗均有自治机关之设。

全国最高权力机关为国民会议（胡卢旦）（全国代表会），国民会议闭会时有小国民会议（布类西真）（即中央委员会）及政府。

蒙古定住人口为六八三，九六一人（一九二六年），而喇嘛却占九一，六〇一人，男子占二五三，七八九，女子占六八，三九六人。人口增加率极低，且人民文化程度尚低，流行病及儿童死亡率甚高。更以喇嘛教的束缚，故前途颇为危险。以雄视欧亚的元朝子孙之地，会沉沦到现在宗教劫持的神秘之域，这是一般的历史家料想不到的。

兹将蒙古社会阶层分析如下：

集团	大家畜所有数	人口数	百分比	经营数	百分比
一、无家畜的	——	二四，五一八	四·八	四，九〇三	五·二三
二、农业劳动者及贫农	一——一〇头	一四七，七一八	二八·九〔二八·八〕	二五，八五七	二八·六五
三、贫农	一一一五〇头	二一二，四二八	四·一三〔四·一四〕	三八，六二三	四一·二三

续表

集团	大家畜所有数	人口数	百分比	经营数	百分比
四、中农	五一—二〇〇头	一〇八,八二六	二一·二	一九,七八六	二一·一二
五、有产者	二〇一—五〇〇头	一五,五三一	三·〇	二,八二四	三·〇二
六、富者	五〇一—一,五〇〇头	三,七一四	〇·七	六七五	〇·七二
七、最富者	一,五〇〇头以上	七三四	〇·一	三·一	〇·三〇

牧畜业的生产，在蒙古人民的收入中，总占重要部分。兹统计其生产量与需要量如下：

	总生产(布特)	本部需要(布特)	商品生产(布特)	价值:(单位:千芦布)
家畜	——	——	一〇〇,〇〇〇	四,〇〇〇
羊	——	——	五〇〇,〇〇〇	二,〇〇〇
羊毛	六〇〇,〇〇〇	二〇〇,〇〇〇	四〇〇,〇〇〇	三,二〇〇
骆驼毛	五五,〇〇〇	一〇,〇〇〇	四〇,〇〇〇	一,一〇〇
粗毛	五〇,〇〇〇	一〇,〇〇〇	四〇,〇〇〇	一四〇
皮	——	——	一三〇,〇〇〇	四〇〇
羊皮	二,五〇〇,〇〇〇	一,五〇〇,〇〇〇	一,〇〇〇,〇〇〇	六二五
脂肪	五〇〇,〇〇〇	四五〇,〇〇〇	五〇,〇〇〇	一四〇

社会的生产，可以决定社会各集团的动力，蒙古的原始的游牧生产，渐渐的商业化，生产品大部变为商品，这是社会进化必经的过程。蒙古农业在蒙古地方的国民经济中虽不占重要的地位，然占重要势力的却为中国汉民族与俄国农民，蒙古土人从事农业的很少，这是蒙古农业经济状态中的一种特点。现在播种的面积四万斗西耶程（蒙古亩），其所有权分别如下（单位：蒙亩）：

汉民族租地农业	三六，六二四
俄国人经营的农业	一，二〇〇
蒙古政府国营农业	一，八六〇
僧院经营的农业	七二〇
蒙人私自经营的农业	四五六

汉人在蒙的农业多是资本主义生产方法经营的，耕种、收获均赖雇用劳动者为之，而以生产特向市场销售。

耕作方法大部是中国式的原始的工具，类多莳小麦、燕麦，然收获率甚低。

最近所谓国营的农场发达起来了，他们为增加蒙民生产力与普及蒙民农民模范经营农业起见而组织。实际是受了俄国集团农庄运动的影响，现在资本额四十万芦布。

蒙古工业在近年来经有显著进展，第三国际政策为铸造所谓无产阶级起见，设了一个火柴工厂、皮革工厂、毛织工厂，将丰富之畜牧原料加以制造，闻有好几个工厂是属于俄国的。日货在蒙古亦销流不少，惟日人势力常受俄人的压迫，未能伸张，故中、日、俄、“满”、蒙竞争已成尖锐化！

蒙古因商品生产尚未十分发达，货币制度亦极不完备，故商业发展极迟，故蒙古商业无论输入输出均须依赖外国市场，而受国际市场的影响。

兹将一九二三年—二六年蒙古对外贸易表解如下：

年次	输出（单位：千〈芦〉布）	对前年百分比	输入（同上）	对前年百分比	出入超
一九二三年	一九，五二四	一〇〇	一四，一九八	一〇〇	五，三三一〔五，三二六〕(+)
一九二四年	二〇，三二一	一〇四	二一，九四六	一二五〔一五五〕	一，六二五(-)

续表

年次	输出（单位：千〈芦〉布）	对前年百分比	输入（同上）	对前年百分比	出入超
一九二五年	二三,八六六	一一七	二四,七一七	一一五〔一一三〕	八五一(-)
一九二六年	二四,三三七	一〇二	三三,〇八五	九八〔一三四〕	一,二五二〔八,七四八〕(+〔-〕)

以前蒙古的全部贸易都操纵在外国资本手中，除中国内地商人外，尚有英、美、德、俄诸国。最近民族商业资本才渐次萌芽，大资本还没有，自蒙政府组织蒙古中央协作社，才开始有国家资本的发生。合作社在国家资本援助之下，年有发展，兹将蒙古商业上势力表解如下（单位：千芦布）：

企业	一九二〇年贸易额	百分比	一九二三年贸易额	百分比	一九二五年贸易额	百分比
蒙古中央合作社	一,〇五四	二·五	七,五〇〇	一五·二〔一五·四〕	八,七四九	一八·四
苏俄商业机关	四,〇三二	九·五	五,九六五	一二·五〔一二·三〕	一二,一二二	二五·五〔二五·六〕
汉人和其他各国商店	三七,一八〇	八八·〇	三五,一一七	七二·三	二六,五五二	五六·一〔五六·〇〕
统计	四二,二六七〔四二,二六六〕	一〇〇	四八,五八三〔四八,五八二〕	一〇〇	四七,四二三	一〇〇

蒙古的财政以前也是完全的无政府状态中，既无预算可言，而国库支出与租税收入亦无一定之统制。新政府组织后，才设定国家预算（地方不在内）。

岁入：

一九二三年	三,六七四,八〇二	三,五九四,五九六
一九二四年	六,六二六,一三四	五,九五七,一四五

续表

一九二三年	三,六七四,八〇二	三,五九四,五九六
一九二五年	八,二九八,二三九	七,四三七,一六一
一九二六年	一一,四八二,八〇一	一〇,三〇二,一〇三

且设蒙古银行改革币制。

蒙古的经济状况是如此，所以蒙古的革命运动，站在中山先生主义的指导原理上分析起来，蒙古的中国商人和蒙古的民族资本，当然是革命基本力量。而其他被压迫的游牧民族，是同情中国商人的。他们一方面反对苏俄及其走狗的剥削和压迫，一方面是反对日本、英、美帝国主义的侵掠，在两斧伐孤树之下奋斗着。故蒙古人民如欲得真正的解放，必须得着中国革命势力——中国政治和经济的帮助，始能脱离帝国主义的拘绊，而恢复中华民族的固有团结与统治。这是中国国民党摆在眼前的重要任务。

二 怎样领导蒙古的民族运动

根据总理的民族主义，则我们对蒙民的自治，当然是赞同的；对蒙民的民族运动，当然是要取得领导权。现在的问题就是如何从苏俄领导之下的蒙古民族运动使他转向由中国国民党的领导？如何取得蒙古民众的同情？如何赞助蒙古革命党员将苏俄及其他帝国主义势力驱逐?！以完成中国的统一主权。

我们干脆的说：中国人普遍的不注重蒙古问题——边疆问题。蒙古人民在满清二百余年压迫之下起来革命，这当然是应当的。满清倒后，一班北洋军阀（如徐树争〔铮〕、陈定远都曾经营蒙古）依然是换汤不换药的压迫。中国北方政府及商人放肆压迫，且以高利贷（年利［百分］50%）的剥削，及蒙古王侯对所有奴隶榨取的结果，当然要惹起很大的反感。

以前中国政府只知收买蒙古封建势力以帮助军阀压迫农民，故革命运动遂益发而不可揭〔遏〕。

国民政府以后，亦以鞭长莫及，因循就事，且以苏俄的引诱，而中国对蒙之统治关系，乃益加动摇，且中国当局对于蒙古文化及政治、经济建设，尚乏注意，故实际毫无基础可言。一九一一年十一月一日独立运动起，俄人利用蒙人排斥中国势力和蒙古封建势力及僧侣建立政府。一九一九年日人图占蒙古失败，蒙古便入于安福系之手；一九二〇年安福系失败，蒙古为白俄所占；一九二一年威格卢将军占库伦，至一九二一年白党失败，蒙古国民革命党兴，领导农民及智识分子和急进的官吏，反抗北洋军阀及俄国白党，同时打倒封建王侯僧及〔及僧〕侣，而树立民主国家的机关，与中国南方的中国国民党互相联络。这是一九二七年以前的事实。

然而旧的压迫去，新的压迫来了。俄国革命后，其潜势力已侵入蒙古国民党，其后领袖丹巴为俄方暗杀，而实权已归于亲俄派。

蒙古国民革命党，实际成了苏俄共产党的别动队，现在有党员一三，九一四名（一九七〔二〕七年），其中一三，〇六〇名为平民，九〇名为喇嘛，七六四名为旧贵族，女党员约九〇名。

若以家畜来分类，党员中有四—五〇头的七，九〇九名，五〇—一〇〇头的九〇二名，一〇〇—三〇〇头的一，一四〇名，三〇〇—五〇〇头的一五二名，五〇〇—八〇〇头的三七名，八〇〇—一，四〇〇头的一六名，一，四〇〇〔〇〕—二，八〇〇头的也有数人。

党员〈一〉二〔三〕，九一四名中，有四，一五六名是在党及国家公共团体和青年团中活动的。

党员大部分为贫苦农民。刊物有《真理》（发刊数六千册）、《军事半月刊》、《军事杂志》等。

蒙古青年团，该团有二九七个小组，六，九八〇团员。其团员之社会成分如下：农民六，九九〇名（九六%），贵族二九〇名（四%）。若以财产状态分之：贫民六，〇五三名（八六·七%），中产者八七二名（一二·五%），有产分子五五名（〇·八%）。该团中且有三，二七二名为文盲，一，六五〇名粗识文字的，一，一〇八名稍为读过书的，真正智识分子只有九三二名。该团员中有七一三名同时为国民革命党党员。该团是帮助国民革命党的，在政治上受党的指导。蒙古工人组织在一九二七年有五，一七五名，已加入劳动工会，其会员以国家机关工业上等用人为主（中央合作社、皮革工厂、国营农场、运输机关等）。

〇　〇　〇

蒙古是我国的领土，蒙古的民族运动是反帝国主义的，是要在中国国民党领导之下才会有出路。蒙古的民族运动，决然不能离开中国整个的独立运动，否则，必致受祸益深，徒受帝国主义的利用与蹂躏，益陷于殖民地地位，这一层深望蒙古民众要有深切的觉悟！深望蒙古民众自动起来清党，努力肃清卖国贼，从亲俄派手中夺回领导权，置诸中国国民党统一指挥之下，与一切帝国主义奋斗！

《青年旬刊》
南京青年旬刊社
1932年1卷10期
（朱宪　整理）

日本谋设“蒙古国”

铁民　撰

日本一手制造之所谓“满洲国”，已毫无障碍地宣告成功了，但是，她的野心，并不能因此而为满足，势必要吞并整个的中国，征服世界而后已。看近来又有制造“蒙古国”之风闻，虽未证实，但我们十二万分地相信，这是日本的预定计划！如果我们此时要不及早以铁血收复东北失地，这是不能幸免的。而且，这样的伪国将层出不穷，一直到全中国都成了他们的保护国，不，她们的领土为止。

关于日本谋设“蒙古国”的事实，是根据十月十一日的天津《大公报》所载，称：“从各关系方面探得一更惊人的消息，即日军不仅制造‘满洲国’，同时更欲制造一‘蒙古国’，此种计划，今春已开始实行。惟日军不欲彰明昭著的采用军事政策，故先派多人，分赴蒙古各地活动，一俟成熟，再同时采用军事政策。为完成此计划，前在热边之日军，已预定取开鲁及赤峰一带。最近日军积极向热边增兵，一方面为胁制平、津，封锁对于东北之来往，另一方面，即欲借以完成此种计划云。”

我们从这件惊人的消息中，已经证明了日本的野心是没有满足的。同胞们，如果我们不欲做亡国奴，不欲把大好的山河拱手献给日人，不欲我国家生存于此世界则已，若果，我们在此严重局面中，不容我们再因循了，不容我们再坐视了，望我全国同胞，一致站在铁血主义之下，努力与我们的国仇——日本，抗战、拼命、厮杀！由此，我们才能有生路，望国人共同努力吧！不然，……唉！岂容再往下去写！

十月十二日

《铁血周刊》
北平中国铁血社
1932年1卷21期
（朱宪　整理）

请任命蒙古宣抚使

作者不详

近来班禅、内蒙各盟旗，和内蒙各盟旗驻平代表联合会，请求设置蒙古宣抚使，并且请求教锡林果勒盟的盟长德穆楚克栋鲁普担任。同时蒙古各盟旗联合驻京办事处，请求在正式宣抚使没有选定以前，可以教内盟各盟的盟长，分别担任宣抚的责任。蒙藏委员会觉得在这东三省没有收回以前，内蒙古的人心，很容易动摇，宣抚使一职，急宜设置，所以由常会决议，把上边所有的一切情形，统统禀报行政院，请求核办。

《蒙藏旬报》
中央宣传委员会蒙藏旬报社
1932 年 2 卷 2 期
（丁冉　整理）

蒙古国民共和国与日本帝国主义

饭田　撰

一　苏维埃联邦攻击的准备正在进行

以“满洲新国家”的成立，上海停战会议的成立，和国际联盟调查团的来华为一契机，日本帝国主义的苏维埃联邦攻击战争进入了一个更迫切的新阶段。军用铁路和飞机场等等的强制建设，军需工业的开发，和屯田兵计划以及诸如此类的苏维埃联邦攻击准备正在着着进行。等到北洋渔业入了它的渔获期，在这方面的对立又极变〔度〕地激化着。日本帝国主义以北洋渔业的保护为名，命令五只驱逐舰向北洋出动。在桦太地方，用的铁路、电报、电话和飞机场的建设也在厉行。

松花江炸桥事件，军用铁路炸毁事件，中东铁路事件，国联调查团委员暗杀事件，以及马占山通电问题等等，在日本军队的特务机关指导之下的，用以发动苏维埃联邦攻击战争的阴谋，在苏维埃联邦的断然革命的平和政策之前，竟完全失败了。然而这些阴谋诡计是不会断念的，阴谋还要继续下去呵。日本和“满洲国”的军队现已遥越中东铁路而向西伯利亚国境集中。此外由白俄、布里亚特人（住于特兰斯贝加尔和依尔古茨古〔克〕地方的蒙古族），以及蒙古的贵族和封建地主所组成的“义勇军”，在日本帝国主义的直接指导和援助之下，向蒙古国民共和国东部国境集中。对苏维埃联邦的武力侵入，现在只是时间问题而已。

对于这狠毒的日本帝国主义的苏维埃联邦攻击战争的厉行成为最大的堡垒的，是中国革命的劳动者、农民、兵士的决死斗争和蒙古国民共和国的存在。可是蒙古国民共和国现在是怎样的情形呢?

二　蒙古国民共和国的状况

蒙古国民共和国，是建立在距今千年前所谓“外蒙古”地方的革命共和国。“外蒙古”横在戈壁沙漠和天山北路及西伯利亚和中央亚细亚之间，拥有德国和法国合并起来那样广大的面积的地域。这广大的地域曾经处于帝政俄罗斯的帝国主义的影响之下。一九一七年的俄罗斯革命把这地方从沙皇的帝国主义的轭下解放了。接着又被置于以日本帝国主义为后台老板的翁克郎白卫军的掠夺之下，不久又被置于中国的商业资本和高利贷资本的封建榨取之下。像电影《亚洲的暴风雨》片子所映现的那样，帝国主义和商业及高利贷资本同喇嘛教的僧侣相结托，把无知的游牧民众连骨髓都榨取去了。总人口八十万中约三十万以上是喇嘛教的僧侣。

在这僧侣、帝国主义和封建领主的三重桎梏之下呻吟的民众，到了一九二一年遂蹶起而为誓死的反抗。这个革命顺利成功，赶走了帝国主义、僧侣和封建领主，这样便成了这个蒙古国民共和国。

封建领主所有的大土地被没收了。僧院所有的家畜大部分为农业劳动者，小部分为中小农民所分配了。因此谁也可以做一个人的牧场主，僧侣的大数激减了。最近两年间，光只舍弃僧院从事生产的劳动的僧侣的人数也有三十万人上下。共同组合和国营商业把外国的资本主义的商业完全驱逐了。小卖商业的百分之七十是在共同组合和国营商业的手中。

苏维埃联邦内的集团经营的暴风雨一样的成长，在革命的蒙古共和国中引起了集团经营运动的昂扬。现在全经济的百分之三三到三四是集团经营，这些集团经营所有着同以前的封建领主和僧院所有是同样数目的家畜，即是所有着全家畜数的百分之一九。不用说，同这相应蒙古民族的最贫苦层的生活正在急速地向上。

用革命打倒帝国主义和封建榨取及僧侣的三重桎梏的蒙古国民共和国，在列宁主义的基础之上开始了国民经济的建设。从穷迫和饥饿的极底猛然蹶起的革命的蒙古人，由于那英雄的行动，已经有了蒙古人从来都不曾知道的国民工业和农业了。

这里止把最近二三年间表示蒙古国民共和国的发展的数字举出来吧。蒙古人的经济主要的是牧畜。

牧畜数的增大：如以一九二九年约为一〇〇，则一九三一年的指数如次：

骆驼：一〇五·四；　　牛：一〇六·六；

羊：一一五·五；　　山羊：一三二·三。

外国贸易：一九二九年不过约有一千三百七十七万元的商品输出，可是一九三一年就约有一千九百万元的商品输出了。输入一九二九年约为一千万元，而一九三一年则为一千六百万元，一九三二年预料有二千二百五十万元。

蒙古国民共和国施行计划经济。一九三一年是它的五年计划的第一年度，以成功告终。

国民所得，在一九二六年不过约四千三百万元，可是一九三一年为六千九百万元。

国家财政，从一九三〇年的约一千七十五万二千元，增大到一九三一年的约一千九百十四万八千元。

比起苏维埃联邦的伟大的五年计划来，数字诚然微小，可是在帝制俄罗斯及日本的帝国主义的又是封建的榨取之下，如何能够实现这急速的发展的速度呢？数字虽然很小，可是发展的方向和速变实在是出色呵。蒙古人的近于原始民族的生活浴了革命的阳光正在欣然向上。

蒙古国民共和国的以马克斯列宁主义有基础的计划建设的辉耀的成功，招致着邻近这共和国的民族和种族的急速革命化。“革命的怒潮”从蒙古共和国卷过了全蒙古。这里便有那日本帝国主义所以要准备着用武力侵入蒙古共和国的特殊意义。

三　日本帝国主义的满蒙征服计划

日本帝国主义的大陆政策，在一九二七年的田中大将的《觉书》中说得最为露骨。这《觉书》成为最近十年间日本帝国主义的全外交政策的基调。现在为这《觉书》的内容的政策，由于本庄司令官，更被修订，正在着着移到实行。

关于日本帝国主义的“征服世界”，这《觉书》写着：

如欲征服世界，非先征服支那不可。吾人若已将支那征服，则亚洲及南洋所有其他诸国必怖我而降伏矣……

然欲征服支那，吾人非先征服满蒙不可。

田中《觉书》列举美国帝国主义和中国民众的觉醒为这强盗战争遂行上的最大障碍。

关于蒙古，这《觉书》列举小封建诸侯的收买、羊毛及矿山资源的独占权的欺瞒获得、军事密使的派遣，以及土地的收买（实则夺取）等等。这样地武力干涉的好条件具备以后：

内外蒙古遂将落于吾人之手中矣。……一度土地之大部分落于吾人之手中，蒙古属于蒙古人抑属于日本人，即不成为问题……

这《觉书》更非难日本帝国主义的铁道政策只局限于南满洲，重视在北满及蒙古的铁道建设。这在一方面是征服中国的准备，别方面（现在这很重要）又含有用武力侵入苏维埃联邦的目的。

这《觉书》又清楚地烛料着对于苏维〈埃〉联邦的战争。

在最近之将来，与苏维埃俄罗斯之冲突殆不能避免……中东铁路其将成为吾人之物乎？为夺取北满之资源，吾人将于蒙古与俄罗斯一交兵火乎。

田中计划在以上的烛料之下，详细地叙述着满蒙占领以后的铁道建设计划。

日本帝国主义已经占领满洲，实现了它的大计划的一部。用以攻击苏维埃联邦的铁道建设正在着着进行。只是我们这里所不能不注意的，是在一九二七年和一九三二年之间的世界情势的变化。

一九三二年产生了一九二七年所不能看到的新事实。那是两个体制——社会主义和资本主义——的对立的未曾有的激化，出现在帝国主义的对立的前面。苏维埃联邦内的社会主义建设的暴风雨一般的成长，和资本主义世界的不知底止的恐慌的恶化，以及必然地产生的劳动者农民及勤劳者大众的革命化，世界规模的阶级对阶级的对立的尖锐化，这给已经开始的帝国主义战争以特质。全世界的帝国主义诸国想使苏维埃联邦及中国苏维埃先浴炮火。

田中计划在这新情势之前，更为本庄司令官所修订。占领了满洲的日本帝国主义的第二段工作，是西伯利亚的武力侵入。怂恿白俄罗斯人及布里亚特人使之企图在列拉河以东，以至伯令海峡的地域，树立日本帝国主义的傀儡的极东独立国。蒙古国民共和国也要像满洲一样地被利用为这强盗战争的根据地。

四　蒙古共和国的国民正在站立起来

收买蒙古的小封建诸侯，以获得利权及土地的田中计划，由于革命的蒙古共和国的成长，已经无效了。封建诸侯在很久以前就被扑灭了。蒙古国民政府和国民革命党，并不同那只是努力做帝国主义的爪牙的中国国民党一样。蒙古国民共和国的大众，对于日本帝国主义的侵略计划奋然兴起。蒙古的勤劳牧人大众，没有忘记同那以封建诸侯奈西·克坑为先头，而要组织讯〔泛〕蒙古政府的一九一九年的计划有关系的日本帝国主义的阴谋。蒙古的勤劳牧人大众，更没有忘记一九一九—二〇年的以日本帝国主义为后援而占领蒙古，并且压迫掠夺和平的民众的翁克郎白卫军。现在蒙古革命军具有远胜以前的坚强的抵抗力。蒙古国民共和国成立十年的历史，表示了蒙古的革命大众拥护国民的独立，具有反抗帝国主义的战斗能力。

蒙古共和国的勤劳牧人大众，把势力集结在国民革命党的周围，发起充实军备制造飞行机的基金募捐，以答覆日本帝国主义的占领满洲，而且更加强固地拥护着同苏维埃联邦的劳动者农民大众的同志关系："苏维埃联邦是国际无产阶级及被压迫大众的祖国。苏维埃联邦是世界革命的突击队。苏维埃联邦是革命蒙古的真的帮手。蒙古的勤劳牧人大众，要从帝国主义者的攻击拥护苏维埃联邦。勤劳牧人大众要强固自己的防备，增大赤军的效力。"（蒙古国民革命党中央委员会机关纸《向社会主义之道》二六一二七号）

这样，蒙古共和国的大众对于以日本帝国主义为先头的从远东攻击苏维埃的战争，便同中国满洲的革命劳动者、农民、兵士站在一起，以担负用为防卫苏维埃的最有力的堡垒的任务。

译自日本《普罗科学月刊》今年六月号

南方正在演本国飞机炸毁本国军舰的丑剧，北方则在同几个曾经嘲笑不抵抗主义的戏子为难。中国人自己对自己真是火气特别重，好像这个古国真要给几个不争气的大官送掉了。

外蒙古虽然有人说是俄国的，可是国共没有分家以前，外蒙古也加入了中国本部的国民革命运动。现在日本帝国主义占领了满洲，会放过外蒙古么？

也许有些人会快心于日本帝国主义之进攻“俄国的”外蒙古，但我们能如此么？

现在译者把这篇短文译出，以为留心于外蒙古同胞者看，看他们这几年还能争气，还能努力可以和日本帝国主义拼一拼命。

中国决不会亡的，除非这些大官能永远坐在我们头上，我们总有一天和关外的义勇军联合，外蒙古的同胞协力，以赶走日本帝国主义及一切帝国主义的。

译者　于天津

《自决》（旬刊）
北京大学法学院自决社
1932年2卷2期
（朱宪　整理）

东北事变后的蒙古现状

六月十三日纪念周本会委员李凤岗的演说

李凤岗　演说

今天要报告的，就是东北事变后之蒙古现状。这一件事是本会同人所必须知道的，也是必须注意的。在九一八事变之后，日本就想利用蒙古民族自决自治的美名，煽动蒙古独立，脱离中央，实行其侵吞的政策。近年来，日本在东蒙古方面负责经营蒙古的唯一重要人物，就是南满铁路郑家屯出张所所长日人菊竹。他精通蒙古语言文字，平素用尽种种方法，联络蒙古人。自从九一八事变以后，他更是明目张胆地大肆蛊惑，要想乘此机会，把蒙古造成朝鲜第二。所以那时他就分派许多汉奸到蒙古各旗宣传独立，又派人到北平来游说少有名望的蒙古人，要在郑家屯地方成立内蒙地方自治政府，请蒙古人一体参加。所幸一般蒙人，洞烛其奸，不为所动，并无一人前往。他们看见此种计划不能成功，所以打消此议，又采取第二步办法，就是组织兴安省，统辖东北蒙古。以齐王为总裁，菊竹为副总裁，分为东、北、南三区。东分省以黑龙江所属瑷珲、黑〔墨〕尔根、齐齐哈尔、东西布特哈为区域，任鄂鲁纯为省长。鄂系从前黑龙江八旗生计筹备处总办。北分省以海拉尔全区十七旗为区域，任凌陞为省长。南分省以哲里木盟十旗为区域，住〔任〕图什业图王业希海顺为省长。名义上各省省长虽全是蒙古人，但实际上各处均派有日本政治、军事专家为顾问。一切军政大权，均操日人之手。所谓省长者，不过充傀儡而已。政治情形，大概如此。

军事方面，他把蒙古军编成三大队，分第一、二、三，三队，共有二万余人，全为骑兵，所用枪械，均为东北兵工厂出品，极为精良。在此三大队蒙古兵之上，又有总、副教练官。总教练官为日人松井，副教练官为盘井，指挥全部蒙古。于本年春初，因为卓、昭二盟不与联合，拟以武力压迫，遂集中兵力，侵入热河境内，袭取开鲁。经昭乌达盟各旗蒙古骑兵，会同省军崔省吾族〔旅〕抵御击退，当场将其总〈教〉练官松井击毙，所以他们退回辽宁界内，未敢再犯，至今仍在边境上住扎。我方防务倘稍松懈，难免其不卷土重来。军事情形，大概如此。

教育方面，现由伪政府拨出巨额教育经费，恢复黑龙江蒙旗师范及东北蒙旗师范两学校。并扩充名额，已经开学授课外，又强令各蒙旗每旗选派有相当学识之青年五人，送往长春。特开军事政治训练班，造成军事政治人才，定期一年毕业，毕业后遣回各蒙旗，担任军政各事务。试想日本经营蒙古之手段，何等毒辣，何等敏捷，又何等周密。

我们听见这种消息后，再回头想一想，现在我们对于蒙古的一切行政设施的成绩，除了沿袭旧制、敷衍目前外，有甚么新的政治之设施？本会费尽气力，作成《蒙旗组织法》，以期改善蒙古政治，而又遭地方反对。前蒙古教育经费，虽经中央通过每年拨二十万元，作蒙古地方教育经费，但未见诸实行。蒙古党部，至今犹未成立。而各边省，均各自为政，不为蒙古全体兼筹并顾，一任其弃置而不过问，以致招强邻之觊觎。古人有人弃我取，我们现在恰兴〔与〕此相反，成为我弃人取了。日人窥伺于东，赤俄侵蚀于北，蒙古存亡问题，已经迫在眉睫，一刻都不容延缓了。但是国内政治家，而不急起，图目前救急之法，而仍大谈特谈其编遣屯垦、移民实边之政策。恐怖〔怕〕我们的人民尚未移到，而边地就要没有了。

现在就着内蒙形势论，哲里木盟十旗，地广人稠，物产丰富，是最有可为的地方。现在已陷入叛逆范围之内，不能有所经营。锡林果勒盟十旗，东邻辽宁，北界外蒙，处于赤、白两帝关〔国〕主义者逐鹿之场，无论何方，均难应付。察哈尔及伊、乌两盟、阿拉善等处，十余年来，为土匪蹂躏，十室九空，流离失所者，在在均是。加以阿拉善、额济纳各地及察哈尔北部等处，由外蒙逃来难民数千户，衣食无着，嗷嗷待哺，在在均属可虑。故锡林果勒盟副盟长德王鉴于时局之危急，屡次在该王府召集锡、昭、伊、乌各盟联合会议，筹商应付环境办法。试问以疲弱蒙古，有何善策，只有求助于中央之一途。故推举代表来京，请示军政方略，以图自救。该代表等现在本京，尚未奉到具体办法。我们把眼光再放大一点，看日俄争战，终将不免。倘一旦暴发，首当其冲者，是不是蒙古。我们现在若不预备充分抵御办法，等到大战一开，蒙古事情，就不堪设想了。唇亡齿寒，推想可知。

现在国内一般人，对于蒙古实际情形，诸多隔阂，所以每谈到蒙事，不说开垦，即说移民，并有将全国囚犯送往蒙古之说，绝设〔没〕有一人为蒙古本身设想，应如何提倡其教育，开发其智识，应如何振兴其实业，发展其生计，蒙古地方土匪，应如何剿灭，使蒙人安居乐业，应如何使其本身有自卫力量，抵御一切外侮，足以维持地方，而守边境。多数的人，总是拿着畏惧或征服两种眼光看他。畏惧的是想蒙古一旦有了实力，即不易控制。征服的是完全把蒙古人看成外人，所以就没有人替他本身打算，这是错误的，是违背总理民族平等之遗训的。蒙古也是中华民族之一，其一切的需要，和其他民族完全一样。他不是不吃饭的，他不是不要智识的，我们不能因为他的智识浅薄，生活简单，就像白种人对黑种人、红种人那样的看待他。

因为蒙藏具特殊的情形，所以中央才设立蒙藏委员会，来筹划蒙藏兴革，设计一切事宜。本会同人，即〔既〕负此种重大责任，就应当对于蒙藏实际情形，加以深刻研究。对于一切设计，总要以给予蒙藏人民与内地人民同等发展之机会，打破民族间深沟高垒之隔阂，同立在青天白日旗帜之下，与世界上赤、白两帝国主义者拼死奋斗，造成灿烂伟大之中华民族。这是兄弟今天对于同人贡献的一点意见，并希同志们如遇见研究蒙古问题的人，也以此项原则相告，使国内人多多明了蒙藏实际情形。那时蒙藏问题，就容易解决了。

《蒙藏旬报》
中央宣传委员会蒙藏旬报社
1932年2卷3期
（马语谦　整理）

日本阴谋并吞内蒙制造大源伪国计划

嗾使蒙匪叛乱之经过　恶毒阴狠之四项文件

作者不详

（沈阳通讯）　日本吞并东北之野心，初非仅限于“满洲国”之组织，即对于蒙古，亦思如法炮制。年来一般日本浪人及军曹，潜往蒙旗活动，踵趾相接，其目的无非欲勾结一二败类，为彼傀儡，以遂其席卷满蒙之计画。幸天夺其魄，松井事件败露，计未得逞，愚久欲详述巅末，以告国人，惟以路途梗塞，邮函不易，且稍不经意，则变祸之来有不待旋踵者。兹借好友林君南下之便，匆草是编，珍重付托，深愿得能露布于全国及全世界而获彰其隐秘焉。（文件中有费解字句，均照录原文，以存其真。）

松井大佐击毙　自九一八与一二八事变发生以后，日阀吞华传统政策，乃积极暴露，犹忆今春三月，有所谓蒙匪叛变事件发生，时有“蒙古独立军”五千人，由通辽向西宁、开鲁等处骚扰，外间初亦以为只系蒙匪扰边之惯技，嗣由热军努力击散，于乱军中，发现一日本军官尸身，检其衣袋，验其徽章，始知其人于〔系〕十余年来潜伏、往来内外蒙，受日军部指挥之松井清助大佐，更由所获蒙匪及乔装之俘虏，发现日本大阴谋之文件，盖日本于制造伪满洲国外，尚有所谓“大源共和国”之组织，包括内外蒙古全部，南至长城，北至西比利亚，东至满洲伪国，西至新疆，并使“大源”与大同（即“满洲国”）两伪共和国相互提携，使我国东北、西北尽陷于异族之手，此项计画，国人亟应注意也。

“内蒙自治宣言” 当时发现阴谋文件中，有“内蒙自治宣言”一项，原文照录如次：“蒙古为亚洲基本民族，其发源远在有史以前，累世以来，莫不独立大亚，而称雄于世，迄有元强起，更统一欧亚，沟通东西文化，促进物质文明，建设空前之伟业，其历史之伟大，早已震烁全球。乃降及今日，竟一蹶不振，〇〇〇〇，屈伏于人，一变而为极弱小之民族，言念及此，不独我内蒙有志之士，痛哭流涕，即各国热心分子，莫不浩叹，而欲代鸣不平者也。查内蒙所以致此，其最大原因，厥有二端，即满清之蹂躏，中国之摧残。迨至满清统一中国，划分内蒙为若干盟旗，将整个之政治、经济，变为零星之政治、经济，整个之内蒙，瓜分为散形之内蒙，摧残统一局面，而代以多头政治，加其名而虚其力，封其爵而夺其权，愚弄之计，阴险手腕，使天真烂熳之内蒙，一变而为麻木不仁矣。及至民元以来，变本加厉，以共和之美名，实行赶尽杀绝之策略，以五族同胞之高调，运用同化之政策，鹊巢鸠居，喧宾夺主，盟旗招牌已改省县，神圣庙宇，多成垦军营垒，开垦移民，敲诈勒索，无所不用其极。我蒙民今日所受之痛苦，甚于黑奴、红种而牛马之不如，长此以往，何堪设想，此我内蒙烈士，前仆后继，接踵而起，奋斗至今者，有由来也。本军承先烈义士之热血，念民族之痛苦，挽狂澜于既倒，扶大厦之将倾，收回已失之政权，完全我内蒙自治为宗旨，此不独邀中国良善同胞之嘉许，即各国志士贤达，谅必赞许而予谅解者也。况夫现代人类，日趋文明，自由日益澎涨，无论何国，均在进行自治自决，享受人类应有之幸福，而我内蒙，暗无天日，独受惨无人道之摧残，既与人道不符，尤与进化有碍，此我内蒙民众，群起奋斗，打倒人类之魔律，倡世界自治自决之精神者也。故本军之责任，即解放内蒙民族之责任，亦即人类共存共荣部分之成功，深望我内蒙民族，少壮咸起，衰老皆兴，追随本军，同心努力，以尽应负之责任，各国贤达主张人道，当共予赞助者也。”

“大源国”之宪章　阴谋文件之二，为“大源共和国建设临时宪章”，其文如次：“（一）内蒙古谋想安宁，所以有临时保安公约之制定，各旗协力，都要遵守。（二）内蒙古各旗的主权，是各旗长以或〔蒙〕民全体附属其内。（三）因为临时取得之政权，内蒙古各旗应设联盟议会，这算是最高立法机关，他的组织大纲另外有规定。（四）内蒙古各旗盟，是谋政务的发展，所以把临时保安会设立，把各旗盟的一切重要政务，都被监督之下，但对国联盟会得负责任。（五）内蒙古各旗的军民政务，是文治主义的报达，民政是各旗札〔扎〕萨克的处理，军政是内蒙古独立军总司令及保安司令当任。（六）内蒙古临时保安会的组织大纲或纲则，另外有规定。（七）内蒙古临时保安会，是联盟议会的议决，把左列各项施行：甲、对于外国人一切的事件；乙、军事上作战的行动；丙、关于旗民负新债务事件；丁、联盟议会职权范围外的各项。（八）内蒙古临时保安会是内蒙古各旗最高机关，对文武官吏有任免的权利（但保安司令及民政札〔扎〕萨克的任免，须经联盟议会的同意，在开会期外的任免，在议会时须得追认）。（九）内蒙古各旗政府，是依照议会暂行法的规定，对各旗议会负责。（十）内蒙古各旗人民的权利保障，设立临时上诉院，这个组织，另有规定。（十一）现行法令或惯行与公规不抵的时认为有效。（十二）本公规是依联盟议会的议决公布发生有效。（十三）本公规中不充分时，即由联盟议会修正。（十四）本公规在政局不统一时，可以废止。（未完）”

保安会之条例　“（一）内蒙古临时宪章第四条基本规定，内蒙古临时保安设立总机关，这名称为内蒙古临时保安会。（二）本会是蒙古独立军总司令部内设置。（三）本会内的会员是内蒙古住在的军民从扎萨克中德望的人物，内蒙古联盟议会求提公同意任之，保安军在成立以前，须得独立军总司令、内蒙古联盟议会中请提公同意。（四）本会和内蒙古联盟议会，同是监督机关。（五）本会是用议会制，凡内蒙古各旗有重要事件时，自全体会员会议解决。（六）本会的会长由会员中公选。（七）现行法与大纲不抵触时凡有效。（八）本大纲不充分时在这时随时修正。（九）本大纲从公布时即施行，会员豫定各旗扎萨克、旗扎萨克家族中一名。"

内蒙古联盟议会　"〈（一）〉本联盟议会是国家的主权，是由旗民的基本意见在国事统一时内蒙古各旗须维持安全设立最高立法机关，名称为内蒙联盟议会。（二）本联盟议会是设置内蒙独立军总司令部所在地。（三）本联盟议会中的会员，是从各旗——萨克回族一名，旗内喇嘛僧一名，厶几中厶几，中也是由组织中选出。（四）会员的任期是六个月，但不妨再选。（五）本联盟议会第一届会员的任期，是独立军总司令推戴。（六）本联盟议会的会员就任期后，许依本会的注过交于次任。（七）本联盟议会是由会员中首席四名选出，交替首席处理事务。（八）本联盟议会秘书长一名，秘书若干名。（九）本联盟议会由内蒙古各旗最高的军民主体发动，内蒙临时保安会的执行，一切的政务事宜并监督有议决之权。（十）本会独立军的统一运动期中随时召集。（十一）本联盟议会会员原则独立军总司令部同各旗当事者谋想联络进行。（十二）议事纲则、共同事务纲则，从来在各盟各旗会议的惯行。（十三）本大纲不充分时，随时修正。（十四）本大纲决议公布施行。"

独立军之编成　"第一项：（一）在通辽、茂林庙间发动部队略六百余名编成。（二）发动部队分为三队：一、战斗部队略四百名；二、宣传部队略百名；三、警戒部队略百名。（三）各部队编制列左：第一，东北发动部队：一、百五十名；二、二十名；三、二十名。第二，东北发动部队：一、百五十名；二、二十名；三、二十名。第三，本队：一、三百名；二、六十名；三、六十名。第一东北发动部队行动，由通辽起始至达王府，A旗内各王公统一参加独立运动，一、参加的场合兵员五百，马千匹，武器同粮食二千人份，马粮同右，六个月指定地运输。（四）一、本旗限定别项联盟议会、保安会人物位置选定；二、右第一次行动实现时，同本队在达王府总司令部待命。第二项：本队在适宜时阿鲁克尔沁旗同王爷店、哈乌庙分驻，第一次联盟议会召集，关于开鲁、林西、鲁北、天山、林东各县之守备队，全军战斗之计议。第三项：（一）集合各员略三千左右，如将ㄅンヒムル之独立队兵力，一半作为应援队，总兵力可达五千。（二）亦分三队，第一队右翼，第一案一千，第二案一千五百，第二队本队，第一案一千五百，第二案二千五百，第三队左翼，第一案五百，第二案一千。（三）右翼在林西、经棚起始至多伦止。（四）左翼在开鲁起始向通辽、郑家屯、绥东、彰武、新民等地分驻。（五）本队应进取乌丹城、赤峰、热河至朝阳方面为中止，此期间以在全热河行动之部队作第二期进展之基本部队。第四项，规定在北京、张家口、奉天等地召集汉蒙扩充兵员。”（申时社）

《国际周报》
南京国际周报社
1932年2卷8期
（丁冉　整理）

敬呈于本省当局和各县县长前

古鲁　撰

上

县政皆为盗薮，衙门悉成骗局，此县如此，何县匪然！

说起来也实在让人寒心：年来绥远各县政府县长的“脏气、臭味”，此股未平，彼股继起的，大有浩浩然充满全省之景况，一般无辜小民葬身于此“脏气、臭味”凶凶的大阵中，纵令青天白日旗高悬，亦实无可如何县长先生大人们的；左剥右削，上压下榨，只有默焉恭受此阿鼻地狱之不吝的苦痛生活，一任彼辈层层节节的宰割，打比喻讲，也直如姜太公隔身于九曲黄河阵一般，虽有杏黄旗之神力，但岂奈之何“腥臭逼人”之胎衣作乱乎！

现在拿两个实在的例，让我们由此推彼，举一反三的看看。

（一）固阳县

不上一年半十五个月的时间，居然能换五县长，我们为慎重其事，不妨用数学的式子演算出来，

15 个月÷5 个县长=3 个月一个县长

三个月一个县长，您瞧！这是何等利市呵，再多有些三亲六友吧，又何庸愁无开市大吉之发财地呢！

第一个李县长撤职是因为“贪”，第二个于县长的撤职，仍是

因为“贪”，第三个任县长的撤职，还是因为“贪”，第四个赵县长因病未赴任，第五个现任曾县长，下车还不满月。

“贪”，“贪”，“贪”，这字眼见是多末看书〔着〕叫人笑迷迷地迎之惟恐不暇，争之惟恐不及呵！

（二）五原县

《绥远民国日报》十一月十九日新闻栏载五原通讯：本县县长刘振文，自到任以来，为时仅半载，而吞吃各种赃款总计约达数万元，近已调任托县……

本着这段事实，我们更不妨郑重其事大书特书的来写写看：

甲　为时仅半载——县长的岁月；

乙　吞款数万元——好少的数目；

丙　近已调任托县——好保险的结果。

似此贪赃有保障，卖法找靠山，此处不留他处干的大好宦境，一般秉县政者，若仍不“暴戾恣睢”、“秽气冲天”，则笔者亦必慨然而叹曰：蠢才，负提携者之本意，坐弃黄金于地，今后将何由再致富也，汝之愚，又何以道理计哉！

然，压力大，反抗力亦大，目前一时的沉默，那是成熟还未到的度问题，并非根本上一班人民愿如此，即令如此亦可，所以结果的事实，掀起了两件惊心动魄的公案：

第一，固阳县的县革命：贪官任光春游街；

第二，五原县的大暴动：人民追索贪官刘振文之赃款团。

此种事件，就爆发后的结果上看，似乎是人民太无礼：胆大妄为，学生太嚣张：目无法纪，有辱官场的门楣，有害政吏的体面；但，假令你能发点天良，站在平民的地位，抓着原因，易地的、清夜扪心的想想，我敢保你一定也要会三尸神暴跳，七窍内生烟，浮以一大白曰：“贪官污吏，人人得而诛之。”何则？

就一般民众本身讲，历遭绥远几年来的兵、匪、旱灾，生活早已陷入求生无术，救死不暇之恐怖境况内，虽不若朱庆澜先生所谓“三元钱一条命”，但“三元钱活两月”的这事实，却是任何人不容否认的，所以正当的每县地方机关常年经费，已在无法担，而忍饥耐寒担负的疲于奔命中，哪里还再经得起县长大人先生们的父母养老送终费；太太油粉香水费；少爷点心糖果费；自身娇〔骄〕奢淫逸费……这些无孔不入的“贪官捐”、“恶吏税”的敲榨呢！

结果，这事实的写真就是：衙门酒肉臭，村有饿死人！

更何况：

第一，现在中国的法律效力，全部的已彼〔被〕金钱、朋亲、姻亲、世亲……打倒，依法的控诉于主管机关，那简直是庸人自扰。

第二，各县县长的淫威，已俨然小皇帝自居，尤其是僻远的县份，谁又轻而易的敢道半个不字——本省《民国日报》载：固阳县今年八月全县法团因控诉县长，彼〔被〕押起财务、建设、农会三局长，就是一个好实例。

想想吧！在这种几面夹攻，上天无路，入地无门的情况下，站在“好生恶死”、“避难就福”，已是人类惟一生存的本能上着眼，叫他们不挺而走险自动的去解决，去起一县的县革命；打倒压迫他们的压迫者，打倒剥削他们的剥削者，又何可得焉？又何其能焉！

就彼〔被〕打倒的县长本身论，像此种出类拔萃，“笑骂任他笑骂，好官我自为之”的害群之马，既置法律如弁髦，视民命如草芥，而擅作威福的“贫〔贪〕婪害民”，按我国旧道理讲，这是“天作孽，犹可违；自作孽，不可活”，从法律的立场说，又是“罚金加徒刑”，难以可逭的渎职罪。

所以，人民自动的打倒贪官，这无异是替官场除败类，为人类祛蠡贼，人格磊落的官吏，并当乐予赞助，并不应当“狐悲兔死”，应抱羞与此种人为伍的自爱神精，并不应当存官官相为的自私念头——像本省《民国日报》载：五原新任崔县长正春，将前任贪官刘振文私自放走，即是一个“官官相为”之好实例，套一句古话，变变样也就是“闻诛一夫恶吏，未闻打倒个清官”，换言之“官”这一个字，在这种人身上，是不配顶戴的，人民群起而攻之，是应当的，为公为私，为上为上都是应当的。

下

过去和最近的事实是这样，今后呢，我们只有竭全力希望于未来了。在这里有一件首先应当大书特书的，就是现任省府当轴的顺舆情、符民望之施政第一声，毅然撤换、调任了好多大批不称职的县长，这种不能慎于事前，而防于事后的治搏〔标〕办法，固然差强人意，头痛医头、脚痛医脚的效果是可收，但若究之县政根本问题，似仍难企彻底澄清，一劳永逸的。曾记去年四月十五日本刊第二、三期合订本上，笔者对于绥省县长进退问题，有过以下三种主张：

第一，在考试与任用上严格限制；

第二，在办事进行上优予便利；

第三，在进退奖惩上确立章制。

今重复的提出，敬呈于本省当轴诸公前，希望采纳实行。同时我们还要本何〔河〕海不择细流之愿望，再提出下列三点，并请一注意及之：

第一，对于偏僻各县的县长人选，更应当十二分的慎重，因为年来的事实告诉我们，僻远的县份，因一切落后，士绅监督无人，最易养成行政官吏的“贪婪无畏”、“渎职横行”。

第二，在法律运用上，要严守权限，人民提起控诉，便应迅速依法执行，“不告不理”，在行政制裁上，已无法说的过去，若再进而为“告亦不理”，那难免是有乖职责！是循情！是越理！是违法！

第三，“此县驱逐，调彼县”——为〔如〕最近五原县长刘振文——这种循环式的笑话把戏，我们也希望省府当轴，可能范围内，还是少来几手是好。笔者按：关于此点，《绥远日报》近载省府批示云：“该刘县长振文在五半载有余，未闻有人攻击，乃朝奉调任之命，夕来控诉之呈，揆情度理，恐亦末〔未〕必尽属事实……该刘县长将来到托，如有违法之处，本府自当依律制裁，即在五原果有舞弊情形，亦讵因调托而免除其责任……”像此种既故置事实真伪于不顾，又专抛法律效力于不理，而纯立于私人感情场合上，以“揆情度理”，“恐亦未必”，“如有”，“果有”……这些“莫须有”、“莫须无”，依违两可间之口□出诸政令而服人，吾人目前即令不再多所非难，苟当轴诸公良心犹存，他日想亦问心有愧矣！

今人通论云：“无〔县〕政建设，经纬万端，亲民之官，莫逾县长：人民直接受治者各县长，事实上负治理、保护及领导人民之责者为县长……地方建设为全国建设之根本，县长人选，为整理民政之基础。”

本此旨，吾人愿于本文的结尾：

第二〔一〕，尚望绥省最高的省当局，感此县政问题之不可忽视，今后“秉大公”，一注意，再注意，三注意之！

第二，更望绥省十余县之县长诸公，领此责任重大，今后搁天良，去作好事，做好官，落个好名誉，赚个好下场！

至本文坦率直陈，语言过分处，请恕言者无罪。

1931．12．3日脱稿于平

《绥远旅平学会学刊》（月刊）
北平绥远旅平同学会
1932年3卷1、2期合刊
（朱宪　整理）

供献给绥远人民及绥远当局者——解决问题

文藻　撰

“问题”这个东西，在人类这个为生产关系而团结的大集团——社会——当中，是一种好现象呢？还是一种坏的现象呢？要解答这疑个〔个疑〕难，先决的条件，就应该把我们的观点决定了。如果我们站在人类社会进化的观点上，来给他下个批判，那末，我们立刻就可以发现了：“问题”这个东西，是社会进展的历程中必然发生的一个东西。如果没有这个东西的发生，社会的向前推进就会立刻的停滞起来，甚至于还要开倒车式的向后退化起来。理由自然是由于人类欲望心的驱使。因为人类的欲望心是无止境的；由于无止境的欲望，才产生出无数量的问题。为满足他们——指人类——一定时期内的一定欲望，就会对于那些阻碍在他们途程中的种种问题，下定了决心，刻苦的研究解决的方针。由这种刻苦追求的结果，文化由此提高了，种种原理由此发现了，整个的人类社会也由此渐渐的向前推动起来了。所以说，社会的进化，也就是问题继续不断的发生。反过来说，假使“问题”这个东西，在人类社会中绝了迹——这是不可能的事实，固〔因〕为社会是永久向前推进不息的——那也就是表示人类的欲望，是完完全全的满足了，是毫无一点的缺憾了。要到了这个程度之下，由于人类惰性的支配，他们——指人类——一定会自然而然的就暴露出他们的本质——人类惰性的本质——来，对于一切的事情，也就取起偷懒的态度来，结果，非但已奋斗到的成绩，是保持的不住，退步的表征，也要慢慢的显示出来。从这方面看来，“问题”这个东西，有推动社会前进的特性，是人类社会中的一种好的现象。但是，如果我们站在人类现实的观点上来看，“问题”这个东西，是表示着当时社会上一种病态的现象。不过这种病态现象的程度的识别的强弱，要随着人类文化程度的高低而有差别的。举例来说：“劳工问题”，是现代资本经济社会组织下的一个最严重的问题，同时也是最难解决的一个问题。他所以能被认为是现代社会组织下的一个问题，正是因为他是表现着现代社会组织当中的一种病态，也就是表现着现代社会组织当中的一种不平的现象及一种悲惨的状况。第一，劳动者产生出来的剩余价值，极没有理由的用强迫的手段被不劳而食的资本家夺去。第二，在人类社会的生产方面供献了很大的劳绩的分子——劳动者，体力劳动者、脑力劳动者都包含在内，在生活问题上，反起了恐慌，有时还要冻僵饿毙。不过，这种现象——劳工问题，并不是现代社会组织当中的一个特有的现象，倒是老早就保存在社会当中的一个潜伏的现象。就拿经济发展的历程给与社会组织的变迁作一个例来说吧！最初的经济形态是原始共产的经济形态，在这形态下的社会组织，是原始共产的社会组织。在这个社会组织之下，因为没有什么私有财产的发生，及阶级意念的差别，所以这种现象——劳工问题——还没有发生。这个时期一过，经济的形态，变成了奴隶经济的式样；社会的组织，也变成了带有阶级性的社会组织。在这个社会组织之下，私有财产制也确立了，阶级的意念也发生了，这种现象——劳工问题——也就同时的下种子到人类社会当中去了。这时候的卖劳力阶级是奴隶，吮吸者的阶级是主人。主人阶级虽然“不劳而食”，“坐享成利”，但在生活方面，是比较奴隶阶级优越的多的多。奴隶阶级虽然给人类社会的生产方面，供献了很大的劳绩，物质生活方面的恶劣，至不待言；就是在人格方面，还不把他们放在人类的水平线上。接着这个经济形态——奴隶经济形态——而起的，是封建的经济形态；这个形态下的社会组织，是封建制度的社会组织。在这个社会组织之下，出卖劳力的阶级是农奴，吮吸者的阶级是封建的诸侯。这时候的出卖劳力的阶级，在人格上，虽然也算获得了人的一个待遇，但在物质生活上，仍是苦不可言，仍不免常发生冻僵饿毙时惨状。所以说，这个现象——劳工问题——老早就潜伏在人类社会里边去的，并不是现代社会所特有的。然而为什么直到现在才把它认为是人类社会间最严重的一个问题，关系十几万万劳动者的生死的一个问题，这固然第一是由于这个问题在前几个时期还比不上现在这样的严重，第二是于由〔由于〕在前几个时期，政治的权力，公然的作吮吸阶级者的后盾。但是，人类文化程度的高低，也是识别他在人类社会中的影响的程度的强弱的一个重要因子。从这方面看来，“问题”这个东西，是表现着社会当中的一种病的状态，是社会中的一种不好的现象。

接着我们应该追求的，就是在这两个解答的当中，究竟哪一个是比较的近乎真理呢？关于这个疑难的解答，是比较的更困难一点。实在的说起来，他们都有他们相当的理论根据及可靠的事实证明。所以，在这里，顶好，是这样的回答：问题这个东西，在人类社会的当中，是具有两种的特性：第一，他有推进社会前进的特性。第二，他有表现人类社会当中的一种病态的特性。

更进一步的我们应该追求的，就是人类对于问题这个东西，应该作一种若何的应付态度？关于这个疑难的解答，由问题他的两个特性当中，我们就可以决定了。第一，问题既然是表现着当时社会中的一种病态，那末，在这个病的状态之下，不知道有多少构成社会的小分子——各个人——含了多少无处伸诉的冤屈，更不知道有多少的构成社会的小分子被迫的冻僵饿毙。这些直受其害的小分子，及那些被迫而冻僵饿毙的同行的，对于他——问题——的应付，当然是要持一种勇敢的不顾一切的去解决的态度。就是其余的没有直受其害的——因为间接的影响，无论何人也是逃不脱的——小分子，本于人类的同情心及恻隐心，也应该持同样的态度的。第二，问题既有推动社会前进的特性，那末，为着整个社会的向前推进，来达到我们较高的欲望的目的，我们对于他——问题——也应该持一种像上述的一样的应付的态度。所以说，解决问题，是人类的天职。

说到这里，“问题”这个东西，在人类社会间的特性，我们是知这〔道〕了；人类对它应持的一种应付的态度，我们也明白了。那末，现在把这些已得到的结论，引用到塞北那块幅员广袤的肥土——绥远——上的那个人类社会的上去。无论横断面的观察也好，或是纵断面的检讨也好，究竟在这个领域上的这个人类生产的积团，是很健全的仍向前不断的推进着呢？还是已经发生了种种的病症，正在那里呻吟着呢？不用十分着力的检讨，我们就可以得着这样的一个结论：整个的这个人类生产的积团，是已经发生了利害到万分的病症——问题，由停止快要到了僵死并开倒车的时候，零星的其中的各小分子，也由哀号而至饿死，由声嘶而至力竭了。那末，处在这种情形之下，未冻僵饿毙的那些各小分子——绥远的人民，及在这个体无完肤的破产的社会状况下的负责者——绥远的当局者，应该持若何的一种态度呢？分开的来说：为拯救自己于水火之中，那些住在这个领域之上的各小分子，应该赶快的，毫不迟疑的，勇往直前的，起来和那些致命伤的恶魔——问题——作死战去；为进〔尽〕自己“在职尽责”的责任，在这个领域上的负责者，更应该站在人民的前头，领导着他们去奋斗去。综合的来说：为尽我们自己的天职，为推动着整个的社会的前进，两方面——人民及当局者，尤应该拉起手来，向着同一的目标去进行去。

如果，我们两方面——绥远的人民及绥远的当局者——的态度都能这样的决定了，那末，就应该就缓急轻重比较择选的把我们绥远许许多多的问题，分为第一，目前的问题，第二，图谋发展的问题，两方面的去进行着解决去。

第一，目前的问题，也就是救死的几个问题，这些问题是：

（一）治安问题；

（二）金融问题；

（三）失业人民安置问题。

关于（一）的这个问题——治安问题，就是（1）如何能把现在的扰乱治安最利害的这个东西——像土匪、土匪式的军队——加以制止。（2）如何设想长治久安的良策，使绥远这块肥土上再不重演治安紊乱的这种悲剧。关于（1），对土匪，要加速度的剿除；对土匪式的军队，要着实的实行犯军纪严惩的条例。关于（2），要氓〔泯〕除制造紊乱治安的东西的源泉——像澄清吏治，解决民生，提高民智等等，要着实的对军队施以相当的军事训练及军事教育。

否则，由于这个问题的流行，扩大，结果，就如同现在已经表示出来的：

（1）新生产率减低；

（2）已生产出来的生产品，毫无意义的损毁；

（3）继续的产生大批的新的扰乱治安的东西；

（4）民生日益憔瘁；

（5）人情风俗日益恶劣；

（6）百业日益凋零。

关于（二）的这个问题——金融问题，就是在事实上如何能稳定了并提高了现时在绥远社会上流通的纸币的价格。由于他们——纸币——属有的银行的性质的不同，我们可以分成两方面的来检讨。关于属于私营性质的银行——若丰业银行、总商会，因为他们是纯以经商为目的的，换句话说，也就是纯以营利为目的的，在现在，唯有官厅一方面派负〔员〕清查他们的资产及负债，一方面用强制的手段禁止他们继续发行新票，同时照纸币的票面额收回他们的旧票，一直到他们的旧票在绥远社会上绝了迹——那也就是表示完完全全的收回了，然后再检查他们实存的资产，如果仍够着发行纸币的基金的最低额，那末，仍给与他［他］继续营业的特许证，否则，即令其关门。关于属于公经〔营〕性质的银行——若平市官钱局，他一方面固以经商为目的的，一方面还负着调节地方金融的使命的，关于他的整理，不是单从任何一方面下手就可以解决的，倒是须同时从多方面的设法，才可以得到相当的圆满结果的。（1）在整理旧票的方面，现在虽然也官定了他的——旧票的——价格，也逐日的不停的兑现，同时收回的旧票，也按期的焚毁，但是，第一，每日限制收回的数目太少，不足以很快的就把这个绥远的致命伤的问题获得了相当的救济。第二，旧票规定的价格太低，绥远人民对这笔损失的负担太重，同时，就是这样低的官定票价，也只在平市官钱局兑现的那个很短的时间内实行，实际的在社会上流通起来，还不限此。所以，这方面的补救，现在顶好第一，着实的公开的清查现时平市官钱局的实存的资产，同时把本年征收起的烟款添加进去，提高了现时的官定的旧票价格。第二，扩大了现时对于旧票兑换的限制，最好是不加限制。第三，着实的使官定的旧票价格和社会上流通的旧票价格互相符合。（2）在继续营业的方面，第一，要改善银行内部的组织，也就是采用新的银行的内部的组织。第二，要改善银行内部的计算各种支收及资产负债的方法，也就是采用新的银行的簿记方法。第三，要起用那富有银行学识的专门人材，也就是淘汰那毫无银行知识及作弊成性的混饭分子。（3）在永久的维持他的信用方面，在这方面，只决定一个问题，就是他的属有者的问题。如果他仍还是像现在这样的羁绊于官厅的下面，他的永久的信用的维持，是没有把握的。因为，在这个羁绊之下，第一，他不能自由的行施他的银行应行的职权。第二，他要常常受政局变迁的影响。所以，要想维持他的永久信用，唯有使他脱离了官厅的关系。

否则，由于这个问题的流行、扩大，结果，也就如同现在表示出来的，或更要加甚的：

（1）物价不能稳定，百业因之凋零；

（2）投机的，奸诈的，专以挑动票价的伸缩而从中渔利的大批商人兴起；

（3）这种新兴的，不劳而食的，专以挑动票价的伸缩而从中渔利的商人阶级，渐渐的变为社会的寄生者，全绥的人民——甚至于穷的如一个乞丐——变为他们的被吮吸者；

（4）民生日益凋困；

（5）社会秩序日益紊乱。

关于（三）的这个问题——失业人民安置问题，就是如何能使这伙失业的人民恢复了他们的职业的问题，也就是如何能使这伙失业人民解决了他们的饭碗的问题。在未检讨这个问题之前，由于他们——失业的人民——失职的原因的不同，我们可以区分他们为两种：第一种是被环境逼迫而失业的，第二种是由本身的不健全而失业的——也就是那身无一技的游民。前者的补救办法，唯有官厅给他们施以相当的接济或借贷，使他们在从前务农的，恢复起他们的耕种来，在从前经商的，恢复起他们的贸易来；在从前做工的，恢复起他们的制造来；其余的一切一切……都恢复起他们从前的职业来。后者的补救办法，官厅可于各县城及各大村镇普通的设立游民习艺所，强迫的把他们——无业的游民——弄到里面去习工。消极的方面，他们的生活问题，借此可得解决；积极的方面，社会的生产量的总和，又增加出一部分。

否则，由于这个问题的流行、扩大，结果：

（1）可以紊乱社会的治安；

（2）可以减低社会的总生产量；

（3）可以败坏社会的人情风俗；

（4）可以使社会各种事业日益凋零。

同时，上述的这三个问题，又是三个互为因果的问题，也就是由于其中的一个问题的发生，可以引起其中的那两个问题的发生。治安方面发生了问题，金融问题及人民失业问题也必定要跟随着发生出来，但看大战后的各地方的情况就可以知道。金融方面发生了问题，治安问题及人民失业问题也会照例的表演下出，追溯十八世纪法兰西国内由金融的恐慌闹出来的乱之〔子〕就可设想及。同时，人民失业方面发生了问题，治安问题及金融也可以联袪〔袂〕接踵的作作把戏，观察现时各资本帝国主义者的国内的工人失职问题给予那两个问题的影响，就是个明例。所以说，这三个问题，既有互为因果的关系，那末，在解决他时，绝不能把其中的任何一个放松的，更不能把其中任何的一个抛在脑后的。因为，着手解决了其中的一个或二个，放弃了其中的哪一个或两个，那末，造成这两个或一个的原因还仍在那里存在着，“原因”未铲除，“结果”总是会再发生出来的。(未完)①

《绥远旅平学会学刊》(月刊)
北平绥远旅平同学会
1932 年 3 卷 1—2 期合刊
(李红权　整理)

① 未见续载。——整理者注

县政府在训政期间的地位与作用

张遐民　撰

一　过去训政失败的原因

“国民党领导下的训政工作已行过数年了，但我一般老百姓们何曾得到一点训政的实惠？就事论事吧，军匪的蹂躏是一天比一天厉害，捐税的剥削是一年比一年加紧；国民党的人们，老是喊着‘打倒军阀打倒贪官……’为甚现在还不把这些害民之贼打倒呢？有人说‘县知事是亲民之官’，可是从现在的事实上看，所谓亲民者，是对我们老百姓们极尽其搞〔敲〕榨与剥削的能事耳。我们盼〔盼〕望他老先生们今后再不要亲民吧！”

这种声调，现在是普遍的可以让我们听到了。凡是一个国民党的党员，在听到这种悲惨的声音之后究作何感想？凡是一个县政长官，在听到这种愤恨的声音之后又究该作何感想？拿现在所有的现象作证据，我们回头检察的结果，训政之失败，的确是成了无可讳言的事实。

过去的训政是失败了。然而，为甚么失败呢？由于党员之不健全，以致党的意旨不能达到民众的身上吗？由于民众之幼稚，而不能接受训政的意义吗？……是的，这都是训政失败的原因。但这不是训政失败的主因。训政的失败的主因，就是由于县政长官不认识党义，不认识民众，而不能把训政实在的目的推行到民间。在近四年中，我们从各方面探到的事实，能有几个县政长官真正发挥民权、领导民众与政府接近呢？能有几个县政长官真正遵照党的意旨跑到民间去训练民众、组织民众呢？……固然，能者亦不少，可是大多数都是在摆着封建官僚式的臭架子，借着训政的美名而饱他们的私囊去了。革命军“剿匪”正在紧张的时候，而县长竟能一面通匪为匪人寻出路，一面借着筹饷的美名去搞〔敲〕榨乡民；数千万灾民正在待救的时候，而县长们竟能私吞账款、盗买账粮大发其红财……这是就大者而言。至于借种烟而勒索民众，借起税而苛敛父老，这更是数见不鲜的事实（就在塞外的绥远，亦可举出类似这等许多的事实）。训政的意义是何等深重，训政的工作是何等重要，但一般县政长官竟如此昏庸，那末，其结果，训政之失败还不是意中的事吗？

就目前看，一般民众对主义、对党部，在精神上或外观上，不都刻划着一种幻灭的悲哀的失望的感慨吗？在这全国满布着沉闷、悽惨，四境惨然的气象之下，我们因地位与身份的关系（人家要这样分），还哪能说甚么话，做甚么事？我们且站在国民党的立场上，把县政府在训政期间的地位与作用撮要的解割〔剖〕一下吧。理论的反映，或者能够使一部分民众们了解了过去的责任是在谁的身上。

二 训政与县政府之关联

县政府对于训政究竟有甚么关联？撮要的我们暂分开两层来说：第一，何谓训政；第二，训政时期县政府所处的地位。

(A) 何谓训政

现在曲解训政意义的人很多。有的把训政强当做官治，有的把训政硬解作专治〔制〕，这都是不对的。我们且看孙中山先生对于训政的意义是怎样解释呢?《建国大纲》中：

第二为过渡时期，拟在此时期内，施行约法，建设地方自治，促进民权发达。

《中国之革命》一文中：

军政时期及训政时期，所最先注重者，在以县为自治单位。盖必如是，然后民权有所托付，主权在民之规定，始不至成为空文也。以县为自治单位，所以移官治于民治也……人民有县自治以为凭借，则进而参与国事，可以绰绰然有余裕，与分子构成团体之学理，乃不相违。苟不如是，则人民失其参与国事之根据，无怪国事操纵于武人及官僚之手。

由这两段文看来，可知孙先生所说的训政，就是为建设地方自治，促进民权发达的意思，也就是移官治于民治，实现主权在民的原理。

此地，我们应注意的，就是许多党员把训政竟认为是国民政府的独裁?这是不对的。训政不是国民政府的独裁，而是三民主义的独裁，就是一切政治问题都由国民党的意志去解决。各省市及海外党部选举出代表组织全国代表大会，由代表大会选举中央执监委员；再由中央执行委员会选出国民政府的委员。所以在这时的国民政府的基础，不是直接建筑在民众之上，而是建筑在国民党身上。至于为甚么要如此做呢?这就是孙先生说的“第二期为过渡时期”，所以也不得不这样做了。这不是民权主义的本体，而是实现民权主义的手段。我们再明白点说，第一，中国的社会是包含有无数的矛盾性。一方面看去，革命的势力似乎是进展到了全国，但在另一方面着〔看〕，则反革命的势力还是时刻在预备反攻。在这种形势之下，如果不提高党权，而用党的意志来领导民众，则民众不是被反革命者利用，就是被野心家屈伏。如此，革命的政策怎样实现？第二，要想实现真正的民权，必须人民有了运用民权的能力。如果人民没有这种能力，而施行民权，其结果，不是人民自己放弃而不用，便是人民被狡黠者所利用。实际上所谓民权，也不过是做少数人实现野心的工具。这就是孙先生所说的：“不经训政时期，则大多数人民，久经束缚，虽骤被解，初不了知其活动之方式，非墨守其放弃责任之故习，即为人利用陷于反革命而不自知。”

从这两点看，我们不但明白了孙先生所以要将训政认做是实现民权主义的过渡时期的意旨，而且可以认清所谓训政就是国民党暂时的独裁含义之在。

然而，我们现在要进一步应认清的，就是所谓独裁是国民党暂时的独裁，绝不是某个人借着国民党的地位，而实现其野心的独裁。这时候国民党一面要组织政府、监督政府，而施展其独裁的能力，一面更要领导与帮同县政府而去培植民众使行四权的力量而渐渐走入宪政的阶段。换句话说，我们所谓独裁的训政，并不是把人民与政府隔开，而用特殊的官僚阶级来替人民行使政权。我们认定独裁的训政，就是以党来领导人民自治，以党来促进民权发展。换句话说，就是党站在领导人民与监督政府的地位，而让人民自己去试行自治的政治，试行民主政治的意思。

（B）训政期间县政府在行政上重要

就一般的意义来说，在训政时期，县政府对于国家行政上的设施是有很密切的关系的。总括的看，第一，县政府可以兼办中央未行的部分职务；第二，专理地方的特殊事务。

就第一点言，在一国的军事奠定之后，中央一面要整顿内部，一面又要预防反动；一面要办理善后，一面又要筹划建设。这一来，在事实上，中央的确无法把全国各县应做的事情件件可以顾及到的。如果定要让中央来逐项过问，那末，其结果，不是将全国政务弄成一团乱麻而不可收拾，便是赐机反动敌人而将又牵起二次的军事牺牲。在这种情形之下，为健全中央内部起见，为防止反动家活动起见，只有各县县政府本“行政一体”之意，起来兼办中央所未能顾及的职务。如同整理财政、交通、实业、教育等，这本是在中央职责范围之内而亟应举办的事项，同时也是县政府不应大肆铺张、专断自行的；可是在事实上，中央顾及不到的时候，而县政府也绝对不应推诿不前、轻放职责、致〔置〕而不问的。

就第二点言，假如我们将军政时期认为破坏的时期，那末，训政时期便是建设的时期了。在这个建设的过程中，不惟中央政府应有一个全国建设的计划而逐步的推行，就是各个县政府也应该都有建设的目标而自动的施展。因为中央的建设计划是整个的，也是按着缓急而行的，决不是一举而各地就可见到建设的实效的。假如各县政府皆垂首而待，乃不但放弃了各该地的特殊环境所要求的实际建设的工作，并且在行政的效率上将暴露出种死的征态来。所以在这个期间，各县县政府一面要秉承上级政府的意旨，去办理国家的职务，一面更要按着各该地方的特殊的要求来兴办地方的事业。如同划一地方税收，建设地方交通，开创地方实业，扩展地方教育等事。在一县的财力可能范围内（或呈请上级政府帮助），这都是县政府应举办的事情。

这两点，是在训政期间县政府行政上所具有的一般的地位，无论中央与县政府以及省政府都不应该把这一点忽略过去。

训政与县政府的关联究竟是什么呢？我们从前一节看，便可以知道，在训政期间县政府应受党的主义的指导与监督，去训练与领导民众来使行四权。换句话说，就是把四权逐步的交还了民众。从后一节看，能够认定，县政府在这个时间，应一面帮助或替代中央办理建设的职务，一面要自动的积极来推行地方上急需的事业。这是训政与县政府一般的关系，也就是县政府在训政时期应负的一般责任。

三 县政府在训政时间特殊的政治作用

看过第二节，我们知道县政府在训政期间的一般的责任是些甚么。但县政府在此时期的职责不仅如此而已，他还有几种重要的特殊的功能应在此时发挥的。撮要说，第一，引导民众运用四个政权；第二，筹办地方建设之基础工作。

(A) 引导民众运用四个政权

训政的根本目的，就在使人民能够运用四个政权，不然，何贵乎训政?《建国大纲》第九条：

一完全自治之县，其国民有直接选举官员之权，有直接罢免官员之权，有直接创制法律之权，有直接复决法律之权。

孙先生曾说：

所以四个政权，就可以说是机器上的四个节制，有了这四个节制，就可以管理那机器的动静。政府替人民做事，要有五个权，就是要有五种工作，要从五种门径去做工。人民管理政府的动静，要有四个权，就是要有四个节制。……人民有了这样大的权力，有了这样多的节制，便不怕政府到了万能，没有力量来管理。他的一静一动人民随时可以来指挥的。

这些伟大的训言，都足可证明人民运用四权之重要。然而，让人民如何能够运用？这就不得不赖党部与政府的引导了。饱经压迫数千年的民众，他们连自己应享的自由都也忘掉了，哪还晓得甚么是四权？更哪能谈到自己起来运用呢？所以训政期间，党部与政府不去引导民众、训练民众渐渐来接近政府运用四权，而徒奢言训政，这真是欺人而又欺己的空调。训政期间，地方制度完全是建筑在地方自治上面，而实行自治的方法，先在养成人民自治的能力。换句话说，要想使人民能够运用四权，亦必须先要养成人民运用四权的能力。孙先生以训练人民养成地方自治为入手的步骤，也就是这个意思。孙先生曾说：

> 欲行此制，先定规模。首立地方自治学校，各县皆选人入学。一二年学成后，归为地方任事。次定自治制度，一调查户口，二清理地亩，三平治道路，四广兴学校，而其他诸政以次举行，至自治已有成绩，乃可行直接民权之制矣。今日则先由先觉者，负牖启之责任，以此诸法为基础而教导其人民，内省良知，实无不可对人之处，即稍用严厉手段，亦如伊尹之废太甲耳。国人性习多以定章程为办事，章程定而万事毕，以是事多不举，他日制定宪法，万不可蹈此辙。……欲实行则必先办自治，自治者，民国之基础也。基础固而国固，国固则子子孙孙同亨万世福利。

这段话是何等的深刻。在训政期间，所谓“先知先觉”者是谁？“负牖启之责任”者是谁？党部而外，还不是县政府吗？

（B）筹办地方建设之基础工作

所谓筹办地方建设之基础工作是甚么？就是在训政期间，县政府不应仅伏在案头做“理合具文呈请”与“仰即遵照办理”的工作，应派曾经考试及格的人员，到农村参加调查户口、测量土地、办理警政、修治道路的实际的行动。《建国大纲》中第八条之规定：

> 在训政时期，政府当派曾经训练考试合格之员，到各县协助人民，筹备自治，其程度以全县人口调查清楚，全县土地测量完竣，全县警卫办理妥善，四境纵横之道路修筑成功……

就是这个意思。确乎在军事刚定之后，一县人民久经苦扰，其亟待救治者，一面固要政府减轻税收，使其生活宽裕，然而，他一面又须政府去整理其现状，以冀后日物质与精神上的生活之根本的改善。这几种事项，就是他们现状中亟待整理的工作。假如在此时期，县政府不能脚踏实地去做，一县之户口、土地、警政、道路还都是一塌糊涂，那末，赶宪政开始，则不惟革命的目的"平均地权"不能实现，即新〔所〕谓真正的民权亦恐难以运用。

总上两项看，国民党在训政期间，各县县政府的一切设施，要处处给与人民以参政的机会与可能。而前一项，就是给与人民参政的机会；后一项，就是给与人民参政的可能。

这两点是训政期间县政府所具的特殊的政治作用，也就是各县县政府必尽的职责。

四 训政成功之基本的保障

我们从上边各节中，不惟认识了县政府对训政一般的关系，同时了解了县政府在训政期间的特殊的作用。然而，徒认识与了解了训政就可成功吗？仅此，这是不够的。一种制度之产生，一面固由于环境之要求，另一面还是人为的力量。所以训政的意义虽然明白，训政的方式虽然完善，假如没有人力的保障，那末，其结果，还是一定要失败。训政成功的保障是甚么呢？第一，是在党部能够使民众与政府发生密切的关系；第二，是政府能够使民众与党发生密切的关系。换句话说，第一，要在办党者得人；第二，要在理政者得人。关于前一种，非本文应尽的职责，所以此地不述。现在我们把后一种谈谈。

县政府中，责任最大而地立〔位〕最高者，是所谓县长。所以训政之能否成功，与县长是很有重大的关系。在我们理想中，也就是在事实上，训政期间的县长应具几个甚么条件呢？最低限：第一，县长要认识党。假如一县的县长不受党的指挥，退一步说，或者不接近党，那末，结果，民众不惟不能因得到党治的恩惠，来赞助革命，参加革命，反而要站在反革命的路线上来摧残革命。因为这种县长不能向民众宣达党的意旨，也就是不能把民众的痛苦提供到［办］党的面前，反而假借上党的名义去剥削民众，去蹂躏民众的缘故。"非党员，不能担任政务官能"，其用意就在此地。现在国民党一因人材缺乏，二为厚集革〔干〕部力量，所以政务官遂亦引用党外的人；但是，我们认为这种职任，非党员固可以担当，可是不受党指导的人是绝对不能任用的。第二，县长要认识民众。所谓要认识民众，就是县长能够深知本县民众所受的痛苦及其现在的要求的意思。现在各县的民众所受的痛苦，不用说就是土匪之骚扰，赋税之重繁等项而已；所希求者是和平安乐罢了。换句话说，他们是切望政府当局能够为他们解决民生问题。那末，县长就应本着这几项去办理警卫，整理财政……去。在这个时候，不用说贪婪纵欲、饱满私囊的县长不成，就是懒性成习、坐而不动的也是不能胜任的。身为县长者，应本吃苦耐劳的精神，亲身到民间实地接近民众才成。训政期间究竟要种什么样的县长？最低限，这两点是训政期间的县长必具的条件。

过去的训政是失败了，将后的训政能不能成功，是看有没有相当保障。县政得人，这是最低的一个保障。如果丢了这个保障，则今后的训政照旧要残败下去。国民党的同志们，和革命政府的当局们，要注意这一点。

一九三一，一二，一于故都一破屋角

《绥远旅平学会学刊》（月刊）
北平绥远旅平同学会
1932年3卷1、2期合刊
（朱宪　整理）

国难期间希望于绥远民众者

（一）捐弃私斗共赴国难；（二）屏除奢靡积款备战；（三）戒绝鸦片复兴家邦

朱子陵　撰

亲爱的绥远民众：

这次日本出兵满洲，无理夺我沈垣，占我城池，为吾等空前未有之奇耻大辱！凡有血性者，莫不痛哭流涕，思图雪恨！远处塞外的绥远民众，闻此噩耗，想亦正在那里筹谋画策，预备复仇！

但，希望我们这种卓越精神，绝要挣扎到底！此次日本出兵，非同小可，不独占我土地，且希将灭我种族！此诚吾等生死存亡之关械〔头〕焉！吾等此时不努力，尚待何时？

同时，吾等欲图对外，必先自振。不独自身应“综〔缩〕衣节食”，挣扎生存，即对人应事，亦宜“痛改前非”，合力对外！是以在此国难临头期间，希望我绥远民众，从此改除前弊，共解国危者，约有数端，兹特条述于下：

（一）捐弃私斗共赴国难——国人“勇于私斗，怯于公忿”，只有家族思想，而乏国族观念，精神不振，民气散涣，此皆无可讳言者也！缩小范围，我们向后转，到绥远一睹，而这种恶绩，亦何尝不然！上自政治要人，下及庶民小子，无日不在互相仇视之中！不独意见纷歧，亦且嫉心日炽！彼争我夺，私念愈积愈深，竟有终身不解，而还要遗传于世代子孙者！同类相残，殊属可笑！尤为甚者，对于个人之利益，虽微及丝毫，绝不退让，而独于公共利权，竟能不问多寡，整送人情！譬诸家庭而言，在共家期间，虽多似千金，亦不惜牺牲，任意浪费；一旦弟兄分产，各立家门，则亲如父族母族，亦不愿牺牲微财，而瞻彼哀怜！再如邻居两户，偶因争分毫界限，竟不惜倾家荡产，在法院起诉数年；若县内或省内之公共地产，让外人掠夺，谁都不愿用他素所特擅的“因为一口气，牺牲十亩地”之精神，去强行夺回！准是而往，若弟兄之间，或同族之内，有寸土被占，想必早在那里开战斗智，不诉之于法庭，亦攻之以武力！而今被日本无理强占三省土地，无声无臭，置若罔闻者，比比皆然！此诚吾人“舍本求末”之计也。

方今国难临头，大祸将至，国家命脉，危在旦夕！唯一自救方法，即为“团结对外”。要知“覆巢无完卵”，“国亡家何存”，愿吾绥远民众，共体此旨，自即日起，捐弃私斗，通力合作；并希移私斗之精神，共赴国难，则中国兴强，指日可待也！

（二）屏除奢靡积款备战——沈变迄今，两月于兹，国联既不予以适当解决径途，日军更急急扩充，在各地寻衅暴动，将来两国交战，在所难免！在战争期间，需款当必不少，若无充分预备，势难战胜彼国！唯所需巨费，大半取诸人民；在此危急存亡之际，人民极宜俭仆生存，积款备战，对于一切无谓消耗，尤应一律屏除！绥远地接内蒙，民智蔽塞，迷信之属，尤所崇尚，奢靡浪费，不堪数计；无谓消耗，甚至超出正当用费，殊堪可惜！睹其浪费于无益之途，曷然积少成多，备作战费之用；是以略申微意，敬希我绥远民众，于下列各项，特别努力：

（甲）婚嫁力求简单，勿图夸张神势；

（乙）丧事只敬孝道而已，毋须过事举动；

（丙）贺寿庆生，尤不宜为；

（丁）流连宴客，务必戒绝；

（戊）一切无谓消耗，愈少愈佳；

（己）饮食衣服，以饱暖为原则，毋须遇事珍餍；

（庚）装饰用品，尤宜俭节。

以上所举七项，不过仅其荦荦大者，其他应俭节者，不胜枚举；惟此等消费，并非必需之项，从事者尽可“小大由之”，大则虽消糜千金，亦不以为多；小则仅需数元，亦可勉强过去。在国家无事之际，资财丰厚者，为光顾门面起见，亦宜竭力俭省，况值此国危民辱期间，更不应从而扩大。统望我绥远民众，一本“先雪国耻，后荣身家”之旨，于此无谓之消糜中，尽量俭节，积资捐助前线兵士，以作政府备战之后盾，则吾国前途，庶有厚望也！

（三）戒绝鸦片复兴家邦——年来战事频仍，时局屡变，绥远除直接受兵匪扰乱，及重负苛捐杂税外，间接害处，绝以鸦片为最。此种无形之害处，甚于有形之兵匪扰乱；盖兵匪为害，一过则止，而鸦片则永远后祸！鸦片流毒，尽人皆知，耗费金钱，尚属小事，弱国病民，实其大害也！不独为个人之强弱问题，且为种族之永久存亡问题焉！顾人民精神积弱不振者，吸吃鸦片，实其主因！近数年来，上峰为刮削巨款，遂不惜弱国病民，令绥远民众，大种鸦片！因货出本地，人民吸者日多，不独旧有烟隐〔瘾〕者，不愿退却，而无隐〔瘾〕者，亦多半加入战团！尤以青年男女卷入其中，昼夜吸食，殊属罪大恶极！言至此，不禁为吾绥民一叹也！

人民吸食者，日渐增多，此固由于人民不自振，自愿腐化其身，甘为下贱之流，纯系“咎由自取”，夫复谁怼？不过明知鸦片为害甚巨，而不去禁绝，反来提倡种烟之绥远当局，实百死不能辞其罪也！！！此为吾人终日戚戚，尤所独悲者也！！！

往者已矣，来者可追，在此大祸临头期间，如能改除前弊，亦为不晚！特为贡献二点意见：

（甲）当局者，应具最后决心，从即日起，不独不再提倡种烟，从中渔利，且对于吸烟各户，亦宜设法禁绝！

（乙）吸烟者，应振作自厉，力予戒绝！

各方果能体贴此旨，努力奋斗，从兹脱除祸害，焕然一新，则吾人之恶根性，可去概半，骤可由软弱状态，一变而为强悍民族！

敬告于北平师大，

1931. 12. 7.

《绥远旅平学会学刊》（月刊）
北平绥远旅平同学会
1932年3卷1—2期合刊
（李红权　整理）

蒙藏委员会的新组织法

作者不详

蒙藏委员会的组织法，现在已经加以修正，并由国民政府明令公布了，全文共计二十二条，如后：

第一条　蒙藏委员会依《国民政府组织法》第二十条之规定组织之。

第二条　蒙藏委员会掌理事务如左：一、关于蒙古、西藏之行政事项；二、关于蒙古、西藏之各种兴革事项。

第三条　蒙藏委员会设委员长、副委员长各一人，委员十五人至二十一人，由国民政府选择熟谙蒙藏政务情形者任命之，就中指定六人为常务委员。

第四条　蒙藏委员会每星期开会一次，遇有必要时，得召集临时会议。前项会议，以委员长为主席，委员长因事故不能执行职务时，以副委员长代理之。

第五条　蒙藏委员会委员长执行前条会议之决议，并综理会务，监督所属职员及各机关。副委员长、常务委员辅助委员长处理会务。

第六条　蒙藏委员会会议，如与各院、部、会有关系时，各院、部、会得派员列席。

第七条　蒙藏委员会委员应每年轮流分往蒙藏各地视察。

第八条　蒙藏委员会设左列各处：（一）总务处；（二）蒙事处；（三）藏事处。

第九条　总务处掌理文书、统计、会计、庶务等事务。

第十条　蒙事处掌理关于蒙古事务。

第十一条　藏事处掌理关于西藏事务。

第十二条　蒙藏委员会置参事二至四人，撰拟、审核本会之法案、命令。

第十三条　蒙藏委员会置秘书二人至四人，分掌会议纪录及长官交办事项。

第十四条　蒙藏委员会置处长三人，分掌各处事务。

第十五条　蒙藏委员会置科长九人至十二人，科员五十人至七十人。

第十六条　蒙藏委员会委员长特任，副委员长、参事、处长、秘书二人简任，其余秘书及科长荐任，科员委任。

第十七条　蒙藏委员会于必要时，得委派熟谙蒙藏情形或语言文字者为编译员或调查员。

第十八条　蒙藏委员会得酌用雇员。

第十九条　蒙藏委员会得在北平设办事处，置处长一人，简任；副处长一人，荐任。其办事处规则另定之。蒙藏委员会认为必要时，得呈请行政院转呈国民政府核准，于蒙藏或其他适当地方设办事处。

第二十条　蒙藏委员会得设招待所。

第二十一条　蒙藏委员会会议规则及办事细则，由蒙藏委员会议定，呈请行政院核准行之。

第二十二条　本法自公布之日施行。

《蒙藏旬报》
中央宣传委员会蒙藏旬刊社
1932年3卷3期
（朱宪　整理）

查办准噶尔旗事变的报告

傅作义　撰

准噶尔旗事变发生，中央就派绥远省政府主席傅作义氏前去查办。现在傅主席已经把查办的情形和处理的意见，电陈在中央和蒙藏委员会。

（一）查办的情形：据该旗官民等称，奇寿山自把那森达赖及其子奇子俊杀害了以后，就组织旗务委员会，发表宣言，态度甚为光明，颇为民众谅解。不想他后来作事，和宣言完全相反，以致又有奇寿山被杀的事情发生。及奇寿山被杀以后，就开旗民大会，公举公布扎布和奇文英为东西协理，公布扎布因为年老多病，旗务暂由奇文英负责处理。该旗人民现在的要求是：（甲）以奇文英充当军事专员，管理全旗军队；（乙）设财政局管理本旗的款项；（丙）奖励平奇寿山的官兵；（丁）以奇文英和公布扎布为东西协理；（戊）政治公开。

（二）处理的意见：查奇寿山枪杀那森父子以后，举动暴戾。奇文英循旗民的期望，举事平乱，颇洽舆情，故该旗一般人极愿意他负处理旗务的责任。但是该旗两次事变，都是军人发难，如让首事者独揽旗权，恐怕此后养成野心斫杀的风气。所以奇文英虽为一般人所拥护，拟仍复旗务向来的例子，升任为东西协理台吉。奇凤鸣资望隆重，递补为西协理台吉。以公布扎布代理扎萨克。全旗里边的事务，仍然按照旧章，归扎萨克和各事官处理。

从前的治安维持会，和旗务委员会等名义，一律取消。旗署改设王爷府所在的地方大营盘。那森的不动产，拟分作三份，以一份留作那氏遗属度日之用，以二份归该旗公用。把那森没收王爷的产业，一律发还。等到小王爷满了十四岁的时候，承受扎萨克的印信，执掌旗务。该旗的军队，由现任各员分别统辖，担任防区的治安，听候扎萨克的指挥节制。

蒙藏委员会，接到了这个电报，就由常会议决，把傅主席所拟的办法，用咨文交给伊克昭盟盟长，请他速行议覆，等他的回覆来了以后，再好决定具体的办法。

《蒙藏旬报》
中央宣传委员会蒙藏旬刊社
1932年4卷1、2期
（朱宪　整理）

修正蒙古驻京办事处章程

作者不详

蒙古各盟旗联合驻京办事处的旧组织简章，现在已经修改如下：

第一条　蒙古各盟旗联合驻京办事处，本各盟旗之意旨，受蒙藏委员会之指导，办理下列各项事宜：

（一）中央各机关交办事项；

（二）蒙古各盟旗委办事项；

（三）宣达中央党政情形于蒙地；

（四）报告蒙古实际状况于中央；

（五）照料蒙古因公来京人员及来京求学学生。

第二条　本处由蒙古各盟及等于盟之各部，各推派驻京代表二人，各特别旗各推派驻京代表一人组织之。

第三条　各盟及等于盟之各部，暨各特别旗驻京代表，须由各原派盟、部、旗公署发给证明文件，并咨呈蒙藏委员会备案。

第四条　各盟、部、旗驻京代表，各对原派盟、部、旗公署负责，各盟、部、旗公署对于所派代表，得随时撤回改派之。

第五条　本处以代表会议为最高权力机关，代表会议议事细则另订之。

第六条　代表会议每月开会一次，有必要时得召集临时会议。

第七条　代表会议以在京代表过半数出席为法定人数。

第八条　本处设主任一人，副主任二人，由全体代表公推。

第九条　本处全体代表分下列五组办事：

（一）文书组；

（二）翻译组；

（三）宣传组；

（四）会计组；

（五）庶务组。

第十条　本处设下列各职员，辅助主任、副主任及各组代表办理各项事务：秘书二人，总干事每组一人，干事五人。前项各职员，均以本处代表会议之决议任免之。（以下略）

《蒙藏旬报》
中央宣传委员会蒙藏旬刊社
1932年4卷1、2期合刊
（朱宪　整理）

敬告吾绥士绅

侯璠　撰

I　为建设新绥远敬告吾绥士绅

士绅诸君，请举首扫视，我们现在所处之环境如何？如狼似虎之帝国主义者，虎视眈眈，环而攻之，无日不在深谋远虑，筹划侵略政策。且侵略之事实，复日著一日。九一八之东省事件，即其例也。异辞言之，即“满”“蒙”政策实现之初步，现在侵“满”政策既然实现，继而实现者，当为侵“蒙”政策，毫无疑意。由此观之，则绥远现在所处之地位，甚为恐怖！被人蹂躏之空气，甚为紧张！诸君，若不及早觉悟，坐以待亡，则祖宗坟墓，将为铁蹄下之枯骨，子孙不见二代，必为意料中之事实。此即绥人现在所处之环境也。

诸君，请再低头思绥远现在所居的地位，又复如何？“次”次殖民地之衔头，由来已久，人所公认，无可讳言。所以然者，原因固有种种，然地方人士之不争气，实居首要。既知吾绥所居之地位在层层剥削之下，且知其原因所在，实由地方人士之怯懦，则今欲挽狂澜于既倒，非地方人士团结起来，捐弃前嫌，共谋建设新绥远不为功！

诸君，我们现在既然认识所处之环境是帝国主义者侵略对象，所居之地位又为“次”次殖民地之境况，则建设新绥远之目的，不问可知，第一为抵抗帝国主义者之侵略而奋斗，第二为解脱自身之苦脑〔恼〕而牺牲。简而言之，第一求国际间之平等，第二求省份间之平等。此不特为人类图存之公例，亦人类应尽之义务。夙称“东北为我国之宝库，西北为我国之富源”，今“宝库”已被认贼作父之卖国军阀与官僚，拱手断送；而“富源”又继为“宝库”之第二目标，而今处此切身利害之民众，若不运用我们强悍之禀性，聪颖之天资，沃野千里之绥民气概，团结起来，不屈不挠，勇往直前，冲锋陷阵，以固边防，以奠国基，以救吾绥三百万人民于衽席，将待何时？

民众犹军队中之士兵，士绅犹阵地前线之下级军官，战役之可操胜算，端赖下级军官有不贪生不怕死之精神，致弹雨枪林于不顾，虽血肉横飞亦甘心，如是则战役之可操胜算，乃必然之理。由是以观，民众能否团结之责任，当在士绅诸君。吾绥处于“次”次殖民地之原因，诸君固不能无相当之责任，然请不必灰心，失败者成功之母，“往者不可谏，来者犹可追”，所可虑者，惟恐诸君执迷不悟，将错就错，顺陈轨而逆驶，入虎穴犹未察。若果觉今是而昨非，则亡羊补牢，未为晚也。建设新绥远乃刻不容缓之要求，诸君应负倡导之责，成功与否，端视诸君努力之结果如何耳。

Ⅱ 士绅在地方上之位置及其重要

地方士绅诸君是建设新绥远之倡导者，前已言及。现在请述士绅诸君在地方上之位置及重要：

1. 士绅诸君在地方上之位置：

士绅诸君，在地方上占极重要之位置。就绥远而论，官民间之界限，显然的存在者，可分为三级：（1）官厅；（2）士绅；（3）农民。官厅居于上，农民居于下，士绅则介乎其中，而官民间之声息，借以沟通。故其位置一则“居中”，二则“沟通”，其重要也可想而知。

2. 地方士绅之重要：

（1）对于官厅之重要：

士绅之位置，介乎官民之间，且为沟通声气之媒介，前已论及。惟其如是，可以助官厅为善，亦可使官厅作恶。各地官厅，因不熟习地方各种情形之故，每召集当地绅士，借咨询一切，备作兴利除弊之参考，本属善意，而此时绅士之意见，极关重要，一言可以兴，一言可以丧。往往有因私人利害之关系，不欲直陈其事，甚至以谗言相进，使官厅方面之计划，本可善而变为恶，原为利而成于害，逢迎献媚，一而再，再而三，胁肩惯技，贪污成性，不言则已，言必为害至巨。且积习既久，官厅自能窥破其用意，只与其私人之小利无碍，则仅可假手为虐，而贪污之徒，亦除去不碍私利为前提外，无事不能为，无事不可做，由此互相拘〔勾〕结，狼狈为奸，无辜农民，其谁怜欤？

进而言之，若官厅咨询之际，地方士绅诸君，皆以发展地方为前提，以一般农民之利害为标准，至个人之利害在所不计，有机可乘，时以善言相进，则官厅纵有恶意，亦无由可施，况人之好善，谁不如我，官厅方面亦不见得居心为恶。长此以往，则官厅方面，认地方人士之一切言动，皆光明磊落；其不良之动机，见无机可乘，自可消灭。能如是，则清廉政府，当不难建设，人民幸福，又何难造成！

总而言之，官厅之为善与恶，与地方士绅有莫大之关系：若地方士绅，以人民利益为前提，种种言行，皆为光明磊落，则官厅纵有恶念，亦无从实施，久而久之，自可磨灭；若地方士绅，以个人之利害为标准，一切言行，多属屈膝奴言，则虽为廉洁政府，亦以朝夕谗言，势必为恶。此对于官厅的重要，士绅诸君，曷一思之？

（2）对于人民之重要：

士绅对官厅之责任，由上而下，对于人民之责任，由下而上。一般人民对于官厅有所请求时，当无直接交涉之能力，自不得不乞诸所谓绅士先生们。若士绅诸君，居心正大，为民谋利，此正可助民众而向官厅据理请求，以舒〔纾〕民困，否则，乘机欺骗，受贿有机，一面激励人民向官厅据理力争，一面在官厅反指责人民非是，双方挑拨，从事中饱。结果人民吃苦，士绅纳福（这种事实，当非尽士绅而然也）。

尤有要者，一般人民对绅士先生之态度，莫不恭而敬之，称之曰“先生”，即一般人民对绅士有所信仰之表现，为地方事业努力，率领人民共同奋斗，则人民无不乐从，为〔唯〕“先生”之马首斯〔是〕瞻。盖以其所信仰者，乃地方绅士也。否则，所谓绅士诸君，见机取利，则人民之信仰心，势必日减一日，终而至于无一“先生”可以令人钦佩，甚有士绅内部因私利而发生冲突，互相倾轧诽谤，令一般人民脑海中，仅印一绅士先生无一善良者之印象，且有据以批评之曰：“读书人皆为害人者。”

总之，人民之所信仰者，为地方士绅。能为人民谋福利者，为地方士绅。能号召人民者，为地方士绅。应负指导民众之责任者，为地方士绅。反之，能欺压人民者，为地方士绅。剥削人民者，为地方士绅。使人民恨忌者，亦地方士绅也。

总前以观，地方士绅诸君，无论对官厅对人民，均负有莫大之使命。一地方之生死存亡关键，在乎地方士绅掌握之中。士绅诸君之一言一行，不可不严加审慎。

Ⅲ 吾绥士绅过去之矛盾

地方士绅之重要，已如上述。兹不得不回忆吾绥士绅诸君，过去有无遗憾，有则改之，无则加勉，未始非一克己求仁之方法。地方士绅，不能一概而论，为地方增光者有之，为害者亦有之。前者诸君，应设法永远保存自己以往之光荣，更进一步而为地方努力。后者诸君，可以往者为鉴，辟一自新大道，为报答地方计，亦应更进一步而努力地方事业。兹就管见，认为地方士绅之矛盾事实，略举数端，以资参证：

1. 对官厅方面之矛盾：

往往有对官厅不满意之事件发生时，本应据理请求，如不获圆满之结果，仅可牺牲一切而奋斗。然有因自己私人利益之关系，一面宣言“非做不可”，一面藏头露尾“献媚官厅”。如萨县最近的风潮，驱郝的原因，早已潜伏，地方士绅，无一不背郝熙元而斥责。然为解决饭碗问题计，不愿具名呈控，乃假祸学生，此其矛盾之一例也。诸如此类，何暇枚举。总而言之，对官厅之矛盾，可以下列公式表出之：

按公理应反对←——→成赞须利私为。

2. 对党部的矛盾：

自绥远党部现世以来，一般人民皆以为救星降临，无不谢天谢地，期望于党部为人民所解除痛苦者，正不知有几许。然嗣以党员之气慨［概］过盛，因而使一般人民望而生畏，故对于党信仰心顿呈减煞之象。复于去岁党费增加，农民一元田赋增加六角，人民的担负，忽然加重百分之六十，党之印象，在农民脑中，已变成剥削阶级矣。当党费提议增加之际，则地方士绅心中又呈矛盾。内心本不欲为党费而增加农民的负担，尤不欲加重百分之六十（可查去岁萨县），惟恐见罪于党部，牺牲自己饭碗之故，只得一致通过增加。

按公理应反对←——→成赞须利自为。

3. 对地方事业之矛盾：

鸦片之为害，其谁不知？徒贪锱铢之利于前，而断送有为青年于后，种鸦片，招浩却〔劫〕，愈演愈烈。在理智人生状态之下，为人人深恶痛绝者，然于利益当前之时，则神魂颠倒。故每至种烟之际，所谓士绅诸君者，有暗中托人代为作恶，心中矛盾作用，又安能不起？种鸦片，应该禁绝，然生利来源恐又缺其一。

按公理应反对←——→成赞须私自为。

4. 对于学生之矛盾：

地方士绅，最喜利用者为学生，而最生厌恶者亦为学生。所以一般绅士常感对学生之难应付。请以津贴为例，尤为县津贴，每遇学生要求津贴时，则县中所谓县议会，便照例举行，矛盾现象，又复顿呈脑海。依津贴之原理（实际必了解），似乎有发给之必要；然以所有款项之分配而言，若拨发学生，则自己分润之量减少，若不拨发，自己又黑幕重重（黑幕重重者，当非全体），劲〔禁〕不起大风一吹，因之往往惹起许多的纠纷。

为公理应反对←——→成赞须私自为。

5. 对于自己行为之矛盾：

打麻雀，吸鸦片，士绅诸君，亦皆目为堕落现象。但自己公馆，仍想抽头取利，杀刮穷鬼。偶尔不得抽一口清水香烟，亦须背着人唱一抄"灰子"（此名词大概绥人皆能知晓）。明场为告状，实际乃敲诈；开会时乃热心良好分子，闭会后充作敌方之间谍。结党营私，阳奉阴违，种种行为，无处不现矛盾。

按公理应反对←——→成赞须利自为

综上各节，地方士绅诸君之矛盾现象，无处不呈。若能自行检讨一过，恐受良心责备之处，更不知有若干倍也。由此可知诸君过去之矛盾原因，亦极为单纯，括而言之，不外三种：（1）个人求利之冲突；（2）感情用事之冲突；（3）屈服于权盛者之冲突。总而言之，用一公式可表出之：

为公理应反对（公）←——→（私）成赞须私自为。

Ⅳ 吾绥士绅今后应有之觉悟

诸君既知已往之错误，当应立即回头，力图自新。前节所举各例，皆由立于“个人”观点而发生之弊窦。人类图存，应立于社会潮流之前面，时代落伍者，终归淘汰。绅士诸君，生今之时，以“个人”生活为中心者，决无出路。今后一切，应以“为公”作中心而设想，方能存在，且为“公”之中，个体已包于其中，大“公”既成，小我自会享福。若长以小我为事业之中心，无论如何，绝难成功，所敢断言也。

欺骗行为，乃一时之自欺政策。如欲做经天纬地之大事业，非一秉大公，当不足以昭信用。总而言之，诸君应有下列几种觉悟：

第一种觉悟，行为要有价值。一切的行动，能具有下边的四种条件，方能认为有价值：（1）与现代思潮不相违背者；（2）为公者；（3）为真者；（4）经过精密之考虑者。凡有价值之行为，方能成功，否则徒耗精力而已也。

第二种觉悟，为吃苦耐劳团结奋斗。对各方面的态度，应以事业为标准，不应以某人为前提。凡有未来之不利于建设新绥远之事业者，严加拒绝，已有不利于建设新绥远之事业者，痛加革除。

第三种觉悟，为明了现在之责任。个人的行为，影响于全绥前途，至深且巨。故为使新青年向上努力计，诸君必须身体力行。为杜绝以往的积习计，诸君必须一秉大公。为尽一分国民之义务计，诸君必须负建设新绥远之责任。为解除绥远民众的痛苦计，诸须必须充任建设新绥远之领导者。

V 结论

我们受环境之驱使，察觉建设新绥远之必要，一为巩固边防，一为拯救吾绥三百万灾民，能胜斯任者，惟有地方士绅倡导于前，后进青年追随其后，群策群力，共收实效。不才爱绥心切，无暇自量，直言不讳，将士绅诸君之位置及重要，过去之矛盾与今后之觉悟，列陈敬告，如所言有当，祈希采用；所言失当，尚希赐与指正。至建设新绥远之方略，容后续陈。目前之惟一需要，为地方人士之推心置腹、一致团结，处理一切事件，皆应以事为标准，不可以人为前提。处理一切事件，应以理智判断为标准，不可以感情用事为前提。用下列的口号，作本篇的结束，敬告吾绥士绅诸君：

1. 建设新绥远是环境的驱使！
2. 建设新绥远是青年的责任！
3. 建设新绥远的基础是在有为青年的团结！
4. 建设新绥远的分子要过理智的生活！
5. 建设新绥远的分子要有一秉大公的精神！

《绥远旅平学会学刊》（月刊）
北平绥远旅平同学会
1932年4卷3、4期
（李红权 整理）

三二八难民大会之前前后后

李荣荫 撰

（一）前言

三二八难民大会为五色旗下之民众运动；自青天白日旗飘扬以来，此等轰轰烈烈之盛举，鲜矣。其故安在哉？民众之痛苦业已解除，无须多事乎？此尽人而皆知其非也。领导乏人乎？当日发难诸公，固尚健在也。噫！诚令人大惑不解也！

作者为当时参加会议之一分子，值兹难民大会五周年纪念之日，抚今追昔，不胜感慨。谨将当时目睹之实况录下，以奋麻痹民众之精神，并供异日修订绥远民众运动史者之参考焉。

（二）发动之原因

十五年国民军败退，绥远横被其殃。全省损失重大，〈难〉以数计。因之十室九空，盗匪丛生，哀鸿遍野，饿殍载道，已至破产之境，难复小康之状。继来掌政者本当加意恤民，余〔徐〕图恢复，乃当局者不察实情，恣意搜括，竟于十六年春间颁布其施政第一声之两大政策：其一为重大〔丈〕地亩，其二为废弛烟禁。

所谓重大〔丈〕地亩，苟以厘清土地为用意，原无不可。惟当局者意在聚敛，乃借重大〔丈〕之名，以行剥削之实。民众于大灾大难之后，复遭如此苛政，何能堪命！至废弛烟禁，尤出民众意料之外。禁烟本为阎总司令（时阎氏为晋绥军总司令）十余年来之拿手好戏，何期一旦势达塞北，即行变更初衷，群疑满腹，众难塞胸，咸疑统治者以化外之地视绥远，置绥远于任何境地，在所不惜也。

综上各端，大灾之后，复遭苛政，于〔与〕其坐而待毙，何若死里求生；于是空前之盛会，轩然起矣。

（三）事前之布置及波折

地方各法团以职责所关，难安缄默，群相集议，共谋反抗。几经磋商，决定于十六年三月二十八日在归化城南郊孤魂滩招开难民大会，征询民众意见，决定应付方策。同时并派遣青年学生前住〔往〕近郊村庄宣达此意。主其事者复设法招见远方村民代表，请其准期赴会，以收集思之〈效〉，民众闻讯，欢声震天，咸愿与各法团之主事者共生死，以求最后之一着。

嗣以事机不密，详情为官厅侦知，拟于是日无形戒严，阻止集会，并派兵把守城口，不准村民赴会。各法团亦拟定对策，至期派青年队赴城口迎接村民，设遇留难，即以性命对付。

一切预备停当，方拟如期开会，忽于三月二十七日傍晚都统署将各法团推定之难民大会主席李正乐先生以卫兵、汽车请去，形同拘押（其年春，李君方客并州，闻两大政策之颁布，赶归以谋补救），民众得讯大哗，青年学生尤为愤慨，各校学生会多有次日暴动之决议。都统鉴于民气之激昂，亦不敢过加责难。相见之后，都统问曰："开会何为？如有意见，不妨直言，本人定可尽量采纳。"主席答曰："开会乃二百万民众之意志，俟商得结果，会后自当陈明。苟以私人意见为问，敢以停止丈地及厉行烟禁为请。”都统曰：“此二事皆可照办，明日之会无头〔须〕再开矣。”主席复以民众之意志相答，谓本人无权制止开会。都统无如之何，复将李君送归。一场风波，暂告平息矣。

（四）会议之情形及游行之经过

斯日何日？中华民国十六年三月二十八日也。比〔此〕乃绥远民众运动史上大发光彩之一日，颇值大书特书也。其日薄云蔽日，黄风徐来，惨澹之中复带壮烈之气象，通衢要隘，皆有荷枪实弹之士兵巡游，往来之人，其行迹可疑者，辄被干涉。晨八时许，各校学生相继整队，向孤魂滩而前，同时并派别动队赴城口迎接村民。士兵阻止无效，先后皆达目的地点。俄而农民、工徒及商人中之较为开通者，亦皆到达会场，出席者共计约数千人。轰轰烈烈之大会，于兹开幕矣。

主席李君首先登台演说，历述农工商学兵各界痛苦之实况，及其被压迫之情形。末谓舍反抗而外，无路可走，惟有各界一致团结斗奋，以获最后之胜利。词毕，各法团代表及到会民众相继演说，词多慷慨激昂。当此时也，群愤贯日，众怒干云，悲壮之象，令人下泪。同时青年学生复散于会场各处奔走呼号，其中最出风头者，一中学生张遐民也。张君家本业农，是日衣履冠带，纯如农夫；奋其悬河之口，伸述如山之恨，农民相视，群相惊诧，愈增愤慨之心，益添向前之志。

演说既竟，法团代表潘秀仁先生将各法团之提案向民众详加解释，连同到会民众临时提出之案件，共通过要案六件：一为停止丈地，二为厉行烟禁；其他四件，为关于私人者，即罢免一处长，二厅长，及归绥县知事是也。

继为游行示威，到会民众相率整队向北经御史巷而行，至玉泉井附近，入财神庙巷，向东而前。丈地局即设此巷内。群众至其门前，蜂拥而入；执事人已先期逃窜，遂搜出案卷毁之，并碎其牌匾。出巷之东口入大南街，北向进行；至北市内财政厅及教育厅门前，停止［止］进行，高呼口号示威。继出北门，沿西顺城街向西而行，及至甲子桥，士兵林立，出枪相向，不准通过。民众奋不顾身，潮涌而前，当者披靡，遂渡桥西至归绥县政府。此处士兵尤夥，提枪巡逻，如临大敌。民众欲入内质□知事，士兵阻之，群情震怒，向前肉搏，前仆后继，猛不可当。争持十数分〈钟〉，卒得冲入。知事闻风鼠窜，职员亦皆星散。群情愈愤，遂将衙内门户桌椅悉行捣毁。继复整队循原路至北门外，由东顺城街向东经马路至新城都统署请愿。至则城门紧闭，不得入。再三交涉，仅允派代表入内磋商。几经往返，最后所得结果如下：

一、停止丈地及厉行烟禁二项照办。

二、关于私人之四案，稍缓数日，亦将照办（迄后仅罢免归绥县知事一项照办，其余三项并未践诺）。

群允，以城门坚固，难能冲入；久候无济，遂整队东返。行至马路尽头，复行集合，高呼口号。最后由自〔白〕映星先生提议，定是日为永久纪念日，每年集会纪念，全体赞同，当即通过。大会于是结束；时中华民国十六年三月二十八日下午三时也。

（五）本会之价值及其影响

在昔绥远非无民耳〔众〕运动，惟除义和团之盲目运动外，参加者仅限知识分子，其有正正之旗，堂堂之鼓，而又得各界民众参加者，以难民大会始。难民大会在绥远民众运动史上所占之地位，于此可知矣。

后会不久，青天白日旗遍插于塞北。此固为时势所使，吾人亦不愿过事夸张，引为难民大会之成绩。至此后各县之捆绑县长运动，则为直承难民大会之脉络而来，无可否认也。此种运动，手续是否尽当，固属可议，惟由此可知民众皆有一种新的自觉，即以主人翁之地位自居也，此固为其影响之好者也。况既以革命手段行事，手续问题，不值半文钱也。

难民大会之影响，非但及于本省，且延至雁北。阳高县之捆绑县长运动，以时间及指导者而推断，可决定其受绥远难民大会之影响无疑。以绥远之地位而言，本系开化较晚之处，故凡事咸受内地之影响，独难民大会一举，开北风南渐之破例，凡我绥人，皆当引以为幸者也。

（六）余论

开会之时为“三二八”，地为孤魂滩。兹二者亦各有相当之意义存在。考之本省方言，“二八”乃傻瓜之谓。“三”训多数，合“三二八”而言，则为“九个傻瓜”之谓。窃以为古今之大事业，多由傻瓜造成，苟事事盘算，既恐皮焦，复虑瓤生，未见其有所成也。所谓八面玲珑，可否见诸事实，良为疑问；恐其仅为八面糟糠之别称耳。必也具傻瓜之精神，遇事勇往直前，不顾其他一切，始可有为也。至孤魂滩，乃为本省之行刑场，集会其地，则表明具有必死之决心也。既具“二八”之精神，复下必死之决心，宜其有所成就也。嗟乎！愿绥远大人物都成了“二八”；是官府逼成事，莫错过机缘！

最后尚有一言，此文乃以地方后辈之资格，据客观之事实，为忠实之介绍，绝无丝毫感情作用参杂其间。文中所引诸人，多系师友亲属，难免“后台喝采”之嫌。惟当时之实况确系如此，不容不叙也。

一九三二，三，二八，绥远难民大会五周年纪念日，起稿于北平

《绥远旅平学会学刊》(月刊)
北平绥远旅平同学会
1932年4卷3、4期
(李红权　整理)

由现在本省省党部出版的《新绥远》谈到将来应建设的新绥远

张国林　撰

一　本问题作者出发点的立场

一、不妨先大处着点眼，将这段几千年来一般人认为天经地义的古训，今再抄出：

大道之行也，天下为公，选贤与能，讲信修睦，故人不独亲其亲，不独子其子，使老有所终，壮有所用，幼有所长，矜寡孤独废疾者皆有所养。男有分，女有归，货恶其弃于地也，不必藏于己，力恶其不出于身也，不必为己。是故谋闭而不兴，盗窃乱贼而不作，故外户而不闭，是谓大同。

二、不妨再小点下手将前五六年我在本省一中每周训话上所听过周雨亭先生一节意味深长的讲话大要录出：

目前中国最危险的一个现象是：人人只知责人，而不知责己，只看到别人的不好，而看不见自己的不好：在朝骂在野的，在野骂在朝的，彼派骂此派，此派骂彼派，文官骂武人，武官骂文人，老的骂小的，小的又骂老的，尤其是一些自命为清高的学士名流们，不是开口曰现在执政的诸人，是如何自私自利的坏，便是闭口曰目前拥兵的武人是如何穷兵黩武的不良，其实呢，这些今日所认为坏蛋被打骂的人，又何尝而非过去慷慨激昂大骂特骂人之清高派呢！今日所认为贪财害民的武人政客，更又何非当年自命为爱社会爱国家，信誓旦旦之学士名流呢！像这种今天甫打人骂人，明日即被人打被人骂的走不通办法，我们若不痛加改革，中国的没有希望，这是任何人都难以挽救的。今后唯一好办法，只有除责人好，还须严厉的责己，各个人将各个人自己的四寸像找上一张挂起，每天对着你自己的这张照片，大骂特骂自己是如何如何的坏，如何如何的不良，这才是一条正当的道路呢……

我觉着在目前绥远社会这种乌烟瘴气、大道消灭、谗人高涨的境况内，所有满布着的，一面尽是些布哈林所谓：带上马眼罩，眼光仅及于鼻头自私自利的井底哇〔蛙〕，一面尽是些吾师赵宜斋先生巧喻：毛坑里边的蛆，上了银盘还假充虾仁的臭东西，一面尽是些家乡话打比：耗子咬庇〔屁〕股自咬自活该死的孽虫，实在很需要将这两面光明磊落，质的天地，见的神鬼的大道理，用很高的台架格置起来，放到绥远大青山的顶高峰上，去上下四方、左右南北的照照，好一面叫这些臭东西们借机认识认识他们自己的本来面目，一面叫这些井底哇〔蛙〕们借机也知道天有多高，地有多大，一面叫这些活该死的孽虫们借机也明了人类的伟大使命，正当途径，是究应该哪样的去走，或可于最近的将来，超度他们少缺点德，能免却这场无味的浩劫和斗争，给他们一个有力的自觉机缘，去放下屠刀，为全绥远这二三百万人民们干点好事——或者是立功，或者是立言，或者是立德（此之谓三不朽），这样虽不能流芳百年，亦决不会遗臭一生矣。

二 本问题提出的重要

省党部出版的《新绥远》月刊，虽然我们难以十分了解，此之所谓“新绥远”究有如何的意义与实施，但我总相信，像我们这些生在绥远长在绥远终身和绥远有进一步直接关系的人，起来勇敢的、积极的作一番改革、建设绥远的工作，既所造福于绥远，又可有利于国家，实在说是任何人也不能予以否认，这不是天字第一号应干的事业？因为第一，就世界一般的情况与趋势去讲，我们已看到：在目前这样资本主义作怪，帝国主义逞威的现阶段内，一般资本阶级们将结合世人及其生来的长上的封建维系物，如像正义、道德、公理……尽情撕破，在人与人之间，除掉赤涤涤〔条条〕的利益，除掉无情的现金支付外，再也没有留着别的维系物，把虔诚的热心、义侠的气概和人生的忧患，所有神圣的表现，都淹在利害计较的冰水中，把人的体面都断送于交换价值之中，把向来认为有名誉的和受人诚心敬仰的事业神圣外表，也都在统通毁灭了！于是支持社会的杆〔杠〕杆，由刀剑再进而为黄金，所有一切言论呀，学问呀，良心呀，信仰呀，贞操呀……等，都已商品化、金钱化的这种充满了白色恐怖，人食人的时代，国与国之间，民族与民族之间，种族与种族之间，什吗自由，什吗平等，什吗博爱、互助，早成功了文献博物馆的古迹，不兑现的空头支票，一般人所率为圭臬的只仅仅是片面的“物竞天择，优胜劣败，适者生存”这三四十二个大字，所以反过来“不竞必灭，不优必败，不适必亡”的现象，在现在这种狂飙的时代，已经演到不可避免的公例，吾人欲挽此横灾，一返人类之正当面目，变人与人之争而为人与自然之争，找着适当途径，去创造，实现人类的愉快社会，这工作是除过了喊口号外，便的〔得〕实地去干起，便的〔得〕由基本上一点一滴去干起。绥远是中国的一个大单位，世界的一个小单位，站在个体因适应环境而变化，环境亦因各个个体的变化而变化的原则上，我们努力建设一个新的绥远，这未尝不是一步，直接改造绥远，间接可变化宇域，由小及大，由渐及远的一桩伟大社会事业。第二，就绥远在中国所占的地位重要讲，目前开发西北，已成了全国人呼声最高的论调，国府的要人是这样喊，各省的要人也是这样喊。但在这里我们应当知道，所谓西北，如果范围稍缩小点去看，绥远在地理上的优越适中，实占首屈一指的地位，所以开发西北，必须先开发绥远，必须从绥远下手。这已是无庸置疑的问题，现在全国的视线既是这样，将来的实施也必须要这样，那末我们这些身当其冲的绥远人，究该如何？毫无半点建树的听人改造呢，还是勉尽人类一分子之职责，去自己亦有所设使呢？我们即令在理论上打开省界，完全的排除封建思想，不分什吗本省外省，但事实上本省人应该是进一步的致力于本省事业；本省人从事本省一切事业，其适当和易于实施，这两点恐怕是任何人难以否认的吧？何况一呢，我们也是全国民中的一分子，在这全国人要开发西北的大动员下，我们的动员，当然是百二十分应该的；二呢，在目前中国的情况内，政治不上规〔轨〕道，一切都无办法，真实有用的专门人才既称缺乏，热心从事于社会事业的分子，又告空虚，眼前呈现的只是一批一批升官发财自私自利的东西，在这种贫弱危险的现状内，我们是否真能够望天打挂坐享其成的遇着为绥远造福的人，我们是否长久能坐弃一切于地而赖人予以振发，掉转话来说也就是我们是否能安心地任人宰割，不图自奋自拔，我们是否永抛弃各个人最小限对地方应尽的职责过这种麻木的生活。所以建设新绥远这已成了今后绥远人劈头的第一个大问题，尤其是我们这些老的小的受过教育的一般智识阶级。

在目前开发西北，这前题是给了我们一个绝好的机会和打〔奋〕激，我们在这个前题下，对国人倾国力开发西北这种伟大的壮举，固然是焚香祷祝的欢迎，但不要忘计〔记〕，不要忽略：西北人对开发西北的使命，是应该加重的肩起双料的职责，绥远人在建设绥远的目标下，同样应该负起更深一层的义务；第二就绥远本身讲，年来绥远社会的杌陧不堪，一般只知其一，不知其二的皮相家们，不是开口曰兵灾，便是闭口曰匪灾，再不然便委之于旱灾，像这种因为不彻底的观察而产出顾标忘本的绝大谬误，现在我们应当根本的有以涤荡与觉悟，并且还应当大声的痛快的喊出：绥远近年的农村经济破产，都市商业凋敝，不是由于匪，也不是由于兵，更还不是由于旱；是根本上由于"人"，由于没有"建设绥远的人"，由于没有"站在全绥远民众立场上去建设新绥远的人"。理由是：就兵言，兵的本身并不坏，所坏者只是统之不善，用之不当耳，所以这罪应归于人，应归于没有为社会造福利的人；就匪言，匪的本身固坏，但所谓匪也不是化好生成的某部分恶性特著的人类，他们完全是由社会环境不良造成的，而社会环境所以不良的原因，其咎便应归于人，应归于没有为社会造福利的人；就旱灾言，在科学发达到目前的今日，导河、凿井、植树……用这些方法，人力可以防旱，不但是理论上毫无疑难，而且在实施上亦早通行无阻，是旱灾的由来同样应归于人，归于没有为社会造福利的人，这当然是任何人也不能否认的。

事实胜于雄辩，由上边这三点着眼，反一个过儿总起来站在绥远社会的立场上我们便可以这样说：今后欲想免除绥远社会的兵灾、旱灾、匪灾，以及表面上由这些灾造成的绥远农村经济破产，都市商业凋敝，那必须在根本上得有"站在全绥远二三百万人民的利害立场上去建设新绥远的人"。否则一切是空喊！那简直是空喊！！

所以建设新绥远这问题，不但我们抱着很大希望为将来绥远社会的优美愉快，就是为解放、拯救目前这两三百万同胞们的颠沛流离，也应当挺身而起，有力者用力，有智者运智，去干这桩轰轰烈烈的事业。

三 本问题目前最大的障碍

这里我们应当先从基础上来着眼，就社会学的见地讲来，所谓社会构成的前题，就是（一）人类，（二）人类的行为，（三）物质的生活条件。本着这基本的三个要件，我们有两点很明鲜的可以看出：第一，人类是不但创造他们的历史而且还创造他们的社会；第二，站在相互作用的原则上，一个社会的文野盛衰，是全依它的构成前题之人类和人类的行为而为断定的，所以据此我们便可以说：目前绥远社会的不良，这完全是由它的组成者人和人的行为颓丧溃败而有以造成，那末今后如果要建设一个新的绥远，涤荡这层基本上的障碍，就是说涤荡这些颓丧腐败的分子，实在已成功了当前之首要的急务！

绥远目前的事实究竟是否如此，这我们只要将所谓绥远社会知识阶级的一般人，详细的给一个检阅，便不难有以证明，为文章的便利计，现在分开（一）士绅，（二）已毕业和未毕业同学这两方面来看看：

（一）士绅：此处所指的士绅，它的界说是指曾经服务绥远社会有年而获得超越地位的本省人士，它的范围是连什吗T派、P派、J派、C派、E派、L派……此外还有许多说不来的派，数不出的别都包括在内。

本着这个界说与范围，我们可以看出下边这样的一点：目前我们绥远社会所谓第一流人物的一般士绅先生们，光他们彼此间的派和别，已竟而多到牛毛加马毛，牛马毛那么样的多，这实在是可喜可贺——因为从根子上讲，人心不同，原来就是各如其面呀！同时也总算我们绥远的人士勇敢有为；一般科学的社会主义者赞成所有人类社会的历史，都是阶级斗争的历史，还遭了全世界的人反对与严重的批判，而我们绥远的第一流人士们，今居然嫌阶级斗争的范围有点太大太广，一变而为三人五人，三十人五十人的小群小党斗争，不惜在绥远社会上大露其头角，大出其风头的一演再演，对这种小群小党的斗争，我们这些后生小子，因不懂其意义，所以亦虽有以命名，目前只能勉强点抄一个调子而称之曰："晚近绥远社会的历史，都是小群小党斗争的历史。"想领有绥远社会各群各党的诸先生们，亦不以此言为过分吧？

固然在理论上，我们也承认：党群两字不坏，集团两字也不坏，尤其是政党的作用，是与国家和政治同其命运，国家发生的那天，也就是政党发生的那天，政党在国家和人类社会的进展上，实在有过很大的益处，所以一般政治学者下政党的意义是："有史以来的人类斗争，是不可避免的，这个斗争的领导亦属必需的……谁该来领导全阶级呢？阶级中的哪一部分来领导呢？很明鲜的当然是最先进、最有训练和最有团结的一部分。这便是政党。"

按照这意义，我们现在来检查一下绥远所有士绅间的这些小群小党，看看是如何！

首先要诚恳的请问绥远士绅诸公：

一、你们彼此间的小群小党，其基础是扎在大多数民众身上呢？还是扎在几个二等角三等角（一等角恐怕还有点高攀不上）的粗腿上呢？

二、你们被〔彼〕此间的小群小党，是为大多数民众求幸福而斗争呢？还是为你们几个人或几十个人的自私自利的升官发财而斗争呢？

三、你们彼此间的小群小党，是以自己的意志为出发点呢？还是以老板的意志为意志，自己去甘为人之爪牙呢？

次呢，我们还要诚恳的请问：

一、假使一个所谓党派，其基础不扎在民众身上，而扎在几条粗腿上，做这种粗腿上工作的人，他们的行为与人格，是不是卑劣，是不是破产？

二、假使一个所谓党派，其斗争之目的，不为大多数民众求幸福，而只为几个人的升官发财，干这种自私自利工作的人，他们的行为与人格，是不是卑劣，是不是破产？

三、假使一个所谓党派，其意志不以自己为意志为主宰，而一味盲从他人，干这种人之爪牙工作的人，他们的行为与人格，又是不是卑劣，是不是破产？

再呢，我们还要诚恳的请问：

一、即令如你们的宣传，你们彼此间的党派，其基础是扎在大多数民众身上，那末这好些年来，你们为绥远民众干过机〔几〕桩有利有益的事？

二、即令如你们的宣传，你们彼此间的党派，其斗争之目的，是为大多数民众求幸福，那末，这好些年来，有哪几件斗争，你们是为给民众求幸福才干起的？

三、即令如你们的宣传，你们彼此间的党派，是以自己的意志为意志，那末这好些年来，有哪几样斗争，你们是不听命于后台老板的？

曾记我在绥远一中求学的时代，我们有许多同学加入党派去做工作，当时吾师赵宜斋先生诚恳而告诫曰："当自身学识不足，经验不富，谈伏案提笔，则头上扁豆大之水珠子急的直流，结果也写不出半个字，谈登台宣传，人家是以其昭昭，使人昭昭，自己却是以其混混，使人混混，像这种纯以他人意志为意志，他人思想为思想，为人作爪牙，受人利用，到末了还自美其名曰革命，作革命工作，办革命事业，实在也是叫人伤心断气。”

这一席一针见血，抓着痛痒的话，我觉着把它现在拿过来，批评目前绥远这些所有党派中的士绅先生们，也不见得是如何刻薄！也不见得是如何挖苦！顶多充其量也不过所差者，五十步与百步耳！

所以目前我们所最痛心的是本省各士绅间这些盲的，无味的，不正大的，彼此纯出于自私自利而美其名曰党派的斗争，什吗立场不同的党派斗争！今天你上台我拉腿，明天我上台他拉腿，一朝得势，则亲己者奉若父母，捧之唯恐不暇，异己者恨似仇人，除之唯恐不尽，手段只怕不减，心术只嫌不恨〔狠〕，媚老板而害民，损他人以利己，凡此都已成了这些先生们天经地义唯一的中心信条，人常言“共产党人打倒良心，打倒智识”，故彼辈之所言所行，皆类似毒蛇猛兽，卑劣宵小之徒，置社会利害于不顾，专发泄一己之横欲，于是大遭天下人之不满，今吾绥一般士绅者流，固常以人格磊落、学识卓越标榜于世，吾人初未敢信良心会被虫咬蛆吃，智识会沦于卑劣宵小，然年来由这些先生们掌握中所演成的现象，却真也令人寒心——不但在他们这些行将入木的行伍间，因了明争暗斗，口蜜腹剑，结果弄成一个一塌糊涂无法收拾的局面；抑且将一般后起之秀的青年，也受了他们吗啡针的毒打，分化成一个五花八门的境况：不是某某某是P派，某某是T派，某某某是J派……便是某某某有希望赶快下手往过拉，某某某已无望，赶快设法去消灭，像这种戕宰青年、为绥远社会扎长久祸根的勾当，让他们将来也传统的、继承的、一贯的去斗争，事之险恶毒辣，莫此为甚，我们站在［站在］整个的绥远前途上着想，不禁不寒而栗！

作者按：关于本节，其详请参阅本刊本期所载吾友侯子奂、张遐民两先生之大作。

（二）已毕业和未毕业的同学：这里所指的已毕业和未毕业的诸同学，换言之即是大体上都还保存有学生的气度，青年的特质，没有全被社会化的同学而言，在这些诸同学前，过去他们一切对绥远社会的功过，我们现在顶好是委之于全由社会环境造成，置而不论，今后所希望者，只有下列几点：

A. 认清楚我们青年对社会所负有使命的特别重大。

B. 认清楚目前绥远社会［社会］因党派斗争而形成的最大危机。

C. 认清楚迫开整个的绥远社会立场，甘心受某人，或甘心为某人作工具，去向某人或某派斗争的不但无味而且可耻。

D. 认清楚今后建设［对］绥远的基础分子就是我们，我们应当力勉前人之覆辙，相携起来，共同迈进。

作者按：关于本问题，其详请参阅本刊本期所载吾友苏玉屏、张伯英、丁文藻三先生之专篇论文。

四　本问题今后能否见诸事实的一大关键

先我要提出一个关于本节的基本原则如下：

站在建设新绥远的大前题下，今后所有绥远的地方各人士，都应捐除无味的私人成见，统通联合起来！

清夜扪心，仔细的去想想，实在也是可怜的很，以吾绥如此之大。从数量方面言，已毕业的大学生服务社会者仅仅才几十人，即令全盘的合在一块儿，作开发建设绥远的工作，恐怕（不！实在的）也有人不敷用的缺憾——曾记月前读本省《绥远日报》载傅主席和七十师王师长因欲在绥远实施屯粮计划，先事调查绥远的农业，还特由北平农学院请人去作此项工作，绥远本省人才，竟无一人能堪当此任，亦大可叹也！

而目前吾绥一般士绅，仍不从根本有以觉悟本省人才的空乏与贫弱，抱群策群力，众力易举的决心去有所推进与建树，反倒行逆施自摧自残的，去大相杀伐，俨然就拿出一副：某某人不倒，我的饭碗不牢；某某派不败，我的饭锅必坏，眼光如豆的精神去逐鹿，实殊令人感慨交加耳！

作者在本文前几节一再申言，过去绥远所以如斯遭天下之大糕，其基本原因便归于（一）自私自利的小党派斗争，（二）没有矢志建设新绥远的人，所以今后绥远的命运是好是歹，能否谈到革故更新，就是看目前所有这些号称 P 派、T 派、J 派、C 派……的诸领袖先生们能否捐成〔嫌〕合作以为断了！

吾人不幸，因生在目前一切无办法的中国，已常自感苦痛，徒唤奈何；而尤不幸，处在现在的绥远，其纷乱扰攘，危机四伏，却又半斤与八两，没办法之上再加没办法的令人断〔丧〕气，在理论上我们也知道：中国的不良会直接促成绥远的不良，换言之，即中国无办法，绥远是不可能希望有办法的，但在事实上，我们总希望站在人类不但创造他们自己的历史，而且创造他们自己的社会，这需相互作用的原则上，应当是挺身而起，本着英雄造时势的精神，将这些纷乱扰攘，化为有条不紊，将这些一切没办法，变成一切有办法，这才是人类正当对社会的途径。我们总不希望，因环境的纷乱扰攘，自己也随波逐流的去纷乱扰攘，因环境的没办法，自己也甘心颓丧的去没办法，干这种害人类害社会开倒车的勾当！

何况目前绥远社会的破产，其要因又大半归之于本省人士自己之不争气呢！

总之，往者不可谏，来者就〔犹〕可追，我们虔诚的渴望地方士绅，要在痛定思痛中，今后力加改革，应以整个的地方为重，个别的私人为轻，团结起来去在建设新绥远的这个目标下，竭我们所有的知识、能力，一点一滴去努力，去创造，果尔能如此，则此风一开，行见三五年后，建设新绥远之基础，必可渐就于固，否则，目前为老与老之争，将来又为小与小之争，目前为范围集合狭小之争，将来又为范围集合扩大之争，如此循环相争，以至于无穷，绥远的糜烂灭亡，又岂能幸免。退一步，即令置绥远社会利害于不顾，则就人与人之间言，兽相食人且恶之，当今一般士绅先生们，亦能无动于衷乎？

五　本问题的暂结

作者因感觉到本题目的重大与繁难，拟有机便从事于长期的探讨，故先暂为结束。

在这个暂为结束的尾声上，我第一所希望的是能够做到抛砖引玉，由此引起地方人士对本问题的一致论究，第二，我所希望的，是作者之文辞粗俗、过火与不客气处，请恕言者无罪。

一九三二，四，十，于法大

《绥远旅平学会学刊》（月刊）
北平绥远旅平同学会
1932 年 4 卷 3、4 期
（李红权　整理）

在绥国民党的党人目前应有的认识

张遐民　撰

一　本问题之提起

眼睁睁的，我将见我们的绥远，由萌发而受了摧残，由摧残而受了压榨，由压榨而将要闭气了！这确是一件事实。同样，活生生的，我将见我国的国民党，由纠纷而到了倾轧，由倾轧而到了消沉，由消沉而将要停顿了！这也确是一件事实。我不愿我们的绥远无辜的闭气，所以我打算对绥省的政治当局者在各方面将要进一点忠言；我更不愿国民党凭空停顿，所以我现在要掬着诚心向国民党的党员们说几句话。关于前者，我们愿意这样做，我们也敢这样做；关于后者，我虽愿意这样做，而我又不能这样做，结果，我现在只好对我在绥的国民党的党员们忠实的贡献一点意见。这就是我所以要提出本问题的动机。

二　国民党在绥的发展

因为我们绥远地位偏僻，文化低下，所以人民受党的沐浴也较比落后。革命的鲜血已经洒遍了江南，而我绥民还是沉睡在军阀的贪污与剥削的怀抱中。国民党跑到了绥远，大概是民国十二年的事［实］。我们为便于观察起见，从十二年到现在之国民党的经过，且按着过去实际情形的变动，分开八个阶段来叙述一下。

（A）第一个阶段

从民国十二年三民主义研究会之组织，到十五年三月归化市党部之成立，这可以说是个最密秘的时期。中央或由中央委员个人派去的党的活动者，都是采取一种闭密的方式：不是乔装旅客，就是伪充教师，这样一来，才能有与地方士人接头的机会。三民主义研究会的会员，也仅仅不外是地方上的几个大学生与中学生。市党部之成立，也是在可怕的场合中组织起来的。

（B）第二个阶段

从民国十五年三月间归化市党部成立，到十六年临时省党部成立，这是一个半公开的阶段。地方政府对党人的活动，似乎知道而又似乎不知道的样子。中央派来五个负责者，他们分住在各处，联络党人，接近青年。赶到十六年四月间，北方各省都高悬了青天白日旗，而绥省才公开的看见了党人的形迹，临时省党部亦于此时成立。

（C）第三个阶段

从民国十六年临时省党部成立，到斯年十一月间省委逃难离绥。到了这个时期，党的活动已完全公开了。地方政府的主脑人物，就是省党部的常委，对于党的进行，在此时可以说决无阻碍了。

（D）第四个阶段

从民国十六年十一月间省委离绥，到十七年五月间省指导委员会成立。这时期又变成黑暗的阶段了。当时的奉军，对于党人当然是很不客气的。北京的党人被他们杀戮了许多；察哈尔的党人，也被他们屠杀了不少。所以从十一月间奉军到绥，而绥省的上级党部的负责者，大部分逃之夭夭。在这黑暗的环境中，我们要想听到党的进行的工作，非从五六个不要命的并且常在绥包路上奔跑的青年的行动上观察不可。

(E) 第五个阶段

从民国十七年省指导委员会成立，到十八年八月间新指导委员会成立，这又变成了个公开的时期了。省指导委员，不惟有充任省政府的主席者，而且还有厅长，还有参议，这样一来，党政似乎是真能打成了一片，也似乎党权真能支配了一切的样子。惟其如此，所以地方党务闹成一团糟。结果，中央另行派了省部的负责者。

(F) 第六个阶段

从民国十八年新省指委会成立，到十九年五月间联合办事处之出现，这是个公开而又密私的阶段。本来，新的省指导委员会成立后，因政治统一的关系，党务很可以公开的发展，不料赶到了十八年年底，因整个国民党的分裂，遂形成南北对立的形势，结果，省指委离绥，而全省党务又陷于停顿的状态。到了十九年四五月间，代表全省党务活动的机关，除过现在指委会所统制的密秘工作的团体而外，就是由前任指委会中的二指委所领导的两个立场不同而彼此对立的联合办事处。

(G) 第七个阶段

从民国十九年联合办事处出现，到二十年二月间原指委会复活，这是个密秘而又公开的阶段。当时两个联合办事处，表面上，虽然能够得到地方政府的保障，但实际上，也不见的就能得到保障，不过，这两个办事处也竟在政府当局的圆滑的态度之下，而残喘了数月之久。后来，北方的局势倒台了，而联合办事处也算寿终正寝，而原任省指委亦返绥恢复了工作。

（H）第八个阶段

从民国二十年省指委会恢复工作，到现在，不用说，这当然是个公开的时期了。地方政府当局，虽然没有参加党的工作，但中央的军事的力量，勉勉强强总还能够统制住各地带兵长官干涉当地党务活动的行为。如地方当局者是一个服膺三民主义的信徒，那末，党的公开活动，当丝毫不成问题。

从上边的八个阶段看来，国民党在绥远的历史还不满十年，但其本身因环境而演变的事实倒非常的曲折：由密秘而进于公开，由公开而进于密秘，由密秘而又进于公开。这种复杂的现象，当然是环境的赐给了。这个叙述，一定不能将其中的要点尽量披露出来，同时，对于各阶段的细小的时间方面，或也不无差错，不过，我们为供给在绥国民党的党员们对于绥省党务发展的一个历史的、简单的概念起见，这也是无可如何的办法。

三　在绥国民党的党员的工作

绥省国民党的党员的工作是些什么？这我们很难以说的出来。第一，因为革命意识坚强，是由于环境的激迫，绥省因受了“愚民政策”的浇灌，所以大部分民众的行动比较是消极点。第二，因为革命工作的表现，是在于民众的生活之改善；如不改善，则民众当有革命事实的爆发，这一点在绥省是看不见的。绥省的环境是如此，而绥省多数的劳苦民众生活又是如此，这让我们从何谈起什么革命工作？勉强的说来，也不过将绥省的党务自身活动的情形，按照上述八个阶段，撮要写写而已。

（A）在第一个阶段中，党的意识在绥省呱呱诞生是在此期。活动党务的分子，不是住在破庙中，就是宿于学校内，密秘的接近有革命性的青年，变名的召集会议，组织小组（区分部），训练党员，每在夜间与郊外。归纳起本阶段的工作：

（1）播种主义的萌芽。

（2）征集预备党员，分组区分部与区党部。

（3）成立市党部。

（B）在第二个阶段中，各中级学校的青年意识，到了此时紧张起来了，尤其是第一中学校的同学，很不犹疑的，有许多已〈参〉加了党的工作。白天读书，夜间开会，这是常遇到的事情，凡遇一切替民众说话的事，各校青年无不踊跃参加，忽忽〔轰轰〕烈烈的绥省空前未有的最有价值的民众运动，就是所谓“三二八难民大会”，这也是在此阶段中演出来的。

先于中央清党而在绥便演出革命分裂的现象，也是在此时演出来的。归纳起本阶段的工作：

（1）征集党员。

（2）“清共”运动。

（3）成立临时省党部。

（C）在第三个阶段中，在党的指导之下，民众团体正式有了组织，恐怕是以此时为起点。党的活动变成了公开的形式，而政府当局，也就是党部的一分子，因此，革命工作的进行，也比较是自由了许多。归纳起本阶段的工作：

（1）征集党员。

（2）扩大组织。

（3）组织工会。

（D）在第四个阶段中，党人受军阀的压迫，在此时可以说是最厉害的了。党部负责的主脑人物，五分之四是在政治力量之下跑到了山西、南京。在绥党务活动的负责者，仅仅有五六个青年与二三个教书匠而已。这些人，当时好似吃了强胆剂一样；军阀到绥远未过半月，他们一个个的都踊跃起来了。他们不愿党员间涣散，于是分布到各县纠合党员，他们不愿绥省民众受军阀的宰割，于是冒着大险由平、津跑到南京活动军事；他们因为来往绥、包买不起车票，于是常做跳车或偷站的行为；他们为了工作的方便计，于是常常靠着很厚的脸皮，吃喝许多穷困的朋友。他们不怕军阀走狗的报告，也不怕军阀的无情的枪杆，总是那样的蛮干。军阀走后，地方上又陷于无政府的状态，那几个活动党务的傻小子，他们虽然没有照着预定的标准做出一件伟大的事来，他们却不因此灰心而不动，于是他们为维持地方秩序起见，遂督促他方士绅成了一个治安委员会；为恢复党的工作起见，遂会同两位省执行委员组织起一个临时指导委员会。结果，各方面的奔跑，使的土匪式的军队没有打进绥省的省城来，反而从土匪军队的口中，代将要耕作的老百姓们索回无数的牛马。他们听到经中央委派的正式指导委员已经由京绕道将抵太原了，于是一面派员赴并迎驾，一面死气白脸向地方当局要求省党部的地址，换句话说，就是给新任委员们打扫宿舍。归纳起本阶段的工作：

（1）集合党员。

（2）运动军事。

（3）连络铁道工友。

（4）维持地方秩序。

（5）恢复市县组织。

（6）成立临时指导委员会。

（F〔E〕）在第五个阶段中，省指导委员会负的使命，是厘定党员的党籍，健全党的组织。所以工作的起首，就是登记，要登记，须先铲除反动分子。过去组织临时委〔指〕导委会员者，就是反动分子，所以，革命工作的第一的表演，就是开除党籍，与惩戒党员，这一来，就预伏下后来被一般人称为的地方上的一个派别，为防止所谓反革命者作乱起见，遂不得不组织纠察队以维持地方治安。登记完毕，跟的〔着〕就是办选举，但结果，竟因选举而激起纠纷，因纠纷而省委扫数被撤职。这一来，也就形成了后来被人称为地方上的一个派别，此时的民众不惟是认识了党部，而且敬畏党部；不惟是认识了党员，而且羡慕党员。归纳本阶段的工作：

（1）办理登记。

（2）惩戒党员。

（3）组织纠察队

（4）举办选举。

（F）在第六个阶段中，接续的，此时派来的指导委员所办的第一件事情，还是登记的工作，登记完毕，就是派员组织各市县党部，后一步工作还没有做完，而环境改变，各级党务亦因之停顿。归纳起本阶段的工作：

（1）办理登记。

（2）组织各级党部。

（G）在第七个阶段中，各级党部还没有组织就绪，而政治局面又就改变；事实上，省党部的负责者亦又不得不离开绥远。在这个期间，正式的党的活动，在绥省是看不到的，而能使我们看到的，同时也是值得我们在此大书而特书者，是从第五个阶段中因选举而起纠纷的那两派脱化出来的两个联合办事处之对立的摩擦，本阶段中的工作亦尽在如斯。

（H）在第八个阶段中，北方的新政局随军事的失败而消灭了，当然，绥省的党务亦由此而又恢复了原来的形式。因为本阶段的时间较比长点，所以在本阶段中的工作亦较比多点，工作中最堪注意者，是抄发出了许多共产党。归纳起本阶段中的工作：

（1）惩戒党员。

（2）组织各市县党部。

（3）组织各民众团体。

（4）抄发共产党。

（5）成立省党部。

从上述各阶段中党的工作的性质与范围看，大部分是党员个性的活动。进一步来说，也不过是党部自身的活动。党员个性的活动，其结果，顶好，激成党的行动的分裂；党部自身的活动，其结果，至善，使革命的团体变成个新式的官衙，这都不是革命的工作。真正的革命工作，是一面为劳苦民众解除痛苦，一面要使劳苦民众自己解除自己的痛苦。换句话说就是，革命党员，一面要监督政府改善劳苦民众的生活，另一面要领导劳苦民众自己去打倒他们的敌人。

四　过去工作失败的总检察

不客气的说，绥省过去的党务工作是失败了，这一点，我们从一般民众厌恶党部的面孔上很可看得出来的。被人剥削的绥省的民众，固然因其知识简单而没有竭力的起来赞助革命，但他们却是时刻的在希望革命党人去替他们解除压迫与痛苦。现在呢？他们这种热沈〔忱〕的希望，早已丧失了，也正如同全国民众目前对整个的国民党一天天的消沉下去一样，这种希望的消沉，就是党人工作失败最大的表现。我们现在要研究的是这种工作失败的主要原因究在哪里。环境恶劣吗？是的，不过这并非主因，其唯一的致命伤，乃是由于党人不认识党，而将党的工作引入了歧途的缘故。

（A）由于上级党部的少数领导者不认识党而形成的。一省的党部负责者，就如同一军队中的几个师长一样，师长对内如不清洁自守，对外不能舍己忘身，其结果，则不是军规不整，便是军心难二〔一〕，而省党部中的一个委员亦然，但在我绥省过去的少数委员，其形动竟与此相反。事实的表现，他们有的是只知扩充自己的地位，有的只知借党肥家润身。归总说来，这都是由于不认识党而发生的现象。因为他们要扩充自己的地盘，所以要做一种笼络与分化的工作，引用亲近的故友，收揽幼弱的青年，以厚自己的实力；倡言某县应排斥某县，而演成一种封建裂痕。因为他们要为肥家润身，所以要行一种敲诈与贪污的手段，私挪党费，而自己购买土地与铺产；奔走官场，借机得一进身之机。这类事实，明眼人自能看到，领导者，因种下了这种因，所以得到的结果：在一部分青年，因受其愚惑，而致牺牲了前途，甘做了升官发财者的工具；在一部分地方上的识者，因畏惧党人，而亦渐渐变成了党的仇敌；至于因领导者不健全，而致各下级党部的工作人员全部陷于萎靡颓废的情况中，这更是很容易见到的事实。

（B）由于各市县党部的多数领导者的能力薄弱而形成的。国民党的基本组织，是在区分部，训政时期，负运用党的政策最有力者，是在各县市党部，这样看来，市县党部的领导者，不惟要明白党义，而且还得有工作的能力。这许多的干部人才，恐怕在我绥省是找不到的，因为找不到这种人才，结果，只要一个青年有胆量以及能服从省党部的委员（而非服从党义），就可以荣任一个市县党部的委员，绥省过去各市县党部中的领导者，虽然不完全是这类角色，但大部分是难以跳出此种范围的。因为其有胆量，所以地〔他〕敢在选举场中，随意开枪；贫民家中，强奸良妇，因为其能服从省委，所以他常做一种鼓簧弄舌，奴颜婢膝，尽挑拨离间之能事，党权之如何运用，对民众如何传达党的意旨，他是不晓得的，县政之如何监督，如何引起民众对党的信仰，他更是无能了解的，既不晓得运用党权，又不能接近民众，结果，则党政间之无味的冲突便一天激烈一天，而民众对党的愤怒也一天高张一天。这种现象在绥省过去的市县党部中，处处可以找得到的。

当然，过去绥省的办党人员，也有许多值得我们称赞的，有几位省党部的领导者，其吃苦耐劳、勤恳负责的精神诚不可多得；同时，有几个县市党的负责者，其奋斗、勇敢、牺牲为党的精神，也是诚不可多见；但大多数的领导者，其知识、行为，我们是不敢赞同的，绥省过去的党务工作是失败了，我们从上边的检查中便知道这种失败是来之有因的。固然，民众的知识之幼稚，党员之程度不齐，政府对党之漠视，这种种也都是工作失败的原因，但最大而最深的原因，还是由于各级党部中的多数领导者不了解革命的性质，不分析革命的环境，而沉醉在自私自利个人主义的意识中，贪图升官发财而所致成的。

五　国民党的现势与绥省的地位

国民党的现势如何，我们是无权过问的，绥省的地位怎样，我们照样也是管不着的。此地我们所以要抓起这个问题，而简单的加以叙述，其目的不外是为在这个叙述之下，希望能够找见我绥省办党的诸君今后工作的一个方向而已。

（A）国民党的现势。事实的反映，现在的国民党已经演成种崩溃的形势了。因为党的中心领导者，既不去以精神团结，而又加各级党部的组织亦非常松懈，所以其结果，党的重心早已失去了维系的力量。在此种场合之下，我们只看到党内领导者的意志被〔彼〕此的冲突，而永不见领导者在党的统一的意志之下去指导工作；我们只看到许多的党员在小组织之下，争夺各自的权利，而永不见党人们到民间去接纳革命的民众。党既抛弃了民众，那末，民众只有由热忱的信实党部而变为冷静的怀疑党，以至于变为愤恨的排斥党的敌人，大街的墙上，遍写的是打倒国民党的标语，民众的口中，呻吟着“党人速去”的哀音，最低限这都是民众不赞助党的表现。今后的国民党究竟怎样，这非是我们敢在此地论定的，但国民党的现势，谁能说不是这个样子？

（B）绥省的地位。二十年来，绥省因种种的关系，已经沦于一种最黑暗与最悲惨而最受压迫的奴隶式的地位了。就以现状而言，论政治，则徒尚繁文，而不撤〔切〕实际；论军队，则压境数万，而不能肃清小股盗匪；其他一切，也无不是表现出种半生半死麻痹的状态。今天换一批研〔官〕长，明天调一师大兵，但结果，换来换去，亦未见给绥省干出点建设的事业；调来调去，亦不见得减少了多少土匪，这好像绥省政治，就是贡养官僚阶级的一个最好的地方，同时，绥省的土匪，就是吸引大军到境的一块最妙的磁石，换句话说，绥省的劳苦民众，好似生来就是供人宰割的一堆肥肉，就上边的事实说来，绥省哪还有甚么地位？不过，反过来看，绥省拥有多数的农业与畜牧相连接而秉性最坚苦卓实的民众，同时，在绥省的全境内抱有很丰富的自然的工业品的物产，我们相信，这种民众与这种物产，若加以相当的人力，今后在中国文化史上一定可以占在水平线以上的地位，从这样看来，我们又觉的绥省的前途正是洋洋无限的。

总上而言，我们认为整个的国民党现在已经到了最后一争的时机了，整个的绥远，也已经到了最后一决的时机了。如果国民党的党员能团结起来（最低限度，国民党的各级党部的领导者），一致的觉悟，而国民党是有办法的，如果绥远的民众（最低限度，绥省的知识分子）一致的觉悟而团结起来，则绥省也是有办法的。

六　在绥的国民党员现应努力的途径

绥省的国民党的党员，站在三民主义的立场上说是国民党的分一〔一分〕子，站在地方的立场言，又是绥省人民的一分子，所以论其各个所负的使命，都有救党与救地方的责任。从上面的分析中看来，我们知道国民党与绥远都已陷于一种最危险的地位了，同时，我们也认清在绥的国民党员过去工作的路子是走错了，党员诸君们，如果想实践自己的责任，则今后在绥的工作必须要找一个较实际的办法。下面各点，就是我个人认为较实际的办法中的几点办法：

（A）工作中应注意的几个前提

（一）缩小各级党部的范围

在过去，我们老看见省党部的工作人员，委员、干事、录事、工友四项合计，多则有一百名，少则有八十名左右。而各市县党部中的工作人员，约计之，多者有卅名以上，少者亦有二十名左右。至于各工作人员的薪金，大体说来，亦都比各级政府机关中的人员优越的多。即以工友而言，省党部的工友，月薪有十五元者，市县党部的工友，月薪亦有十二元者，工友如斯，其他委员、主任、干事的薪金之大小便可想而知了。为什么各级党部的工作人员要用那么多，而各个工作人员所得的报酬又是那样的优越？这当然是由于党的工作紧张，而各个人员劳苦过度所致，但经事实的表白，却是与此相反的，工作的铃子摇过半点后，办公室中竟看不见几人，很有规则的，老是录事先到，干事次之，秘书、委员殿后。办公室中坐满了，但大家又找不到可做的工作；结果，守旧的人，抱着一本书看，时髦的人，便自动的散心去了。最后，只有工友陪着几个没有出息的同志品茶而已，整天起来，大家除过吃两餐饱饭外，所谓工作，也不过是表现如此的现象。工作的最后的成绩，就是加重了老百姓们的负担。报纸上常常登载的不是各市县党〈部〉呈请省党部增加经费或者转敕县政府筹拨党费吗？不是各县政府呈请省政府筹划各市县党费的办法吗？无论省政府筹划也好，县政府拨发也好，反正羊毛出在羊身上，结果，还都是由一般劳苦民众们贡纳。听说一县的党费，竟占了全县田赋收入百分之六十，这也就可谓盛矣。总上观之，各级党部于〔与〕其多用工作人员，而找不出工作，宁如缩少工作人员，减轻民众的负担，这是望今后在绥工作的党员们应注意的第一点。

（二）拒绝在校青年参加省县党部实际的工作

青年为革命的先锋队，同时，也是改造地方的基本人材，但是要想让他们担当这种任务，须先使他们得到相当的知识，这是许多人明白的一个道理。反观我绥省的青年，在小学校上课者，即跑到市县党部中充当干事；在中学校求学者，便荣任了省党部中的秘书，或市县党部的委员。这些青年同学中，固然有因自身环境的驱使不得不到党部中找一碗饭吃，但其中十之八九是被党部的领导者拉笼进去的，办党的人所以要引用在校的青年，其惟一的借口，就是由于人才缺乏的缘故。是的，人才缺乏，我们是承认的，但我们看看引用的结果怎样呢？第一，牺牲了地方上的人才。概而言之，凡被党部中录用的青年，大都是其才智与魄力很值的我们称赞的，他们是地方上很有希望的青年。但不幸，他们中途辍业，参加了实际的工作，结果，时代一天天的前进了，而他们的知识也一天天的落后了，于是遂被排除在工作场外。此时，想再升学，又因无法考入相当的学校，最后，这些青年，大部分彷徨在歧途而至陷于失业的境地，表面上看，这仅牺牲了少数的青年，其实，还不是牺牲了地方上有用的人才。第二，诱起父兄与青年轻视学业的观念。在我们那个文化落后的绥远，十之八九，父兄让子女升学，其目的是为的升官发财，换句话说，就是为的光宗耀祖，他看见人家的子女，住了小学就能按月拿到几十元钱，住过中学，就能升任了委员，与县知事大人拜盟兄弟，这一来，他们的眼睛就变红了，他们羡慕人家的子女有干才，憎恨自己的子女无出息；无出息的子女读到老也升不了官发不了财，于是就不让他们的子女上进了。至于一般在校的青年，同样，看见许多同学在外活动着工作，而世人不惟不加以讥刺，反奖励其能干，在这种情形之下，大部分意志不坚强的青年，于是亦抛开功课，而出外找机会去。第三，破坏教育行政。青年学生既参加了校外的工作，当然对于学课的探讨，学校的规则就不能完全遵守了。而办教育的人，又因恐冒犯了党部的尊严，或者怕得罹〔罪〕了办党的人员，所以虽有一部分学生的行动违了校规，但亦只有麻糊了事。一部分学生既不遵校规，而他一部学生亦视校规为具文，结果，常因此一个学校陷于麻木的状态。总上而言，虽然绥省的学生在绥省过去革命历程中占过光明的地位，但党部引用在校的青年参加党的工作，权衡相比，还是害多而利少。那末，办党者于〔与〕其让这些学业未成熟的青年提前作革命的牺牲者，宁如使他们充实了知识作将来革命场中的建设者。这是望今后在绥工作的党员应注意的第二点。

（三）延用地方一〈切〉能干的分子

在过去，我们常看到的现象，就是省党部的领导人员每一更动，而下级党部人员也就随之倒台。好像在这些领导者看来，非任用我那一部分干员来，革命的工作就不能进行，在这些干部我们看来，我非跟那几位领导者跑，就要饿破了肚皮。固然，为办事的顺利上，为感情一致上，不得不更动几个赞助的人员，但那样大刀阔斧整个的更动，我们认为是错了，错误的原因，就是领导者不认识人才，而只认识奴才，而干部人员，是只认识权利的上司，而不认识革命的真正的领导者。因为有这种原因与事实，所以结果，绥省的党员，无形或有意的形成了好几个集团，有时这个集团胜了，有时那个集团胜了，老是这样的自相磨擦，其实，都在〔是〕失败了，而最后的胜利，是操在剥削我绥民的官僚阶级手中，追想起来，这是何等的伤心？反正，我们认定，绥省现有的工作是多于绥省现有的人才，在这个识认之下，我们于〔与〕其自相残杀，而让渔人拍手大笑，宁如彼此提携，团结一致，共御“帝国主义者”的侵略！这是今后在绥工作的党人应注意的第三点。

（四）各级党的领导者绝对戒除一切恶习

无可讳言的，近数年来，绥省的党务工作人员大多数是染了不能宽恕的恶习了。吸鸦片者有之，跑娼疗〔寮〕者亦有之，推扑克者更有之。甚而有许多工作人员竟以这种行为，来表示自己的闻达与摩登，以这种举动，来获取自己进身的地位。和平时代的革命工作，是一种社会化的教育事业，教育的对象，是些较有知识的纯洁分子，但在办教育的人，其操守还必须清廉，品格必须端正；那么，做党务工作的对象，大半是些杂色的无知识的民众，所以在办党的人，其操守更必须要清廉，其品格更必须要端正才成，大多数的民众，他们并不懂的主义的好与坏，他们只求有几个品性较高的办党者来为他们解除点痛苦，现在大多数党务工作人员的行为竟变成些〔这〕样，那末，如何使民众来拥护党呢？如何不使民众离弃党呢？“开放党禁”，“取消党的独裁”，这种声浪普遍传播在各地了，办党的人员以至于党员们，深刻的觉悟吧！

这是希望在绥工作的党员们应注意的第四点。

检查绥省过去的党务的各阶段，上述四点，不一定在每一阶段上都表现过，有的阶段上，表现的多几点，有的阶段上，表现的少几点；有的阶段上，这四点完全都表现过，或者有的阶段上，连一点也未表现过。不过，我们总结过去，看出此四点，实为已往工作中发生出来的最大的病症；同时，我们认为在目前或今后在绥的党员，大家在工作上应一致铲除（如有之）或防止的几种恶现象。

（B）目前工作的纲领

（一）内部工作的方向

a. 训练各市县党部的领导人员（组织训练班，或省委分赴各县市指导工作之进行）。

b. 训练各市县的党员（组织党员训练班，或由上级党部派人参加区分〈部〉或区党部的列〔例〕会，或分组训练）。

（二）外部工作的方向

a. 党部领导民众，扩大抗日工作（组织宣传队与讲演团，引导民众募举〔集〕抗日基金）。

b. 协同政府组织改善民众实质生活的团体（农业消费合工〔作〕社、农民银行等）。

c. 协同政府兴办地方自治工作，训练民众，培植民治之基础（按着民众阶级的性质，分别组织训练所，授以世界大势与民众自治的通俗理论）。

这一个工作的纲领，看来非常的粗浅，但我们认为这个粗浅的纲领，就是将希望的范围缩小到最低度，也有足供在绥的党务人员参考的必要。分开看：就党的内部工作言，我们认为过去错误的最大原因，还是在党务工作人员与党员的不健全，所以我们认为目前党的内部工作的最要注意者，也是在训练各市县党部的领导者与各级的党员。就党的外部工作言，虽然中央对日的方策是抱的妥协的注〔主〕意，但扩大抗日运动，凡一个国民党的党员应有这个责任，亦都应参加这种工作。我们认为中日问题，并不单纯是中国对日本的问题。同时，我们更认为中华民族要想求生存，并不是摇尾乞怜，跪在国际联盟之下就能够成功，必须要全国民众在长期抵抗、长期奋斗中才能找出生路。在这个信念之下，国民党的各级党部不惟要扩大了抗日的运动，而且要造成了新的革命的动向。至于协同政府训练民众，组织民众，那更是国民党目前急应做的工作，过去因为抛弃了民众，才形成国民党今日的失败，如果目前再不接近民众，则国民党非走到自杀的路上不可。总而言之，这一个粗浅的工作纲领的目的，是希望今后在绥的党务工作人员，对内要由训练党员做起，到对外要由组织民众做起。

为挽救垂危的国民党打算，在绥的党人今后应有一种深的觉悟；为改造绥省的现状打算，在绥的党员目前亦应找一新的方向。上面所述的工作中的四个前提与两个工作的目标，我们就是为此而言的，在绥的国民党的党员诸君们，请注意之！

七　本问题之结束

今日的中国国民党，已经因党人的不觉悟，而至于中断了。今日的绥远，已经因地方知识分子之不团结而至于没落了。我们参加革命斗争的人，决不应袖手旁观，同时，我们负改造地方的人士，也决不应坐视不理。革命的行动，是客观环境的产生，现代中国革命的对象，就是资本帝国主义，残于锋〔余的〕封建势力，新兴的资产阶级，同样，我们的在绥的革命党人，亦不应遗忘了这个对象，进一步说，在绥的党人，现在不惟要抓起这个革命的对象，而且更要在那四围笼罩着乌烟瘴气，前途布满荆棘的绥远，要去挽救将要中断的国民党，要去建设将要没落的绥远，实际的环境既不容许党员诸君袖手旁观，就应即时深刻的觉悟。客观的现状既不容许领袖诸公坐视不理，就应即时起来一致的团结。在绥的国民党员们，请认清你们目前行动的方向吧！

一九三二，四，五晨

《绥远旅平学会学刊》（月刊）
北平绥远旅平同学会
1932年4卷3、4期合刊
（李红权　整理）

绥远政务的概观并对于当局者的希望

——就吏治与自治而言

仲深　撰

一　前言

我们从政治的观点上来观察中国现在的政治走到一个什么样的阶段了，按着〔照〕党治的规定，当然是要由训政走到宪政的一个革旧布新的过渡阶段，换句话说，即一方面积极的剔除旧制，一方面积极的对于人民行施运用政权的训练。所谓剔除旧制，就是要把以前的一切妨害民治政治的政治制度的设施——即封建制度之下束缚人民的锁链和残害人民的桎梏——铲除净尽；所谓实施人民运用政权的训练，就是要把几千年来积压之下的人民，彻底的解放出来，领导他们，指使他们，走上了自由平等的途径——即使他们脱离了奴隶的地位，升到主人的地位，前者是澄清吏治的工作，后者是提倡自治的工作。这两种工作的伟大使命，是谁来担负执行呢？无疑的是各行政长官的任务，可见居于现在行政地位的大人们的责任的着重点，全在这两种工作的上面。现在就这两点的观察，谈谈绥远的政务现况，并有希望于绥远行政当局的几件事。

二 吏治方面

许多事实昭示给我们，绥远的吏治方面，它只是挂了一个革兴的澄清吏治的新招牌，有时还可以维持一个表面的观瞻，但是骨子里所含的腐旧的恶毒的成分实在不少。它的外表与内容，事实上有不少的矛盾。这种矛盾，往往不能自持的暴露出来，自己打自己的嘴巴，自己揭自己的黑幕。任它怎样金玉其外，然而其中是败絮不堪的。行政当局，并非感觉不到这个政治系统之下的窳腐，因为他身居执政的地位，他的心理上总以为自己的这个政治系统的各部，不至于那样的腐败。我们且把诸多事实表白出来，究竟看是如何？

（1）县行政机关的病态

县为行政单位，县行政机关为亲民的机关，县行政长官为直接与民发生政治上的关县〔系〕的长官。在民治政治的现代，按统治的地位而言，是由上而下的，按政治的效能而言，是由下而上的。各县行政的好坏，可以决定全省行政的好坏。换句话说，省行政的好坏是由县行政的好坏加以判断，即省行政机关为县行政机关的上层建筑；县行政机关是省行政机关的下层组织，县政机关与省政机关的关系是这样，县政机关对于政治的实施上，当然是直接施行的机关了。从这一点看来，县政机关却居于很重要的地位。这里把绥远的县政，作一个概括的观察。

（A）官吏有贪污的事实——彰明较著的有如去岁托县县政府某科长和某实察员侵吞烟款和吓诈烟土的案件，被该县人士举发，呈控于省府，将一般污吏及县长拘押法庭审讯。一时舆论沸腾，报章宣扬，闹得无人不知，无人不晓。凉城温珍贪案，勾结绅士刘某与杨某县长以及党羽三十余人，假借丈烟名义，吞得贿赂洋六千余元，烟土多包。后经法院检查烟包，上号有送县长与绅士刘某的字迹。经法院判定罚金千元，缓刑二年完结。又凉城县驱逐承审郝遵礼的事实，当时凉县市民大会及各界联合会之宣言内有如下的记载：

……（一）草管〔菅〕民命：有县属三杆十太村民关某者，本系被张存钱等弟兄五人击破睾丸，当下毙命。而郝贼于此重大事件，不亲身验尸，竟派其表叔卜占魁代为检验，并□使张姓大洋五百元，捏造情节，验为服毒身死。（二）颠倒是非：郝贼判案，纯以金钱为转移，不问枉法曲理，只要有钱可使，就敢倒行逆施。如吉祥庄村民安永智因禀控租户索税，而郝贼主使伊表叔卜占魁到店内审问，数次索贿，并关说非与审员送礼，不能判决。三次共使洋九十余元……又有马王庙张姓屠杀徐家七八口人命……而郝贼又使卜占魁曾向徐耀斗申言，非三百元不能与其伸冤……（四）人格破产：郝贼栖身法界，不顾法理，惟利是趋……于二十年夏季凉县清丈烟苗之际，将伊表兄赵良弼推荐为丈烟委员……向各村烟户勒索大洋共计四百余元，烟土约七百余两……

最近萨县发生的驱郝风潮，最主要的，便是揭发县长郝熙元贪污的劣迹，兹将该县民众宣言内记载的几件贪污事件，摘录如下：

……（一）枉法敲榨：查第四区属□县营乡长逯三因恐受匪蹂躏，向贾前区长买到手枪一支，以谋自卫。俟被匪徒抢去，而郝县长深知逯某颇有积蓄，捏词误以来枪不明……终则勒索大洋一千元，当庭释放……（二）侵吞烟款：查去岁烟亩罚款……乃该县长利欲熏心，乘机发财……共计少报二百余亩，侵吞四千余元……

（B）官吏有横暴的行为——如去岁固阳县长拘押各局长事件

及最近萨县县长郝熙元开枪射击学生之事件。前者经民众愤激之下，将该县长任某在省内热闹喧哗的归化市，游行示众，宣扬罪状，此事经过的一切，当时已由绥省各报披露，勿庸赘述。后者几至演成惨案，事实真像，在该县民众宣言内如此记载：

……（六）开枪暴行：……旅绥本县毕业学生，因赴平、津参观，返县援例请领旅费……讵该学生代表陈国豫等交涉旬余，该县长终事敷衍。竟于三月二十日借故外出，意图躲避。经陈等栏〔拦〕阻途中，邀请返府，该县长认为有污官体……竟出手枪扫射，将一市民，弹穿胸衣……并将陈国豫等拘县管押……

（C）引用私人残害良民——如前所述凉城县郝审员之贪案内，都是引用私人作恶的行为，萨县郝县长之贪款案内，也有“委派亲幸，勘丈烟亩，贿赂公行，狼狈为奸”的情形。

（D）实察员之有名无实——政治实察员之设施，考其原意，为得是增进政治的效能，防止政治上不良现象之发生。他所居的地位，一方面是秉承上级机关的意旨来监督和侦察各县行政的一切设施与运用，一方面接受民众的意见和查察民众在这个政治设施之下的被压迫或被剥削的隐痛，为民请命，以解除民众的一切的痛苦。从他的使命和任务上说来，对于县行政机关，是站在监督的地位，对于民众方面而言，是居于解除民众的痛苦而为民伸冤的地位。若果能负着他的使命，克尽厥职的去实行他的任务，至少关于吏治方面，要得到一些良好的效果，民众方面，或者可以感受一点福音。但我们绥远的政治实察员，自有这种设备以来，固然也有认清使命去尽他的任务的；可是经年来观察的结果，实在有令人寒心而不敢加以赞扬的事实。就其成绩而论，几年来从未见过政治实察处〔员〕对于各县行政有过系统的记载或好坏的评判以及其他的设计。对于行政人员的倒行逆施诸多应行侦察和揭发的事件，亦未见有几起？至为民众伸冤，为民众谋福利的工作，更属罕有的事实，而勾结行政人员通同作弊残民害民的案件，如去岁托县实察员与县府的科长侵吞烟款、贿赂公行的事实，却震动了全绥人的耳鼓。

最使人注意而怀疑的一点，即如此次甚嚣一时的萨县驱郝风潮中的民众宣言内所布露的情形，实察员对于这些贪污敲榨的劣迹，虽然不能件件侦察得清清楚楚，也不至于常驻县城，事先连一件也不得而知，一件也未行报告吧？还有上述的种种贪案，经实察员揭发而呈报上级机关惩办的有几？由此证明，实察员不但不能为民伸冤，反而为一般贪污的官吏添了一层护符，这种设施的结果，实在有违上级机关稽核行政、探察民情、兴利除弊的原意，除此而外，我们不知所谓政治实察员，究竟对于政治上有了多大的贡献，究竟实察了些什么？

（2）省行政机关处置的失当

省行政机关既然是一省行政组织上的统治各县行政的机关，是省政务的设施与运用的权力枢纽，那末一省政务的好坏，全视其对于一省政务的处置如何而行相当的判断。我们绥远的县政，既已显示出种种的病态，省行政机关的处置失当，实在是一个最大的原因。

（A）抹煞民情不予彻底的解决——就上述的县政病态中，凡是训政期间〈应〉在吏治方面绝对铲除的恶迹，即所谓贪污、横暴等等不法行为，却在我们绥远般般样样，形形色色，都明目张胆的发现出来，屡次激动了民众的反感，掀起风潮的时候，从未见省行政机关有过彻底的解决办法。真正能够顺应民意把那些贪官污吏治以应得之罪的，实在没有多见。唯一的解决办法——使我们怀疑莫释的办法——就是把此地作恶的官吏，到了恶贯满盈，惹起民愤而生纠纷的时候，用一个变把戏式的手段，名为撤职，实则调换到另一个地方，以遮掩人的耳目。如武川前郑县长调任归绥县，五原前郝县长调任萨县。我们实在不明白上级机关这种处置，是何用意？究竟是为民设想，还是为官设想？若是为民设想，难道一个贪污成性作恶多端的官吏，一经调换到另一个地方，就能迁地为良吗？试问郝熙元前在五原被逐而调任萨县，他是不是又因贪污而引起萨县民众驱逐的风潮？由此可见，省行政机关还是为官设想的成分比为民设想的成分多吧？

（B）政令缺乏严整的精神——所谓严整，即是令不轻发，令出必行并且整而不乱的意思。这种精神，我想凡是上级机关，掌握施政权力的枢纽的机关，是必须具备的精神。而且政令的严整与上级机关的威信有最大的关系。过去的绥远行政方面的政令之不严整，只从禁烟一事，可以看得清清楚楚的。每年春季，颁布的皇皇明令，是非禁种不可，甚至三令五申的禁止。结果到了夏季，烟苗累累，罂花遍地，皇皇明令，又行颁布，是非收烟款不可，甚至三令五申的吹〔催〕收。这样矛盾的政令，一行再行的结果，上级机关的威信全失，下级机关的官吏，却不免乘机发财，有如上述的几件侵吞烟款的案件，直闹得一塌糊涂。以此类推，大事如此矛盾，较小而容易掩饰的地方，一切政令的效力，可想而知了。不然，吏治的一切，不至于腐败到这步田地。

三　自治方面

自治是民治政治的基础工作，自治的设施，即民治政治基础的设施，自治的目的，就是要达到真正的民治政治，自治完成，民治政治才能实现。我们在前言里，不是说在训政时期，除了澄清吏治而外，最重要的事情，就是提倡自治吗？而且这两种工作，有不可分离的依存关系，即吏治不清，自治不得完成，欲想完成自治，必须得澄清吏治。现在绥远的吏治既如上述的那样，我们再把绥远的自治工作，作一个冷静的观察。

（1）自治设备与训练方面

绥远直到现在，关于自治的设备及自治人员的训练，没有一个有系统的组织和经过实地的训练的地方。间或有一二县内有过这种设备和训练，不是因经费的困难而有名无实，便是训练的幼稚而不适合于自治工作的实际，徒耗民财，毫无成绩。

（2）村政之幼稚

办理村政，又是自治工作的基础工作，也就是自治工作的初步。当然是乡自治完成而后区及县的自治才能完成。首先关于乡村自治的实施的训练，在过去的既未实行，所以各县的乡村人民，他们对于公共利益的保护，公共事件的处理，公共道德的维系，纯然是株守着传统的习惯和老旧不堪的方法来支持着。名义上某人是个乡长或村长，但他实在不懂的乡长或村长的职责是要做些什么，无非是循着旧例的保甲办法，应付官差，并在一般贪官污吏的唆使、欺诈之下来剥削民众而已。乡村里是这样情形，区自治、县自治更是无从谈起。

（3）治安方面的缺陷

保卫地方的治安，是在提倡自治之先的急要设置。如果对于治安方面没有妥善的设置，自治的工作，在匪患丛生的今日，根本不能循着它的步骤着手去做的。

绥远匪患连年，匪氛遍地，这是尽人皆知的事实，杀人越货，奸淫虏掠，村无居民，路无行人的悽惨不堪的景象，不知演现过多少次数！迄于今日，还是抢案迭出，匪警时闻。这对于自治的工作，予以极大的打〔击〕，发生了许多的阻碍。官厅剿匪、抚匪的办法，始终是皮毛的敷衍而不能根本歼灭，十余年如一日，一方剿抚，一面扰乱。在剿抚与扰乱的回合中，民众们所受的痛苦，简直是撮〔擢〕发难数。这种循环相演的把戏，结果造成农村破产的一大因原。

民众呻吟于千般困苦之中，靠官剿匪，十余年来，没有盼到一次的肃清，没有享受过一日平靖无事的安乐生活，他们的经验的考证和事实的逼迫，告诉给他们不得不出于自卫的一途。于是他们为最后的生存计，在较大的村庄内创立村保卫团，以谋自卫，但因组织的不健全，械弹的缺乏，没有相当的联络，各自为政，各守一村的缘故，竟有被匪攻破，演出几处杀人夺械的惨案。为保持村保卫团的实力，曾经各县地方人士呼号请求官厅设法补助械弹，而官厅终未有相当补助的设计。间或有由军事机关购领械弹的村团，然而也实在寥寥无几。一种普遍的为大众而设想的补助办法，行政机关至今也没有顾及。此外所有前者官厅设置的各县保卫团，在匪迹少扰的地方，匪众较少的地方，还可以维持治安于一时，若在绥西各县，如托、萨、包、五、临各县境内，股匪众多，常乱之区，便感觉到保卫团的势单力弱，无以抵御的困苦。这样无济于事的保卫治安的设置，徒使民众加添一层负担。

四　希望于行政当局的几件事

从吏治与自治两方面的观察，我们知道绥远现在的政治现象是一种名为革新实则仍旧充满了腐败颓萎的气象，在时间上说，是落后的，萎靡不振的，在空间上说，落后的绥远，它更显得落后了。长此以往，绥远社会是无发展的希望，绥远民众永无臻于平等地位的可能。这是由事实方面推论的结果，证明我们不是一种无病的呻吟。既知绥远行政上的病源之所在，为补救这种危险的现象计，我们对于绥远的行政当局，有所希望于下。

（1）彻底澄清吏治

记得绥远现在的当局，当莅任之初，对于所属各机关有过澄清吏治的规约。可见当局对于此事，早已看得清楚，认定吏治不清，行政上一切的设计和运用，要受诸多的阻碍，一般民众，难得走上自由平等的途径。这种用意，可谓至善至美。不幸的绥远，积弊如山，腐败恶习薰染已久的绥远，谁想它直到今日，依然充满了旧制度之下的官僚压迫民众的恶习气。这种咎责，究当归于哪一方面，我们暂且不必管它，但我们总以为行政当局，在训政时期的首要任务，必须得由澄清吏治作起，吏治走上了正轨，方能造成廉洁政府，政府改造到真正廉洁的时候，凡对于庶政上应兴应革的事件，自然而然的顺序的完成。这是一个铁则，任何人都不能非难的事实。

一种制度的存在，必有它存在的理由和价值；一种制度的改革，必有它改革的意义和必要。澄清吏治，就是改革旧制度之下的官僚组织，建设训政时期所需要的廉洁政府，希望我们的当局者，深本此义，彻底的毅然决然的把绥远政治系统之下的一切机关的贪官污吏，一律澄清。即所谓"除恶务尽"，使那种残害民众压迫民众的事实，再不要发现于绥远社会。

（2）任用人员必须要精密的审慎

凡在社会变革的过度〔渡〕时期中，社会的一切基础构造，已经发生了不可掩饰的矛盾。这种矛盾，就是旧势力与新势力的冲突。旧势力极力的挣扎它最后的生命，以图苟延残喘的存留；

新势力极力的摧毁一切妨害社会进化的障碍，以促进社会的发展。这个时期负着改造社会使命的人们，尤其是秉有改造社会的实权的执政者，必须得认清这种矛盾的所在，然后才不至颠倒是非，处置失当。所以在吏治方面，一切官吏本身的健全不建〔健〕全，合格不合格，在制度的改革过程中有最大的关系。若一切官吏都是适合于新时代需要的人材，制度的改革，才可以如期完成，若一切官吏，仍然是旧制度中的奴隶成性的官吏，或有腐化恶化的分子，混杂其间，尸位素餐，渎职害民，制度的改革，不但没有希望，简直可把新社会的萌芽，摧毁无余。所以在革旧布新的过程中，任用官吏，首要注意以下的两个原则：

(A) 任用适合于现代需要的人材；

(B) 极力防范腐化恶化的分子潜入。

绥远政治的不景气，由事实的证明，是因为官吏之中有腐化恶化的分子存在的缘故。为绥远前途计，为绥远政治走上正轨计，我们希望当局者，在任用人员方面，必须要经过精密的审慎，任用合格健全的人材。

(3) 严令禁止官吏的不法行为

下级机关的官吏，必须遵守上级机关的一切法令。凡在禁绝之例的一切行为，下级官吏丝毫不得干犯。既犯之后，上级机关，必须依法惩处，毫无姑宽的余地。这是行政法上的一个最重要的原则。

绥远现在的吏治方面，固然不能说上级机关的法令不能实行；但我们由许多贪污案件的处置的结果看来，撤职的官吏，反而又在另一个地方任用，似乎对于法令的尊严上，很有失当的地方。同时对于一般贪污的官吏，大开方便之门。官既不失，又辟一个发财刮地皮的局面，如是一来，上级机关的法令等于废纸，下级官吏的行为，越发放纵无忌，无恶不作了，政治的运用，如何能够谈到？政治的统治机关，既失了统治的作用，一切的改革和新的设计，更属忘〔妄〕想了，我们希望当局，要保持法令的尊严，对贪官污吏的惩戒，务要严明的认真的办理，务持官必清廉，不清必罚的宗旨，彻底查究，以维法纪，而恤民瘼。

（4）尊重舆论接受民情

所谓舆论，所谓民情，都是一种社会心理的表现。社会心理，是社会上一种无形的力量——社会制裁的力量，往往有激动舆论与民情的事件发生，社会上即哗然一时的喧噪起来。当然一件事实的好坏，不能单靠舆论的评判；但是舆论与民情所指的事件，必有它引起这种心理的原因，并非是无中生有的。尤其是行政方面，政令的行施，政治的运用，更容易惹起社会上一般民众的议论。因为政治是为民众而设施的一种制度，政治的良窳，是直接影响到民众身上的。有不合社会民众的政治设施，便要激起民众的反感而发生一种反对的舆论。如托县、萨县、凉城县所发生的官吏贪污案件，哪一件不是惹起民众的反感而由民众揭发的呢？在这些事件发生的当时，一般舆论，是不是反对贪官污吏的舆论？一般民情，是不是一致反对贪官污吏的民情？所以舆论与民情的发生，必然有可以引起这种心理的事实存在着，如果把这种心理的表现置之不理，一概抹煞，无异于把引起这种心理的事实抹煞。在专制时代，民众过的非人类的生活，当然谈不到什么舆论；而在民治政治发达的现代，尤其是行政长官，必须尊重舆论，接受民情，然后才能矫正政治上的错误，得到良好的效果。这也是我们对于当局者希望的一点。

（5）实地领导自治的工作

过去绥远既没有系统的自治机关的设置，又没有健全的自治人材的训练，无怪乎村政那样的幼稚，民智那样的闭塞，无怪乎政令实行的困难，官吏有贪污的行为。政治的下层组织无从培植，基础的建设整个的置之不顾，欲求政治的良好，无异于得风寒病的人而不去对症下药，由内部向外发散风寒，只去蒙头盖面的添加衣服，虽然穿上几十层衣服，也去不了内部的风寒。

绥远的社会，本来是落后的；绥远的民智，本来鄙陋的。这种社会落后、民智鄙陋的区域内，自治的工作，是刻不容缓的工作。自治人员的训练，尤为急要之图。非得由初步着手，自治难期完成。我们希望当局者，认清过去在政治上的那种错误，积极的领导一般官吏筹设有系统有组织的自治机关，实施自治人员的训练。

（6）速筹完善的保卫治安办法

绥远民众所受的最大痛苦，是土匪的扰攘，匪患一日不除，社会的安宁一日难保。欲除匪患，非由民众自卫方面设想不可。若用十余年来统率重兵追击剿杀或无法处置招抚偷安的办法，不但匪忠〔患〕无铲除消灭的可能，简直有愈剿愈多之危险。只要我们一忆过去剿匪的经过，立即可以想到这种办法是无济于事的。多剿一回，多扰害一回民众。

在〔现〕在唯一的办法，须从自卫的根本方面着手。绥远不是已经有了村保卫团的组织吗？而且这种组织，是纯出于民众自动的保卫地方的组织。前面已经说过这是民众“经验的考证与事实的逼迫”而想出的自动防卫的方法。既出于自动，当然是适合于民众的需要的。唯有这样自动的防卫，直接与民众生命财产有重大关系，他们防卫的努力，当然要比照例的率兵追剿不按实际不关痛痒的方法，要得到较大的效果，况且几年来凡是有村保卫团的地方，土匪便不敢正目而视的事实，明明的放在我们的眼前了。可惜因“组织的不完善，械弹的缺乏，没有相当的联络，没有普遍的设置”，只不过凡是有村团的地方，可以保得安全；没有村团的地方，便不能顾及。唯其如此，我们很希望当面〔局〕者，对于治安方面，有如下的注意：

（A）实地组织有系统有联络的村保卫团。

（B）取消原有的区保卫团，所留经费，移作村保卫团械弹的［的］补助费。

（C）村保卫团须加以实地防卫工作的训练。

（D）确立村保卫团的保障，除自卫与协同他处剿匪外，不得受任何方面的调动。

（E）村保卫团的领袖人材（团长及一切长官）绝对由地方选出，请官厅委用，不得由任何机关随便委任。

五 结论

上述种种，纯就吏治与自治两方面而言，当然是一个概括的观察和粗浅的建议。我们并不是以为当局者就没有设想到这些，我们只觉得绥远社会是腐旧的迟顿的，没有一点儿生动的气象；觉得绥远民众是悽惨的痛苦的已到了再不能忍受的地步。由这些刺激，不得不对于绥远社会与民众谋相当的出路。既要谋相当的出路，必须要把这个社会与民众痛苦的所在，指摘出来。固然绥远社会落后的原因，是多方面而很复杂的，不是单纯的只从政治上所能把握住的；但是政治上的病态，不仅是原因中的一个原因，而且是一个重大的原因。我们虽然是概略的写出来，也可以使当局者发生一点感想吧!? 或者当局者竟能洞察前非，立图改善；那末我们这几点希望，也不至于失望了。

1932.4.10于北平

《绥远旅平学会学刊》（月刊）
北平绥远旅平同学会
1932年4卷3、4期合刊
（李红权　整理）

苏俄与外蒙

丁慕陶　撰

苏俄侵吞外蒙的阴谋

外蒙土壤肥美，矿产丰富，出产众多，苏俄视之犹如一块肥肉，常常想尽方法，利用机会，以遂其蚕食鲸吞之野心。宣统二年（一九〇九〔一九一〇〕）苏俄看见满清政府庸懦无能，即利用此种时机，大发其侵占之欲念。于是在美国提议满州〔洲〕铁路中立之时与日本勾结，缔结秘约，除平分所谓南北满利益外，俄国承认日本吞并朝鲜，日本承认俄国侵吞外蒙。自此以后，俄国对于外蒙的野心日益显露了！

侵略蒙古既为帝俄时代的传统政策之一，到了革命以后，此种政策赤俄依然沿用不改，而其手段则反较前积极，至其侵略的方法系抄日本亡韩的旧文章而分为两种步骤。即：一、唆使外蒙古独立脱离中国羁绊，而自己则在背后操纵；二、对于独立后的外蒙，渐渐施其“赤化”手段，并借武力使成为苏维埃联邦之一。再详细些说，其侵略的经过可分为左列几种步骤：

一、以留学俄的蒙古青年为中心，组织蒙古共产党和革命青年团为革命的原动力；

二、编成蒙古国民军，和苏俄的红军联合，协力扑灭窜入库伦的白俄残军；

三、召集蒙古国民会议，建设蒙古国民政府；

四、废除活佛，成立共和政府；

五、断行社会及经济各方面的革新。

赤俄本以上之策略，步步进逼，而有领土主权的中国则因本身先有病症，内忧外患，天灾人祸，相继而来，一般人无暇注意外蒙，故赤俄更得以横行无阻没有一点顾忌，轻轻易易，外蒙就名实都归入苏俄的管辖之下了。

外蒙独立之起因

满清政府之对待外蒙，纯是怀柔与愚民政策，对于王公则锡以名位并作种种的笼络；对于喇嘛、蒙民则优礼相待，表示种种好感，所以一向相安无事。及至前清末年则渐渐不如以前。派往库伦之办事大臣，类皆贪墨昏庸的无用之辈，蒙人视之多不满意。他方苏俄却利用机会，极力买活佛之欢心，怀柔王公、喇嘛，并以财力、兵力作实际的援助与干涉。中俄两国政策之不同如此，故渐有主客易位之势。清末政府看见俄国阴谋外蒙日亟，知道事情不对，乃任三多为驻库大臣并添设库伦兵备处、边防营、交涉局、宪政筹备处、车驼捐局等机关，打算作实际的经营。而各种费用悉令蒙人供给，更复建筑营房四百余间准备驻兵。但说了很久，依然一兵未练，而已大为引起蒙古人的疑惧，致蒙民相率逃避，近城各旗大有十室九空之概，于是外蒙古对于中国的感情日坏，遂为外蒙独立的最大原因。

独立之经过

一九一一年（即宣统三年）外蒙乘中国革命之际，借会盟为名，召集王公，密谋独立，一面派人赴莫斯科求援。俄政府立刻答应，大派军队入蒙，中国官吏闻风先逃，于是外蒙政府遂在苏俄保护之下，实行宣布独立，成立傀儡式的外蒙政府。一九一二年（即民国二〔元〕年），政府致书哲布尊丹巴劝其取消独立，外蒙诿称须与俄国相商，我国乃向俄国交涉，但俄人态度异常顽强，交涉困难，历时九月，始于恰克图成立《中俄蒙条约》，其要点如下：

一、外蒙古承认中国宗主权，中国、俄国承认外蒙古自治，为中国领土之一部分；

二、自治的外蒙无权与各外国订立政治及土地关系之国际条约；

三、外蒙古博克多哲布尊丹巴呼图克图汗名号，受大中华民国大总统的册封；

四、中国、俄国承认不干涉外蒙古现有自治内政之制度。

此条约订立后，我国惟剩宗主权之虚名，而俄国弃名取实，外蒙亦徒具自治虚名而已。

欧战末期，俄国发生革命，国内骚然，外蒙古亦连带不安。俄国在外蒙行使的纸币，其价值一落千文〔丈〕。因之，贸易停滞，百业凋零，社会恐惧不安之状态，达于极顶。王公、喇嘛亦人人自危，蒙人鉴此情势，知道非倾向中央实不足以图存，遂召集会议，决定撤消自治。同时中、俄、蒙三方协约，即已无形取消，当时苏俄因国内有事，亦无暇过问。

如果政府处置得当，实一收回外蒙的好机会。不料腐败的北京政府委派徐树铮为西北筹边使，经营外蒙，徐即率领军队前赴库伦；到达之后，即解除蒙军武装，气焰滔天，因此又引起外蒙人的疑惧，对中国更生恶感。当时俄国内白党的势力渐渐失败——一九二〇年白党温格林在俄境战败之后，率领谢米诺夫的残部退入外蒙，想以其地为复兴的根据地。一面占领库伦，驱逐中国在蒙之官吏，排除中国之势力；一方面驱逐蒙古老年人及稍有智识者。当时蒙古有不少思想左顷〔倾〕的青年，不堪温氏之压迫，相率逃至恰克图、贝加尔湖沿岸一带，以避温格林之屠杀。

苏俄政府得此机会，便于上乌丁斯克、伊尔库次克等地成立蒙古人招待所，对蒙古亡命之青年隆礼优待，并命在蒙之赤俄加入此辈亡命青年之中，徐徐作“赤化”之宣传。不久的期间，此辈青年便化〔在〕苏维埃指导之下，成立蒙古革命党，推定巴图鲁为领袖，而作“赤化”外蒙之急先锋了！

一九二一年三月，蒙古革命党在恰克图产生外蒙国民政府，借口讨伐白党温格林，恢复外蒙古为名，派遣代表赴莫斯科，请求苏俄政府予以实力的援助。苏俄当局以其正中其计，慨然乐允，立即派赤军会同蒙军攻占库伦，肃清白党，捕获温格林。因是又在赤卫军之下，成立一个有名无实的伪政府。自此外蒙与中国二百年来藩属之关系全告终结，而中国政府亦无力过问。

当赤卫军占领库伦，成立政府之初，知蒙人对活佛信仰之心，根深蒂固，如果轻易将其推翻，必不足以资号召，故即利用其为傀儡，而奉哲布尊丹巴兼摄外蒙皇帝。但有附带之条件，即国会通过之案件只能宣布而不能加以修改。这样一来外蒙皇帝亦只拥虚名而已。

有名无实的外蒙政府之设施

外蒙政府成立不久，即举行小国民会议，对于下列建国纲领加以裁决：

一、政府宜以铲除封建制度的根本为目的，另定新法律，切实施行无阶级的制度，使全国民一律有服兵〈役〉及受法律裁判之义务；

二、制定纳税制度，凡全国国民不分阶级，负均等的纳税之义务；

三、废除奴隶制度；

四、以立宪君主之资格保存活佛；立于其下之政府，务求民权之扩张，活佛无否决权，政府与国民议会制定的法律，报告活佛后，即以国民之名义颁布；

五、宣战媾和及制定预算权，皆属于政府及大小国民会议。

除决定上列政纲外，又决议废止一切旧法律，另行制定新法律。

该项纲领决定之后，极为苏俄所不满，乃以威胁之手段，强横之态度迫外蒙承认其有赤色之条文。蒙人不得已承认其如下的条文：

一、外蒙之森林、土地、矿产皆为国营；

二、分配外蒙的公有土地于蒙民的贫困劳动者；

三、外蒙之天然富源不得变为私有财产；

四、外蒙之矿产，由苏俄劳动者共同开发；

五、外蒙之金矿，让与苏俄工会，由俄职工会管理之；

六、外蒙土地之分配，须照苏俄办法；

七、除专利事业及特别权利事业外，保留私有财产之日用品的制造自由。

此条件承认后，外蒙国民党重要分子愤恨苏俄的压迫，起来反抗，但因党内已受苏俄之阴谋操纵发生分化，外面又有强有力的赤军，故反抗运动终于失败，有数名重要人物竟遭枪杀，而党之总理包图鲁竟亦在其中。自此外蒙人民无人敢作反抗之想。一九二四年夏，政府已实行左顷〔倾〕，其时党内人物已非昔比，主持者多是亲俄之辈，于是外蒙政府实行苏维埃之共和政治之议决，竟于是年冬大国民议会中通过。并通过《蒙古劳动民权宣言》，及将库伦改为赤勇城，其宣言大意如左：

一、蒙古为独立共和国。主权属于劳动国民，以国民议会产生之政府行使之；

二、蒙古共和国目前之国是为铲除封建制之残余势力，而树立民主制度的新共和政府；

三、据此原则，而依左列之方针行之：

1. 土地、森林、水泽及其他之土壤皆为劳动国民之公产，以前之私人所有权一律废止；

2. 在一九二一年革命前所缔结之国际条约及借款一律无效；

3. 外国人在蒙专横时代借给个人之债务，在国民经济上为不可忍受之负担者一律无效；

4. 政府采取统一的经济政策，国外贸易皆由国营；

5. 为保护劳动国民权，防止内外反动势力之发生，编制蒙古革命军，对于劳动者授以军事教育；

6. 为确保劳动者的精神自由，应政教分离，使宗教信仰，为国民个人之自由；

7. 政府应将言论机关付与劳动者之手，以确保劳动者表示意思之自由；

8. 政府应供给劳动者之集会场，以保证劳动者一切集会之自由；

9. 为保证劳动者之自由，政府须与以关于组合之物质上及其他援助；

10. 为增进劳动者之智识，政府须普及劳动民众之免费教育；

11. 政府对蒙古人民，应无民族、宗教及男女之差别，承认一律有平等权；

12. 旧日王公贵族之称号及其特别权利，一律废除；

13. 鉴于全世界劳动阶级咸趋向于覆灭资本主义，建设社会主义，蒙古国之对外政策，应尊重全世界被压迫民族及劳动阶级革命之利益，以期与彼等之根本目的相合；

14. 在情势上，对于其他资本主义国家虽以保持友谊关系为务，但对于侵害蒙古共和国之独立者，须断然抵抗之。

此种宣言发出，苏俄政府就首先承认，不久，两国政府就互派全权代表，在莫斯科缔结《俄蒙修好条约》，计共十三条，列之于左：

一、苏维埃联邦政府认蒙古政府为蒙古唯一的合法政府；

二、蒙古国民政府认苏维埃联邦政府为俄国的唯一的合法政府；

三、两缔约国负有左列之义务：

1. 两缔约国无论何方之领土内，不许有“以反抗他方或颠覆其政府为目的之团体及个人”存在；

2. 不得“以与他方战争为目的之军队”在自国民内动员或募集义勇兵；

3. 不得输运武器，或从其领土内通过与缔约国直接或间接为战斗行为之团体。

四、苏维埃政府派遣全权代表驻蒙古首府，派遣领事驻科布多、乌里雅苏台、恰克图等地；

五、蒙古国民政府派选〔遣〕全权代表驻苏俄政府之首府，派遣领事在与苏俄政府协定各地；

六、俄蒙间之国境，应于两国政府间特定之委员会定之；

七、各缔约国国民，居留于缔约国他方之领土内，享有最惠国国民之权利与义务；

八、各缔约国之司法权，无论关于民事或刑事，在其领土内适用于缔约国他一方的国民；但均基于文明与人道之原则，两国皆不适用体刑刑法。在执行刑法上之审判及判决，若对于其他国家与以特典时，此特典亦宜自动的适用于缔约国他一方的国民；

九、由两缔约国之他一方输入或输出之贸易品，宜纳法定之关税，但此等关税率不得超过由其最惠国国民所征之关税；

十、苏俄政府对于存在蒙古境内的俄国所有的电信局及电信装置，无条件的让与蒙古国民政府；

十一、为增进两国之文化及经济关系计，俄蒙间邮便、电信之交换，及经由蒙古电信问题之解决，皆甚重要，两国对于本问题宜特行协定；

十二、蒙古国民政府对于在蒙古境内所有土地及建筑物之俄国国民，宜与以适用于最惠国国民同议〔一〕之土地所有权及赁借权；但俄国国民对此宜负担征纳法定租税及赁贷费之义务；

十三、本协约以俄文及蒙古文作成两则，从签名之日起发生效力。

吾人观此条约，堂皇冠冕，俄蒙是在平等原则上结合，岂知这只表面而已，考其实际，蒙古的政治、党务、军事、财政无一不受苏俄人员把持、操纵。盖任何机关均须聘俄人为顾问，事事均请顾问裁核，蒙人毫无自主之权。故事实上外蒙不过为形式的国家吧〔罢〕了！试观左列之情形，即可知其操纵之毒恶。

党务

外蒙国民党之所以渐渐左倾者，其重要之原因，实为俄人利用青年党加以破坏。盖国民党之重要分子多贵族、喇嘛阶级，苏俄认此等人易于右顷〔倾〕，恐终不可供己之利用，故笼络无知青年及失意分子，组织青年党，对于国民党则尽力破坏，有能力者则想法暗杀之，手段毒辣，实属骇人听闻。右顷〔倾〕分子既遭破坏，一面更尽力扶植亲俄分子，利用以作工具，而受苏俄的指挥从事活动，故左顷〔倾〕之势力日甚一日，而反对党遂完全无活动的余地。

政治

外蒙行政，在昔组织亟其简略。盟长一员（按盟即等于内地之者），管理司法、行政等务；并设将军一员，管理兵务，旗设汗王或头等台吉贝子一员（按旗即等于内地之县），管理本旗一切行政事务，世袭罔替。自独立以来，活佛势力完全消灭，转世之说，徒成过去痕迹。新政府成立之后俄蒙关系日益密切，但考其实际，不过苏维埃劳农政府一个联邦而已，试看下列新政府要人名录便知一般：

人民委员会会长　采林道尔基

人民委员会副会长兼商务人民委员　阿毛尔

军务人民委员　马利赛尔基亚布

总军司令官　卡伊巴尔散

总军司令官参谋长　利其基夫

军事会议会长　阿希

内务人民委员　采村罕

教育人民委员　巴慈罕

经济会议会长　阿马革埃夫

以上各员大半均系苏俄留学生及共产党，其中各部如参谋部有俄顾问八名，总司令部有俄顾问十名，财政部有俄顾问四名。是以外蒙政府中之人物，除一二中立之王公派及少数亲日派外，其余均系亲俄拥俄分子，而对于我国则已完全断绝关系。

军事

外蒙党务、政治已为苏俄所操纵，其军事当然不能例外。自外蒙宣布独立时，即驻重兵于库伦及其他要地，借以镇压反动势力而助长其侵略之焰，后来竟永不撤退。计驻三贝子有赤卫军三团，过山炮五尊，飞机八架，铁甲车四辆。驻扎后贝加尔有卅六师团中步兵第一〇〇三联的一大队，并有机关枪五架，三吋炮及野炮各一门。并以一九二三年住民抢掠俄国领事馆内的武器为借口，由托罗伊次克萨夫司克方面派来骑兵一中队，运输汽车两辆，并在车臣汗部等地储存步枪四五千枝，过山炮五尊，飞机六架，铁甲车二辆，炸弹、子弹及爆炸物甚多。如许重兵作何用途，司马昭之心路人皆知。

蒙人生性好武，对于从军颇感有相当兴趣。现时蒙政府采用征兵制，年龄十八岁以上，均有应募之义务。但握军事之实权者为俄人，其教练官均系由俄国所派来，行欧洲式之教练。此等教官，除以共产党员而从军事教育外，暇时即作“赤化”之宣传。

教育

外蒙人民思想，素称守旧主义；教育之不发达，自在意想之中。自苏俄侵掠以来，青年派起而执掌政权，对于提倡文化、普及教育，颇知努力。其全年国税收入八百万，而用之于教育者即占百分之三十。库伦一地，计设有小学、中学、大学校、电政学校、军官学校、军医学校、内防处学校等，计共十余处。其学生膳宿等费均由学校供给，故所费极巨。其校中课程除科学外偏重俄蒙文学及共产主义，其比较优秀者均送至莫斯科留学，以造成共产党干部人才，汉文不过具文之科目而已。此外并办有蒙文报纸及定期不定期刊物，宣传共产主义，改变人民思想，使蒙人彻头彻尾的作苏俄的顺民。其阴谋之狠毒，着实可怕！

外蒙人民如何自救

“赤祸”已深，外蒙几已频〔濒〕于不可救治之境地，挽回之法，不外外蒙人民自己的觉悟和努力。外蒙人民我们不能说均已受“赤化”的麻醉，而无一明白事理的人物。事实上，外蒙的“赤化”革命，自始即为少数的鞑靼蒙古人所操纵，而占多数的纯粹的蒙古人喀尔喀族则全为被动。于此，我们相信外蒙人民，现有不少愤恨苏俄的阴谋而替自己的民族危险，且有不少明白自己如果脱离中国独立，决不能逃过赤色苏俄或白色的日本的窥伺而倾向于内服。但这种见解，纵是属于多数，显然为现在握着政权的蒙古人所不能且不敢赞同。因此，这种见解还只是一种消极的愿望，而未能作积极的行动。外蒙人民在无可奈何之中，现在或者尚在希望中国政府能予以实力的援助，使其脱离火坑，这种希望目前不用说是空的。因为中国内部现今当〔尚〕在扎挣中，要去援助外蒙，事实上犹不可能。固然，外蒙之水深火热，政府是负有解救的责任，决不能推卸一些。政府除为内部的扎挣外，犹应不忘外蒙为中国的土地，外蒙人民为中国的人民，而积极的设法前去帮助，例如外蒙人民的思想的指导，和其反对“赤化”侵略的活动的援助，以及外蒙穷苦民众的救济，均为政府所能做而应做的事。但政府的援助，在现况下，只能做到相当的限度而止，过此限度的要求，则非待政府本身的力量充实以后不可。但外蒙的危急情形既已如彼，决不能再事敷衍因循，再事因循，则“赤化”的毒日深，苏俄的势力愈益巩固，以后从事挽救，更加困难。故此时外蒙人民应积极的起而自救。自救的工作，应分几方面进行：第一，觉悟的外蒙人，应努力设法使大多数民众彻底明白苏俄的毒计，和外蒙民族危险的情形；第二，借喇嘛教为号召，鼓动其宗教的热情，用以团结一般民众；第三，鼓吹民族自决，反坑〔抗〕苏俄的统治；第四，宣布取消独立归顺政府，与政府切实合作。如此一来，政府在实力上和外交上均可切实为外蒙之助，外蒙人民庶有取得真正的自治的一天，不然的话，外蒙民族的前途，只有愈益走向荆棘之路了。

《新亚细亚》（月刊）
上海新亚细亚月刊社
1932年4卷6期
（李红权　整理）

告蒙古同胞书

作者不详

自日本背弃国际信义，乘我不备，突于去岁九月十八日以暴力侵入我东北三省，中央为尊重《国际联盟公约》，维护世界和平，经即根据事实与公约之规定，诉诸国际联盟，力求公理、正义、人道之伸张，以制裁其野蛮之举动，世界各国，莫不同情于我，特由国际联盟大会，派遣专员，组织调查团，东来调查，现已调查完竣，不久将有解决办法。乃日人甘冒全世界之不韪，以其国家生命作孤注之一掷，近又向我热河边境输送军队，大有进窥之势。我卓索图、昭乌达两盟各旗，首当其冲，尤在日人觊觎之中。我中央当局，现已下最后决心，日如来犯，即以全力抵抗，进而恢复东北三省，决不为暴力所屈服。

惟自日人强占我东三省以后，利用少数败类，强迫前清废帝溥仪为傀儡，组织所谓满洲政府，向在辽宁、吉林、黑龙江等省境内之哲里木、呼伦贝尔、伊克明安、布特哈等盟、部、旗，不幸均陷入暴力压迫之下。今又思窥伺我卓、昭两盟各旗。其对于我蒙古土地，无日不思攫为已有，昭然若揭。我蒙古同胞，对于日人此种野心及暴行，谅无不同深愤慨。惟是蒙古地方，交通不便，关于外界情形，容有未尽明了之处，爰将日人对于蒙古历来所抱之侵略野心，及过去之事实，足令我蒙古同胞触目惊心、懔然生怵者，一为我蒙古同胞言之。

查日人自明治维新以后，对于我国夙抱积极的侵略政策，即所谓大陆政策。因欲攫取我国东北各地，第一步乃煽惑朝鲜独立，以便利用。而朝鲜国中竟有卖国求荣为虎作伥之李完用辈，误信甘言，堕其术中。迨甲午中日战后，于是多年臣服我国之朝鲜，竟在日人卵翼之下，脱离我国而独立。自此而后，朝鲜名为独立，实与日本属地无异。朝鲜人民恃为生计之农田、商业，大半为日人所夺。朝鲜人被迫无路，不得已乃向我东北各地乞丐求食。即向日受日人优遇之所谓亲日派与朝鲜国王，亦备遭日人苛虐待遇。于是韩人抗日之声四起。日人为彻底消灭朝鲜起见，乃征收人头税、窗户税等等恶税，肆意榨取朝鲜人之血汗。并搜括朝鲜人所藏武器，以防韩人反动，甚至十家共使一菜刀。即此，可见一斑。日人犹以为未足。至日俄战后，日人席战胜余威，竟以一纸宣言，将朝鲜全境吞并，据为己有。朝鲜有志之士，痛亡国之惨，群起运动复兴。有名之安重根，乃不惜身家性命，拼一死将日人在朝鲜所置之统监伊藤博文氏，狙击身死，然已无及矣。比年以来，日人之生殖日繁，在朝鲜境内，攘夺韩人生计之方法益烈。朝鲜人呻吟于日人铁蹄之下，求生无路，极人间之惨事。夫日人之吞并朝鲜也，实以我国东北各省与蒙古为目的，因朝鲜地当我国与日本之间，故先吞并朝鲜。吞并之术，第一步使之脱离我国而独立，以便易于操纵，第二步乃实行吞并之。事实俱在，虽日人亦无法予以否认。

今日人对于蒙古同胞，又狂称"蒙古土地原非我国领土，蒙古民族不在中华民族范围内"。窥其用意，无非挑拨蒙古民族与国内各民族之恶感，分化我整个的国家民族之势力，以便从中渔利。实与卵翼朝鲜，使之独立，迨独立之后，又吞并之故智，如出一辙。我蒙古同胞中，极饶明达之士，对于日人此种鬼蜮伎俩，谅不难洞烛其奸。惟日人诱惑之术甚多，甘言、金钱之外，并用势力压迫，万一有少数之人，未及详察，误入歧途，则朝鲜前车，可为殷鉴。愿我蒙古同胞，远察日人吞并朝鲜之毒计，近观朝鲜人民所受之痛苦，勿为詟言所误，勿为小利所惑，抱定坚决忠贞之精神，拥护我整个的国家民族，务使谰言无由渗入，诡计无由得逞，国家之幸，抑亦全蒙古民族之福。此昭告于蒙古同胞者一也。

再查日人之淆惑我满蒙同胞者，动辄曰满蒙两民族之事务，由满蒙两民族自了之，日人决不加以干涉。不知此种言论，实为欺骗诡计，日人并无履行诚意，更无履行之事实。自去岁所谓满洲政府成立以后，各机关中诚不无满蒙两民族知名之士羼杂其间，然重要位置，概以日人充任，实权胥由日人掌握。举例言之，所谓满洲政府成立以后，曾将哲里木、呼伦贝尔、伊克明安、布特哈等盟、部、旗地方，改为兴安区，设置兴安总局，并分设东、南、北三分省，而以哲里木盟、布特哈、科尔沁右翼中旗、呼伦贝尔额鲁特旗各盟旗长官充任各分省省长，骤观之，当事者尽属蒙人，似与蒙人治蒙之宣言，不相违背，而不知兴安总局次长为笠木言明，总务处长为高桥余庆，其余佐理人员，大半皆系日人，事实上兴安局事务，即全归日人主持，蒙古人不过供利用、备驱使之工具耳。其他各机关，亦大都如是，而财政、交通、实业、警察各机关，乃尽为日人所占有，并此装饰门面之点缀品亦无之。其向来为日人出力最甚之张海鹏，已内调为侍从武官，褫其军权，置之闲散地位。彼日人用心之毒辣，与其宣言之虚伪，从此种种事实，可资证明。夫日人利用民族自决之甘言，诱惑我满蒙同胞与之合作，用意在于利用满蒙民族供其牺牲，其心目中绝对无有为满蒙民族图谋利益之丝毫诚意，事实所诏，实可断言。万一我蒙古同胞未及明察，误为利用，实属引狼入室，自寻死路，不惟自绝于国人，抑且自绝于人世。生死关头，务须审慎，此昭告于我蒙古同胞者二也。

又查日人之诱惑我蒙古同胞者，动辄曰蒙古旧制概不变更，固有权利决不攘夺，不知此种言词，尤属欺人之谈。日人行动，实与其言论大相背谬。查蒙古盟旗制度，历史悠久，自清代以迄民国，从未加以变更，我国民政府最近且颁布《蒙古盟部旗组织法》，冀图予以充实巩固。彼日人自以暴力强占哲、呼、伊、布各盟、部、旗以后，即于各该盟、部、旗地方设置兴安总局，分设东、南、北三分省，原有各盟、部之名称概予取消，所有各盟、部、旗之编制及职权，暨王公、台吉各项封爵，与夫蒙人素来信奉之黄教，亦无不加以变更及限制，数百年来蒙古各盟旗相传未隳之权利，至此尽为日人褫夺无还，不变旧制，不夺权利者，固如是乎？尤有要者，蒙古各盟旗地方辽阔，草莽潜滋、向赖各盟旗固有之保安队、自卫团、巡防营等队伍自为维持。比年以来，地方不靖，土匪充斥，此项保安组织，尤关重要，故我国民政府，最近□颁布《蒙旗保安队编制大纲》，以资划一其编制，充实其力量，所以奠安蒙疆者，何等周至。彼日人自强占哲、呼、伊、布各盟、部、旗以后，即收缴各盟旗自有之枪支，编遣各盟旗固有之队伍。最近并将各旗少数之自卫军，亦予尽数解散，务使各盟旗无丝毫自卫之力量与器具，俯首帖耳，甘供日人之宰割而后已，而后快。嗟乎！彼日人尚视我蒙古同胞为有生气之人乎，尚一顾其不变旧制不夺权利之宣言乎。此外更有一事，足令满蒙同胞寒心者，最近九月十五日，日人派遣武藤信义为满洲特使，与所谓满洲政府签立议定书，内容：（一）凡日本或日本人依照中日各项条约协定，或其他布置，或依照中日间之公私契约，在于满洲境内所应有之一切权益，“满洲国”均应承认遵守，但嗣后日“满”双方如以协定更改上述权益者，则依新协定办理。（二）日“满”两国议定缔约国之任何一国，若受任何土地上或治安上之胁迫，则其他缔约国之安全及生存，亦受危害，故两国决互相合作，保存其国家之安全，日本可于满洲境内，驻屯适合此种需要之相当军队云云。照此所定，则所谓满洲政府，实已变为日本之保护国矣。夫日人强占我东北各地，今甫一年，势力尚未臻于巩固，其变更旧制，攘夺利权之行动，已如水银泻地，无孔不入，设其时期日久，势力益充，不将我满蒙民族尽数驱逐之乎，就令我满蒙民族人数众多，一时不易驱除净尽，彼日人亦必横征恶税，尽榨吾人之血汗，使无生活之机能，务使吾满蒙同胞变为今日朝鲜人之第二，宁不可怵可哀也哉，此昭告于我蒙古同胞者三也。

要之，日人数十年来之唯一目的，在于吞并满蒙以实现其大陆政策，三十年来所有扶植朝鲜独立，并吞朝鲜，据为己有，缔结二十一条件，与夫强占我国之东三省，皆其进行之过程，所谓"满蒙非中国领土"，"蒙古民族非中华民族"，"日人对于蒙古不变旧制，不夺权利"等，皆其淆惑略诱之手段，其处心积虑，实在我蒙古地方之土地及富源，思欲攫据之吞并之，以豢养滋长其木屐儿而已，已往之朝鲜，现在之"满洲"政府，可资龟鉴。我蒙古同胞苟一熟察明辨，当不难晓然利害之所在，善为自处。现在中央业经确定计划，力求收回失地，其已在暴力压迫下之哲里木、呼伦贝尔、伊克明安、布特哈各盟、部、旗之官民，务须痛定思痛，互相团结，力谋自拔之策。其与暴力邻接之卓索图、昭乌达各盟旗之官民，应互相劝告，防患未然，无为甘言所诱，暴力所劫，精诚亲爱，共维地方，务使蒙疆益臻巩固，祸变不再扩大。兹为缕述事实，揭破黑幕起见，用特明言昭告，惟我蒙古同胞，其注意之。

《蒙藏旬报》
中央宣传委员会蒙藏旬报社
1932年5卷2期
（朱宪　整理）

西陲蒙旗两宣化使之职责

作者不详

廿四日在京就西陲宣化使职之班禅额尔德尼，与日前来京早已就职之蒙旗宣化使章嘉呼图克图，同以一方政教首领，负中央宣化使命，其职责实异常重大，非国师等类尊号仅表扰〔优〕崇者所可比拟。兹分两点言之。

宣者，宣布中央德意也。中华民国成立，即定汉、满、蒙、回、藏五族共和之局。只以各帝国主义者之觊觎，乃日肆其挑拨离间之计。外蒙既告独立，西藏亦启兵争，而满族帝制余孽，近复受日人蛊惑，成立伪国。此皆少数野心当局不明团结国族共御外侮之意，但知脱离中央，可以窃号自娱，而不知转瞬即步朝鲜、安南后尘，遭受亡国惨祸，以大多数人民并未同意之事，而令大多数人民受此惨祸，实乃最可痛心之事。现在中央以党治国，而党之三民主义中之民族主义，即主张国内各民族一律平等。故对于蒙藏事务，特设蒙藏委员会，集合蒙藏政教首领，共谋改进蒙藏一切政治、文化，及团结整个国族，以御外侮之计，此种设施，远处北塞西陲之蒙旗、西藏人民，当然不能尽知，则宣化使乃负有此项转达之责。

化者，开化人民知识也。蒙旗、西藏人民因知识不足，致为少数野心当局所蒙蔽，而任其割据一隅，借援外国，以脱离中央，而种将来亡国祸根，至可悲悯！教育虽为根本要图，为〔惟〕不先使其明了中央爱护彼等之意，教育亦何从措手，故有赖于宣化使之开导启迪之。以宣化使为彼方政教首领，信仰有素，尊崇至极，则宣化使之一言，胜于他人万言矣！

班禅、章嘉两国师，中央优礼备致，兹又有西陲宣化使与蒙旗宣化使之委任，其重视西陲、蒙旗，与重视两国师之意，两国师当能负中央委托之重及全国人民属望之殷，竭力宣化，以拯我西陲、北塞之人民，而团结整个中华国族，使能永久适存于世界也。

《蒙藏旬报》
中央宣传委员会蒙藏旬报社
1932 年 8 卷 2、3 期合刊
（朱宪　整理）

省府各厅行政应采用连锁式以促进全省政治之健全案

绥远省政府　撰

提议人　绥远省政府

类别　关于民政事项

议题　省府各厅行政应采用连锁式以促进全省政治之健全案

理由

查民、财、建、教等厅均隶属省政府系统之下，原系一整个的组织，而事实上往往各自为政，绝少互商之机会。虽彼此均能勇往迈进，然终鲜平均发展之效，甚或不相联系，又未克竟相因相成之功庸。讵知各厅行政胥无单独性，大抵含有连锁式，譬如劝禁缠足本属民政范围，而劝诫之施则与教育有关；再如粮财本属财政范围，而整理土地则与民政有关；又如造林本属建设范围，而利益之说明、树木之保护则又与教育、民政两方有关，此外为例正多，不遑枚举。要之，单独进行，其获效当不若协调之宏且大，质言之，欲谋整个政治之健全，舍各厅计划采用连锁式，其道莫由。此所以有本案之提议也。

办法

各厅拟订行政计划，遇重要而互相关联者，须彼此会商，协定推进步骤，何者应为某厅主办，何者应须某厅赞襄，妥具方案，分途实施，收效之宏当远胜单独行动也。其次要者可用书面咨商，何者为此厅预定之方针，某项须彼厅之协进，掬诚相商，彼此策应，成功之大又愈于孤立无援也。

《绥远省政府年刊》
绥远省政府秘书处
1933 年
（李红权　整理）

绥远省包头市政筹备处章程（二十二年四月）

作者不详

第一条　本处以繁荣地面、促进市政为宗旨。

第二条　本处设于包头县治所在地。

第三条　本处直隶于绥远省省政府。

第四条　本处设处长一人，承省政府之命总理处内一切事务，并监督指挥所属职员。

第五条　本处设筹备员、技术员及制图员，承处长之命办理处内一切事事务，并酌设雇员，承处长、筹备员之命办理处内缮写、绘图等事项。

第六条　本处以包头市、县两公安局裁并所余之行政经费为筹备费。

第七条　本处得按事实之需要酌设各项专门主任人员，由该处长呈请省府核委。

第八条　本处办理事项如左：

甲、关于市治安事项；

乙、关于市实业事项；

丙、关于市教育事项；

丁、关于市交通事项；

戊、关于市工务事项；

己、关于市卫生事项；

庚、关于市财务事项；

辛、关于市户籍事项；

壬、关于市救济事项。

第九条　本处筹备期以市政府成立之日为限。

第十条　本处关防由省政府颁发，以昭信守。

第十一条　本处办事细则另订之。

第十二条　本章程如有未尽事宜得随时呈〈请〉省政府修改之。

第十三条　本章程自公布之日施行之。

《绥远省政府年刊》
绥远省政府秘书处
1933 年
（李红权　整理）

绥远省各县公安局、区公所职员请假规则（二十二年二月）

作者不详

第一条　各县公安局（区公所）职员因事请假，除遵照县政府及所属各局职员请假规则办理外，悉依本规则行之。

第二条　凡职员遇有婚丧、疾病及其他事故必须请假者，均不得径呈民政厅，须由该县县长查核属实转请给假（包头公安局职员请假该局局长得径行呈厅，无庸由县呈转），但巡官（助理员）以下职员假期在七日之内者，得由县长核准后报厅备查。

第三条　凡请假，婚事不得逾两星期，丧事不得逾三星期，以示限制；但假期届满确有正当理由不克竣事者，得由县长酌量转请续假。

第四条　凡请假除非事态急迫者，非经本厅批准不得离职。

第五条　各县公安局长（区长）如确以紧急要公必须立即来省面陈者不得受第四条之限制，但必须同时分报县政府备案，以明系统。

第六条　凡职员请假逾限不归者，除确有正当理由得援照第三条办理外，其余均由县长斟酌情节重轻，分别请以撤职、记过、罚薪之处分。

第七条　凡职员托故托病伪造证据隐蔽请假者一经查出予以相当之处分。

第八条　凡职员请假期中所有本职事务，由局、区长呈明县府指定代理者，或由县长指员代理。

第九条　职员请假获准后，应由县长将该员离职及销假日期报厅备查。

第十条　前项请假如遇地方紧急时，县长得不予转请，其已呈厅核准者并得饬令缓期离职。

第十一条　本规则如有未尽事宜得随时修正之。

第十二条　本规则自呈准之日施行。

《绥远省政府年刊》
绥远省政府秘书处
1933 年
（李红权　整理）

绥远省各县局裁撤第一区公所区长职务由公安局长兼任办法（二十二年二月）

作者不详

一、查归绥县原来设有第一区公所，而区长职务向由该县第四镇镇长兼代，并不支薪，此次裁撤区所，委任公安局长兼任区长职务，自属事权归一，有裨区务。

二、查萨拉齐、包头、丰镇、兴和、集宁、清水河、托克托、安北八县局第一区公所均在县城，拟即裁撤，所有区长职务委任公安局长兼任，归并公安局内办理，以一事权而节经费。

三、查五原县第一区公所地址系在郝进桥，距县城二十五里；东胜县第一区在厂汗脑包，距县城二十五里；陶林县第一区在三道沟，距县城三十里；临河县第一区在德和泉，距县城二十五里。以上四县第一区公所虽均不在县城，距离尚不甚远，一旦遽予裁撤，恐于办事上不无迟缓之处，拟于区公所裁撤后，除区长职务由公安局长兼任外，仍于原设区公所地点委派助理员二人同住该地，分别负责办理一切，由各该县政府按照事务繁简而酌定办公费，按月发给，以利进行。

四、查武川县第一区公所系在乌蓝花，距县城一百二十里；和林县第一区在新店镇，距县城八十里；固阳县第一区在银号村，距县城五十里；凉城县第一区在香火地，距县城四十里。以上四县第一区公所距离县城或数十里，或在百里以外，区长专任该地办事尚不免有困难，倘一旦裁撤归并公安局办理，恐于事实上发生滞碍，兹为办事便利、促进区务起见，拟将该四县之第一区公所免于裁撤，俾利进行。

五、此次裁撤之各县局第一区区长，除本届二十一年年终考核成绩最劣应予免职、停职或记过、记大过者不计外，其成绩优良应予记大功或记功者，拟于其他各区区长遇有缺出时，按照考核成绩依次派委，以资奖励而免向隅。

《绥远省政府年刊》
绥远省政府秘书处
1933 年
（李红权　整理）

绥远省各县局长到任叙级定俸暨进级加俸规则（二十二年三月）

作者不详

第一条　各县局长应支俸给依本规则办理之。

第二条　新任及调任县局长于任命之日同时叙级定俸。

第三条　初任县局长一律支第六级俸，在职满六个月并未受记过或申斥之处分者得进支第五级俸，其在职已逾六个月或调任之县局长均于每年年终考核功过暨成绩时进级加俸或降级免职，但本规则未公布以前各县局长已到任者均准支第五级俸。

第四条　考核县局长办理行政事务功过依左之规定行之：

一、记功，分功及大功二种，三功并作一大功，记三大功者进级。

二、记过，分过及大过二种，三过并作一大过，记三大过者免职。

三、所记功过均准抵销。

第五条　县局长每年年终考核成绩按照上、上中、中、中下、下分五等。

第六条　县局长月俸分为六级，如附表。

第七条　县局长考列上等者应进支两级，考列上中者应进支一级，考列中等者原级不动，考列中下者应降一级，如系初级者改为记过，考列下等者免职。

第八条　县局长月俸已进至最高级经一年而著有劳绩者，得支年功加俸，依照该员所支最高级本薪如〔为〕标准，月给加俸十分之一，按年递增，以加至与本薪同数为止。

第九条　凡经免职之县局长而复被任命者以初任论，调任者之俸给接连计算。

第十条　凡已膺简任职或资深劳著之员而初任为本省各县局长者，其叙级定俸得提交省政府委员会核定之。

第十一条　县局长到任叙级定俸暨年给考核进级加俸经省政府核定后，除令知该县局长遵照外，并分令民政、财政两厅知照。

第十二条　本规则自公布之日施行。

附县局长俸给六级表：

级别	第一级	第二级	第三级	第四级	第五级	第六级	备考
县长月俸数	三七〇	三四〇	三一〇	二八〇	二五〇	二二〇	
设治局长月俸数	二五〇	二三〇	二一〇	一九〇	一七〇	一五〇	

《绥远省政府年刊》
绥远省政府秘书处
1933 年
（朱宪　整理）

绥远省各县区长交代办法（二十二年五月）

作者不详

第一条　本办法凡属本省各县区长于新旧任交替时适用之。

第二条　各县区长凡新旧任交代时，应由该县政府派员监交，造册分呈民政厅查核备案。

第三条　凡各区区长新旧交替时，所有卷宗、经费、服装、枪械、马匹等项，其卸任区长均应造具清册移交新任，由新任点验相符，再由监盘员查核，公同署名签章，分呈备案。

第四条　卸任区长关于应行交代事项，如有亏损公款、私携物品情事，新任不得含混接收，并由新任区长或监盘员呈报主管官厅加以看管，限期补偿，以重公款。

第五条　新任区长或监盘员通同舞弊以及徇情蒙蔽，一经查出，除依法惩处外，即应共负赔偿之责。

第六条　凡交替时卷宗、物品、枪械、子弹、马匹、服装分类造册，不得混同，致碍稽核。

第七条　交替期间至多不得逾十日，除特别情事呈准展限者不计外，逾期应由该管县府严加督促，如仍有延抗不交情事，即由县府看管。

第八条　如旧任交代不清私自离去以弃职潜逃论，除查封其财产抵偿外，并依法惩办。

第九条　县府所派监盘员应遴选公正忠实者充任，如有依阿朋比情事，一经查出，当由该县长负责。

第十条 各区长交代册簿报厅至迟不得逾十五日，如因交通阻碍或另有情节，须由各该县申述理由呈由民政厅令准，否则查明议处。

第十一条 本办法各设治局区长亦适用之。

第十二条 本办法如有未尽事宜得随时修正之。

第十三条 本办法自公布之日施行。

《绥远省政府年刊》
绥远省政府秘书处
1933年
（朱宪 整理）

绥远省会公安局奖励捕蝇办法
（二十二年八月）

作者不详

第一条　本局为预防疫病蔓延、杜绝传染媒介起见，特拟定本办法，实行奖励捕蝇。

第二条　本办法自八月十五日起至九月底止为施行时期。

第三条　无论商民、住户或各机关、团体，每捕苍蝇四千头奖现洋一元，于捕蝇截止日按数发奖。

第四条　于截止日结算，每一商民、住户或各机关、团体总捕苍蝇在五十万以上之最多数，除发给应得奖金外，奖给大银盾一座；在五十万以上之次多数，除发给应得奖金外，奖给二号银盾一座；在五十万以上之再次多数，除发给应得奖金外，奖给银杯一个。

第五条　各商民、住户或各机关、团体捕获苍蝇，应就近缴由各分局、分所转送，各该分局、分所收到苍蝇后应各备制有盖小筐或纸封一个，将收到苍蝇装入，详记数目，逐日送局呈验，由局掣给各人收据，以资清算。

第六条　本办法自呈准后公布施行之。

《绥远省政府年刊》
绥远省政府秘书处
1933年
（朱宪　整理）

绥远省民政厅整顿各县政务警察办法
（二十二年二月）

作者不详

（一）归、萨、包、丰一等县每县政警定为十二名至二十名，武、五、集、兴二等县每县政警十名至十五名，清、托、凉、东、和、固、临、陶、安北三等县局每县局政警八名至十二名，沃野暂定为二名至四名，由各县局长酌量地方情形，于所定范围内切实规定。

（二）政警每名月支薪饷不分县等，由各县局依照下列两种标准酌量采用：

1. 每名月支薪饷十二元，不另支给旅费；

2. 每名月支薪饷八元，出差时每日支旅费二角。

（三）不分县等，政警每名年功加薪五角，不另支其他奖金。

（四）政警薪资概由地方款筹支，列入预算，县府应于每届年度之始将筹款详情呈报民政厅核定后，分报财政厅备案。

（五）政警每月开支数目县府应按月造具计算书，呈报财政厅审核，并分报民政厅备案。

（六）政警不许替名，不准传袭，在定额以外亦不得因仍旧习另立警察名目，滋为民害。

（七）政警应由各县局遵照部颁《县政府政务警察训练纲要》及《县政府政务警察章程》自行加紧训练，锐意整顿。

（八）政警既经给予优厚薪饷，下乡办公时关于宿食等项均应自备，不得稍事勒索，倘偏僻乡村无有旅店及商户时，可为觅一公共住所，至需用食料由乡、闾、邻长代为购买，照市发价。

（九）为革除旧日皂隶积习起见，各县政府应将整顿政警优给薪饷及不准需索各情形编具浅明告示，晓谕周知。

（十）政警出外工作如仍有勒索情事，一经告发，务须从严惩治，各县政府亦当切实负责纠察。

（十一）政务警察与公安警察性质截然不同，自应由各县局严加督防，扫除旧习，且既设有政务警察，嗣后尤不得强派公安警察代作政警任务。

（十二）本厅对于此案不时明密考查，各县局如有整顿不力仍行勒索情事，定即严加处分，决不姑宽。

《绥远省政府年刊》
绥远省政府秘书处
1933年
（李红菊　整理）

绥远省推行区、乡、镇自治公约办法
（二十二年六月）

作者不详

一、本办法系依照《绥远省推行区、乡、镇自治公约大纲》各原则制定之。

二、厘定区、乡、镇自治公约应划为试行与成熟两时期分别酌订实施。

三、在试行期间，人民自治程度尚甚幼稚，一切活动行为未能尽合法制，必赖上级团体或官厅扶持指导，故其所定公约务须从简入繁、从易入难，并须呈由上级团体或官厅查核备案，以免疏失。

四、在成熟时期人民自治训练已达相当程度，对于公约内规订一切事项尽可听其自由发展，官厅及上级团体无须干涉，不过只有不抵触现行法令范围之外延限制而已。

五、本办法所定试行时期系以训政完了、县自治完成之日为限，自宪政开始起即为成熟时期。

六、公约之订立系由区、乡、镇最高意思决定机关决定，不容他人代庖，但在试行期间官厅或上级团体可为制定实例，俾资参用（公约实例另定之）。

七、公约实例之性质纯为指示标准，并非强制执行，如有不适用之处各区、乡、镇可自行增订或删除，不受绝对的限制。

《绥远省政府年刊》
绥远省政府秘书处
1933年
（李红权　整理）

绥远省推行区、乡、镇自治公约大纲
（二十二年四月）

作者不详

一、区、乡、镇订立自治公约应以本大纲规定各款为原则。

一、公约内容不得抵触中央及省县法令。

一、公约条文应力求通俗明显，俾一般人民均能了解。

一、公民及居民之权利义务应就法令范围及地方需要程度内明白详晰规定。

一、尊重党义、严守法律、崇尚勤俭、实行互助以及提倡公共利益、维持善良风俗习惯均为自治要图，应规定于公约内积极进展并养成之。

一、参照《自治施行法》内规定事项及本区、乡、镇实际状况，将重要事项及应兴应革之方针于公约内制定其原则或方法。

一、区公所助理员之分股办事及乡镇公所事务员、乡镇丁之人数、职务及待遇依《区乡镇自治施行法》内规定应于公约内订定。

一、关于歼灭盗匪、清除烟赌以及其他有害地方各消极事件均须于公约内明白规定严行铲除。

一、公民及居民对于办理公共事务能尽忠竭力，或为公助款捐躯著有成绩者，应于公约内规定其奖励或抚恤各方法。

一、为保持自治公约之效力，应规定违反公约之制裁，其种类如左：

（1）罚金五元以下一角以上，其须赔偿损失者并得由区公所或乡镇公所公估价值责令赔偿，如无力缴纳，得酌量改处劳役。

（2）向总理遗像肃立静默三十分钟至六十分钟。

（3）训诫。

（4）其他就地沿用之善良习惯足资儆戒者，但不得有凌虐行为。

前项第一款之制裁应依《区乡镇自治施行法》内各规定由区长或乡镇长报请县政府处理之，第二、三、四款之制裁应由区长报告区务会议或乡镇长报由乡镇务会议议决后处理之。

一、凡违反公约而不遵制裁时，应规定由区公所或乡镇公所报由区公所呈请县政府核办。

一、公民及居民违约事项如有涉及违警及刑事范围者，除依自治公约之制裁外，仍归主管机关依法处办。

一、区、乡、镇遇有因时制宜、因地制宜各事务，如不抵触法令，尽可规于公约内办理。

一、自治公约之实施须依法定程序经过大会之表决、公所之公布方能生效。

《绥远省政府年刊》

绥远省政府秘书处

1933年

（李红权　整理）

绥远省县长考核办法（二十二年十二月）

作者不详

第一条　本省县长之考核除中央法令别有规定外依本办法行之。

第二条　查核县长以三个月为一期，由省政府各厅及高等法院行之，每期终了各厅及高等法院应将考核情形列表呈报省政府汇案考核，省政府于每届年终核计四期成绩，平均考核，统筹奖惩，其平时办事特著成绩或有重大过失者得随时奖惩，但进级加俸暨降级减俸均于年终汇案考核后行之。

第三条　考核奖励分左列五种：

一、嘉奖；二、记功；三、记大功；四、加俸；五、升叙。

第四条　考核惩戒分左列五种：

一、申诫；二、记过；三、记大过；四、减俸；五、降级或免职。

第五条　考核按上、上中、中、中下、下五等分别奖惩：

一、考列上等者记大功或加俸、升叙；

二、考列上中等者嘉奖或记功、加俸；

三、考列中等者留职。

第六条　前条功过均准抵销，三功作一大功，三过作一大过，三大过者免职，三大功者加俸或升叙。

第七条　考核之标准如左：

一、县长有左列事实者，除省政府考核外，得由主管事项之厅长及高等法院院长分别呈请奖叙：

1. 对于省令之中心工作实力奉行者；

2. 关于办理民政、财政、建设、教育、司法等要政及其他令办事项卓著成绩者。

二、县长有左列事实者，除省政府考核外，得由主管事项之厅长及高等法院院长分别呈请惩戒：

1. 对于省令之中心工作奉行不力者；

2. 关于办理民政、财政、建设、教育、司法等要政及其他令办事项违背或废弛者。

第八条　本办法设治局长亦适用之。

第九条　本办法如有未尽事宜得由省政府会议修正之。

第十条　本办法自公布之日实行。

某机关某季考核各县局长成绩表（一）

职别 / 项别	姓名	办理中心工作之事实	办理中心工作之分数	办理其他事项之奖惩	备考

说明：

1. 某季指春夏秋冬四季而言。

2. 各监督机关于每季之末，就各县局长办理该机关主管部分中心工作之成绩酌定分数，呈报省政府汇案考核，各该机关本期内未经拟定中心工作时即不填列。

3. 办理其他事项之奖惩系指办理中心工作以外之其他事项曾经该机关呈准奖惩者而言，有则填明奖惩情形及事由，无则填一无字。

4. 到任不及三个月者免予考核。

绥远省政府某季考核各县局长成绩表（二）													
职别／项别	姓名	省府考核分数	民厅考核分数	财厅考核分数	建厅考核分数	教厅考核分数	高院考核分数	共计分数	平均分数	中心工作奖惩	其他事项奖惩	抵销后之奖惩	备考

说明：

1. 本表之平均分数系根据第一表各机关考核之分数，由省政府汇总平均而产生。

2. 中心工作平均分数不及四十分者记大过，不及五十分者申诫或记过，不及六十分者无功无过，六十分以上者嘉奖或记功，七十分以上者记功，八十分以上者记大功，即以此标准定中心工作之奖惩，与其他其事项之奖惩抵销后即为本季之成绩，列表通令。

绥远省政府二十　年考核各县局长总成绩表（三）									
职别／项别	姓名	春季奖惩	夏季奖惩	秋季奖惩	冬季奖惩	抵销后之奖惩	考语	等次	备考

说明：

1. 本表所列春夏秋冬四季奖惩系根据第二表“抵销后之奖

惩”而来。

2. 本表“抵销后之奖惩”即为本年之总成绩。

3. 总成绩在记功九次以上者为上等，记功八次以下三次以上者为上中等，记功或记过两次以下及无功无过者为中等，记过八次以下三次以上者为中下等，记过九次以上者为下等，再依《进级加俸规则》第七条办理。

4. 汇列总表通令所属知照。

《绥远省政府年刊》
绥远省政府秘书处
1933 年
（李红权　整理）

绥远省政府［谨将］二十二年七、八、九月行政计划

作者不详

甲　民政

一、关于整饬吏治之计划　查庶政之进行端赖贤能之官吏，而官吏之贤愚应视其成绩之优劣为标准，盖政治之良窳实以官吏之贪廉为转移，况现值训政将届期满，庶政尤宜迈进，以故欲使政治上日臻光明，其根本办法自非先由澄清吏治入手不易收效。澄清之道首在考核官吏之贪廉，次为观察政绩之优劣，始足以别贤愚而定奖惩，举凡去贪墨、肃官箴、正人心、厚风俗诸大端，在在皆为不可稍缓之图。即以绥省各县局长言之，其中操行清廉、束身自爱者固不乏人，而躬行不检亦所不免，拟再通饬各县局长及佐治人员并区长务须克尽职责，洁身自爱，并仍赓续前定方案，随时派委密查，按期严厉考核，以课殿最而定黜陟，此整饬吏治之计划也。

二、关于督促区务之计划　查为政之道经纬万端，一言以蔽之，曰重实际而不在多言。盖多言则无补事功，重实际则易收效果。本省各县区长对于区务进行之计划颇多，徒尚空言，鲜求实际，每办一事，未免稽延，以致区务因之迟滞，殊少迈进之精神，

此种积弊皆由不重实际之所致也。前经迭令督饬，力求振拔，革除旧习，乃言者固属谆谆，听者仍不免藐藐，若非认真整顿，匪第区务日陷于窳败，且恐乡镇亦受其影响，盖区为乡镇之表率，举凡一切之措施，乡镇自视为标准，故欲求乡镇事务之进行，又当以整顿区政为先务。按照前次计划随时考查以定奖惩外，拟再重申前令，使各区长对于区务进行务须振刷精神，认定步骤，努力工作，励精图治，庶区政前途当可日臻于清明，此督促区务之计划也。

三、筹办自治　查办理地方自治为训政时期急要工作，历经本厅督饬积极进行在案。乃以本省情形特殊，经费难筹，兼之文化晚开，民智落后，一切设施诸感困难，考之已往过程中已可概见。惟是训政年限瞬将届满，兼程并进犹恐未能如期完成，曷敢畏难苟安再作因噎废食之计。兹拟按照《训政时期完成县自治实施方案内政部主管事项分年进行程序》将储备自治人才、完成县市组织、训练人民、举办救济事业等等酌量实际情形，分别缓急轻重，规订实施程序，饬属积极推进，俾资提高效率，用达如期完成之目的，此筹办自治之计划也。

四、督饬建仓　查积谷仓储原为备荒要政，近数年来屡经尽力提倡，各属均已征有积储，第以仓廒稀少，率多从权办理，有在公共寺庙成公所存储者，有在村长、大户或商号存储者，亦有派定各花户数量仍分存原户并不另备者，地点欠当，保管不周，弊窦丛生自属难免，似此有名无实，殊于备荒前途影响匪浅。兹拟于秋收积谷之先，督饬各属遵照各地方仓储管理规则扩充仓廒，县仓应用旧有仓廒，无者以官产或公共寺庙修葺改建，区、乡、镇各仓应就公共寺庙或房舍修葺充用，不得任存私家或分储各花户内，致招损耗侵蚀暨有名无实之弊，此督饬建仓之计划也。

五、训练区长　查储备人才为施政步骤上之先决要件，本厅前为整顿区务并推进自治起见，曾于十九年暨本年先后举办第一、第二两期区长训练所，以广造就在案。乃查第一期毕业学员虽有八十余名，均经先后任用，而现今在职者不过四五人；第二期受训学员仅五十名，七月中旬始行期满，即使全数合格，较之全省区数仍属不敷分配，兼之本省情形特殊，民智晚开，区长民选尚须有待审情度势，实有继续办理第三期区长训练所之必要，拟于本季内仍积极筹办，此继续训练区长之计划也。

六、整顿保卫团之计划　查本省保卫团从新改编及设员训练办法业于春夏两季计划进行，中间以时局紧张，团队忙于防剿，前项工作不免迟缓，然大体编竣者已近三分之二，其余亦正在督编中。惟查以团队官丁各乡散驻，甚少集合，放纵因循几成天性，骤施严格训练，转有欲速不达之苦。兹先从精神教育变换心理作起，拟具训条五项，使各教练员及各级官长剀切讲解，与其他学术科相辅而行，以期渐入正轨。其训条如左：

1. 认识立场　身为保卫团官丁，当先知保卫二字作何解释，一民未安不得为保，一匪未靖不得谓卫，质言之，必做到匪患不生，人民安堵，始可无愧职守。至于倚势为恶，借端讹诈，此种官丁若名为保卫，更是侮辱而已，根本上即失去存在之意义，各官长对于此点不可不首先认识。

2. 服从命令　欲求大众一心，必须指挥一致，故各级官长应以服从长官、恪守命令为第二天性，始能发挥团队效用；且欲下级服从上级，尤须上级先能服从做起，否则己不守法，安能率人。

3. 整饬纪律　纪律包括军纪、风纪，军纪即法令严明之谓，风纪即仪容有则之谓，过去之保卫团违法乱行纷乱百出，名为团队，直等乌合，责以保卫，断无幸理，故欲改良素质，非痛下决心整饬纪律不可。

4. 注重训练　训者训其德行，练者练其技术，过去之保卫团敢于扰民，即是不训之过，惮于剿匪即是不练之过，加以团队散住，官丁放恣，间有官长不识大体，阻挠训练，尤堪痛恨，须知官丁无道德、无知识则断难胜保卫之任者也。

5. 厉行廉洁　查各县保卫团廉洁自爱者固不无人，而贪污不修者亦所在多有，以致征粮索草、放赌收捐视为故常，甚至私押私审，择肥而噬，保商护路非贿莫办，至于团饷之不公开尤是作恶之胆小者。如此而有保卫，宁无愧汗。须知保卫团而有饷已失国家练团之本意，今复变本加厉，秽德彰闻，法律、良心皆所不许，至于为官长者更须廉洁自爱以为团丁表率。

七、整顿警察计划　查以前充实警力、调查户口迭经督饬办理，无如以种种原因未克彻底履行。又警察行政重在随时究察、随时防止，故手段、方法实有随时研究改善之必要。兹为严密进行起见，拟具计划如左：

（一）补充警力　查各县警察人数、枪械俱感缺乏，加以县府视警察如差役，所有催粮、派款、传差、守卫皆以警察充之，以故虽具形式，毫无实力，一切警政推行更属无从说起，刻拟短期内将警察实力积极补充以资改进，其充实方法如左：

1. 淘汰不良分子，改善素质；

2. 补充枪械　按现在各县公安局枪少于警，且种类复杂，有枪几与无枪等，迭由本厅通令筹款添购，无如限于地方财力，枪械迄未补充完备。本年二月复奉内政部警字二六二号训令充实警械，复经通令各县局积极添购，以期达到一警一械为度。

（二）饬各县速编政务警察　按各县政务警察多未成立，以致县府传案交差多以公安警察充任，因之警力益形单薄，于地方治安关系至巨。前奉内政部令组织政警，业经转令各县克期组编，此项政务警察成立后，所有县府占用公安警察一律遣回原局服务，在未编成以前县府调用公安局警，除值岗外不得超过二名以上。

（三）注重户籍警　人民之犯罪本非无因，而至要在平时觉察，临时始易防止。例如某人为盗，某人赌博，某人与某人勾结，某人与某人有仇，以及某处有坏人藏匿，应一一责之户籍警随时留意，随时报告，务使全部人民均在警察监视之下，则于治安保持帮助实多。其户籍警设置如左：

1. 警士教练所内设户籍班；

2. 各局内设户籍警。

（四）各局成立警政改良研究会　警察行政应注重实地研究，不应专重课本理论及法令条文，例如盗贼如何能防，赌博如何能禁，社会发生案件以某种为最多，未发如何消弭，已发如何制止；又执行职务如有困难应如何设法解除，如何始能顺利，均应充分研究，妥定办法，断非执行固定条文所能应付周密，现拟通令各局成立警政改良研究会，总以警察行政能以针对社会之病态为主。

乙　财政

一、催征租课　察绥西包头、五原、临河各县有已升科地亩，其〔有〕未升科地亩，其未升科地亩均系丈青收租，本年已届丈青期限，所有应征粮租亟应继续催征，拟即令行各该县将丈青地亩暨应征租税造册呈报，一面将屠宰、契、牙各税分别征收，以重税政。

二、催办营业税　查绥远省各县应征营业税除归绥、丰镇两市县由厅筹设省会营业税稽征处暨丰镇营业税局照章征收外，其余各县营业税均系由各该县商会代为征缴，本届年度开始，当经由厅核定比额，将各县应征营业税仍由各该商会继续代征，以资进行。

三、整理县地方预算　查本省各县地方财政收支手续漫无标准，前经由厅令派委员会同各县县长将各该县地方财政局经收款项切实整理，一面编造二十二年度县地方预算送厅审核，并将各机关经收各款一律划归财政局统收统支，以资整顿而免浮滥。

四、实行考核　查本省各征收人员照章每三个月考核一次，本届年度开始，拟由厅按照征收成绩盈绌，将各征收人员实行考核，分别奖惩，以资整饬。

丙　建设

一、考察各县人民造林实况　查人民造林关系农政，自应积极进行，俾期逐年发展。惟以各县政府每多奉行不力，故未显著成效。本年经厅将全省林业酌量情形划分三区，除不发达区之各县应设法提倡填表列报暂缓考核外，其已发达区暨次发达区之各县局严令督饬人民实施造林，并列入本年林业方案之内，限于六月底按照颁发表式填报，以凭考核而定奖惩，应于七月内由厅派员分往各县认真考察，俾明实况。

二、督饬第二、第三林区苗圃填送作业乙表　查第二、第三林区苗圃应填之乙表原为明了作业各种实况，照章限于九月底造送，故于本期督饬填报，以凭考查。

三、考查委托农民试种生长状况　查本厅续办二十二年份委托农民试种，所有托委农民姓名暨试种类早经列表令饬各县局遵办，并限于六月二十日以前将试种各作物生长状况依照前发表式据实查填呈报在案，自应于本期按表所列详加察核，以资研究而促改进。

四、扩充淖尔梁牧羊场　查本厅所属淖尔梁牧羊场原有羊一百一十余只，现在已渐繁殖至四百二十余只，其美利奴种已老不堪用，自非斟酌实况，改善组织，添购羊只不足以期完密而资扩充，拟自二十二年度起将该场改组，增设员司，添购美利奴羊暨本地种羊，以兴牧政。

五、督修产马比赛场　查本厅前以绥境产马比赛会既经定为年必一行，特于新旧城间马路迤南勘择适宜地点建筑合法跑马场，以资应用而垂永久，且本年拟即提前举办，尤当加紧建筑免致临时贻误，业将所需款项呈准省政府饬发到厅，现正督饬鸠工庀材，积极进行，限于八月内一律工竣，俾便届期比赛。

六、推广各县农村信用合作社　查绥境各县农村近年粟贱民穷，经济异常枯窘，欲图设法挽救，必须推广信用合作社以资调剂。计自去年试办以来，至今仅成五社，现拟在各县扩充二十社，由农村合作事业指导委员会派员驰往各县乡提倡组设，次第成立，以促推广。

七、筹备举行产马比赛会　查上年本厅举办第一次绥远省产马比赛会系在十一月间，而先期筹备竟达两月之久，本年拟将会期改在双十节举行，所有一切事宜亟应自七月起即行着手筹备，以期完妥而免贻误。

八、促成包乌汽车路临乌段　案奉省政府令准：宁夏省政府电开：绥宁汽车路在宁夏境内各项修筑工程行将完竣，所有绥属临乌路段应即赶修，以期同时竣工，早日通车等因到厅，当以该路由临河县城至乌拉河一段各大渠桥梁曾经本厅派员架修完竣，惟时已数年，现在该项桥梁有无损坏、能否安全通行，应即令派该路稽查员切实查明具报，以便酌核补修，庶于本期完成，俾得早日通车。

九、督饬修筑包西各渠桥梁　查本厅前以包乌汽车路关系包西交通至为重要，而汽车路线所经五、临两县境内大小渠道林立，殊与通行有碍，故特令饬包西水利管理局迅将不足五米之汽车桥督由沿渠村社分别兴修去后。兹据报称，所有民兴渠之黄羊木头三米桥暨长济渠所辖之长胜渠与鲁占年渠之土桥均已分别修竣，其余如三大股渠及南梁桥梁现已开工修筑等情到厅，当经指令饬将未完成之各桥梁督促速修，限于七月内一律完成，以利交通。

十、完成新旧城□修马路　查本厅对于绥远省会各马路，其历年筑成者随时督促整理，其尚待修治者分年继续兴修。本年应修新旧城各马路业于春初令由路工局分别勘估，造送预算在案，嗣准财政厅将款陆续拨发，即行次第动工。现在报请验收已有数处，其余未竟各路工程仍应加紧督促，限于七月内一律完成。

十一、促成各县未竟渠功　查归绥、和林、萨拉齐、托克托、固阳、武川、沃野等县局境内贷款开挖或自筹修筑之渠尚多未完工程，前经本厅令饬提前兴工，限期报竣在案，以上各县渠道虽据先后呈报开工，仍应加紧督促，均限于七月内完成，以宏灌溉而增农产。

十二、督促进行度量衡检定所第一期工作　查绥远省度量衡检定所现已组织成立，所有分期工作并经重加改订，其第一期工作系自本年五月一日起至十二月底止，亟应按照表列事项，查酌情形，分别缓急，提前推行，以期早日划一，俾速完成。

丁　教育

一、建筑省立图书馆　查绥远僻处边陲，地当沙漠，民智闭塞，文化晚开，虽各种学校渐次成立，不无可观，然□供给民众知识之设备究属有限，当此各种教育齐头并进之时，欲启迪民智，丕变民俗，则广大图书馆之建筑实为目前刻不容缓之举。查绥远省旧有之省立图书馆地址狭隘，规模、范围殊不足以资民众读物之阅览、民众知识之供给，兹拟由厅积极筹款，建筑一规模较大之图书馆，以树民众教育之基础，其裨益民众洵非浅鲜。

二、建筑试场　查我国现值训政开始厉行考试之时，非有规模宏大之试场难容多士于一堂，绥省历年举行各种考试率皆临时借用地址，非因地势狭隘，分场较多，即以风雨来扰，妨碍考试，对于办理人员及应试学子均感不便。兹拟由厅筹建试场一处，以昭隆重而壮观瞻。

三、划一中等学校编制　查绥远省中等学校编制向不一致，有三三制，有四二制者，因成立有先后，遂编制而不同，自应划一编制，以策进行而便整齐。兹拟由厅就地方情形决定中等学校划一编制，以符章制而便进行。

四、厉行小学教员检定考试　查小学教育乃国民教育之基础，师资之优劣关系学生之毕业至巨且深。本省文化落后，师资向极缺乏，各小学教员难免程度参差、良莠不齐之弊。兹拟由厅严饬各县局对于不合资格之小学教员应实行检〈定〉考试，凡未经检定考试及格者各小学校概不得任用，并由本厅督学随时考察，呈厅核办，以便严确施行，庶小学教育得有长足之进步。

五、督促中小学校规定学则　查学则为学校根本大法，凡教育精神以及进行标准均于此表现，其关系重要至为深巨，故觇学校良窳者恒视其学则如何而定之。本省各学校之定有学则以为办学之指针者甚属寥寥，亟应督饬省县中小各校从速制定学则，呈经主管核定施行，庶使学校教育得有准绳而日臻发达焉。

戊　垦务

甲、劝报垦地　查本局四、五、六三个月计划劝报达拉特旗通济、长济、沙河等渠地亩，曾经第五分局局长慕幼声前往该旗与康贝勒一再磋商，业已报垦，并要求预借荒价洋一万二千元，出具报垦印文，由该分局勘明界址，约可放地一千七百余顷，可收荒价洋一十二万余元，拟具丈放办法，呈奉令准，转饬照章丈放在案。又查达尔罕旗所属之小五约暨古尔板忽洞地亩两段，约计七百余顷，地质较优，且与前报之二里半地毗连接壤，已由本局饬令第四分局就近与该旗设法劝报，俾资进行。

乙、清理东山沟等处余荒地亩　查前期四、五、六夏季计划清理杭锦旗西巴嘎地亩曾经拟具办法呈奉令准转饬第六分局照章丈放在案，兹查得前东公旗东图、萨拉齐嵩海于民国八年间报垦东山沟等处地亩七百余顷，其时地旷人稀，又因地质硗瘠，以致未放之地甚多，比年以来生聚日繁，附近居民渐次将不堪耕种地亩私行开垦成熟，已由本局饬令第一分局先行详查，继续清丈，以裕收入。

《绥远省政府年刊》
绥远省政府秘书处
1933年
（李红权　整理）

绥远省政府二十二年一、二、三月份行政计划

作者不详

甲　民政

一、整饬吏治之计划　查本省前以天灾迭降、匪患频仍，人民流离转徙，庶政末由设施，幸自此岁以来萑苻肃清，年占大有，黎庶始得安业，施政亦克进行。惟是欲求政治之清明，端赖贤能之官吏，而官吏之贤否，足瞻政治之窳良，况亲民之官首在牧令，矧此训政之际，举凡政治上之一切设施无不与民众息息相关，所有各县区县、区长之人选自非严慎审查不足以杜幸进之门而收清澄之效。兹查本省各县区县长、区长等束身廉谨、勤求治理者固多，而因循敷衍、奉行不力者亦属不少，尤非随时严加考查仍或不免蹈习故常、罔思振作，以致民之好恶懵然无所知，民之休戚漠然无所动，徒尚虚丈〔文〕，不务实际，是则欲图造福地方、澄清吏治曷克有济也。兹据考查之方法数端，分别进行，庶易收效：（子）制定《政治进行概况表》，由各县局每月切实填报一次；（丑）通令所属恪遵本厅指示之方针尽力负责办理，必须勤求民瘼，力谋改善，一切务必时时下乡巡视，不得深居简出，委政令于胥吏之手，更不得重法酷刑，苛责于律章之外；（寅）责令本省各视察员随时以精密之调查作翔实之报告，再参其他方面之考察，

其有能涤洗积习、振刷精神，整理有方、成绩昭著者，则酬庸奖勋〔励〕，有功必赏，言若谆谆、藐慢不经意，耽于宴安、放弃职责者，则执法以绳，不稍宽假。此外并另委密查专员严密察查，随时报告，惟视成绩之优劣以课殿最而定黜陟，庶几官无怠荒政，〈日〉臻治理，此整饬吏治之计划也。

二、训练自治人员 关于区、乡、镇各自治人员之训练，上年冬季计划内均已略行拟办，惟以事体繁重，非短事〔时〕间所可告竣，自应赓续切实进行，以为储备自治人材之地。兹查区长训练所业经呈准开办，拟即一面督饬各县依章保送，经严格考试方得入所受训，总以拔擢真材、推行尽利为唯一之目的，刻正积极筹办，期于最短期内实现。至于乡镇自治人员之训练，仍拟督饬各属于农暇之际赶速切实办理，以冀促进此训练自治人员之计划也。

三、督办积谷仓储 二十一年本省秋收较丰，粮价低落，办理积谷自属易易。本厅前鉴及此，曾于上年冬季列入计划，督饬积极办理，并为有所适从计，复经拟定《积谷建仓实施标准办法》，呈奉核准后业饬各属遵照进行。兹于本季内遵照《各地方仓储管理规则》第七条之规定，督饬各属将县政府以下之区、乡、镇各仓上年积谷总数分别依法列报，以凭汇阅呈转，此督办积谷仓储之计划也。

四、整饬风纪 世风不古，人心浅漓，国家衰微自其主因。本省僻处边陲，交通梗塞，文化虽极落后，而人情之险诈殊不亚于内地各省，为维持社会、挽救危亡计，非从整饬风纪着实力行不为功。兹据督饬所属恢复固有道德，转移风气，提倡礼义廉耻，以资范围人心，并饬各属长官以身作则用为民倡，上行下效收效较宏，此整饬风纪之计划也。

五、调查户口 查调查户口为自治之胚胎，亦为推行庶政治基础也。若户口茫然漫无统计，微特盗匪潜伏无以肃清，而庶政之进展亦多窒碍。前王英匪部盘踞河西，零星小股窜扰几遍全省，人民颠沛失所，百业凋零，溯自痛剿以后，大股业已肃清，而零星余孽滋扰抢掠在所难免，兹经省政府将全省划分区域清查，以肃余氛，本厅为正本清源计，严令各县区督饬各乡镇长详密清查户口，促限登记，如有不法之徒或行迹暗昧者，当即送惩以弭乱源，其户口变动表届期均须依限填报，不得任意迁延，庶几盗贼无从匿迹，则百政得以推行，此调查户口之计划也。

六、整顿保卫团　查本省地处边荒，素称多匪之区，自经大举清剿之后大股土匪业已消灭，而零星小股伏戎于莽，自必恃保卫团剿击逮捕绥靖地方，奈本省保卫团名目繁多，组织不甚健全，间有员额设置及团丁名称仍沿旧惯，徒拥虚名，缺少训练，兼之分子复杂，其权多半操之豪绅手中，目光所注仅在一隅，遇有匪警，各不相援，或以邻为壑，不唯徒糜饷糈，抑且弊窦丛生，未能收保卫之效。兹拟从新改编，严格淘汰，统一名称，划一编制，整饬纪律，以免再有私人把持之弊而收统筹兼顾之效；再从根本教练，授以军事智识，贯输以党义、政治、技术等课目，使团丁咸明自身应尽之职责，俾以充实民众武力，捍卫地方，清剿匪类，此整顿保卫团之计划也。

七、整顿警察　查本省风气固陋，设立警察较晚，故警察之智识亦甚幼稚，实不能亟亟迈进厥大原因也。经前公安管理处拟筹设全省警士教练所一处，分期抽调各县局长警各带原饷来者〔所〕轮流训练，以期全省警察教育普及，预计去年冬季开学；讵各县局以经费奇绌，筹款维艰，或以冬防治安关系綦重，警力单薄，无法抽调为请，是以去年冬季未能开学。然警察之良窳端赖教育，自应于短期内赓续督促进行，以重警政，又拟订《警政实施计划》三十一条，令各县局分期推行，依限完成，并由厅派员分赴各县局严格校阅，考其教育之程度，应事之步骤，饬办之件是否切实遵行，其长警老弱及不良分子均予严格淘汰，以洗旧日因循萎靡不振之风，此整顿警察之计划也。

八、卫生行政 本省一切卫生事宜除依照中央公布事项视力所及逐渐推行外，本年春季卫生计划拟注重下列各事项：

（一）预防春季传染病 春季最易发生之疾症为天花、白喉、斑疹、伤寒、猩红热、流行性脑脊髓膜炎、流行性感冒、麻疹、百日咳等症，拟按各该病发生之原因、症候经过、预防及处治方法，编为白话，布告附具病人图样，令发各公安局张贴通衢及各乡镇，以使民众触目惕心，未患知所所防避，既患知所处置，以冀逐渐启迪，徐改从来冥然罔觉之故态，一方复饬令各公安局、平民医院、私立医院、开业医士等留心考查，遇传染病发生应即随时报告，以便迅速扑灭，勿使滋蔓，如此标本兼治，或不至贻害社会一如前此之□也。

（二）实行卫生宣传 拟利用各县治、村镇、地方公所、学校等处宣传卫生常识，其应用宣传品或用部颁图册，或临时就地取材，或由厅预为编制，其宣传人员即由本厅卫生行政委员会暨各公安局、公私立医院、医士等负责办理，至宣传方法，或公开讲演，或散发图册，或化装游行，或张贴布告，均因时因地因人随时变换方式，虽有不同，要以灌输卫生知识、俾民众知所自卫为主旨，补政令之不足，防病患于未萌，收功虽缓，其效则至为普及也。

（三）发行卫生刊物 拟由本厅卫生行政委员会编辑各种卫生刊物，在本省各报医学栏内公布周知，并请公私立医院、机关尽量发表意见以资采纳，或编为小册，令发各县局，俾作参考。

（四）注重卫生教育 学生为智识阶级，在社会居领导地位，其一切言动胥为民众所矜式，具为未来之师表，故学校卫生教育极关重要。拟合同教育厅依照部定卫生科目尽量灌输，严格训练，务使在校养成切合卫生之习惯，出校堪为民众之模范，潜移密化，不令而行，诚卫生行政根本办法也。

乙 财政

一、召集各县财政局长开财政会议 查绥省各县局地方财政虽系财政局统收统支，而办法分歧，异常紊乱，甚至增筹款项不经呈准手续，各项经费不按预算开支，亟应切实规定划一办法，以资整理。兹由厅召集各县财政局长来省，于一月二日起，以七日为期开财政会议一次，所有关于县地方财政各项事宜拟具方案，共同讨论，决议施行，以期易就范围而免执行窒碍。

二、严定征收田赋考成 查绥省各县局经征田赋向分上下两忙，二十一年下忙田赋已于十月一日开征，照章应于二十二年一月底扫数。惟过去事实虽属丰稔年份亦仅能收六成，多年习惯，整饬较难，自非严定考成不足以资挽救。兹已严饬各县局长加急催征，按月扭解，并拟核定俟扫数目止，如收数不及八成时，即照《征照〔收〕田赋考成条例》予以严厉处分，以资警惕而重正款。

三、核定征收税捐盈绌奖惩实施办法 查征收人员端在信实，必□实行奖惩，方足以资鼓励而警贪污。兹经拟定《征收税捐人员收数盈绌奖惩实施办法》十条，按季实行考核一次，其大体系按照部颁《征收税捐考成条例》，凡照额盈收者按其成数酌提劳绩金，其绌收者亦按成数分别予以记过、罚俸、撤差等处分，以昭激劝而资兴奋。

四、整理各项税捐 查本厅所属各局经征营业等税以及斗、炭、驼、畜等捐均系省地方收入，拟即分别切实整顿，或予重申章则，或予杜绝偷漏，刻已督同各科规画具体办法逐渐进行，务使商民便利、收入增加。

丙 建设

一、考核所属机关人员 查分职役〔设〕官各有专责，论功行赏国之常经，除对所属各机关员司平日工作随时考查外，尤应按年统计以定优劣，历于每年年终办理在案。兹在二十二年开始，所有本厅附属之农林试验场、淖尔梁牧羊场、包西水利局、绥远电信局、路工局以及第二、第三林区苗圃与夫各县建设局等在事人员二十一年内成绩如何，仍应按照定章详加查考，以资奖惩而励来兹。

二、成立度量衡检定所 查部定度量衡划一程序本省应于二十一年底完成，所有绥远省度量衡检定所自当赶速成立，以便依限施行，曾经本厅拟具该所组织章程与分期工作表，及各县检定所三等检定员训练班规程，并招考简章等，呈请省政府审核在案。兹经例会决议通过，拟于二十二年一月成立检定所实行工作，按照原表所定期限递推进行，以重度政。

三、继续训练农民 查本厅附设农民训练所开办已及四年，历届毕业农民计有四百余名，现值二十二年开始，仍应继续举办，至训练期限酌加改订，拟至〔从〕二月十五日起至四月十五日止为训练期，庶使在所日期较前稍为延长，暨不违误农民耕作，复可充实农民智识。至于农民资格并须严加限制，务以真正农民且有地产、年在二十五岁以上五十岁以下、粗识文字者为合格，责成各建设局认真遴选，由县政府负责送所，俾期周密而收实效。

四、扩大农业推广 查本厅由十八年起委托各县局农民试种各耐旱品种及工艺作物，业经营三次，审核成绩，逐渐优良，并将优良品种由二十一年起次第推广，其各试种亩数以及每亩产量已多进步，应于二十二年积极扩大推广面积，饬由各县建设局切实调查各该县上年农民推广之品种及历年委托试种著有成效各品种各有若干可作籽种，除各农民留备自用推广外，尚能借售他人若干，约可推广若干亩，限于二十二年一月底列表呈报本厅以凭核办。

五、筹备种树造林　查种树造林关系民生至为切要，历经本厅按年进行在案。现又时届二十二年，自当赓续办理。按以绥远气候解冻较迟，须在谷雨节前种植始易成活，惟三月十二日恭逢总理逝世纪念，应即遵例举行造林运动宣传周，并先期妥为筹备，以便届时实行而昭隆重。此外如各机关、各法团以及各学校种树亦应预为规定办法，俾资一致。至人民种树仍须积极促进，由厅令行各县局，责成建设局于三月一日以前详加调查，依据本县林业状况通盘筹画，编拟林业实施方案，呈报本厅核准施行。

六、促进各县局推行农村合作社　查前为调剂农村经济、发展农业，企图筹办农村信用合作事业，成立农村合作事业指导委员会，由会派员先在归绥县附近各指定一村，分往劝导，设法提倡，尽先组织合作机关以树风声，试办以来颇著成效，亟应逐渐推及各县，责成建设局切实宣传，极力提倡，俾资扩充而期普及。

七、督促各县局筹设农林试验场　查本省各县如归绥、和林、五原、凉城、陶林、固阳、萨拉齐、临河、集宁等均已设有农林试验场，惟一切设置粗具规模，对于试种技术须加改善，其他如丰镇、包头、托克托、武川、清水河、兴和等县尚未设立，按以农业改进之必要，实难再事延缓，拟即督饬积极筹备，限于二十二年春一律成立，并令各县农林场确定试验目的，于农业上注重耐旱、工业、改良三种，于林业上注重育苗、试种两项，务使因地制宜而收实用效果。

八、筹设大规模牧羊场　查绥远地面辽阔，水草丰富，向为吾国牧羊发达之区，惟以蒙汉人民从事牧业者牢守成法，不知改进，以致羊种日渐衰劣，竟使天然牧场牧畜事业不能发展，殊堪浩叹。拟于二十二年春在本省集、陶两县之灰腾梁及武川县之淖尔梁、安北之乌兰忽洞等处分别筹设大规模之牧羊场，利用美利奴种羊，选择本国优良牝羊，以科学方法使之交配，成一新血统之毛用羊种，庶可逐渐繁殖，借以增加生产。

九、继续办理河渠调查　查本省为旱农区域，兴办水利实属救济农村之唯一要图，所有绥远境内河渠亟应分别调查，俾资改进。曾于十八年由本厅规定办法，分为已成之渠、筹开之渠及废渠三种，颁发表式，令饬各县局查填具报在案。惟水利事业迭有变迁，逐年演进，情形不同，仍当继续举办，拟即令县督饬建设局自二十二年一月起亲历各渠所在，分别实地调查，限于三月底一律查毕填表送厅，以明真相而备参考。

十、完成民生渠未竟工程　查萨托民生渠为绥远省水利最大工程，曾经专聘工师合法修筑，凡属渠口闸门早经完竣，已〈于〉二十年六月间举行开闸典礼在案，所有支渠复于二十一年修成九道，业经放水试渠，成立水利公会以资管理而便灌溉。其余支渠五道现正筹借巨款，拟于二十二年春继续修挖，俾竟全功，并在灌域以内设立农事试验场，试种各种作物，俾期改良品种，以兴农业而裕民生。

十一、督催各县局修治重要县道　查各县局县道业据各建设局依照二十年第一届建设会议决议案先后拟具图表送厅查核在案，所有全省各县公路之方位及起讫点即可以之规定；惟公路有关民行，綦为重要，当此开始筹备自治之际，按《建国大纲》以四境纵横之道路修筑完成为县自治程序之一，是修筑县道乃以训政时期上紧要工作，自应努力施工修治，庶使向日险阻泥泞一变而为康庄通衢，借以促进自治，应即令行各县局督饬建设局于二十二年春按照拟定县道路线择要修治，一律完成以利交通。

十二、筹设毛织工厂　查本省素称产毛之区，所有驼毛、羊毛每年产量甚巨，值此提倡国货之际，亟应振兴毛织事业、推广毛织用途，拟于二十二年春在省会地方筹设以纺织毛线为主之工厂，备供需用毛纱，并通令各县招集地方绅商，速就本县筹设毛织工厂，制造合于中下级阶一般人所用之毛衣、毛布，以次推至各乡各户，达到农民以副业牧畜所产绒毛换购毛线自行制造毛衣、毛布之目的，以维国产而挽利权。

丁　教育

一、规定绥远省中等学校教职员待遇办法　查中学为小学之阶梯，大学之基础，国家之兴衰、文化之进退系焉，欲其效能之昭著，必先将教职员地位提高，待遇优越，使其精神得以安慰，生活得以充裕，方能收突前迈进之效。兹就地方生活需要之比例，规定本省中等学校教职员待遇规程，薪给务使其增高，代价务使其独厚，并于年功、恤老等项均予规定相当之保障，以期专心致志于职责。

二、规定绥远中等学校教职员服务规则　查《绥远中等学校教职员待遇规程》既经优予规定，则其服务范围似亦不能不明定标准，俾其权利义务得以平衡，而政〔致〕黾勉图功之效。兹拟就中学教职员所赋职务，分别厘定标准，以期一般青年于时间上均能得到充分之修养而免旷职废时有不经济之虞。

三、督促实行教育行政会议议决《小学教职员待遇规程》　查《绥远省小学教职员待遇规程》业于第八届全省教育行政会议议决奉准照办，嗣以年度已过，未及实行。兹拟二十二年一月份起督促各县一律遵照该规程确实筹备，务期于下年度开始后实行，以资策进而便实行。

四、规定检查影剧画片办法　查影剧画片关系社会教育至为重要，惟其中恒有形态猥亵、情节神怪者错综其间，以迎合国人好奇之心理而博重资，殊失维持风化之意，本厅拟为厘订检查办法，凡影剧画片到绥均令遵照办法先事检查，以资取缔而正风俗。

五、修改《绥远省中等学校奖学金规程》　查《奖学金规程》业于二十一年夏间举行考试一次，就事实上所得经验颇有未尽适合之点，自非重行修改难合需要，亟应集合各方意见加以修正呈请示遵，以符奖勉后学努力竞进之意。

戊　垦务

甲、劝报垦地　查四子王旗打拉开地方有地一段，约六百余顷，在武川县属，与第二分局丈放升恒号报垦地亩毗连，由商人于彦等向该旗价买私垦，自应设法劝令报垦丈放以裕收入，现已饬令第二分局就近劝报。又查杭锦旗所属乌拉河迤西渡口堂一带尚有未报垦地一段，现由本局饬令第六分局就近设法劝报，务抵于成，并取印文送局，以便拟具办法呈请丈放。

乙、清理托克托县河头余地　查托克托县东素海台站一带地亩业经于民国八年间陆续丈放在案，兹查此地近邻黄河，比年以来因河水低落，两岸余地澄出甚夥，狡黠之户私行耕种，辗转售卖，希图渔利者有之，互争界址，诉讼不休者亦有之，亟应查丈而清纠纷，现已令饬第一分局就近派员前往该地确实调查，从事按章清理查丈，俾人民得已〔以〕产权确定杜绝纷争，而公家亦可按段收价，俾裕度支，于公于私洵属两有裨益。

《绥远省政府年刊》
绥远省政府秘书处
1933年
（李红权　整理）

绥远省政府训令（总字第三四三九号）

作者不详

令民、财、建、教四厅，高等法院：

查整饬吏治，必须综核名实，但各县局政务纷繁，往往推行政治未能适合实际需要，拟自二十三年份起，每三个月前由省府及各厅就主管事项拟定本季内中心工作，提出例会后令县遵办，即以此项中心工作拟定分数及办理其他政务随时奖惩情形呈报省府按季考核，并由省府于年终核计四季成绩，汇案平均考核，统筹奖惩，业经拟定《县长考核办法》及《考核各县长成绩表》提会修正通过，分别令发在案。现在转瞬年终，二十三年中心工作并春季中心工作，亟应提前拟定送府，以凭汇核提会通过，令县照办。除分令外，合行令仰该厅、院遵照。此令。

主席傅

《绥远省政府年刊》
绥远省政府秘书处
1933年
（李红权　整理）

自治公约之实例（二十二年六月）

作者不详

（一）要尊重党义，严守法律。

（二）要崇尚勤俭，厉行合作。

（三）要提倡公共利益，维持善良风俗。

（四）要普及儿童教育，奖进慈善事业。

（五）要尽心竭力办理公共事务。

（六）不准吸食或贩卖金丹、鸦片（违者送法庭究办）。

（七）不准窝娼、聚赌及窃盗（违者处……以上……以下罚金）。

（八）不准斗殴或行凶（违者……）。

（九）不准危害他人生命财产或扰乱社会安宁（违者……）。

（十）不准虐待子女及忤逆不孝（违者……）。

（十一）不准毁坏树株或使牲畜践踏田禾（违者除赔偿外……）。

（十二）不准大街便溺或倾倒粪土污物（违者向总理遗像罚静默……分至……分钟）。

（十三）不准歌唱淫曲（违者除训诫外……）。

（十四）不准候选人当选规避（违者……）。

（十五）公民或居民办理公共事务著有成绩，或为公助款、捐躯，除本地筹给奖励或抚恤外，仍请官厅奖恤。

（十六）凡违反公约不遵制裁报区转县核办。

《绥远省政府年刊》
绥远省政府秘书处
1933 年
（丁冉　整理）

蒙古山脉及于各方面之影响

王克训　撰

内蒙区域，被阴山横截于境内，西端起于贺兰山，东端接于内兴安岭。而外蒙区域，在南境则有阿尔泰山之磅礴郁积以横亘之，在中部则有唐努、杭爱、肯特诸山之纠绕，其北界中俄境上，又有萨彦岭之屏立，群山会萃，分支错综，于是构戒〔成〕蒙古之高原。至于蒙古山脉亦有区分为南北两部者，即以阴山山脉为南部，以杭爱山脉为北部是也。唯南部大漠横亘，浩浩无垠，水泽绝迹，草木不生，更兼沙不蓄水，雨后立涸，每当风障一起，陵谷为之变形，所以蒙古山脉构成蒙古高原，其最大之影响，即是受沙漠之不良影响。可是蒙古地方，因山脉纵横分布，能使气候、地质、物产各异其宜，因此研究蒙古山脉及于各方面之影响者，大约可分为两方面加以视察：(1）坏的影响，(2）好的影响。兹分述于后。

坏的影响（蒙古山势险阻，交通阻塞，中央每有鞭长莫及之患；王公制度，不能废除；此固政治上之不良影响，此问题与本题间接，故略之）。

（A）农事与畜牧之影响

(1）气候

外蒙方面，境内因四面皆崇山环绕，又有沙漠横亘其间，更兼离海又远，以故气候纯系大陆性，严寒酷热，不特冬夏迥异，即当春季时，一昼夜间，亦常具四季之气候，例如黎明温度在零下十余度者，至正午则逐渐升达至七十度左右。在内蒙方面，气候与外蒙稍有差别，然亦极属大陆性也，虽冬夏寒暑俱烈，亦每每因地而异。尤其是阴山南北气候，尤大相悬殊，山南空气润湿，温度平均冬季在华氏表零下十度左右，夏季在百度左右，至于山北空气，则甚干燥，温度变动颇大，大约正午之热度在沸点以上，至夜半则降至冰点以下，差距阴山愈北之地则愈寒，一至秋初，即飞雪积冰。所以蒙古山脉，对于蒙古气候之影响，独阴山为最大，而使山南北气候。土地，有天然之区别矣。夫蒙古气候之变迁，既如此大而且速，其影响于农事方面，关系颇大。换言之，即是对于蒙古之开垦事业，予以极大之影响也。故夏季之农作物，虽生长良好之际，有因旱寒而枯冻者，此则蒙古山脉构成蒙古高原之不良〈者一〉影响也。

（2）风力

蒙古地方，普通晴天，空气固多干燥，四季多风，且风力亦强，甚至每年三四月，西南旋风，吹卷沙尘，平沙莽莽，致将土壤变为砂石，而农作物之嫩牙〔芽〕，因以枯死，此蒙古山脉构成蒙古高原之不良影响者二也。

（3）雨量

两蒙因气候干燥，每年雨量仅在八英寸与二十英寸之间，不足以供农田灌溉之用，对于移垦问题，极受影响。蒙古每年之雨季为七八两月，通常降雨量则颇少，而雨量之多少，与农作物有密切之关系。概括言之，蒙古农作之区域，受水灾为患之区域小，受旱灾为患之区域大，此蒙古山脉构成蒙古高原之不良影响者三也。

(4) 雪量

蒙古冬季虽常常降雪，然积至尺余以上者颇不多见。降雪开始，常在每年十月中下旬，斯时寒威骤增。冬季下雪次数宜多，而积雪若不至数尺以上者，则翌年农作物可望丰收，即家畜亦不至因无饲料而冻饿以死。然蒙古天时，变幻莫测，故雪量往往可以支配蒙古农业及家畜之命运，此蒙古山脉构成蒙古高原之不良影响者四也。

(5) 不毛之地

蒙古高原，因空气干燥之故，土中含水分极少，大部皆为不毛之地，夫森林之茂盛，对于河川水源之涵养，土质之改良，水质之澄清，及气温之节调，皆有极大之关系，所以蒙古地方，夏季则河水泛滥，冬季则寒风猛烈，是使蒙民生活，受害非浅！且家畜之死亡亦多，而蒙民之财产便受重大损失，此皆缺少森林之一大原因，就中尤以阴山为甚。少森林，此蒙古山脉构我〔成〕蒙古高原之不良影响者五也。

以上所述，是蒙古高原因气候等等之关系，对于农作与畜牧之不良影响，此不过是概括言之而已。

(B) 文化上之影响

(6) 交通

(蒙古各山脉因交通峡口之险峻，或仅有一线之鸟道，或须经一万尺以上之山峡，自然影响交通不小，至于各山脉之名，今暂从略。)

蒙古因山脉纵横，交通极不便利，因此内地较高之文化，无从输入，以故蒙古人民，至今尚未受文化洗礼，其人民智识愚陋，凡事不知因时改进，故此老大民族，现在还是与上古、中古时期之生活状况相仿佛，张幕而居，酪乳而食。在唐努乌梁海一带，因唐努山南北麓，限于特斯河与乌鲁克木河两流所束，不能宽展。故幅度甚狭，其间连峰叠障，高度多有超出七八千尺以上者，绵亘于科布多、喀尔喀与唐努乌梁海之间，实为交通上之一大阻碍。故唐努乌梁海之民，恰如身坐瓮中，其交通比较蒙古其他各处为尤不便，其人民还有以渔猎为生者，是比机〔诸〕游牧生活，又相悬殊矣！所以蒙古文化之低落，是因受交通上之绝大影响，此蒙古山脉构成蒙古高原之不良影响者六也。

好的影响。

(C) 国防之影响

(东四省失陷，苏克斜鲁仿佛为国防之重地，然东四省吾国须图强收复，以故不能将此山当作国防地带。)

(7) 阿尔泰山

阿尔泰对于中国西北极边之国防形势上，极为重要，除关系新疆全局外，对于蒙古西部之国防关系，亦极重要。若以局部言之，实为科布多西北部之天然屏障。若以蒙古全局言之，则东部之喀尔喀被其控制，西部国境外，俄属之斋桑斯克等处，被其俯瞰，南据额尔齐斯河之上游，北与萨彦岭互为犄角〔角〕之势，故中国保有阿尔泰山，则蒙古无西顾之忧，其对于国防上之重要，可以想见！

（8）萨彦岭

此山为阿尔泰山脉最东北之一支，包唐努乌梁海西、北、东三方而行，穹隆于蒙古极北境上，东向恰克图而趋，成中俄两国间天然之界线，为我国西北之大防。山势萦纡曲折，峻岭巨川，势极险阻，若保有萨彦岭，则俄人不敢正视恰克图，而喀尔喀四部，便臻巩固，盖萨彦岭乃恰克图之右臂也。并且俄人不能逾越阿尔泰之险，因此山与阿尔泰既互为犄犄〔角〕，且抚阿尔泰之背脊，诚西北之岩疆，极边之重障，其对于我国国□关系，实与阿尔泰同一重要！

（D）经济上之影响

（a）矿产

阴山、杭爱一带，富于煤铁，现有用土法采取者。至于五金矿产，有阿尔泰、唐努、内兴安岭等处。

唐劣〔努〕山

唐努山含藏五金矿质甚富。据俄人勘查报告，沿唐努乌梁海境诸山，单是金矿一项，即有七十余处之多！（其中已被俄人开采者，闻有二十四。）

阿尔泰山

此山之阴，含藏五金矿质，至为丰富，金、银、铅、砂，流露于外，故山阴发源诸河，俱金银也（前清同、光以来，每年夏秋，俄人从额尔齐斯河运矿之甲船达四十余艘，载至斜米等处镕炼），以故阿尔泰山有金山之称，蒙古谓金为阿勒坦，以山富五金，故名。蒙古山地，富于五金矿产，此为各山脉构成蒙古高原之绝大利源，质言之，即是各山脉之大好影响。惜境内矿产无精确之调查，不特货弃于地，且利源多为俄人所攫，若长此以往，则地利之丧失又不知凡几。兹将两蒙矿产最昭著之区域略述之：

外蒙方面

金矿——库伦附近。

金沙——库苏古尔泊。

最大产金区——阿尔泰。

其他如银、铜、铁、铅各类矿物，亦莫不悉备。且境内多咸湖，以故盐之产额亦富。

内蒙方面

铁矿——龙关、宣化。

煤矿——鸡鸣山。

用新法采取之煤矿——阜新、朝阳、北票。

金矿——承德。

银矿——平泉。

铅棉〔矿〕——兴和。

石油——凌源。

石矿〔棉〕——沽源。

注：热河虽然失陷，然我国终必发奋图强，还我河山，所以热河矿产，当然不能漠视。

(b) 农事（森林从略）

蒙古诸山脉，发源之水甚多，若用科学方法，以因地制宜，从事灌溉，对于农事上自有莫大之利益。兹亦择其最昭著者如下：

贺兰山

贺兰山东西之地；因此障壁，不特气候相殊，且土地亦各异其宜。山以西为赫尔腾沙漠，山之东，河之西，渠道阡陌，纵横弥望，引水以资灌溉，则可获膏腴之田数千顷，推为西北最饶沃之区。

阴山

阴山山脉，至河套正北，统称为哈拉那林山。山北属蒙古高原。广漠沙迹，连天无际，间有涓流，仅资畜牧，大都为不毛之地。唯山以南层级而降，向黄河谷地斜倾，成后套肥沃之区，不受沙漠之影响。

唐努山

唐努山南北两面向河谷斜倾之地，树木水草均称繁盛，特以地利各异其宜，故居民生活，亦因之判别。大抵山北居民，多以猎兽为业，唯以山南，以特斯河流域，水土肥沃，向系垦牧兼资之区。故以人民虽多业游牧，然亦兼事耕种。

杭爱山

杭爱山无论山南山北，所有河谷之地，均以肥沃著称，既可游牧，又可耕种，如色楞格、齐老图、哈瑞塔米尔、鄂尔坤乃至山南之匝盒、拜达里克、塔楚、推河诸流域，自古皆屯垦收效之区。加以山脉南障大漠，山北之区，不受沙漠之影响，尤称为蒙古生命之源，故此膏腴广漠之原野，蒙人生活有余，实可供吾人取资之地矣。

七老图山

此山之倾斜缓平处，多为耕地。

努鲁儿虎山

此山至土默特以东，高度更减，丘陵断续，多为耕牧之地。

此外如苏克斜鲁、肯特山、松岭各山脉，发源之水既多，若以科学方法，从事开辟，不独游牧资其利，实乃耕种之利，对于蒙古经济上为一大泉源。

蒙古山脉及于各面之影响，既如上所述，而有好的和坏的两方面之区别，吾人不但只知其影响之程度而已，尤宜作进一步之研究！所谓作进一步之研究者，即是根据“利用自然”和“征服自然”之主旨；而使好的影响，须如何使其发展，同时坏的影响，又必如何设法补救，皆为研究此问题者急待解决之条件，兹亦分两方面而研究之。

（1）征服自然

坏的影响如何补救？

（a）农业之补救

蒙古山脉构成蒙古高原，因气候关系，使耕作业感受最不良之影响，以故欲根本解决蒙古垦殖问题，期得到良好之效益，首先就要“征服自然”，以便利农事为最大前提，使游牧生活进而为耕作生活，此固为最切要之图。兹分述于后：

气候之研究

蒙古气候，即同在一处，相差亦极悬殊，故研究各方每日每月气温之变迁，农作期间最高温度之周率与农作物生长和农作期长短之关系，均最关重要。

雨量及雪量之研究

两蒙气候亢燥，农田水利，悉赖天时，所以各地每年之雨量，农作期间之雨量，逐月雨量之分配，以及若干年最小雨量之周率，对于气温、蒸发量，农田需水量之关系，每年雪量之统计，雪融时期与农作期之关系，以及雪融后水量之供给与储蓄，俱应一一研究之。

风向及风力之研究

内蒙为风多雨少之区，外蒙沙风剧烈，故干燥尤甚。唯风有含水蒸气与不含水蒸气二种（外蒙境内，自西南吹来之风，常含有水蒸气)，所以风之方向，与蒸气量，及溉田应需水量，均有极大之关系。他如风力之大小，更宜详究，以便知悉各种农作物能否安全生长于泥中或有无砂压之患。

土质之研究

两蒙土质，因山脉纵横，大别之有粘质壤土、砂质壤土、砂土、黄土四种。故土中所含之化学成分，关系极大，如土中所含之石灰、咸卤、淡化物，以及其他化学要素，均宜分晰而出，以定土地之肥瘠。他如水源、水质之研究，地面高低之研究，农作期及农作物需水量之研究，和电动力之研究等等，皆为“征服自然”之根据，诚足以补救蒙古各山脉不良之影响，使农作业能因地制宜，而畜牧业自然亦因之改进，而游牧生活，亦获益非浅，结果对于蒙古垦殖问题，自能根本解决！此则吾人不可不知者也。

(b) 交通之补救

蒙古交通，急待发展，据总理之西北铁路计画，关于蒙古部分，其重要性不言可知。盖蒙古一切事业，均待交通而后发展！况交通为文明之母，以故欲打破蒙古之呆滞局面，非首先开发交通不可。此事须政府以全力赴之，除内地商人应与政府合作外，而边区各省亦必与政府合作，然后始能逐段推进。

(2) 利用自然

好的影响，如何发展？

(c) 国防之发展

蒙古对于中国之国防，因其山脉之关系，可以分为外防与内防两方面。外防自是防外国人，而内防则为维持蒙古内部之治安问题，盖蒙古境内，实需要相当兵力，以资镇摄，假使蒙古内部之安全，无完全保障，则影响国防实大。且蒙古内部若有相当兵力，必要时实可为中俄国境上，我国军队之后援，因此蒙古内部各山脉之要口（重镇除外），亦有设备之必要，此吾所以分国防为“内防”、“外防”之理由也。

外防

蒙古对于国防上之外防，当然以阿尔泰、萨彦岭为主要地带，而国防之要素，是“设险自固”。以故此两山派〔脉〕所包含之各山当中，对于中俄境上之进出口，俱应建筑新式炮台和防空设备、建筑军营等等，例如察布齐山口，以及乌鲁克木河出境之断口，和东部肯特山所包含之尼布楚岭，以及石勒喀河与额尔古纳河之会，和恰克图等地，均要害所关，据国防上建瓴之优势，均宜建筑最新工事，以资固守。据日人调查，俄拟由米努森斯克筑铁路通克木毕其尔，其对于我国国防上之不利，实属非常重要！是不可忽略者也。

内防

蒙古对于国防上之内防，当以唐努山、阴山为最重要，如唐努山之精奇里克、杭达海图两要口，以及其他各阻隘之坝口，和为蒙疆一大关塞之阴山之各要口，均宜有现代军事之设备，以镇压于内，兼为外部之声援。而贺兰山以东，杭爱山南北，尤便屯垦，实国防上之一大补助！此又不可不注意及之也。

(d) 经济之发展

矿业（农业已前〔言〕于前，其他工业与山派〔脉〕问题此〔比〕较间接，姑略之）：

蒙古矿业，欲求开发，须先解决三大问题：“（一）专门人材；（二）资本；（三）政府设立专管机关。”人材则不拘中外，资本宜人民与政府合作，或利用外债。而专管机关，则组织须建全，权力须扩大，以从事经营！内中除“人材”与“资本”人人皆知其重要外，至于专管机关，其关系非常重大，例如日本在南满之株式会社，其重要可以想见。不过彼为帝国主义者之侵掠工具，吾人要在反其所为，以利益平均为标准，而无蒙汉畛域之分别，此又开发蒙古经济之重要意义矣。

夫蒙古为日俄垂涎之区，外蒙“赤化”，东蒙陷落，其对于我国之不良影响，更比蒙古山脉及于各方面之不良影响，其相去不啻霄壤。以故吾人研究蒙古问题，无论“利用自然”、“征服自然”，而此日俄所造成之人为障碍，非作最后之清算不可！愿国人共图之。如是则对于蒙古山脉，及于各方面之影响，方不失为虚有其研究矣！

《蒙藏政治训练班季刊》
南京蒙藏委员会蒙藏政治训练班
1933 年 1 期
（李红权　整理）

内蒙自治与新疆变乱

暂　撰

民族解放的要求已经波及到穷乡僻壤，一切落后的民族，都渐渐提出自决的要求。最近发生的内蒙自治问题及几月来的新疆事件，自然内幕孕有帝国主义者与民族中残余封建领袖的勾结反动；但骨子里，也少不掉要求民族解放的原素。因为一切事情的发生，总是客观上先具备各种条件，于是才或缓或急的在各种方式下呈现出来。

报载内蒙锡林格勒盟副盟长德木楚克栋鲁普亲王（简称德王），招集各盟会议，宣布内蒙高度自治。闻自治内幕，确有日本的指使，缘去年春间，德王以日顾问之介绍，曾乘日飞机至长春谒溥仪，商定三项：（一）西蒙宣布独立；（二）东蒙（即热河北部）各盟划归德王；（三）伪国以友邦关系，充分接济。由此可知，所谓内蒙自治，不过是日帝国主义者勾结封建王公——德王，企图使内蒙脱离中国的把戏。但我们不能否认，内蒙下层民众已有了解放的要求，聪明的日帝国主义者与德王，想借统治方式的变换，以缓和落后蒙民的解放要求，从中获取更大的利益。同样，新疆因金树仁的苛政高压，才发生回族的解放要求，跋扈的“藩镇”利用新疆民众的情绪，企图造成个人势力，乃继续不断的发生战事，这无异议的是新疆的军阀割据。但内蒙为什么会在暴日指挥下酝酿自治？新疆为什么会连续不断的发生变乱？我们可以看看过去政府怎样应付边疆的少数民族呢？

政府对国内其他民族，向用传统的愚民政策，至少也是一贯敷衍；自北京政府时代的蒙藏院到现在的蒙藏委员会，都是如此。对蒙、回、藏各民族，政府只会抓着他的少数领袖，只要他们口头恳〔肯〕服从中央，一切政治上的措施，则所不问。蒙盟、回王以及新疆的“藩镇”，对中央政令，都是接而不布，或布而不行；中央对他们的请求，也只用照准、核办字样，存了案事。至于南京之蒙藏委员会，蒙古王公驻京代表，新疆驻京办事处等机关人员，按月领薪，无所事事，对各自民族地方的情形都莫明其妙。政府也用几个蒙、回、藏的所谓要人，供职中枢，他们更自称能代表本民族；但究竟是不是由各民族下层民众选出，能否代表民意，这都是一个极大的疑问。而政府又贯〔惯〕用这种政策，一个被逐无能的班禅，政府竟大事其招待；把阻碍社会进化的宗教师，真当“活佛”般的恭敬，这未免有些滑稽。也许这是手段，但要把手段当成了目的，那我们小民也未免太糊涂啦！

蒙古、新疆地处边陲，语言、文字、风俗、宗教皆与内地不同，在他们不堪封达〔建〕势力的压迫而欲求得解放中，因为知识的薄弱，很容易受到帝国主义者的利用，而对整个中华民族以极大的威胁。所以为了中华民族的安全，国内民族的一律平等，对蒙、回及西藏，唯有在民族自决的原则下，由下层民众入手，提高他们的知识，使他们获得平等于政权，共谋中华民族的解放，这样，才不会使帝国主义者利用，才不会继续发生变乱。如果仍用抓上层领袖的故技，隔靴搔痒的派大员宣慰，必然还要发生二次、三次的事变，使帝国主义者从中作祟，对中国解放以极大的威胁。

《蒙藏政治训练班季刊》
南京蒙藏委员会蒙藏政治训练班
1933 年 1 期
（丁冉　整理）

内蒙自治问题之面面观

作者不详

（一）内蒙要求自治

一、锡、乌、伊正副盟长等原电

中央党部执行委员会，国民政府，行政院，军事委员会，蒙藏委员会，参谋本部钧鉴：年来吾国兵荒饥馑，纷扰鼎沸，边疆蹙削，外患日深。吾蒙古地近日、俄，创痛尤烈，广漠之地，弱小民族，抵拒无力，固守无方，俎上之肉，宰割由人。十年以来，外蒙剥夺于苏俄，哲盟、呼伦贝尔沦亡于日本，近且卓、昭等盟，亦相继覆没，西蒙牵动，华北振撼，千钧一发，举国忧心。吾蒙积弱民族，坐受宰割，亦固其所，中央虽负有扶植救济之责，顾内乱频仍，事势分异，当局尚不暇自救，吾蒙抑何忍以协助责望中央。况兵燹之余，不时劳遣专使，远方存问，足证休戚相关，患难与共，吾蒙深为拜嘉。边疆不警，委蛇偷安，未为不可。迩来强邻俱侵，刻不容缓，燕雀处幕，覆亡之祸已迫，因循偷安，已为事势所不许，煎急难耐，应付无方，倘不黾勉自决，一旦劲敌压境，所至为墟，风波所及，积弱之蒙疆，势必蚕食殆尽，深贻中央之忧。藩篱破决，将以亡吾蒙古者，累及同胞，一肢摧折，全体牵动，关切至大，为罪滋深。《传》曰鹿死不择荫，凡我同胞，设身处地，试为蒙民三思，舍自决自治，复有何法？伏念我孙总理艰难定国，以人民自治为基础，以扶植弱小为职志，煌煌遗训，万世法守。中央军事鞅掌，既不遑忧远，吾蒙敢不投袂而起，遵奉总理懿训，自任自决，以自策励。盟长、札萨克等，谨查二十年国民会议议决案，已有特许外蒙自治之先例，乃于今年七月廿六日，在乌盟百灵庙，招集内蒙全体长官会议，佥曰采用高度自治，建设内蒙自治政府，急谋团结促进，以补中央所不及，凡事自决自治，庶几眉急可挽，国疆可守，民意淳淳〔谆谆〕，亦咸以是为请，于是毅然进行，气象为之一振。所有顺应民意，应付环境，施行自治情形，除由盟长、札萨克、王公等会衔联印正式呈报中央鉴核外，爰将吾蒙推行自治真相，谨先电达，〈俾〉悉其自治真意，实因事急境迫，日暮途穷，志切自救救国，不得不亟图自决，以补救危亡。至于军事、外交，关切国家体制，吾蒙能鲜力薄，平时尤仰仗中央多助，况当存亡关头，一切对外措施，更惟中央是赖。并望当局诸公，一本总理民胞物与之旨，天下为公之意，谅其苦衷，悯其衰弱，辅导箴勉，弥缝其阙，而教以所不及，策励其自决自治之精神，促成其发奋图强之苦心，革其固陋，新其治化，上有以翊赞中央殷殷图治之心，下有以慰吾蒙喁喁望治之意，俾五族之民众，互助共存，打成一体，庶几危亡可挽，边疆可固，蒙民幸甚，国家幸甚。锡林果勒盟长、乌珠穆沁右旗札萨克亲王索讷木拉布坦，副盟长、苏尼特右旗札萨克亲王德穆楚克栋鲁普，苏尼特左旗札萨克亲王林沁旺都特，阿巴噶左旗札萨克亲王布德巴拉，浩齐特左旗札萨克郡王桑都克多尔齐，浩齐特右旗札萨克郡王松津旺楚克，阿巴噶右旗札萨克郡王雄诺敦都布，乌珠穆沁左旗札萨克郡王多尔济，阿巴哈那尔左旗札萨克贝勒巴拉贡苏龙，阿巴哈那尔右旗札萨克贝勒索特讷木诺尔布，乌兰布盟长、亲王云端望楚克，副盟长、贝子巴保多尔济，四子部落旗札萨克亲王潘德恭札布，喀尔喀左翼旗札萨克郡王根敦扎布，落〔茂〕明安旗札萨克贝勒齐默特林沁阔尔勒，乌拉特前旗札萨克贝子希拉布多尔济，乌拉特多〔中〕旗札萨克贝子林沁僧格，乌拉特后旗札萨克贝子首尔和色臣嘉木巴拉，伊克昭盟长、郡王沙克都尔札布，副盟长、鄂尔多斯右翼中旗札萨克郡王噶桑卓勒玛旺拉嘉木苏，鄂尔多斯左翼中旗札萨克贝勒特回色阿木噶郎，鄂尔多斯左翼后旗札萨克贝勒康达多尔济，鄂尔多斯右翼前末旗札萨克贝子瓦齐尔胡伊克图，鄂尔多斯左翼前旗署理札萨克台吉棣布札布等同叩愿〔头〕①。

二、内蒙自治会议组织大纲

内蒙各王公自发出愿电后即在百灵庙召集自治会议，兹将十二月十一日《晨报》所载《自治会议组织大纲》照录如次：第一条，内蒙各盟、部、旗长官，为实现内蒙自治起见，在百灵庙召集内蒙自治会议。第二条，本会议出席人为各盟、部、旗长官，或其代表，蒙古各团体代表，及各长官之秘书得列席。第三条，本会议互推五人，组织主席团，主持本会议一切事务。第四条，本会议设秘书处，分别各组办事：文书组、议事组、宣传组、翻译组、财务组、事务组、交际组、警卫组。第五条，秘书处设秘书长一人，承主席团之命，总理秘书处事务，各组设主任一人，承秘书长之命，主持各组事务。秘书处设秘书、干事、书记各若干人，分在各组办事。第六条，本会议议事规则、办事规则另定之。第七条，本会议于内蒙自治实现时结束之。第八条，本大纲自大会通过日施行。

① 所列人名，前后多有参差，分别照录原文。——整理者注

三、内蒙自治会议纪录

内蒙各王公及代表在百灵庙自治会议，十二月十一日《晨报》登载其纪录甚详，特照录之如次。

百灵庙第一次自治会议纪录：

地点　百灵庙永荣会仓大厅

时间　二十二年十月九日下午二时至五时

出席　四十一人

列席　二十八人

主席　云端旺楚克

记录　卜库巴图尔、朝克巴图尔、赛吉拉呼、色丹札布、超克巴都尔呼

（一）开会

（二）主席报告开会宗旨

（三）讨论事项

1. 内蒙各盟、部、旗长官自治会组织大纲案，决议修正通过。

2. 互推云端旺楚克、德穆楚克栋鲁普、巴布多尔吉、根敦札布、雄诺敦都布五人组织主席团。

3. 内蒙自治政府组织法如何起草案，决议推选德穆楚克栋鲁普、根敦札布、雄诺敦都布、郭尔卓尔札布、僧格林沁、沙拉布丹多尔吉、色林敦鲁〔多〕布、色彦色达尔呼、那孙瓦齐尔、苏鲁岱、巴音尔、索德那木、贡桑、巴济尔高尔达、达熙特鲁布、巴札尔郭尔达、特木尔博勒特、朝伊如克、札玛巴拉、拉希、龚苏荣札布、图敦呢玛、卜库巴尔图二十三人起草，开会时由德穆楚克栋鲁普召集之。

自治会议到会人数，其名字皆由德王发表，兹录于后：

乌盟盟长、亲王云端旺楚克，喀尔喀旗札萨克郡王根敦札布，

贝子、协理台吉沙拉布多尔济，协理台吉色林敦鱼布，

前管旗章〈京〉那孙鄂济尔，管旗章京朝克德勒格尔，

委管旗章京林沁多尔齐，梅伦章京宝达希利，

委梅伦拉希色楞，宁如克多布珠尔，阿迪雅，

乌盟副盟长、贝子巴布多尔济，中央旗札萨克贝子林沁僧格，

协理台吉那孙瓦齐尔，协理台吉色彦巴达尔呼，

管旗章京拉希，根敦朝克，

前旗代表梅伦章京骚德那木，陶呼齐，

后旗代表梅伦章京朝伊如克，杜特格尔勒，

四子部旗札萨克多罗达尔罕卓里克图霍硕亲王潘迪公札布，

协理台吉札玛巴拉，梅伦章京拉希多尔济，

茂明安旗札萨克贝〈勒〉齐米特林沁高尔罗，协理台吉龚孙荣札布，

管旗章京阿迪推，沙克达尔，乌珠穆沁右旗代表台吉都布敦呢玛，米达嘎。

锡林果勒盟副盟长、苏尼特右旗札萨克和硕杜棱亲王德穆楚克栋鲁普，梅伦章京齐米德，札兰章京阿拉坦格尔勒，忽克拔都尔，

赛吉尔呼，乌勒吉博彦，赛伊巴嘎图尔，朝克巴达尔呼，

布林巴雅尔，翁呼尔多尔济，札拉嘎木济，巴拉沁多尔济，

帕凌粟，苏尼特右〔左〕旗代表达尔罕郡王郭尔卓尔札布，

梅伦章京沁板，敦尔札布。

阿巴噶右旗札萨克多卓里克图郡王雄诸〔诺〕敦都布，

管旗章京旺济勒，贺齐业勒图，色登札布，

阿巴噶左旗代表协理台吉贡桑，敏珠尔，乌珠穆沁左旗代表札兰章京伊庆阿，

阿巴噶〔哈〕那尔左旗札萨克贝勒巴勒恭苏荣，协理台吉巴济尔高尔达，

记名协理台吉马尔棍济木毕，梅伦章京巴拉精尼玛，司仪，

长史纳钦，拉达孙润，阿巴噶〔哈〕〈那尔〉右旗代表协理巴〔台〕吉尔高尔达，拉达玛孙润，浩齐特左旗代表协理台吉黎克登，连苏尔。

察哈尔部十二旗代表商都牧群总管特穆尔博鲁特，布呼巴图尔，十二旗续派代表哈斯瓦齐尔，锡林果勒盟驻张办事处处长补英达赖，察哈尔部正黄旗代表棍布札布，西土默特旗代表苏鲁岱、巴雅尔、萨木腾，内蒙各盟旗驻平代表会代表萨彦巴雅尔，蒙古救济委员会代表赵那萨图，吉尔格郎，内外蒙古旅平同乡会代表贺什格图，马星南，蒙古留平学生会代表墨勒赓巴图尔，拉希，蒙古旅平同乡会代表赛巴图尔，巴图。

百灵庙第二次自治会议纪录：

地点　百灵庙永荣会仓大厅

时间　二十二年十月十五日下午二时至五时

出席　四十一人

列席　二十七人

主席　云端旺楚克

纪〔记〕录　超克巴图尔呼、超克巴图尔、色丹札布、希业勒图

（一）开会

（二）讨论事项

一、内蒙自治政府组织法案。

决议：修正通过，即日呈请中央备案。

附内蒙自治政府组织法：

第一章　自治政府

第一条　内蒙自治政府总揽内蒙各盟、部、旗之治权。

第二条　内蒙自治政府以原有之内蒙各盟、部、旗之领域

为统辖范围。

第三条 内蒙自治政府除国际军事及外交事项由中央处理外，内蒙一切行政，俱依本自治政府法律、命令行之。

第四条 内蒙自治政府以政务厅、法制〔制法〕委员会、参议厅组织之，但遇实事之需要，自治政府及各厅得设各种机关。

第五条 自治政府设委员长一人，副委员长二人，委员九人至十五人。

第六条 自治政府正副委员长暨委员由各盟、部、旗长官共选之，各厅长及各会委员长由政府委员兼任之，各厅副厅长及各会副委员长由正厅长及正委员长提请自治政府任命之。

第七条 自治政府委员长因事不能执行职务时，由副委员长或政务厅长代理之。

第八条 自治政府以政府委员会处理一切政务，政府委员会由政府委员组织之，委员长为政府委员会主席。

第九条 公布法律、发布命令，经政府会议议决，由自治政府正副委员长及该关系之主管机关长官署名行之。

第十条 各厅、会间不能解决事项，由政府会议议决之。

第十一条 各厅、会于不抵触自治政府法令范围内得发布厅令及会令。

第十二条 自治政府内置左列两处：（一）秘书处；（二）总务处。

第十三条 秘书处，掌理左列事项：

（一）关于文书收发、编制及保管事项。

（二）关于文书分配事项。

（三）关于文件之撰拟、翻译事项。

（四）关于典守印信事项。

（五）关于编制政府公报及议事日程、会议纪录事项。

（六）关于登记政府内职员任免事项。

（七）关于发布命令事项。

第十四条　总务处掌理左列事项：

（一）关于编制、统计及报告事项。

（二）关于会计、庶务事项。

（三）关于不属秘书处事项。

第二章　政务厅

第十五条　政务厅为自治政府最高行政机关。

第十六条　政务厅设厅长一人，副厅长二人，厅长因事故不能执行职务时，由副厅长代理之。

第十七条　政务厅设左列各处，分掌行政之职权：

（一）内务处。

（二）警备处。

（三）财政处。

（四）教育处。

（五）司法处。

（六）建设处。

（七）实业处。

（八）交际处。

第十八条　政务厅正副厅长及各处正副处长、特种机关主管长官组织会议处理一切行政事宜，开会时厅长为主席。

第十九条　政务厅经政府会议及制法委员会之议决，得增置或裁并各处及其他机关。

第二十条　政务厅各处及特种机关间不能解决事项，由厅务会议决之。

第二十一条　政务厅各处设处长一人，副处长一人，均由政务厅长提请自治政府任命之。

第二十二条　政务厅各处长于必要时得列席政府会议及制法委员会。

第二十三条　政务厅关于主管事项得提出议案于制法委员会。

第二十四条　政务厅及各处组织法，由自治政府另以法律规定之。

第三章　制法委员会

第二十五条　制法委员会为自治政府最高立法机关。

第二十六条　制法委员会设委员长一人，副委员长二人，委员十七人至二十九人，委员长因事故不能执行职务时，由副委员长代理之。

第二十七条　制法委员会委员，由委员长提请自治政府任命之。

第二十八条　制法委员会会议由委员长为主席。

第二十九条　制法委员会之议决案，由政府会议议决后公布之。

第三十条　制法委员会组织〈法〉，由自治政府另以法律规定之。

第四章　参议厅

第三十一条　参议厅为自治政府最高咨询建议机关。

第三十二条　参议厅设厅长一人，副厅长二人，参议二十一人至四十一人，厅长因事故不能执行职务时，由副厅长代理之。

第三十三条　参议厅各参事〔议〕组织参事〔议〕会，其职权如左：

（一）关于自治政府咨询事项。

（二）关于政府委员长特交办理事项。

（三）关于参议建议提案审查事项。

（四）关于其他重要事项。

第三十四条　参议会以参议厅长为主席。

第三十五条　参议厅组织法，由自治政府另以法律规定之。

第五章　附则

第三十六条　本组织法自公布日施行。

百灵庙第三次自治会议纪录：

地点　百灵庙永荣会仓大厅

时间　二十二年十月十九目〔日〕下午二时至五时

出席　四十一人

列席　二十八人

主席　云端旺楚克

记录　色丹札布、超克巴图尔、可奇业勒图、札啦嘎慕济

（一）开会

（二）讨论事项

1. 内蒙自治政府设立地点案。

决议：在西苏呢特、四子王、达尔罕三旗交界处，择适当地点设立之。

2. 政府房舍如何建筑案。

决议：暂由各旗共出毡幕一百二十座备用。

3. 政府警卫队如何编制法。

决议：暂由各旗共派骑兵一千名编制之。

4. 政府开办、经常两费如何筹措案。

决议：暂由各盟旗分担任之。

百灵庙第四次自治会议纪录：

地点　百灵庙永荣会仓大厅

时间　二十二年十月二十日上午十时至十二时

出席　四十一人

列席　二十七人

主席　云端旺楚克

纪录　色丹札布、超克巴图尔、和善业勒图

（一）开会

（二）讨论事项

一、政府人选应即推定案。

决议：公推乌盟盟长云为内蒙自治政府委员长，锡盟副索那木拉布坦、伊盟沙克都尔札布盟长为副委员长。

公推乌盟正副盟长，锡盟正副盟长，伊盟正副盟长，阿拉善亲王，达里〈冈崖〉、察哈尔部二人，土默特二人为内蒙自治政府委员。

公推乌盟副盟门〔长〕巴为制法委员会委员长，锡盟副盟长德为政务厅厅长，伊盟副盟长阿为参议厅厅长。

百灵庙第五次自治会议纪录：

地点　百灵庙永荣会仓大厅

时间　二十二年十月二十四日上午十时至十二时

出席　四十三人

列席　二十六人

主席　云端望楚克

纪录　丹札布、和善业勒图、超克巴图尔

（一）开会

（二）讨论事项

一、大会是否派代表前往欢迎中央大员案。

决议：派包悦卿、特穆尔博勒特、吉稚图、苏鲁岱四人前往欢迎。

二、本会议重要事项，均须决议有案，中央大员尚未莅临，是否暂行休会静候大员案。

决议：暂行休会，休会期间，本会议一切事务均由主席团负责主持。

四、旅平蒙人呈中央电（见《中央日报》）

南京军事委员会，国民政府行政院，中央政治会议钧鉴：窃维国步阽危，边事日亟，外蒙已为赤俄所夺，东蒙复被倭寇侵据，屏藩尽撤，门户洞开，兹仅幸存之西蒙，位于两帝国主义者之间，支撑无力，固守无方，幕燕鼎鱼，岌岌堪危，若不急思自救救国之策，将何以图生存而挽灭亡？故西蒙德王等有志青年有鉴于此，深惧沦为外蒙、东蒙之续，为抵御外侮计，循奉党纲，倡议自治，纯出于“民族自决、自救救国”之要求，并赖中央扶植，毫无其他背影〔景〕。而边省官府，以及章嘉，故造蜚语，捏报事实，颠倒是非，淆惑听闻。兹幸明察，特派黄部长、赵副委员长等入蒙，扶掖领导，足徽〔征〕重视蒙疆，注意蒙政，下风逖听，遐迩欢腾，务恳本诸总理自治自决之遗教及汪院长之宣言，对于蒙古自治，容纳全蒙建议，促成整个民意机关，转电北上大员，妥慎采择，万勿听信谣言，固执成见，早日奠定边陲大计，免贻来日意外纠纷。临电迫切，无任盼祷之至。内外蒙古旅平同乡会叩。一日。印。

五、北平蒙古同乡会意见书（见十月二十九日《中央日报》）

民国肇造，庶政革新，而蒙古以落后之民族，在过去二十二年中，一切兴革，莫不惟中央是赖。而中央因频年内争，不遑顾及蒙事，故二十余年来，蒙古之政治未能革新，蒙古之教育未能发展，蒙古之文化未能提高，蒙古之生活未能改善。中央既无暇顾及而放弃蒙古矣，是中央无以对蒙古，蒙古复从而自弃之，何以对地方，何以对民族？是以西盟官民，鉴于蒙政之腐败，外侮之侵凌，不谋自拔，无以图存，不有组织，无有〔以〕御敌，故组织蒙古自治政府之酝酿，因而甚嚣尘上。国人不察，竟信边远省府及章嘉等之捏报，以为蒙古自治运动有某国背景操纵其间，为此言者，实故颠倒是非，垄断蒙古耳。谨将本会所见条陈于左：（一）蒙古要求自治，系在中央扶助之下，纯出于“民族自决”、“自救救国”及辅助中央鞭长莫及之虞之运动，中央应放弃“放任蒙古政策”，诚意指导，使之自治臻于完善。（二）边陲省县官吏，压迫蒙民事件，不时发生，以致全体蒙人，非常激愤，且既抱成见，处理蒙事，对于自治消息，当然利用反宣传，阻碍蒙古自治，倘中央不察事实不顾蒙古民意，听信一方谣言，则蒙汉感情，更当恶劣矣。（三）锡盟德王，依据全蒙民意而要求自治，绝非其一人操纵把持，更无其他背景。倘该王果受外人利用，不特中央予以处分，即蒙民必将群起声讨。中央应将蒙古自治与德王嫌疑作为两事，勿以个人行动影响于全体民意，则处理蒙事，庶乎得当。（四）章嘉入蒙宣化，蒙古极端反对，而该氏复对于自治，加以阻碍，尤为蒙民所愤懑。倘其仍本以往主张，恐必激起意外事件，希望中央以福利蒙民为前提。勿再听信谗言，不但蒙族幸甚，实亦党国幸甚。

六、北平蒙古救济会意见书（见十月二十九日《中央日报》）

谨略呈者，溯自中国有史以来，我蒙古民族，即占全世界之重要地位，人性诚朴，俗称剽悼〔悍〕。查太祖成吉思汗，曾率数百万健儿纵横欧亚，开辟版图，盛大武功，光荣史册。绿〔缘〕自有清以来，信任贰臣洪承畴之建议，禁读汉书，摈斥科试，崇拜喇嘛，灭其种族，实行愚民政策，于是日知诵经礼佛，数典忘祖，使我最大最光荣之民族一蹶不振。缅忆前尘，如梦如痴，政治、经济、教育、实业、交通无一不落人后。民国初建，百政组〔维〕新，蒙古民族翊赞共和，希望中央一涤逊清之恶政，加以适当之指导，而有积极之建设，不意民元迄今，军阀割据，自相残杀，内政不修，漠视蒙众，因循泄沓，向未有一贯之政策以奠边徼。如在蒙地开荒屯垦，驱逐蒙民，夺其地权，设置省县，蒙人之权利剥削无遗，蒙人之生计日就穷蹙，而吾民族更形衰微矣。迨北伐成功以后，党国旗帜飘扬溯〔朔〕漠。我总理以扶植弱小民族自治自决为前提，蒙古民族重见天日，共维党国，矢志不渝，皆图同心同德，以期共存共荣。惟自十年以还，赤焰方张，嗾使外蒙脱离，东邻压境，囊括东蒙而去，藩篱尽撒〔撤〕，门户洞开，而硕果仅存之西蒙，位于赤白帝国之间，支撑无力，固守无方，幕燕鼎鱼，岌岌堪危，倘不亟思自救教〔救〕国之策，将何以图生存而挽危殆。故德王等及有志青年，惧为外蒙之续，倡提自治，全蒙欢腾，风潮云涌，遐迩景从，端赖中央扶植，毫无背景。而政府诸公之不熟习蒙情者，不免沿袭前清故智，拉拢少数之特殊阶级，而欲取得大多数民众之信任。如对于章嘉、班禅等崇之以虚荣，享之以厚禄，借以安抚蒙民，并宣中央德意，使高唱入云之自治问题，无形消弭。岂知作此政治运动者，皆系头脑清晰之各盟盟长，及智识充分之青年，崇仰宗教之观念，早已破除，若辈僧徒，万难号召。政府如以此为得策，则势在为渊驱鱼，徒增纠纷而已。夙仰钧座党国元勋，此次翩然北来，赴蒙宣慰，蒙古民族之存亡，尽在巡查之果，我公提挈培植之德，自有青史，可照丹心，似无庸再絮絮多为赘述，利害切肤相关，断难再行缄默，职位忝属蒙古分子之一，愿作刍荛之献，以达葵向之倾，谨具管见五项，乞垂察焉。谨呈黄部长、赵副委员长。（1）蒙古民众鉴于外蒙既被赤俄侵略，东蒙复为倭寇盗据，且不堪再受省县之压迫，万不已，而出此自救教〔救〕国，要求自治之举动。(2) 蒙古全体民众，是循奉总理遗教，根据民族主义之规定“中国境内各民族一律平等”及“扶助〈弱小〉民族”与“民族自决”等主张，完全由中央指导之下而要求自治。(3) 蒙古自治是全体蒙古民众的要求，决非少数部分把持操纵，外传仅德王一人包办各节，决非事实，更无其他背景。(4) 蒙古民众意见向无发表机会，既有此民意机关尚能向中央供献复兴蒙族及巩固边防之方案，且〔则〕中央速应扶助组织成立，易于统辖。(5) 喇嘛之责任，只是奉经供佛，不应稍涉政治行动，且在蒙古民众中，本已失去信仰力，而章嘉阻碍自治，尤为全体民众所愤懑，如其仍本过去之主张，必能激起意外事件，设中央听信其言论，实与蒙古民众意志相反，错误更多，务请特别注意，体念整个蒙古民意，充〔允〕成自治，国家幸甚，蒙古幸甚。蒙古救济委员会上

七、黄绍雄到百灵庙视察，内蒙提出意见十一条及甲乙两种办法（见十二月十一日《晨报》）

十一条意见

1. 内蒙设一统一最高自治机关，定名为内蒙自治政府，直隶国民政府行政院，总揽内蒙古各盟、部、旗之治权，其经费由中央补助。

2. 蒙古各盟、部、旗之管辖治理权，一律照旧。

3. 蒙古各盟、部、旗境内，以后不能再设县或设局，其现有之县或设治局不及设治成分者，一律取消。

4. 蒙古现有荒地，一律划为蒙古牧区，永远不得开垦。其现有突入牧区以内之零星垦地，一律恢复为牧区。

5. 凡蒙古牧区以内各项税收，均由内蒙统一最高自治机关，

详定统一办法征收之，其中省县设在牧区以内之各项税收局卡，一律取消。

6. 蒙古已垦土地，另订妥善办法整理之，其所得临时收益及每年租税，以蒙古统一最高自治机关与各关系省政府平分为原则。

7. 蒙古已垦土地，在未整理以前，按照左列各项办法办理之：

甲、蒙旗对于境内之土地、矿产、山林、川泽等蒙旗固有权，一律照旧，其向有征取者，照旧征收。

乙、蒙旗境内所设之各省、县、局，征收土地、矿产、山林、川泽租税时，由内蒙统一最高自治机关派员会同征收之，所取款项，一律即时平分。

丙、蒙古官厅及蒙民之原有私租，一律予以保障。

丁、蒙民对于本旗应有负担外，省县不得再加任何负担。

8. 凡在蒙古境内，关于土地，以后由省县所设之各项税收机关，一律由治〔内〕〈蒙〉统一最高自治机关派员会同征收，款项即时平分。

9. 凡在蒙旗境内已设之各级司法机关，均由内蒙统一最高自治机关派专员对于满〔汉〕蒙诉讼事件实行会审判制度。

10. 内蒙统一最高自治机关各项收入，均作为卫生、教育、实业、交通各项事业费。

11. 内蒙统一最高自治机关，在各关系省政府所在地，各设一办事处以资联络。

因上十一项被拒绝，于次日（十七）夜静，云、德王派代表亢仁送黄最后书面要求，内容分甲、乙两种，兹录全文如左：

季公部长勋鉴：关于自治政府一节，屡拂雅意，深为不安。兹本日前所示，每省设一特别区政府之旨，并参酌蒙众希望设一统一自治机关之意，商定甲、乙两种办法，随函开陈，仍希我公体念蒙艰，赐予采纳一种，并请再留一二日，俾便奉商一切，无任感祷。专此拜恳，敬颂公绥。云端旺楚克、德穆楚克栋鲁布谨启。十七日晚九时。

甲乙两种办法：

甲种办法：（一）名称——定为蒙古第一自治区政府、蒙古第二自治区政府，以下类推。（二）区域——锡林果勒盟暨察哈尔部各旗编为蒙古第一自治区政府，乌、伊两盟暨土默特、阿拉善额济纳各旗，编为蒙古第二自治区政府，其他各盟、部、旗，比照此例编区。（三）隶属——蒙古各自治区政府直隶于行政院，遇有关涉省之事件，与省政府会商办法。（四）权限——蒙古自治区政府，管理各本区内各盟、部、旗一切政务。（五）经费——蒙古自治区政府经费，由中央按月拨给。（六）联络——蒙古各自治区间设一联席会议，商决各自治区间共同事宜。

乙种办法：设置蒙古统一最高自治机关，定名为蒙古自治委员会，直隶行政院管理，各盟、部、旗一切政务，其经费由中央按月拨给。

（二）中央处理内蒙自治问问〔题〕经过

一、十月七日行政院决议案（见《新闻报》）

黄绍雄奉派赴蒙，在行政院提出处理蒙事原则，照录如次。

甲、变更蒙藏委员会组织法方案：

一、中央特设一边务部（或蒙藏部），直隶于行政院，为处理蒙藏行政之中央最高机关，设部长一人，次长二人，主持部务。

二、边务部设各司、处，分掌事务，并设各委员会，分任讨论进行之责。

三、边务部应酌定时期，分别召集各边区负有行政责任之首领，及有德望之人士，来京举行会议。

四、边务部与其他各部、会，办理国家行政，有互相关连者，应随时会商，决定办理。

乙、改革蒙古地方行政系统方案：

一、已设置省治、县治地方，其行政区城〔域〕，应不变更。

二、有蒙古人民聚居地方之省份，应分别设置蒙古地方政务委员会，为各该省区内办理地方行政之专管机关，各设委员若干人，并推选委员长、副委员长各一人，均以蒙古人之有德望及有政治学识经验者充之。

三、已设置上项地方政务委员会之省份，除关于军事、外交及其他国家行政，仍由中央政府或由中央政府授权于当地省政府办理外，其余属于蒙古人民聚居区域之地方行政，统由蒙古地方政务委员会负责办理，并受中央边务部之指挥监督。

四、蒙古地方政务委员会得斟酌情形，分科或分处办理各种行政事务。

五、蒙古地方政务委员会，办理地方各种建设事业，于必要时，得按各该地方需要情形，由中央拨款补助之。

六、蒙古地方政务委员会，于不抵触国家法令范围内，得制定地方单行法规，并发布命令。

七、蒙古地方政务委员会，应设蒙民代表会议，为蒙古人民之民意机关，每年定期集会一次，其代表之产生，得以盟、旗、群等为单位，并得用推选法。

八、省政府所属各厅、县办理普通地方行政，涉及蒙古行政范围者，应随时与地方政务委员会会商决定，发生纠纷时，应由省政府委员会议解决，或呈请中央解决之。

九、蒙古地方政务委员会委员长、副委员长，得列席当地省政府委员会议。

十、蒙古行政之统系列表如左：

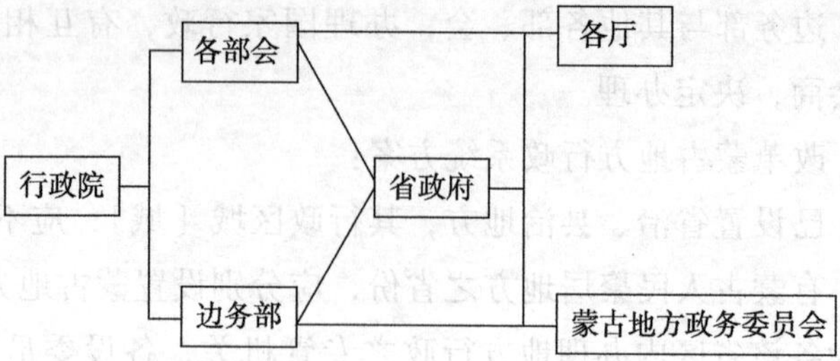

丙、蒙古行政之用人标准：

一、中央或地方之蒙古行政，应尽量容纳蒙古人。

二、中央政府应就适宜地点，设立中央军事政治学校分校，由熟悉青〔蒙〕古情形者担任教练，培植蒙古民族各种专门人才，并设法任用之。

（附）改革蒙古行政系统具体方案说明书：

谨按总理《建国大纲》第四条规定，国内各弱小民族，政府当扶植之，使之能自决自治，并经总理郑重声明，承认中国以内各民族之自决权，对于反对帝国主义及军阀之革命，获得胜利以后，组织自由统一之中华民国；而第三次全国代表大会，复有吾人今后必要矫正满清、军阀两时代愚弄蒙古、西藏之恶政，诚心扶植各民族经济、政治、教育之发展，务期同进于文明进步之域之决议。本党主张扶植国内各民族之自决自治，久已昭示中外，中央为免除边民误会、增进边民利益起见，无论中央与地方一切蒙藏行政制度，自应本此自决自治之精神，以收扶植发展之实效。兹以蒙古而论，过去中央组织与蒙古地方组织之联系，失之松懈，而蒙古人民，习俗各异，在省区域内因无专管机关，对于省行政极易发生误会，遂予觊觎者以桃〔挑〕拨离间之机会；一方对于负有一族重望之王公首领，以及曾受政治训练之蒙古青年人士，复未能代谋政治出路，每使其失望而去。此次内蒙自治之发动，原因虽甚复杂，而其重要症结，要在乎制度与政治不能尽满足蒙古民众之要求也。

根据以上理由，爰拟定改革蒙古地方行政系统具体方案，其要点略加说明如下：

第一，改革蒙古地方制度，对于已设省治、县治地方，以不破坏其原有行政区域及其行政统系为原则。边区设省，系沿袭特别区而来，原有行政区域，早经明白划定，某省某县之名词，公私文书，沿用已非一日，中国二十八行省，尤为中外人士所习闻，倘一旦冒然加以割裂，关系良非浅鲜，故本案主张，对察、绥等省行政区域，不因蒙人主张自治而有所变更，至于地方行政组织，则不妨略加补充，以适合实际之需要。

第二，蒙古人民聚居地方，虽已设有省治，惟以风俗、习惯、语言、宗教各异之故，过去之地方政府，对于蒙古人民内情之研究，改革之方案每易忽略，因而发生种种隔阂，此固无可讳言。今为补偏救弊起见，拟于省行政区域，及省行政系统之下，增设一地方政务委员会，受边务部之指挥监督，专管蒙古地方行政，以辅助省政府之不及，而收分治之效。如此办理，既使蒙古行政，责有专属，复可使中央与边疆之关系更臻密切。

第三，中央政府为增进边民实际利益起见，所有物质上精神上之各种建设事业，均须积极筹划，次第进行。惟此等地方，公私经济，本形竭蹶于必要时，自应由边务部斟酌各该地方需要情形，拟定建设计划及其预算，呈请中央筹拨巨款补助，以期绥辑边民，巩固边防。

第四，各种民族杂处地方，公私纠纷之事，层见叠出，省政府主持全省政务，原设有蒙古委员名额，遇有各厅、县及地方政〔自〕治之委员会与人民间之纠纷，自可由省政府委员会负责解决，至必要时再请命中央办理，以资便利。

二、行政院告蒙民文（见《中央日报》）

本党以三民主义为施政之圭臬，其民族主义，本含有两方面之意义，一则中华民族自求解放，二则中华境内各民族一律平等。国民政府本斯主旨，对于国内各民族之待遇，无不一视同仁，未尝稍有歧异。内蒙古地处边陲，国防所关，凡有利于吾民族同胞者，中央莫不尽力以图。徒以连年以来，外患凭陵，灾害洊至，对于边疆行政设施，容有未周，此则政府所深用忧惕者也。现在吾内蒙古人民，希望推行自治，中央政府不惟无靳而不许之意，且极愿扶植辅导，俾底于成。惟自治之先决条件，为人民在政治上有相当之训练，在经济上有相当之余裕，预立计划，逐步前进，而后能达到所期之结果。内蒙古地方，教育、文化及经济生活，均尚亟待发展；政治训练，尚未有准备，若一旦实行高度自治，亦将不过虚有其名，人民之不能行使权利如故，经济之不能适应需要如故，甚至功效未见，而纷乱徒增，此尤政府之所洞悉而深虑者也。惟政府于内政之进行，虽不欲躐等以立虚名，而切望努力以求实效，务使蒙古王公首领及受有政治训练之青年，能得政治上相当之地位，俾各展其才，以造福于国家社会。至对于全体蒙人之文化生活，经济生活，亦当尽力扶助改进，充实其自卫御侮之力量，养成其实行自治之能力，以期于不远之将来，实现真正之地方自治，一如吾党《建国大纲》之所规定，此种程序，不独于蒙古为然，即内地亦无二致。惟蒙古人民，风俗、习惯、语言、宗教与内地略有不同，此为政府所特别考虑，倘于省行政区域及省行政系统之下，特设蒙人掌理政治之机关，试行初步自治，则不唯可免扞〔扞〕隔之弊，亦可以辅助政府之不及，而收合作之效。总须不违背国家一般之法令，不妨碍各省行政之制度，中央政府无不推诚相与，竭其全力以图蒙古人民之福利。兹因道途辽远，深恐意志阻隔，特派黄部长亲往巡视，并派赵副委员长襄助一切，宣布中央德意，商洽自治方案。各该王公及盟旗长官暨地方人士，如有嘉谋良猷，或兴革改良之意见，务向该部长等剖陈无隐，必能求得满意之办法，以副吾蒙旗同胞之殷望。方今外患日深，吾五族一家之国民，凡有意见，均宜尽情吐露，开诚磋商，以袪除误会，敦睦情感，一致团结，精诚无间，吾国族之复兴、国民之光荣，实利赖焉。特此布告，咸使闻知。二十二年十一月，行政院长汪兆铭。

三、黄绍雄抵平谈话（见十月二十三日《中央日报》）

据黄绍雄谈，奉命前往宣慰，大致可分三点：（一）调查过去及察、绥两省各县及各盟旗之政治状况；（二）巡视内蒙要求自治情形，并慰问蒙民，今后中央对内蒙行政，拟另设一特种之蒙人民意机关，俾除隔膜，与中央发生密切关系；仍〔（三）〕调查过去及察、绥两省各县及各盟旗之经济状况。在平耽搁二三日，召见旅平蒙王公谈话，并晤黄、何及章嘉、宋哲元等会商一切。决俟赵副委员长丕廉来后，先偕往察哈尔，再转绥远及各盟旗，约需时月余。行政院对处理内蒙自治问题，谨订有原则，俟本人返京当详拟善法。

四、黄绍雄对平、津记者谈入蒙使命（见十月二十六日《中央日报》）

黄绍雄二十五日午接见平、津新闻界，发表谈话，谓关于中央处理蒙古问题之意见，已详见说明书内，本人无另外意见。昔满清对蒙古，系施行积极愚民政策，迨民国二十余年来，又变而为消极的放任主义。现蒙人既提出要求自治问题，中央政府自应予以注意。本人此去，调查该方情况后，决由扶植内蒙，得有健全之政治和组织入手，使蒙人能获得自治真实效果，是即中央处理蒙事之主旨。本人仍拟二十六日先赴张垣，与关系各方，交换意见，再赴绥与各王公会晤。现各盟旗王公多数在绥，德王已来欢迎，希即前往，恐天寒，各王公急于归去。章嘉是否同去，彼此并未谈及，因两人所负任务各异，章嘉系在宗教方面，本人系政治方面，故无同行必要。至留蒙日期，现尚未敢预定也。

五、黄绍雄抵绥后对《大公报》记者谈话
（见十月三十一日《大公报》）

余此来不过巡视而已。范围不限于自治，自治不过范围内之一点，尤非代表中央参加会议。百灵庙之会，不过彼等自行研究一种方案，请中央采纳。其代表来称，并非即欲实施，亦系意见书性质，只能视作提案，不能认为即系自治原则。中央本允许人民自治，蒙人要求，自无不可，但自治目标，要从改进经济利益与人民生活着眼，非只立一名目了事，必须在中央及省允许之下予以自治机关，并从而辅导之，以收自治之利。蒙古人口约三十万，等于一中小县，蒙古组织，仿县制即可，因国难及民族关系，故中央予以好意的注意，意欲从不背现有行政系统之下，助彼组织自治地方蒙古委员会，司蒙古之事。（谈至此，出所拟方案示记者，并称非定案，不可发表云。）此案已得两省府同意，关于实际问题，须考察后始能决定。中央之方案，乃使蒙人增进团结谋利益，非若外蒙利用共党打倒王公，亦非如满清利用王公、喇嘛愚弄蒙民，要使有用青年与王公切实合作，共促蒙族之发展。蒙古实际问题，第一，在协助改善其经济，使研究畜牧、农垦，与蒙民孰重，如牧有利，即不再放垦，农有利，即重办。二，改正蒙民两重负担，如绥东五县，地属绥而政归察，致有两重负担，此

关于区域不明应加厘正者。三，改善治安，使无匪扰。四，如何减轻捐税等。如能于此次切实解决，利用政治、经济力量，促蒙汉切实联系，始有自治之福利，背此原则，均非蒙汉之福。外传自治有背景，中央希望无此事，如有，绝非蒙人之福。地方对中央不能有所挟制，有之，中央只有用权力制止之。且以蒙古财力，中央如不予辅助，绝难成功，即自治经费，亦非蒙古力量所能负担也。

六、十一月十一日黄、赵赴百灵庙视察，黄对中外记者发表谈话（见十一月十四日《中央日报》）

沿途情形，我想先生〔各位〕已经知道大慨〔概〕。我同赵、徐各位到内蒙巡视后，可以知道各处的政治、军事、经济的实在情形，加以研究，作为我们中央政府此后各种进行参考之材料。巡视地点，固然不是仅限于百灵庙的一处，尤不是来此开一种什么会议，解决某一种问题。关于西蒙自治问题，以前各报通信，记载有不尽实在之处，我很希望先生〔各位〕到此得到一种真实消息，以公布于世界。现在可见告数点，以便先生〔各位〕之参考。蒙古人口，在现在察、绥两省区内者，不过三十万，比之两省总共人口四百余万，仅十三分之一，可谓极少数。而且来此地集会的人，又为少数蒙古人中之极少数，不过本着他们的意志，发表一种意见，要求中央政府对于政治、经济加以改革。本来地方各种事业的改革，中央及省政府，皆甚注意，因必须采纳最多数人民之意见以为根据，至于少数人的意见，我们也很留心采纳，以供参考，绝不忽视。至于以前外间所传之种种谣言，我们决不轻信，亦不重视，因为中央政府对某种问题，有权力、有方法以处置之，绝不放弃其主张与责任也。

七、黄绍雄在百灵庙谈话纪录
（见一月廿四、廿五、廿六、廿七《中央日报》）

第一次谈话纪录：

（部长）前天各位送来之各种文件，我已经详细看过，各位的意见，与中央意见相差太远了，转呈到中央也决不能允许。中央极愿意趁此机会，使蒙古人民，得到实益，不过我们应该注意事实，否则单是理论，不但无益，反是有害。各位送来的文件中之要点，以为有了自治政府，就可以御侮图存，但事实不是这样简单的。现在国际间只承认中国中央政府，内蒙是中国的一部分，帝国主义侵略是向整个中国作目标，我们不在培养国力、团结国力着想，而谓组织一个小规模而不健全的政府，就可以使帝国主义者不敢侵略，这岂不是笑话。就以侵略的国家如日本论，他与中国的交涉，也只承认中央政府，在过去那种交战状况之下，当然有许多事件，反乎国际常态，如利用浪人以引起各种纠纷等等，但两国恢复常态时，两国间的交涉还是照着国际间普通来往的手续来解决两国的事件。故此各位所顾虑的外人侵扰事件，是国家外交问题，不是地方政府可以解决的。如果蒙古即刻要把自治政府成立，在中央认为对国家既没有益处，就是与蒙古人民也不能即刻得到利益，反对国外国内发生许多不好的影响。各位想要解除蒙民痛苦，为国家谋福利，那末中央、省府、盟旗应该联合起来，从事实上讨论，决不可凭单方的意见，致使与地方发生冲突，因为冲突会把双方力量相消，根本即不能为人民除痛苦，为国家图福利，反因此而有害国家，有害人民。如果各位贸然照自己的理想做去，在中央既不允许，在省府又发生冲突，其结果之坏，不堪设想，那末根本想为国家人民谋利益之目的，完全相反了。所以我们希望各位从中央拟定之方案中，去求一个中央、省县、盟旗均无困难之方法。至于中央的方案原则，早经拟定，只是拿来与省府及各盟旗共同商量，将内容充实，如小部有不妥地方，不妨提出来讨论，这是中央虚心诚恳的意思。听说各位对于第一、第三两案，已无意见，惟对第二案行政组织，还有若干意见，我们不妨在这个时间详细讨论。第二案的意见，与各位意见不同之点，是各位想成立一个整个的自治政府，而本京〔案〕规定的是在每省成立一个地方行政委员会。整个组织，中央绝不能容许，经我苦心考虑，得到一个比较有同一性质的办法，就是各地方行政委员会，可以每年或每二年举行一次联席会议，由该会议再召集全体蒙代表会议，共商蒙古一切事务及各地方行政委员会互相关联之事项，此会议决定各种事务，可交政务委员会分别办理，或呈请中央核办，如是双方意见，可以统一至关于蒙古地方政务委〈员〉会之地位在盟旗之上，已往盟署与省府来往，既用咨文，则政委会之地位，决不因而降底〔低〕也。中央极慎重的派我来，把你们所提出之问题，作具体的解决，同时中央知道蒙古人民之困难，要改善蒙古人民之生活，非有中央极大之扶助不可，希望各位了解中央的深意，加以严密的考虑，不可大唱高调。如果各位不能接受中央意思，中央虽然可以马马虎虎暂不顾问，但各位组织了自治政府之后，将来财政之困难，与省府之冲突，是势所不免的，试问何以善后？而且中央责任与权威所在，决不自由放任也。造房屋先要确立基础，否则沙上建房，不吹自倒，希望各位按步就班，力求实际做去。各位在政治上负担责任，很有阅历，对于实际情形，一定非常清楚。或许有些青年，很想把蒙古理好，但因缺少经验，徒凭理想，不求实益，卒至百事无成，这点请各位严加注意。我今天所说的话，都是诚恳，而且我个人可以负责的。我本人是最南方人，现在到最北方蒙古来，无非是本着爱国家与对蒙古人民之同情，来与各位谋解决之方法，我很相信各位王公的心理，是一样的诚恳，并且一样的想得到圆满的结果。我希望各位详加考虑，赶快求一个解决的方法，如果拖延下去，一定发生不好的现象，这恐非各位的本意。我因为时日关系，预备十五日回绥远，请各位在二天内把这件事，给我一个具体的答覆。

（德王）部长所说意见，我们非常明白，容详细考虑后，再答覆。至于要求自治，在理论说，总理《建国大纲》第四条有“扶助国内弱小民族，使其自决自治”之规定，现在中央应本此遗教，允许内蒙自治政府的设立。就事实论，近年外患频临，尤以西蒙更觉危险，时有日本飞机、汽车，开往威吓，并派军人时来内蒙各地调查地势，各旗无从抵制，经共同商议自救之法。大众认为各旗单独应付，不易见效，有联合三盟〈各〉旗必要。日本军人曾建议组织蒙古国，统治蒙古地域，蒙人为便于对付日人及减少日人之借口，故要组织自治政府。至于蒙古人民之贫穷，我们相信总可中〔予〕以尽力救济。蒙古成立自治政府，仍接受中央命令，外面所传“分裂运动有种种背景”，都是谣言。蒙古二十余年，皆绝对服从中央，现在仍未〔采〕服从主义，要在中央指导之下，要求蒙古自治，假使中央允许蒙民自治，则全体蒙民，非常感谢；近年来省县与盟旗中，只有恶感，绝对〔无〕好感。即以此次会议而论，我们地方官有负守土之责，为求生存而召集会议，曾呈请中央，而中央派部长到来巡视，但两省省政府到处派人破坏自治会议，单此一点，即可知省县与盟旗之关系。以过去之事实，推论将来，只有坏的结果，没有良好的感情。此次举动，实出于不得已，外界加我们种种罪名，将来总可水落石出。如果我们真与日本有关系，我们也不必呈请，直接做了再说。民国成立二十余年，蒙人对于中央，非常忠心，但是现在蒙民被迫，无路可走，故有此次要求，尚望部长转呈中央，准予所请。我们生长内蒙，对于内蒙情形，知道比较详细，过去几年，蒙民受尽省府压迫，至于极点，长此以往，蒙民即不能生存。假使中央能允许蒙民成立自治政府，我们可以保证无一人外向，且可以使伪国蒙古人民，渐渐来归，因为我们是整个民族。内地报纸常有德王等几个人操纵之纪载，其实此次会议，西蒙各蒙〔盟〕、部赞同，伊盟沙王亦派阿五代表，部长现在可以向各盟旗调查。就国际关系，日本年来亟欲实行其大陆政策，而目前日俄国交恶化，颇有发生战争之可能。日俄一旦战事发生，中央与蒙古交通有断绝之虞，不能不先事预防。外面有德王勾结日本之传说，假使我有这个计划，我也许做了司令官了，但是日后他必定杀我的头，我很明白我自己地位，我决不受利用。日本利用宣统组织“满洲国”，蒙古人民智识浅薄，意志易被动摇，利用更易，故盼望细细体谅我人之苦心，此次要求组织自治政府，系全体蒙民共同之意见，为自救救民族而起，我人为安定人心起见，不能不加以领导。现在东北各盟旗被日本人占据，无法收回，万一日本侵占西蒙，又将如何抵抗？故请部长加以深刻注意，处在现在情势，要想巩固国防，先要安定边境人民之心理，尤以在国难时期，非有非常办法，不能妥当处置。至于自治政府成立后，如何办理一切政务，仍要中央指导我们，既负地方行政责任之人员，对于中央命令，当绝对服从。我们向中央要求自治政府，乃是表示听命中央，若完全以民族立场，则不必向中央请求，而早自行组织政府了。现在我们顾全国家民族双方关系，一方面使中央在外交上不发生困难，而同时蒙古人民，在中央政府指导之下，蒙人自治。俄侵外蒙，失地半数，日侵东北、热河，又失所余之半，所仅存者只整个蒙古土地四分之一，故目前蒙古民族之机危，已达极点，蒙古民族处存亡危急之秋，而政府尚不能予以机会，自谋解决，则他日后患又将无穷。民国成立二十余年，蒙古绝对服从，如不至此万分困难之时，决不会有此种要求。至于说到行政系统，又当别论，当民国十七年中央建省之时，蒙古人民曾要求不必建省，中央绝不理会，毅然建立行省，建省以后，蒙古人民并不以中央不理而加以反对，继续服从中央，直至今日。现在我们希望中央听蒙古人民之意见，比阅省府之报告的成分多一点，同时更盼望中央以过去毅然决然建立行省之精神，来毅然自〔决〕然允许蒙民组织自治政府。（部长）各位所说的话，许多是非常诚恳，我对于这些话非常注意。有几点要加以解释。《中国国民党党纲》规定扶助弱小民族，使成为国家健全的分子，是中央应尽之责任，过去国家多事，不能达到这个目的，现在我们想趁着这个机会，大家共同努力做去。外面有许多谣言，说利用、背景等等，在中央与兄弟个人，都是不相信，并且在中央及兄弟个人，根本就不重视什么背景与利用，因为两国处在非常的状态之下，两方总有许多浪人活动，但一到两国恢复邦交后，双方即不难收拾解决也。我们知道各位心地都是非常坦白，不要因外界谣言而心怀不安，事事都应该非常诚恳讨论考虑的，目的一定可以达到。中央处置任何问题、很是顾□双方的事实困难，采取双方的意见，决不会单听一方面的意见，遂断然处置。故此次兄弟奉中央命令，巡视内蒙各种问题，亦必本中央的意志办理，作缜密的观测，与妥当的解决，这点请各位不必过虑。过去省县与盟旗间有许多误会，或许是不能避免的，譬如平常两家极亲热的邻居，有时也许曾〔会〕发生误会，但一经解释，和好如初。我们现在希望中央与省，中央与盟旗，省县与盟旗三方面，共同商量，谋一和平解决之方法。（德王）我们完全信仰中央，所以呈请中央解决这种问题。部长此次北上，路经两省政府，未知省政府有何种意见，希望部长告诉我们。（部长）我到张家口时，宋主席不在，只与省政府各委员晤谈，他们对中央方案皆赞同。到了绥远，比较有长时间讨论，省政府的意思，也是觉得这件事应有彻底解决之必要，同时省府也信赖中央，对于这个问题，没有什么意见表示，全由中央处置。所以我们如果能商得一个结果，在省府一定不至于发生什么困难。当中央派兄弟来时，我个人颇觉困难，一方面既不知道盟旗之意见，一方面又不知省府之意见，万一盟旗与省府双方意见有冲突时，处理或感不易，现在我们听到双方意见，都认有整个解决之必要，而同时都信赖中央，我们非常高兴。我们想过去许多误会，也许在这个时期，可以完全解释。我们回去之后，在绥远要举行汉蒙人民联欢会，傅主席来电询问，此间能有多少人员参加，这是诚恳之表示。由此我们想此事之前途，非常光明，而且以后常有商量之机会，决不会再有以往之隔阂。过去的事情，已经过去，我们不必再去讨论，只要以后的事情有办法，一切都可以解决，双方两个朋友发生误会，一经解释，大家恢复过去友谊。前天云王及札萨克，告诉我们许多困难事情，我们是很愿意听的，因为解决事情，先要知道这件事原委。（德王）部长说朋友恢复感情的比喻很对，现在蒙古盟旗与省府的冲突，不是由于双方感情不好，也不是民族间发现恶劣的情感，盟旗与省府之冲突，完全由于制度之不良，现在蒙古是一地二主，所以即使双方有良好之感情，因为权利关系，必会发生冲突，而这种冲突，不是一句话就可以解决的，必须在事实上着想。（部长）现在我们谈到真正问题了，我来就是要解决这个问题，这个问题的经过，已经很久，真好像一把乱麻，无从理清。至于解决的办法，不但各位在研究，中央与省府也时时不忘的在研究，这个问题固然纷乱，假使我们能开诚商量，总可得一良好解决的办法，例如租税问题，畜牧问题，都是要先明了实况，然后才有办法。但是这种实际问题，不是空名的自治政府可以解决的，我们每次与各方谈话，都有详细纪录，我不但要自己知道，我愿大家知道，我不愿三方分别商量，我愿三方联合商议。我们来是要知道各种实际状况，故希望各位一句不瞒的尽量告诉中央,〈中央〉有绝对权力来处置国内一切事务，好比一个家庭，有一个家长，家中有什么纠纷，可以完全由家长来作主。(德王)中国像一个大家庭，弟兄五人，过去家长分家不平，希望现在的家长，从新平均分配。(部长)傅主席曾说过，这个问题始终是要解决的，过去的错误，我们应该设法救济。今天谈话已久，希望以后有长时间的谈话。

第二次谈话纪录:

(云王)昨日我所陈述的尚有未尽处。今当继续陈述。

(德王)昨日部长所说种种困难的情形，一点不错。不过当初自治会议，决定派我们主席团代表，向部长说明，所以不得不据实陈述。当初自治会议决定组织自治政府时，原则以盟旗受管辖之区域为区域，故自治政府成立，省政府就不能存在，自治政府如能管辖旧有之盟旗区域，则经济自不至发生若如困难，再有了整个组织之后，边防也比较可以巩固些。废省而成立自治政府，在事的表面上看来，好像是非常重大，但实行亦很简单，因为蒙古自治政府之确立，只是某一部分土地、人民组织之内部变更，故当初全体代表，都认此举当可邀中央许可，自治政府成立后，所有全蒙古之政治、经济、建设、教育等，都可由这一个机关统筹办理，而中央扶助蒙古人民之德意，亦容易达到。现在外蒙受俄国之“赤化”，东蒙又受日本侵〈略〉,外、东两蒙人民，都无路可走，当有向西蒙迁居情事。如西蒙能有自治政府之组织，虽不能将东蒙在短时间收回，我想至少可以维系一部分东蒙已失了的人心，故西蒙组织自治政府，不是徒骛〔骛〕空名，乃欲以此确立蒙古民族之久常基础，我们意见是如此，很希望部长指导和维护。

(部长)这样在理论上固然有一部分的理由，但是我们要顾全各种事实的问题，如察、绥两省，汉蒙人民之多寡，蒙古民族现有力量之充分与否，及察、绥所处国防地位之严重，都应先事考虑，固然蒙古人民需要平等的待遇，但取销省府，而他族人民或得［不］着一种不平等的待遇，不免又引起别种的恶感，自非国家及汉蒙人民的幸福。

（德王）内蒙要求自治政府之最大目的，是在收复已失蒙地人民之心，而所属区域内之民众，当然一律平等待遇，且内蒙自治政府，仍直辖中央，即令省府取销以后，各县政府，仍由地方人士主持之。

（部长）这件事是分裂整个国家和民族组织的，中央是绝对不容许的，各位以空的名词来求万一的希望，而使中国内部发生重大变动，并将引起其他不幸的结果，所失者大，所得者小，这有什么值得，我想各位最好将昨天所谈之各种实际问题，从长讨论，以求适当的解决。

（德王）昨日部长指示的办法，我们已经考虑过，觉得不大满意，仍希望有一个整个的政治组织。

（部长）我想我们替国家或地方做事，应该一步一步做去，若第一步过程还没有做到，就想不顾事实，本着很大的希望去做，那是永远没有结果的，所以我希望各位先把第一步能做的做完了，再进展到第二步，然后才有办法。

（德王）现在是国家多难、蒙古地方危急的时候，不得不有这个要求，至于部长所说一步一步进行的办法，是很对的，但是现在蒙古种种困难情形，在时间上是不容许一步一步进行的，所以我们第一步就请求组织自治政府。

（部长）国家危急，这是大家都很忧心的，不过国家大事，决非一句话可以决定，因为一国的强弱，全赖后〔全〕国人民长期的努力，譬如俄日战争以前，俄国是一等强国，结果反而失败；德国在欧战中损失极大，不到二十年就渐渐恢复常态，由此看来国家的强弱，很显然是随着时代的潮流和人民不断的努力，互相推进，慢慢转变，决不是三言两语就可以改善的，我们希望中国转弱为强，自非努力十年二十年不可，那末要一个地方进步也得有八年十年之努力方可见没〔得〕，国家大事，决不像一个人头痛只贴一付头痛膏，就可以治好的。

（德王）刚才部长说的比喻固然不错，但有治头痛的药，总比不用药好一些，这是现在国难时期一种特殊办法。

（部长）我想各位对于这个问题，应该在中央所定原则之下讨论，如果不能按照中央原则，想一味本着自己的主张做去，那末将来一定没有好结果。

（德王）我们决不是不服从中央命令，也不敢反叛中央，因为我们有困难有苦衷，不能不陈说，而我们所陈说的意见，是全体公意，绝非几个人的私见，我们是绝对信仰中央，服从中央，希望部长体谅蒙古人困难，而为蒙古人妥筹良策，以救蒙民。

（部长）我从昨今两日的谈话，知道各位意志非常纯洁，我不是在各位面前是这样说，就是对班禅活佛及中外新闻记者，也是这样说道，我很希望各位把握各种事实来解决问题，千万不要再骛〔鹜〕空名。几年来因国难严重，国内青年，不惜声嘶力竭，呼着打倒日本帝国主义的口号，他们爱国的心是很诚挚的，而热烈的，不过要打倒日本帝国主义有一个事实问题，就是要有打倒日本帝国主义的力量，两国争斗，完全是基于力与力之比重，如果力量不够，硬要去打倒人家，结果自然只有失败。即以中央处理蒙古事件而论，中央在事实可能范围之内，决不会不顾全各位意见的，各位既然愿意要我设法，我当然在中央所定原则之范围内，竭力为各位想办法。普通一般青年，因为缺乏经验，所以常是想什么就说什么，并想的就做，什么亦不能顾虑某种事件之前途的可能性，凡政治上的一举一动，应该审虑当前的事实与环境做去，将来才有好的结果。一个国家当然有一个最高权力的支配，在国家权力所许可之范围内，尽可以表示我们的意见，但离开范围太远，不但国家不允许，就是政府为维持国家尊严，亦当设法阻止。我这几年来，对于国家各种事务，都抱着和平态度，使无论哪一种困难事件，得着一个转机，然后慢慢来解决。现在处理蒙古事件，我还是抱着一种和平的态度，中央派我来巡视，亦就是想用和平的手段来解决蒙古问题，否则又何必派我来呢。因此希望各位大众与我一样抱着和平态度，使此项事件，有转圜的机会，把过去的要求，分别其可能与否，再行详细计议。

（德王）部长处〈理〉国家大事很和平，我们早〔早〕有所闻，所以这一次听说中央派部长前来巡视内蒙，我们是非常欢迎。我们的希望，本来很□单，我们以为部长一到，就可以允许，现在听到部长说明中央与地方有种种困难，尚望部长有以指示。

（部长）如果中央以这件事可以一纸命令来解决，那末我们不必来了，我这次来，目的是在巡视内蒙，现在既然有这样一个问题摆在前面，我不设法和平解决，我是对不起国家，对不起蒙古的同胞，各位远道来此，亦无非想求这件事有一个解决，如果这一回失了解决的机会，将来中央再派员来，决没有像现在谋解决的容易，现在我极诚恳的盼望各位，和我根据事实，先加商量，一俟商量有结果，不轶出中央所定范围以外，那我可以负责办到。我从南京动身到现在，已经一个多月了，很想明天回绥远，所以希望各位把要紧的事件，早日解决。本来我这一次来，是巡视性质，对于这个问题，万一得不着结果，亦没有什么关系，不过这件事不得解决，影响国家与民族前途颇大，我是感觉很不安的。至于中央所处的困难，各位也应该知道，中央决不能亦不应该的就不顾一切的取销省府，同时亦不能不顾事实的就准许你们自治政府的要求。

（云王、德王）部长对于我们指示的意思，我们知道了，我们决不敢违背中央的意思，但我们所陈说的是大家的意思，并非我们的私见。

（部长）总而言之，我希望这件事赶快解决，因为我出来太久，京中尚有许多事体，等我回去处理。

（德王）部长万不能就回去，我们要请部长，在此多留几天，并希望部长在此事没有解决以前暂不要回去，如果部长一定要走，那我们可以知道部长一定是动气而走的。

（部长）关于昨日所提出的意见，内蒙联席会议，我将详拟一个具体办法，再和你们讨论。

（德王）希望部长在此拟具办法时，将我们意见参加进去。

八、德王等感谢中央扶导自治马电

（衔略）查内蒙各盟、部、旗长官，公请中央，准许内蒙自治，纯为御侮图存，巩固国防，幸蒙中央鉴其愚诚，特派黄部长、赵副委员长入蒙巡视。自抵百灵庙后，尤能开诚相见，并蒙班禅佛爷，谆谆劝导，几经磋商，爰本中央决定之原则，参酌蒙人之意见，将锡盟及察哈尔部各旗编为蒙古第一自治区，乌、伊两盟及土默特、阿拉善、额济纳各旗编为蒙古第二自治区，各设区政府，其余盟旗，亦比照办理，并在各自治区间，设一联合办事机关，办理共同事宜。对于停放牧地，及划分地方税收各案，亦准尽量照办，却从前敷衍之弊，开蒙古光明之路。克等既感中央扶植之德，尤拜黄、赵二公成全之惠，爱戴之余，莫名感奋，从此捍卫国家，当益加勉，谨电陈谢，伏乞垂察。内蒙各盟、部、旗长官自治会议主席团云端旺楚克、德穆楚克栋鲁普、巴保夫〔多〕尔济、根敦札布、雄诺村都市暨各盟、部、旗长官、代表等同叩。马（廿一）。印。

九、黄绍雄返平对新闻记者谈内蒙自治（见十二月十四日《中央〈日〉报》）

蒙古民族在过去历史上，给与世界印象甚深，致引起世界人士之注意。但事实上蒙古问题，并不如外人所视之严重，中央对弱小民族，素持扶助政策，此次对二十万蒙人要求自治极重视。余入蒙视察后，拟议中之办法，大致为允内蒙分在察、绥设两自治区，两区中尚有若干小的区域划分，详细办法，尚待中央商讨。自治区中设委〈员〉会，委〈员〉长由蒙人任之，直隶中央，行政组织上与察、绥二省之关系，则如平市之与冀省，自治区内得设警察与保安队，对外之军队，则应由中央统辖。王公名义，为旧封号，无所谓取销否，现在王公行使职权，乃系以盟长、副盟长等名义行之。此后内蒙建设与教育，政府当尽力予以辅助与改革。余在百灵庙时，外蒙人民千余，携其羊牛逃入内蒙。因外蒙制度，有百头羊者，私人得其三，政府得其七，故蒙人得此消息，对共产制度，实存畏心，乃集结千除〔余〕冲击边地守兵，逃入内蒙。报载一部蒙人有反对予与蒙人会商结果之通电，余未见有此电。依理言，解决多数人之问题，自不能使人人满意，当为极少数人不满而出此下策云。

十、黄绍雄回京南下途中之谈话

此次内蒙要求自治，原非严重问题。乃中外各报，张大其词，引起各界人士惊诧。中央对国内各民族，素持扶助政策，于蒙人要求自治，当然尽力予以援助。余此次入蒙宣慰，与各王公几经磋商，并详述中央对蒙意旨，各王公多了解。故与德王等大致商定，允内蒙分〈在〉察、绥设两自治区，惟详细办法均须呈候中央决定。蒙古土地肥美，惜过去未注意开发，而文化落后，人民智识程度较低。现多数蒙人，对于中央感情极好。归途在晋晤阎，阎对中央甚关切。过济晤韩，觉鲁吏治已上轨道，过泰未停，未晤冯。抵京后，当向中央详细报告。

十一、黄绍雄在中央纪念周报告视察内蒙经过

各位同志，今天想把兄弟此次奉令巡视内蒙的经过情形，向诸位同志报告一下。自蒙古自治运动发生以后，兄弟与赵副委员长，奉命即赴内蒙巡视，巡视范围，本很概括，但当前最重要的，是内蒙自治问题。

内蒙自治起因。现在把内蒙自治的起因，先来报告。自东四省沦陷之后，日本之所谓满蒙政策，仍是继续进行，日木〔本〕在满洲已设傀儡的满清〔洲〕政府，在内蒙又想设立傀儡的自治政府。日本在华北停战协定之后，又进占了多伦，把多伦作为蒙古自治区，造成进窥内蒙的根据地。本年九月间，驻多伦的日本长官通知内蒙〈各〉旗王公赴多伦开自治会议，但内蒙各旗王公，深知此种恶意，只派代表去敷衍，自己都没有去参加。日本一方面在多伦召集会议，一面又派武装军人到各旗恐吓，内蒙各旗王公以及人民，因此非常惶恐，不得不筹对付之策。于是内蒙各旗王公，深知外侮日亟，事机迫切，还不如自己组织自治政府，开自治会议，想把会议结果呈送中央，静待中央处理，希望中央处理妥善，以免除各种向外之心，这是内蒙自治第一个起因。自民国以来，内蒙边疆，受了军事上的影响，并受了经济上的压迫，内蒙人民痛苦万分，深知长此以往，如不有新的发展，决不能够生存，于是想在自治方面谋补救之方，以解除此种痛苦，这是内蒙自治的第二个起因。现在各旗王公，觉得目前的状况，与本身地位很有动摇，恐不能持久，所以想把政治改革，以维持其原来的地位。同时许多内蒙青年，在国内国外留学者，约有一百余人，

其中一部分青年，大都在中央□机关服务的，但因为内蒙根本未有政治组织，这一部分青年，未能参与地方上的政治，自己很觉不满意，于是就想到内蒙自治的问题。还有许多青年，因中央各机关裁员而失业，失业以后，不能不回去，想在地方找出路，乃与各旗王公联合起来，组织内蒙自治运动，这是内蒙自治的第三个原因。由于历史上的背景，满清几百年来，与蒙古通婚，把蒙人地位提得很高，且每年给予年俸也很丰优，因此内蒙人民，一向觉得自己的地位很高，快乐过日，但不知满清以宗教喇嘛来消灭他的运动。到了现在，内蒙人民，一方面过去自大的心理还是存在，一方面感觉到目前政治落后的痛苦，于是大家起来要求自治，这是内蒙自治的第四个［的］起因。因此四种原因，自治问题便发生了，以上所讲的，是内蒙自治的起因。

内蒙自治经过。现在再把内蒙自治经过情形来报告。内蒙自治的酝酿，是在本年四月间，当初创导自治工作的，只有一二人，到八、九月间，各旗王公自由通信，预备召集联合会议，本来预定于八月间开会，后因事延长至本年九月二十日左右，在百灵庙开会，到会的人数不多，并且许多人不明了什么叫做自治的，因为不是全体个个深明自治意义，所以在开会时，虽有若干演说，所得的结果，很有错误之处。当时一两个人，把组织自治政府的条例宣布，宣布以后，竟无一人发言讨论，随随便便就算是他们开会。所得的结果，条例共有三十余条，已在各报披露过，中间未甚妥善，并且错谬的地方甚多，以上所讲的是内蒙自治的经过。

中央处理情形。现在再把中央处理的情形，报告各位。中央处理内蒙自治运动，是先派兄弟赴内蒙巡视。兄弟到了绥远，始得到一点真实的情况，在内政上讲，人民要求自治，本是很普通的事，但是内蒙要求自治，中央当初未尝得到真实的报告，同时国内的新闻组织很不完备，只有外国新闻记者操纵言论，外国记者，不知内蒙自治的真相，在国际上竟有宣传内蒙独立的文字。迨兄弟到了内蒙以后，已完全知道此中真相，便把自治的意义告诉外国记者，并嘱外国记者把误解自治的意义即日更正。兄弟在内蒙与各旗王公代表谈话时，各旗王公代表都不愿意发表意见，只把自治条例三十余条要兄弟转呈中央备案。当时兄弟表示拒绝，并且再三的向他们说明此种条例送到中央亦是无多大意义的，但是他们很愿意听从中央，以为自治条例三十余条，供中央之参考而已。兄弟当时向他们说："中央处理内蒙自治问题，已有具体的方案，内蒙自治，只能在中央所定原则之下讨论。"兄弟和〔把〕中央的意思告诉他们时，即交出中央的具体方案，要他们对此方案有详细的研究，结果他们对于原则上很诚意的接受了，这是中央处理内蒙自治的大概情形。至于详细的报告，及建议的方案，不日即呈送中央审核施行，此后当可继续发展也，完结。

十二、伊克昭盟正盟长兼保安长官、绥远省政府委员、鄂尔多斯多罗郡王、吉农沙克都尔札布咨绥远省政府文

为咨报事：顷闻锡林果勒盟及察哈尔各旗，为蒙古第一自治区，乌兰察布、伊克昭两盟及土默特、阿拉善、额济纳等旗，为第二蒙古〈自治〉区，各成立一区政府，掌管蒙古一切自治事宜，有已议定之说，现据本盟各旗札萨克先后呈称，咸以鄂尔多斯向来自成一部，划定已久，今如与他盟归并成立政府，遇有要公，山隔水阻，而尤以黄河每届开河、封河，动辄数旬，来往过渡，颇为迟滞，且两盟相距窎远，诸感不便，困难实多，不能与他盟旗联合成立政府，理合呈请迅予转呈，将本盟划一特别区政府各等情前来，相应据情咨请贵主席鉴核，迅予转呈行政院院长汪，内政部部长黄，蒙藏委员会副委员长赵，及太原绥靖主任等处，请将敝盟划一自治特别区政府，无任感盼之至。此咨呈

绥远省政府主席傅

十三、一月十七日中政会议通过内蒙自治方案（见十二月二十八日《新闻报》）

（一）内蒙自治之限度——内蒙代表最后所提出之甲种办法，分区设置自治区政府一节，认为与中央所定原则尚属相符，可以采纳。至其区域隶属、组织、权限、经费各项，分拟办法于后，另定法令颁布施行。

（二）蒙古自治实施之程序——在未正式成立自治区政府之前，筹备处似有成立之必要，但须由中央派员切实指导，或由中央简派当地省府主席为指导专员，其派员人选办法另定之。

（三）蒙古自治区之范围——蒙古自治区之编制，应以未设县治地方为范围，察哈尔、绥远省内各设两区，其名称为中华民国蒙古第一自治区政府、第二自治区政府，余类推，但察哈尔省内，或绥远省内所设之两自治区，如愿合并为一自治区时，得由各该省报由内政部、蒙藏委员会转呈行政院核定，其察、绥两省已设有县治地方，应完全属于省行政区域，或因区域，错综应详细划分者，由省府会同区政府实施勘划，报由内政部、蒙藏委员会转呈行政院核定。至原属宁夏省管辖之阿拉善、额济纳两旗地不列入自治区范围。

（四）自治区政府之组织——（A）自治区政府设委员五人至十五人，以一人为委员长，二人为副委员长，均以所在地人民为原则，由中央任命之。（B）区政府分科办事。（C）为商决各地自治区间共同事宜，每年由中央派员召集各自治区联席会议一次。（D）自治区为区、旗两级制，区、旗各设人民自治组织，另以详细法令定之。（E）区政府所在地由中央核定。

（五）自治区政府之隶属——蒙古各自治区政府直隶于行政

院，并受中央各主管部、会之指挥监督。

（六）自治区政府之权限——蒙古自治区内，国防上军事〈上〉支配之权以及应付外交等事务均由中央统筹办理，或授权于当地省府办理。其他未经中央授权于省府办理之蒙旗行政，总由区政府办理之。区政府于不抵触中央或当地省政府之法令范围内，得发布区令及制定单行规则，但关于限制人民自由，增加人民负担者，非经国民政府核准不得执行。

（七）省政府与自治区政府之关系——关于蒙古自治区内之各种蒙旗行政，由中央授权于省府者，仍由省府统筹办理，中央未授权于省府者，由区政府秉承中央处理，遇有关涉省行政范围者，仍须与省政府会商办法，已设县治地方之一切蒙旗行政及蒙汉纠纷，仍由当地省府处理，必要时并得专设委员会负责解决省、区间之争议事项。中央得委托省府代表中央指导蒙古区政府办理地方自治。

（八）自治区政府之政费——自治区政府行政经费应制定预算，由中央核准拨款补助，所有各项税收，应按照中央所定标准分为国家税与地方税两种。凡属国家税性质者由中央直接征收，或授权当地省府代理征收。凡属地方税性质者，其在已设县治区域内由省府征收，其在未设县治区域内由自治区政府征收。

（九）自治区之经济问题——在早经开垦及已设有县治地方，所有蒙汉人固有之土地权一律照旧，其未经开垦、未设县治之蒙旗地方，以牧畜为主业，农垦种殖副之。中华民国人民应不分种族，凡在本区域内继续居住满一年以上者，均得享有游牧、垦种权利，区政府对于本自治区内之土地认为有开垦之必要时，得随时呈报中央核定，自由开放，任蒙汉人耕种。未开垦地方之牧畜，应设法改良，并由中央在适宜地方设立牛羊防疫处及清血制造公所，以利牧畜而重卫生。其森林、矿产应归国有，由实业部筹划开发，并由财政部在各该自治区地方设立中央银行分行，以为活动金融机关。

（十）自治区之教育问题——关于变通蒙人教育制度及补助蒙人教育经费问题，拟请交由教育部会同蒙藏委员会通盘筹划，拟具具体办法。

（十一）自治区之司法问题——交司法行政部会同蒙藏委员会拟具具体办法。

十四、蒙古请求自治晋京代表于一月十七日呈中央政治会议文

呈。为急切陈请事：窃查黄部长在百灵庙与各盟旗长官及代表商定之蒙古自治办法十一条，迭承汪院长、戴院长面允可无变更，方深欣感，乃闻钧会一再交付审查之结果，因一二委员之主张，决将原案之二区，改为四区，即以一盟为一区，并将已设县之地方，及阿、额、土三特别旗均予除外，所有原案精神，几已完全抹煞，其理由谓系绥远省府向中央报称伊盟正副盟长曾表示愿以一盟为一自治区等语，此事完全为绥远省府所制造，除由盟代表另文声明真相外，伏查此次各盟旗请求自治，原为团结御侮起见，若仍以原有之一盟为一区，又何必多此一举。至已设县地方及阿、额、土三旗，同为蒙古地方之一部，如不许其列入自治区内，又将以何法待遇之，况蒙古自治办法原案，系黄部长切合蒙古实际情形，代表中央所商定，今如以一二人之援助绥远省府遽予变更，则不但有伤中央威信，抑且有侮弄蒙古之嫌。今东蒙已沦为日奴，不闻中央有何救济之方，对于朝不保夕之西蒙，犹不肯予以自救救国之机会，而绥远省府又一再派员分赴各盟旗，威迫利诱，使为反对蒙古自治之表示，致令乌盟云盟长不得已而辞职，锡盟遂亦不派代表来京，不知我拥护中央廿余载如一日之内蒙，何以至此地步。乃者伪组织改为满蒙帝国，溥仪复辟，移都承德之说，

愈演愈真，此说万一实现，则不独蒙古与中央间发生重大变化，而蒙古本身亦将万劫不复，彼时中央除空言长期抵抗外，究有何法以善其后？绥远省府除同归于尽外，又有何法以资挽救？我始终不得发生抵抗力量而亡之蒙古，对于中央及绥远省府不能不抱无穷之遗憾。钧会各位委员，谋国深远，上述艰危情形，谅在洞鉴之中。对于黄部长商定之蒙古自治办法十一条，务乞赐予维持原案，使蒙古自治早日实现，则感戴盛德，宁有涯际。万一不蒙明察，仍照审查案通过，则我各盟旗绝对不敢承受，代表等只有泣血归蒙，听候宰割耳。迫切直陈，不胜惶恐待命之至。谨呈

中央政治会议

乌兰察布盟晋京代表 赵泰保

林沁

苏鲁岱

吉雅图

伊克昭盟晋京代表 僧格林沁

布林托克托琥

那森德勒格尔

白音仓

阿育勒札那

察哈尔部晋京代表 尼玛鄂特索尔

贡楚克拉什

哈斯敖奇尔

土默特特别旗晋京代表 巴雅尔

昌森

额济纳特别旗晋京代表 苏宝丰

十五、伊盟晋京代表于一月十七日呈中央政治会议声明书

呈。为郑重声明事：顷闻钧会审查蒙古自治办法时，已将原案根本变更，其理由闻系绥远省府向中央报称本盟盟长、副盟长曾表示愿以一盟为一自治区等语。窃查百灵庙召集内蒙自治会议时，绥远省府一再派员分赴本盟各旗，强行阻止派遣代表前往与会，事实俱在，人所共知，幸蒙黄部长洞察蒙古公意之所在，毅然商定蒙古自治办法十一条，木〔本〕盟长官，以为天日可睹，极端欢迎，遂派代表等与其他盟旗代表，会同来京，申谢中央德意，并请将原案早日核定施行。行政院、军事委员会、蒙藏委员会、内政部，均有本盟正式印文可查，本盟长官既派代表等来京于前，万无表示异议于后之理。惟前数日接绥远友人密电，内有“绥省府对自破〔治〕迄在破坏，并未因中央已允之故，略有转变，现又派刘澄赴乌盟副盟长处，李春秀赴伊盟两盟长处，送礼及枪，务离间与云王合作，对伊盟忽又派代表八都，并有责意，似此鬼祟淆惑，恐生不佳影响”等语，可知绥远省府之报告，显为该府所制造，绝非本盟长官之木〔本〕意，且本案为各盟旗公意之所在，尤未可以一二人借口变更。理合郑重声明，务乞俯察实情，赐予维持原案，以昭大信，而利边局，是所盼祷。谨呈

中央政治会议

伊克昭盟晋京代表　僧格林沁、布林托克托琥、那森德勒格尔、白音仓、阿育勒札那

十六、蒙古请求自治晋京代表声明书
（民国二十三年一月二十日）

为郑重声明事：代表等于一月十六日下午，闻中央政治会议法制组再度审查蒙古自治案之结果，将黄部长在百灵庙商定之办

法十一条，完全变更，惊惶之余，彻夜未眠，十七日为中政会开会之期，乃于早七时会同各盟旗驻京代表，前往中政会，具文呈请维持百灵庙南〔商〕定原案，并将照印之呈文，于各委员到会时，一一迎门面呈，请予主张。又于中政会派唐秘书长接见时，口头详陈情由，务请维持原案，最低限度，亦乞暂留回旋余地，当承允予转达，并坚嘱先归，适至傍午，遂回寓待命。不料中政会当日仍照审查结果决定，十八日见诸报端，循诵再三，惊骇万状。

伏查中政会决定办法，亦为十一条，惟与百灵庙商定之十一条，完全相反。代表等奉派来京，系为请求早日实行百灵庙商定原案，并申谢中央德意，现在中政会决定办法，既与原案完全相反，代表等绝对不敢接受，此其一。

再查中政会决定办法，如果实行，则仅“设县地方，完全属于省行政区域”，及“设县地方一切蒙旗行政，由省政府处理”数语，即可使我固有之盟旗无形消灭，其他剥削盟旗地位、区域权益之处，尚不具论。代表等原为实现蒙古自治而来，反得盟旗自灭之结果，尤万万不敢接受，此其二。

近年中央每以重视蒙人公意及福利相标榜，乃于蒙古朝不保夕之今日，对于全蒙渴望之要案，又于代表等叩阍泣请之中，竟将百灵庙原案根本推翻，而不肯稍留考量之余地，不知所谓重视蒙人公意及福利者，作何解释，中央特派大员赴蒙商洽，有何意义。代表等边陬愚昧，实百思不得其解，除将中政会决定办法未合蒙情之处，另文缕陈，并将以上情形，呈明政府，一面报告各盟旗官民外，谨将绝对不能接受一月十七日中政会决定之蒙古自治办法十一条各缘由，先行郑重声明，愿我国人，赐予明察。

乌兰察布盟晋京代表　赵泰保

林沁

	苏鲁岱
	吉雅图
伊克昭盟晋京代表	僧格林沁
	布林托克托琥
	那森德勒格尔
	白音仓
	阿育勒札那
察哈尔部晋京代表	尼玛鄂特索尔
	贡楚克拉什
	哈斯敷〔敖〕奇尔
土默特特别旗晋京代表	巴雅尔
	昌森
额济纳特别旗晋京代表	苏宝丰

十七、傅作义呈汪院长电（见一月二十九日《中央日报》）

即刻到。南京行政院院长汪钧鉴：密。顷阅报载，内蒙代表呈中政会文，略开：绥远省府向中央报告，伊盟正副盟长，表示愿以该盟为一自治区，不与东盟各王公联合等语，全为该省府制造，现已由伊盟代表，另文呈明真相等情。查本年一月六日，伊盟沙盟长，向本省声明，与乌盟统一组织政府于公无益，请转陈行政院、内政部、蒙藏会等，准专设自治区政府等因，有该盟长正式印咨〔文〕，及本人印章可证。又阿副盟长向本府来函声明，与各扎萨克会商，均愿单独设立自治区政府，及附致黄部长、赵副委员长两函，亦均有阿王印章为凭。查该代表此次晋谒院部，究否持有该正副盟长印文证明资格，否则果系代表，岂有正副盟长要求独组政府，而代表者竟与之绝对相反之理。且阿王前谒黄部长时，曾代表全盟而陈该盟意见，为人所共晓，岂有自称伊盟代表，反悖乎该盟公共意见之理。职府因接到沙、阿两盟长印文，不能不予照转，而该代表竟称出于绥省府制造，未免妄测。除将各咨函汇奉另陈外，刻值中政会解决本案之时，特电陈明，俾符事实。倘有公诸社会必要，即祈由院摆布，庶免混淆。职傅作义叩。径。秘。印。

十八、自治方案通过后黄绍雄对内蒙自治问题发表重要谈话（见一月二十二日《民生报》）

兄弟奉命巡视内蒙，任务是很广大的。对于解决内蒙人民要求自治问题，仅乃任务之一部分，外间对于兄弟赴蒙，多以为奉命参加内蒙自治会议，及签订各种条件，不知内蒙自治会议，乃蒙人自动的集会，中央人员殆无参加之必要。当兄弟到百灵庙时，该会已闭会，仅由其主席团将会议经过，及其向中央之要求报告。中央对某地方发生问题派员巡视，是很平常的事，不是国家对于国际派遣专使互商问题，有签订条约之形式。关于此点，兄弟在报纸上及对蒙古王公谈话中，已经迭次声明。对于内蒙要求自治问题，兄弟只可就中央允许之原则加以解答，至其详细办法，最后当然由中央斟酌各方情形，订定公布施行，此乃中央政府之最高决定权，断非派遣人员或地方人员之所能擅定。

近日内蒙代表对于中央最后之决定发生误会，似对于上述理由未甚了解，而且对于办理经过，亦未明白，因为日来内蒙代表，亦有书面质问兄弟，是否接受在百灵庙蒙方所拟之十一条之语。兄弟接到此项函件之后，觉得十分怪异。此次来京代表，及以前驻京代表，曾有在百灵庙亲见经过者，何以亦一致发生疑问，殊有未解。内蒙巡视报告书，已呈送中政会，因文字及材料尚待补充整理，未能发表。兹为使来京代表及社会人士明了真象起见，先将处理经过情形，择要发表，以释群疑。

兄弟于十一月十日到达百灵庙。十二日由云王、德王等用主席团名义，送来自治政府组织法三十余条，请转呈中央备案。当以其与中央意旨相去太远，无讨论之必要，不允转呈。并拟将原件退还，即行回京覆命。后经云王、德王等亲到解释，谓乃送中央及兄弟参考之件，不过蒙人不谙中文，文字上不妥，请为原谅，乃再留商量。十三日复与云王、德王谈论自治问题，当以内蒙自行组织自治政府，有破坏国家整个组织，并影响国际关系之虞，中央万难许可。嘱其接受中央分省设立地方政务委员会之方案，当时云王毫无表示，德王则反复陈述内蒙有组织自治政府之必要与理由。十四日再谈，德王仍坚持整个自治政府组织当允于分省组织之上，每年或两年得开联席会议一次，以资联络。十五日即依据中央所定方案，稍加增删，并附实际问题，数次由双方派员会商研究。十六日云王、德王派代表包悦卿、苏鲁岱等与代表李松风、贺扬灵、孔庆宗等会同讨论研究，云王、德王代表当提出办法十一条，其第一条仍要求内蒙设一统一最高自治机关，其余各条，亦皆与第一条有连带。惟当即拒绝讨论，形势如此，知长住百灵庙无益，乃于十七日令随员预备回绥，并令随员将文件退回。是日各代表纷挽，班禅派要员代表，请求再留一日，保证有完满之解决。夜十二时，云王、德王派代表亢仁等送上其最后书面要求之甲、乙两种办法。十八日云王、德王来辕请示。当以甲种办法，于中央所定原则尚无不合，允为转呈中央核准施行，云王、德王皆称满意，合发皓（十九日）电表示感激。十九日启程回绥，此处理经过之概要也。

总之，兄弟在百灵庙所允许转呈中央者，为彼等最后提出之甲种办法，而并非十一条。乃内蒙来京代表动称推翻决定之十一条，而不言最后云王、德王等书面请求之甲种办法之六项，殊觉费解。至于中央所定之原则十一项，对于百灵庙最后决定之甲案各项，大致无出入，而且对于百灵庙未经决定之十一条内之各种可行问题，亦择要采纳注意。

十九、一月二十七日蒙古代表呈国民政府文

呈。为一月十七日中央政治会议决定之蒙古自治办法，未合蒙情，谨将关于蒙古请求自治之前后情形，缕晢〔析〕陈明，伏乞睿察，迅赐补救，以慰蒙众，而利边局事：

一、蒙地实际情形

蒙地一切情形，非仓卒所能详尽，兹就与本案有重大关系者，略举数端于下。

甲　盟旗原有状况　全蒙地方，共分二百余旗，等于内地之分为若干县，合若干旗为一盟或一部，等于内地之合若干县为一省。其不属于何盟部之旗，称为特别旗，各盟部各特别旗，均直隶于中央，所有盟、部、旗内之土地、人民，均由盟、部、旗治理之，前清《理藩〈院〉则例》及国民政府公布之《盟部旗组织法》，均有明文规定。

乙　省县设置情形　前清中叶以后，内地人民之移垦蒙地者日多，中央乃于其繁聚之处，设理事司官管理之，其后一再变演而为今日之各县，又于各县之上，分置蒙边今日之各省。然县仍专管内地移居之人民，省则专管各县，至原有盟、部、旗之设置及权限，则均照旧，故民元公布之《蒙古待遇条例》，有盟旗管辖治理权一律照旧之规定。

丙　旗与县之重叠　现在乌盟六旗、伊盟七旗、土默特一旗共十四旗地方，设有包头、临河、武川等十三县，察哈尔部十二旗地方，设有张北、凉城、康保等十一县，此等县之设置，系随内地移民之分布而来，故有在一旗设置数县者，如土默特旗之有归绥、和林格尔等县是也，有跨数旗设置一县者，如乌盟西公、中

公二旗，伊盟杭锦、达拉特二乌〔旗〕之间有五原县是也。旗与旗有界，县与县有界，旗与县为二重组织，故其间无界可言，惟各该地方之蒙民，均由各旗管理。内地移民，均由各县管理，锡盟地方，虽未设有县城，然在该盟之内地商民，仍由附近之商都、多伦等县管理。是同一地方，旗县并存，分人而治，并未因设县而废旗，不过设县愈多，则侵蚀盟旗权益者愈多，故蒙人对于增设县治，莫不疾首痛心。

丁　盟与省之系别　盟部建于旗之上，省建于县之上，故盟部与省，亦为同一地方之二重组织，惟其区域之大小不同，如锡盟管辖十旗，察部管辖十二旗，乌盟管辖六旗，伊民〔盟〕管辖七旗，土默特为一特别旗。至察哈尔省，则管辖由河北划归之口北十县，及在察部左翼四旗、四群地方所设之大县，绥远省管辖在乌盟、伊盟、土旗及察部右翼四旗地方所设之十八县。盟部与省，均直隶中央，盟部之地位，并未因设省而变动，故在察哈尔部右翼四旗所设之陶林、集宁等五县，已归绥远省管辖，而该四旗，仍旧属于察哈尔部，足证省县与盟、部、旗，实各成一系统，遇有互相关涉之事件，则会商办理，事实如此，《盟部旗组织法》上，亦有明文规定，惟遇省县侵蚀盟旗时，彼此辄生龃龉耳。

戊　土地之开垦与保留　蒙古地方，原为蒙民之天然牧场，自内地人民自由移垦及蒙边省县强制放垦以来，不能遽改为农之蒙民，其生计已大受影响；而放垦以后，蒙旗应得之地价与每年应分之地租，省县政府又不照原定之章程拨给，以致盟旗行政经费，亦倍感困难，长此以往，则盟旗与办〔边〕民，恐将同归于尽。故蒙古官民，一闻开垦之声，莫不栗栗危惧。现在未垦蒙地留为蒙民牧场，从改良牧畜，兴办附带工业，发展地方经济，即垦植亦须听蒙民之便等主张，已或〔成〕为蒙古普遍之呼声。至已开垦之处，蒙汉人民之地主、佃权等问题，又无日不在争执诉讼之中，结果多半蒙人失败，而民族情感，亦即因此而受影响。故停垦蒙古牧地及整理已垦土地，实已成为今日蒙边之紧要问题。

己 租税之征收与劈分 蒙古未垦地方之收入，向由蒙旗自理，其已垦地方，蒙旗亦有征收，如乌盟、伊盟对于境内垦民所收之蒙租水草费及对于煤矿所收之煤炭租税，察哈尔部各旗对于境内蒙民应收之四厘私租等，皆蒙旗以地主资格所征之租税，所有盟旗行政经费，亦皆赖此维持。此外省县设在蒙旗之征收局，亦有劈分若干拨给蒙旗者，如绥远省就百灵庙税局所得，每年拨给达尔汗旗数千元是也。此种征收或劈分，在东蒙实例尤多。推〔惟〕省县对于蒙旗此等税收，时有侵夺扣压之举，如察部各旗应收之四厘私租，自由县代收征之后，时经多年，迄未拨给分文，蒙众反威〔感〕，亦即由此而生，故保障蒙旗固有租税及妥定与省劈税办法，亦为今日蒙旗之亦〔一〕大问题。

二、百灵庙商定自治办法之经过及要点

去岁秋间，蒙古各盟、部、旗长官及代表，在百灵庙集会，请求自治，其用意有二：（一）欲团结向来各自为政之各盟部及各特别边〔旗〕，以便共御外侮；（二）欲消弭盟旗省县之纠纷，以免将来演或〔成〕民族斗争之危局。故百灵庙自治会议，最初主张取消自治各省，另立整个之内蒙自治政府，秉承中央，统辖内蒙各旗县，蒙汉合作，共御外侮，并经大会拟定内蒙自治政府组织法三十六条，于黄部长到百灵庙时，送请转呈中央。此在百灵庙蒙人方面，称之为高度自治，黄部长以取销边省，牵连太多，未予接受。

在百灵庙之各盟、部、旗长官及代表，为尊重中央大员意旨起见，又经数日之商讨，另拟办法十一条，主张仍设整个之内蒙自治政府，其权限则缩减为专管各盟、部、旗，至蒙古各省，仍拟存在，仍专管其各县，惟须将省县、盟旗间之权限、收益，划分清楚，停止放垦，不再设县，对□原有省县，则分工合作。此在百灵庙蒙人方面，称之为中度自治，此项办法，于十一月十六日经自治会议主席团派员送达黄部长后，黄部长派李松风等数人与主席团所派苏鲁岱等数人商洽，其结果以此办法第一条仍组织整个自治政府，与中央决定蒙古自治以省为范围之原则不符，亦未接受。

十一月十七日清晨，黄部长通告离蒙南返，表示决绝，各盟、部、旗长官及代表，为委曲求全计，又经再四商讨，时至夜午，乃将前送办法第一条，改为甲、乙两种办法：（甲）设第一、第二各自治区政府，分管各盟、部、旗；（乙）设整个之蒙古自治委员会，专管各盟、部、旗。此二者在百灵庙蒙人方面，称之为低度自治，此项办法，送请黄部长采纳一种后，十八日上午黄部长与自治会议主席团会谈时，表示接受甲种办法，至前送办法第二条以下之十条，亦经主席团面请成全，黄部长均允尽量照办。午后复由黄部长指定之李松风等数人与主席团指定之苏鲁岱等数人，将此办法逐条研究，亦未发生异议，此即所谓百灵庙商定之自治办法十一条也。该办法第二条以下之要点，为停放牧地、劈分税收两项，故主席团申谢中央电内，除声叙分区自治办法外，并有“对于停放牧地及劈分地方税收各案亦准尽量照办”等语，该电稿曾经黄部长核阅，故蒙古方面，皆认为黄部长接受此项办法矣。

以上三阶段，为黄部长与百灵庙自治会议主席团商定蒙古自治办法之经过情形也。兹再将该办法内最要之点，分别说明于下。

甲　关于组织之规定系将“锡林郭勒盟及察哈尔部各旗编为蒙古第一自治区，乌、伊两盟、土默特、阿拉善、额济纳各旗编为蒙古第二自治区，各设区政府，直隶行政院管理各本区内各盟、部、旗政务，遇有关涉省之事件，与省政府会商办理，并于各自治区间，设一联合办事处，办理共同事宜。至各盟、部、旗之管辖治理权，则一律照旧”。是为蒙古所增者，不过在数盟、部、旗之上设一区政府耳，其权限止于管理各本区内之盟部旗，而各盟部旗自应仍管其原有之蒙民，遇有关涉省之事件，又须与省政府会商办理，一方面沿袭旧制，顺应自然，并无妨碍省县之处。另一方面，又有区政府督促各盟、部、旗整理庶政、团结御侮之益。

乙　关于设县之规定　系于“蒙古各盟、部、旗境内以后不得再设县或设垦局”，县为专管内地移民之组织，已详于前，现在内地移民繁聚之处，无不设有县治，所有未垦地方，事实上亦不能再垦，其在未垦地方之内地商民，现在皆由附近之县管理，自不必再增县治，徒使蒙旗感痛苦。

丙　关于土地之规定　系将“蒙古现有荒地，一律划为蒙古牧区，永不开垦。其已垦土地，另定妥善办法整理之。在未垦〔整〕理以前，蒙旗对于境内之土地、矿产、山林、川泽等固有权，一律照旧，其向有征收者，照旧征收，蒙古官民原有私租，一律予以保障”。蒙古现有未垦地方，多为沙漠苦寒之处，垦植既所不宜，面积亦极有限，蒙民亦吾同胞，在其不能遽改为农之时期，自应留予维持生计之牧场；即以我广大之国家而论，亦不应无相当之牧场，以为驼、马、牛、羊皮毛肉酪之出产地，故应将现有荒地，一律划为蒙古牧区，以便从改良牧畜。兴办附带工业方面，发展地方经济。至已垦土地，各处经理之方法，既不一致，而蒙汉民众之争讼迭起，亦非地方之福，故应妥定办法，加以整理，在未管〔整〕理以前，所有蒙旗及蒙古官民对于土地之原有各项权益，自应予以保障。

丁　关于租税之规定　系“牧区以内各项税收，由自治区政府详定统一办法征收之。其省县设在牧区以内之税收局卡，一律取销，蒙民除对蒙旗有负担外，省县不再［再］加以负担，省县在蒙旗境内所收之土地、矿产、山林、川泽等租税，及其他各项税收，均由自治区政府派员会同征收，一律平分”。现在未垦地方人民之负担，轻重颇不一致，区政府成立后，自应设法划一之。省县设在未垦地方之税收局卡，为数甚少，为免除人民二重负担计，自应取销，蒙民由蒙旗管理，已有相当负担，省县自不宜再有所取，重累人民。近年中央动谓蒙地教育、实业、交通等事业，均由中央拨款办理，其实只有口惠而实不至，且地方完全依赖中央资助，亦有未当。蒙旗对于地方税收，又有劈分先例，故欲就省县在蒙旗境内所收之地方税收，劈分一半，以期以地方税收，建设地方事业，使蒙汉居民，同沾利益，否则蒙旗与蒙民永远落后，亦岂地方之福。

以上四项，系百灵庙商定自治办法之最要点，皆为基于过去惯例及现在事实之需要而定，百灵庙自治会议最初主张统一组织蒙汉合作之高度自治，既不能成立，所有此项区省并立分工合作之办法，亦不失为解决蒙边种种纠纷使蒙汉居民共存共荣之良策。

三、中政会决定自治办法之要点及影响

一月十七日中政会决定之蒙古自治办法十一条，多有未合蒙情之处，兹将重要之点，摘录原文如左：

1. 蒙古自治区之编制，应以本〔未〕设县治地方为范围；

2. 察哈尔省、绥远省内各设两区；

3. 察、绥两省已设县治地方，应完全属于省行政区城〔域〕；

4. 原属宁夏省之阿拉善、额济纳两旗不列入自治区范围（以上该办法第三条）；

5. 自治区为区、旗两级制（该办法第四条）；

6. 蒙古自治区内，经中央核定认为有特殊性质者，得授权于当地省政府办理；

7. 蒙古自治区内各种蒙旗行政，由中央授权于省政府者，仍由省政府统筹办理；

8. 已设县治之地方，一切蒙旗行政由当地省政府处理；

9. 中央得委托省政府代表中央指导蒙古区政府办理地方自治（以上该办法第七条）；

10. 所有各项税收，分为国家税与地方税，凡属地方税性质者，其在已设县治区域内由省政府征收，其在未设县治区域内由自治区政府征收（该办法第八条）；

11. 本〔未〕经开垦与未设县治之蒙旗地方，以畜牧为主业，农垦副之。中华民国人民应不分种族，凡在本区地内继续居住满一年以上者，均得享有游牧、垦种之权利（该办法第九条）。

以上各项办法，如果实行，则影响所及，必将演成左列之结果：

甲 盟旗消灭 盟旗省县各情形，已详于前，如按上列1、3两项规定，是“自治区以未设县地方为范围，其已设县地方，完全属于省行政区域”，所谓已设县地方，就广义言之，凡县之权力所及之处皆属之，则察、绥两省之内，可谓已无未设县之地方，将于何处设立自治区？就狭义言之，则所谓已设县地方，当指已开垦之处而言，然则察哈尔部、土默特旗十之八九，乌盟、伊盟十之五六，均经开垦，其本〔未〕垦之处，只有锡盟一盟、乌盟北部及伊盟、察部蒙旗之各零星处所，在此等地方设立自治区，其区域已不如盟部原有区域之完整。再照上列2、5两项“察、绥两省内各设两区”、“自治区为区、旗两级制”等规定，是以一盟或一部为一自治区，而盟部即无存在之余地矣。如谓仍旧存在，则蒙古方面，又有二重组织，岂不益增纠纷？又照上列6、7、9三项之规定，则自治区内之各种蒙旗行政，均须受省政府之支配，以省县侵蚀蒙旗之过去情形测之，难免将来不整个取而代之，似此远不如原有盟部之自治区，蒙人果何所为而求之？更有上列4、8两项之规定，使“阿拉善、额济纳两特别旗不列入自治范围”、

"已设县地蒙〔方〕之蒙旗行政，由当地省政府处理"，岂非将原属于盟或直隶中央之蒙旗，分别消纳于各省之内？今以另成一系统之蒙旗，尚不能免省县之剥削，一旦归省管辖之后，宁复有完整存在之理？总之，中政会决定之自治办法，一经实行，则盟、部、旗原有之地位、区域、权限，无不一落千丈，将来只有消灭，决无繁荣之望。

乙　牧地日蹙　蒙古土地情形，已经略陈于前。又查蒙古从前牧地广大，故对垦植，并无反感，且有自行招致内地农民前往垦植者，足证蒙古对于内地移民，从无排斥之意，惟近年垦地日广，牧区日蹙，蒙民复绌于生活技能，以致生计艰窘，始有停止放垦，保留牧地之呼吁，此系向中央及国人要求保留一线生机，并无丝毫抵制内地垦民之意，此种可悯情形，当为仁者所共谅。如照上列11项之规定，"未经开垦之蒙旗地方，以畜牧为主业，农垦副之。中华民国人民，应不分种族，凡在本区地内继续居住满一年以上者，均得享有游牧、垦种之权利"，则内地人民，必将大批移居蒙地，满一年后，即可自由游牧、垦种。现在居留蒙古牧地之内地商民，已为数不少，此项办法实行后，万一再移居数十百万，则现有区域牧地，将无蒙民立足之处，蒙民一时改业农工，又为事实所不能，彼时不流为盗匪，即将转入沟壑。姑不论其于边局之影响如何，即于人情上，亦似有未安。是上项办法，在形式上虽有不分种族之美观，而实际上实有致蒙民死命之虞。

丙　租税尽失　蒙古未垦地方之收入，蒙旗向由自理，其已垦地方，蒙旗亦有各项征收及劈分各情形，已详于前。如照上列10项之规定"凡属地方税性质者，其在已设县治区域内，由各省政府征收，其在未设县治区域内，由区政府征收"，则归区政府征收者，不过蒙旗现在自理之收入耳。至已设县地方旗蒙〔蒙旗〕之各项收益，又完全改归省政府征收，现在赖此收益维持之蒙旗，其将何以自存？别谓省政府征收后，仍可交还蒙旗，则证之以已往省县历次扣压〔押〕蒙旗应得之地租、地价等事实，珠〔殊〕属不敢相信，是经此项规定之后，蒙旗租税，完全丧失，蒙人所求者，岂不适得其反。

以上为中政会决定之自治办法实行后所必生之结果，非空言所能解救，蒙人求进益反受损失，虽至愚亦何敢接受。

四、请求补救

百灵庙商定之蒙古自治办法十一条，中央未予核准，而中政会决定之蒙古自治办法十一条，又多有未合蒙情之处，此项关系国家地方之蒙古自治问题，似不能就此搁置不理。代表等除分别函电各盟、部、旗长官请示办法外，惟有恳请钧座迅予设法补救，如蒙体念蒙艰，仍将百灵庙商定之自治办法十一条核准施行，则蒙古必竭诚遵办，决不有负中央实行扶植之德意，否则务乞注意左列三点，另定适当办法，迅赐施行，亦为边局之利，蒙古之幸：

1. 请将盟、部、旗原有之地位、区域、权益一律予以保障；

2. 请予各盟、部、旗以实行自治、共御外侮之统一组织；

3. 请［请］使各盟、部、旗永远免除省县之侵蚀压迫。

五、重要声明

此次蒙古请求自治及不接受中政会决定之自治办法，国人多有误会，兹特郑重声明数点于左：

1. 蒙古请求自治，系欲集合各盟、部、旗之力量，共御外侮，绝非分离运动。

2. 蒙古请求自治，系求边地民族共存共荣，毫无排斥内地移民之意。

3. 蒙古请求自治，系为全体蒙众，谋共同之安全及进步，并非为少数人谋利益。

4. 蒙古请求自治，系对盟旗、省县之二重组织求平允之解决，并非反对省县当局。

5. 黄部长在百灵庙确曾允许设立两自治区政府及联合办事处，对于停垦牧地、劈分地方税收各案，亦曾准尽量照办，有黄部长核阅后拍发之各盟旗长官谢电可证。

6. 中政会决定之自治办法，确有消灭原有盟旗，开放现有牧地，剥夺蒙旗税收之虞，故不敢接受，并非有所误会，尤非无理取闹。

窃查民国成立已二十有三年矣，蒙古拥护中央，始终不渝，中央则惟省是赖，以蒙人为不可信，故凡扶植蒙古之计划与宣传，无一不等于画饼，今蒙古不得已而请求自治，复得反不如昔之结果，瞻念前途，欲哭无泪，用敢披肝沥胆，缕晰陈情，敬乞俯鉴愚诚，迅赐补救，则蒙古不亡之日，无非戴德之年。谨呈

国民政府主席林

乌兰察布盟晋京代表 赵泰保
林沁
苏鲁岱
吉雅图

伊克昭盟晋京代表 僧格林沁
布林托克托琥
那森德勒格尔
白音仓
阿育勒札那

察哈尔部晋京代表 尼玛鄂特索尔
贡楚克拉什
哈斯敖其尔

土默特特别旗晋京代表 巴雅尔
昌森

额济纳特别旗晋京代表　　　　苏宝丰
蒙古各盟旗联合驻京办事处主任　吴鹤龄
副主任　陈赓扬　祁昌善
代　表　戴清廉
吴云鹏
何永信
官保加
卜文林
恩和阿木尔

中华民国二十三年一月二十七日

二十、中央变更内蒙自治方案（见三月一日《中央日报》）

中央政治会议于一月十七日，通过内蒙自治方案十一条，后因蒙古代表请求修正，中央为采纳蒙人意见起见，特将前通过之十一条方案撤销，于二月二十八日中政会另行通过解决蒙古自治问题办法原则八项，兹照录如左：

（一）在蒙古适宜地点设一蒙古地方自治政务委员会，直隶于行政院，并受中央主管机关之指导，总理各盟旗政务。其委员长、委员，以用蒙古人员为原则，经费由中央发给，中央另派大员驻在该委员会所在地指导之，并就近调解盟旗省县之争议。（二）各盟公署，改称为盟政府，旗公署改称为旗政府，其组织不变更，盟政府经费由中央补助之。（三）察哈尔部改称为盟，以昭一律，其系统组织照旧。（四）各盟旗管辖治理权，一律照旧。（五）各盟旗现有牧地停止放垦，以后从改良牧畜，并兴办附带工业方面发展地方经济（但盟旗自愿垦植者听）。（六）盟旗原有租税及蒙民原有私租，一律予以保障。（七）省县在盟旗地方所征之各项地方税收，须劈给盟旗若干成，以为各项建设费，其劈税办法另定之。（八）盟旗地方，以后不再增设县治，或设治局（但遇必要设置时，亦须征得关系盟旗之同意）。

（三）各方对内蒙自治意见

一、绥远五团体建议书一

为建议事：查内蒙要求自治，轰动一时；国府对此问题，十分注意，乃特派大员，赴蒙宣慰，并考查真实情形，用为根据，以期该问题得到适当之解决。代表等生长绥远，与蒙人相处年久，对内蒙各种情形，见闻较确，谨将管见所及，分述于左，以供参阅。

一、蒙旗现状：

（1）土地与人口——查绥省所属十八县局，乌、伊两盟，土默特旗及绥东之镶红、镶蓝、正红、正黄四旗疆域面积，共计一百一十二万三千余方里，现在已设县治者，约占五十三万七千余方里，留于各盟旗牧畜者，五十八万七千方里，此就已设县治及未设县治疆域之面积而言。（参阅《绥远省乌伊两盟十三旗调查表》及《十八县局调查表》）。且十八县局之土地，并非完全垦放，内中除沙漠、碱滩、山谷、河泊外，并留有蒙人之牧场及随缺地。实际上已垦土地，不过二十九万六千余顷（参阅《各盟旗垦放情形一览表》）。在绥远境内，蒙人占居之土地，确在全省面积半数以上。又绥远人口二百一十一万五千余人，内有汉人一百九十六万五千余，蒙人一十五万，蒙人仅当汉人十三分之一，而占半数以上之土地，对于蒙人生计方面，牧畜事业，毫无困难，此种事实，亟应彻底明了。

（2）蒙民之生计——全绥蒙民，除土默特旗及绥东红、黄等旗之蒙人亦如汉人务农外，所有乌、伊两盟之蒙民，多以游牧为生，逐水草而居。近年天气每多亢旱，水草不丰，生殖欠繁。又内地各省，迭遭奇灾，农村破产，购买力锐减，以致旗民赖以生活之牛、马、羊等，既不能多量产生，又不能以高价出售。加以盟旗文化低落，政治黑暗，使蒙民生计，益感困难。

（3）盟旗之组织——查盟旗组织，系一种封建制度，世袭职位，旗有旗王，盟有盟长，以旗为统辖单位，旗王为最高长官，盟长之设，原为各王公共举之首领，用以对外，遇事便于召集，但在盟旗政治上，无甚益处。逊清末叶，盟长之权威已失，现在各旗均视为无足轻重之职位。各旗军政大权，悉操于王公之手，自由行使，任作威福，专制已满十二分，腐败达于最高点，一般蒙民，迄今仍过奴隶生活，虽身受压迫剥削之痛苦，亦是敢怒而不敢言。

（4）盟旗之兵力——查达尔罕旗有游击队五百名，杂色枪一百枝。四子王旗有游击队二百名，杂色枪一百五十枝。茂明安旗有兵四十名，杂色枪四十枝。乌拉特后旗有兵一百五十名，杂色枪一百枝。乌拉特中旗有兵三百名，杂色枪二百枝。乌拉特前旗有兵二百名，杂色枪一百枝。准噶尔旗有骑兵九百六十名，步兵一百名，杂色枪三百余枝。达拉特旗有兵百名，杂色枪三百枝。郡王旗有兵一百五十名，杂色枪一百枝。乌审旗有兵三百名，杂色枪二百九十枝。杭锦旗有兵四百八十名，杂色枪一百九十枝。鄂托克旗有兵六百名，杂色枪一百八十枝。札萨克旗有兵一百八十名，杂色枪一百二十枝。绥东镶红、镶蓝、正黄、正红四旗有兵二百余名，枪一百五十余枝。全绥盟旗合计共有兵五千一百余名，枪二千四百余枝，而且枪械混杂不一，其中来复枪居多（参阅《绥远省两盟十三旗调条〔查〕表》）。惟善于乘骑，用以御防土匪，维持各该旗之治安，尚有相当之力量，若以此对外御侮，巩固边防，势必遗螳臂当车之羞。

（5）盟旗之治安——由前节观之，合盟旗兵力，至为单薄，枪械又极陈腐，惟蒙人乘马，是其特长，剿除盗匪，甚属相宜，因而一二百人之股匪，多在各县局境内抢掠，而不敢入旗境骚扰，故绥省近年来，汉人频遭匪患，而蒙人无与也。旗下户口稀少，财物不丰，土匪窝藏，常感困难，此亦各旗较少匪患之一因。同时汉人前往盟旗经营农商者，有十七万人之多，亦以其能维持治安，免受匪患故也。

（6）蒙民之负担——在乌、伊两盟之蒙民，多为游牧生活，各由旗王统辖，至在土默特旗及在镶红、镶蓝、正红、正黄四旗之蒙民，均务农商，虽与汉人杂处，仍归总管统辖，故在乡村种地者，既不纳村差，又不缴田赋；对县政府、区公所、村公所，毫无负担。所负担者，该管旗及王公之兵役与该旗摊款耳。

（7）蒙民之教育——蒙古王公，以固守旧习，不求革新，为稳固自己地位之诀〔決〕妙方法，故对于唤醒蒙民，提倡教育，极端反对。或直接防止青年求学，或间接阻碍学校成立，即对于由平、津、京、沪各学校毕业之蒙古青年，每视如仇敌。准噶尔旗协理奇子俊家中，父子循还惨杀，兄弟继续报复，即系新旧思想冲突之真相，亦即蒙古王公不愿革新政治、唤醒民众之实例也。

（8）蒙汉感情——绥省旗县重叠，蒙汉杂处，如绥东之镶红、镶蓝、正红、正黄四旗之蒙人，均已从事农业，皆与汉人比邻相处，感情融洽，婚嫁不分种族，庆吊如同一族，其他生活状况，风俗习惯，以及国家观念，民族思想，与汉人无差别。即乌、伊两盟之蒙人，为数不过十余万口，而在该两盟从事农商之汉人，反有十七万之多，婚嫁亦无界线，生活尤能互助，是以相安无事，而各旗汉人日见加多也。

二、优待蒙人事项：不明绥省情形者，每以为绥远蒙民，除负担盟旗摊款外，尚须担负省县政府之税捐，疑蒙人似有两重负担；其实绥远民众有两重负担者，是汉人而非蒙民。查绥省蒙人，不但没有两重负担，且有享受优待之权利，汉人不得也，兹将绥省优待股〔蒙〕人事项分述如左：

（1）运货免税——汉人运货，过关纳税，过卡征捐，丝毫不能减免。蒙人运货，如系自用者，省府即通令沿途税关，免税放行，并同时令饬沿途注〔驻〕军及各绵〔县〕局系〔保〕卫团严如〔加〕保护，如四子王旗，每年至少来省购运货物一次。

（2）征收岁租——种地缴粮，为农民应尽之义务。但绥远汉人种地，除缴纳政府粮赋外，每顷地尚须缴纳盟旗二元至五角之岁租，此项岁租，由当地政府负责代征，由盟旗首领按章领取，丝毫不得短少，其重视与正式粮赋相等。

（3）不纳村差——近年兵荒马乱，各乡村支出浩繁，一切款项，均由村中所有地亩拥〔摊〕收；惟蒙民散处乡村种地者，概不担负该村斯项摊款，省政府亦有允许之明令。

（4）征收炭捐——按矿章开矿者，只有向政府缴纳矿税之义务，但汉人在绥远大青山一带开采煤炭，除缴建设厅矿税外，并须缴纳各盟旗之煤炭捐。

（5）征收水草费——查各县内之草滩、河岸，本为国家土地，因其硗瘠，无人垦殖，汉人用作公共牧场，而当地蒙人，往往向汉人征收水草费，而当地汉人亦善与之，不加拒绝。省府对此，亦以明令规定，准其征收。

（6）无代价发给自卫子弹——十八县局为自卫向省府领用子弹，必须备价购买；但蒙旗为自卫领用子弹时，有时省府则不取代价发给之。

由上述各节观之，则绥远汉人，确有双重负担之痛苦，而蒙人反能享受优待权利，概可知矣。

三、放垦经过：蒙人固守旧习，不认识垦殖利益，常怀反对放垦之成见。近阅报载“蒙古人以游牧为生，自从民国放垦，将盟旗疆域尽变成汉人的耕地，以致蒙古民众无法游牧以为生活”等语，大肆宣传，危言悚听，在不明内蒙真实情形者，骤听斯语，亦多起绥远办理垦务，真有防〔妨〕碍蒙民生计之怀疑；其实绥远已垦土地，十分之九，由逊清时代丈放，而非民国以来丈放。查阅绥省各县设治之沿革，自能彻底明了。兹将经过情形，分述于左：

（1）逊清末叶放垦之沿革——绥远垦务，自逊清光绪二十八年开始，由岑春煊条议扩充蒙边，清政府遂委贻谷为督办蒙旗垦务大臣。当时蒙古人不明垦务利益，乃屡次抗垦，迭起风潮，如杭锦旗始报终抵，乌盟六旗联合抗垦，经过许多波折，始得就绪。其中最困难者，因庚子变乱，清政府已将蒙旗土地，赔偿教款，后经贻大臣和天主教士商妥赎地，又苦无法筹款，乃奏准设立官商合办公司，由公司垫付赎地款项，地归公司转放。自此以后，各旗始肯报垦，大开渠土，垦务大兴。至光绪三十四年，贻大臣因事罢职，绥远垦务很受影响，继任督办，不过调查垦款，催收旧欠而已，对于垦务，毫无进展。绥远各县局，现有耕地十分之九，均为贻大臣之政绩，绥人至今思之，尤追念不已（参阅《绥远省各盟旗放垦情形一览表》）。

（2）民国以来之垦务——民国四年，北京政府内、财、农商三部，筹划改组绥、察垦务机关，委任聂树屏来绥成立垦务总局，但以匪患屡兴，收入毫无，聂到差三月，竟积忧成疾而终。嗣后迭遭匪患、兵燹、水旱、风霜各灾，致使垦务益难进展，除丈放夹荒余外荒〔荒外〕，新辟垦荒，为数实属无几。所谓荒余〔余荒〕者，逊清末叶初放地时，垦务分局每以多给余地，诱导农民垦殖，如农民押荒三顷，而实际种地有多至八九顷者。民国以来之垦务，不过对此已垦之余地，复经勘丈，催逼农民，升科缴价而已。所谓夹荒者，即从前放垦遗而未放之荒地，夹于熟地之中，如四面俱成熟地，当中夹有荒地一块，又不能充作牧场之用，政府为救利弃于地之弊，乃复行放垦。民国以来垦务丈放之新荒，多属此种夹荒。

（3）现政府放垦办法——现政府垦放蒙荒，系劝导的，商协的，而非强迫的，籀逼的，其办法由各王公自行报垦，订定条约，按土地腴瘠，规定岁租，每顷地由农民与蒙旗年纳二元至五角之租洋；此外复以官收荒价总额之三成五，拨归蒙旗。自民国以来垦放之蒙荒，均系旗王情愿报垦者。

（4）已垦土地所占之面积——绥远疆域有一百一十二万方里之大，内中已垦土地，不过二十九万六千余顷，约合五万五千方里，仅占总面积二十分之一（参阅《绥远省各盟旗放垦情形一览表》）。其余二十分之十九，多系野荒草地，开垦无人，牧畜事业亦甚少也。

（5）未垦蒙荒并非不毛之地——由《绥远垦区全图》观之，则见已垦之土地，偏于东南，未垦之蒙荒，偏于西北，其趋势系由晋、秦边界渐次开辟而来，并非东边未放，先去西边垦放，南边未垦，乃越数百里到北面垦放者也。且已垦之地，接连不断，未放之地，亦复茫然一片（参阅《绥远省垦区全图》），已垦地内，当有礁石不毛者存在，而未垦蒙荒中，岂能无膏腴之土地乎。有人谓蒙旗土地，凡膏腴者，完全垦放，所留者，均系不毛石田之语，确系别有作用，故意造谣，实无听信之必要，其谎〔荒〕谬不攻自破矣。

四、内蒙要求自治之分析：此次内蒙自治运动，就表面观之，似乎蒙古王公、蒙古青年及蒙古民众有一致之要求。其实骨子里，各有各的目标，各有各的主张，王公与青年之要求，不但不相同，而且相反，兹就三方面分析言之：

（1）王公方面——此次内蒙要求自治之发生，纯由德王鼓动，欲假借美名，扩大威权，别有企图，故有高度自治之要求，其主张不但与蒙古青年主张不合，即其他王公亦多数不表同情也。

（2）青年方面——有少数蒙古青年学子，因知识稍开，感觉到蒙旗政治腐败，王公专横已极，实行地方自治，普及蒙民教育，革新政治，刻不容缓，其要求自治之目标，首在打破王公世职，解除蒙民疾苦耳。

（3）民众方面——一般蒙古民众，既无受教育之机会，当无参政之能力，不识不知，俯首贴耳，以度从来之奴隶生活，不但未参加自治运动，且不知自治为何物也。

五、允许内蒙自治应先确定自治单位：查地方自治，以县为单位，国府早有明令规定，而内蒙要求自治，究以何者为单位，实有详加考虑之必要。按盟旗组织，以旗为统制机关之单位，苟允许内蒙自治，最大限度，仅可允许地方自治，以旗为单位，直属于当地省政府，不得假名联合，另有组织，以免私人操纵，发生蒙汉争执，致酿外患，有害边防，危及国家。

六、允内蒙自治应经过训练程序：查内蒙政治方面，经济方面，人才方面，及蒙民之知识方面，均不足地方自治之条件，如骤然允许其自治，势必演出暴民专制，或窃盗民意之事件，不但于蒙古民众无益，且有陷于灭亡之危险。国府如允许内蒙地方自治，应先经过相当时期之训练，及慎密之筹备，然后准其实行地方自治，始可有利而无患。

七、政府亟应扶植蒙古自治：查各蒙旗一切行政，均由各旗王公长官自由主持，生杀予夺，亦由各旗王公自由处决，地方政府概不过问，其职权之大，已超越国府规定地方自治之范围矣，所苦者，蒙古民众耳。查蒙古民众处于王公积威之下，经济任其剥削，人权任其蹂躏，游牧生活，瀕〔濒〕于破产，且一经破产，永无恢复之希望，困苦万状，言难尽述。政府应本五族一家之义，存同胞物与之心，将十五万久在王公压迫下之蒙古民众，扶植诱掖，实行内蒙地方自治，共享平等自由之幸福。

以上所述各节，与蒙古问题均有密均〔切〕关系。敝会等忝为民众代表，聊贡一得之愚，恭请鉴核，俯予注意，不胜感盼之至。谨呈绥远省乌、伊两盟十三旗调查表乙份，绥远省十八县局沿革、面积暨户口调查表乙份，附呈绥远省各盟旗放垦情形一览表乙份，绥远省垦区全团〔图〕乙幅。

绥远省〈省〉农会代表　温廷相

绥远省省教育会代表　樊库

绥远省商联〈会〉代表　张仰贤

绥远省地方自治促遂〔进〕会代表　郭维藩

绥远省归绥市商会代表　赵连城

中华民国二十二年十一月　日

二、绥远五团体建议书二

为建议事：窃以内蒙自治问题，处置稍有不合，蒙汉纠纷，即随之而起。敝会等为顾全蒙汉双方利益，团结边疆民族意志，并与蒙民以发展向上机会起见，曾拟具建议书，分呈各当局，陈述蒙旗真实情形，及关于内蒙自治意见，以备解决该问题之参考在案。兹就管见所及，再贡一得之愚，仰析〔祈〕鉴核，按所陈各节，俯予采纳。谨将敝会等关于内蒙自治之意见，分陈于左：

一、内蒙自治单位、程序及指导上之注意：国府允许内蒙自治，仅可允许地方自治，以旗为单位，直属于当地省政府，并应经过相当时期之训练，及缜密之筹备，其理由业于前建议书内言之矣。兹复重提者，良以自治单位及训练程序，与自治事业之进行，关系至为密切。查蒙旗组织，以旗为统治机关之单位，施行地方自治，如以旗为单位，顺水行舟，收效自易，否则不求基础建筑，徒为上层组织，如在砂堆上建屋，绝难稳固，此理甚明，毋庸赘述。再，汉人程度较蒙人颇高，实行地方自治，尚须经过相当之训练，而蒙人不经训练，无人指导，即付与自治之权，此种自治，无异以未成年之人，付与担负家庭之责任，其不败家者鲜矣。此敝会等所以主张允许内蒙自治，必须经过相当时期之训练，并由省政府就近加以指导者也。

二、内蒙自治区域划分上之注意：查绥省居民，蒙汉杂处，而旗县疆域，错综者有之，重叠者有之。内蒙自治区域，如何划分，始可有利而无患，此为事实上亟应注意之一大问题。兹就蒙汉双方有连带关系者分言之：

（1）乌、伊两盟十三旗之疆域，与绥远省属武川、包头、固阳、安北、东胜、五原、临河等县之境界，非插花，即重叠，如四子王旗及达尔罕旗与武川县，茂明安旗与固阳县，东、中、西三公旗，与包头、固阳、安北、东胜、五原、临河六县，均无明显之界线，政府划分内蒙自治区，对于此等地方，甚难着手。若以蒙旗地域之已治未治者，为划分县境与自治区之标准，则必成为县境内有自治区域，自治区域内又有县境之现象，错综插花，间居重叠，蒙汉冲突，从此而生，此应注意者一也。

（2）在乌、伊两盟十三旗务农经商之汉人，竟有十七万之多，政府允设内蒙自治区政府，对此十七万汉人，究竟如何处置，将迁入内地欤，亦〔抑〕弃置蒙疆充作无保障之人民欤？迁入内地，势所难能，弃置蒙疆，情又不忍，此当规定内蒙自治区域之前，亟应注意者二也。

三、土默特旗及察哈尔八旗不应划入内蒙自治区：查土默特旗与察哈尔八旗，虽亦系内蒙之一部分，但事实上与乌、伊、锡三盟所属各旗，大不相同，因各该旗于逊清内附后，所有旗境，迄逊清末，业已尽数垦放，但其垦放办法，是民垦，而非官垦，所谓民垦者，即汉民与蒙民自由接洽，始而代为开垦，作蒙人之佃户，继而蒙人请准其长官，将地亩出售与汉民，年与蒙旗缴纳岁租（在绥西十三县局称岁租）或另租（在绥东丰、集、陶、凉、兴五县称另租）。嗣后清政府见汉民日多，屡将土默特旗及察哈尔八旗，完全划为县治，并将汉民耕种之地，强令押荒升科，从此汉民一面向政府缴纳粮赋，一面向蒙旗缴纳岁租，因而蒙汉杂居，相安无事，已有二百余年之历史。所有土默特旗之蒙民，散处于绥远省归绥、萨拉齐、托克托、和林、清水河六县内，察哈尔八旗之蒙民，散处于绥远省丰镇、集宁、陶林、凉城、兴和及察哈尔省万全、张北、商都、康保、宝昌、多伦、沽源十二县内，上述十七县境内，乡村居民，汉民占百分之九十八以上，蒙民不过百分之一二而已，且各该蒙古民与汉民，杂处年久，婚嫁不分界线，庆吊如同一族，彼此感情，极其融洽，不但生活习惯与汉人无异，即语言文字，亦与汉人相同，所异者，仅自治一名词耳，实际上已无各该旗与疆域可言，政府允设内蒙〈自治〉区政府，根据地方实际情形，不应将土默特及察哈尔八旗，一并划入内蒙自治区，以免蒙汉冲突，危害边陲，望当局特加注意。

四、内蒙自治区必须隶属于当地省政府：据报载，黄部长、赵副委员长与各蒙古王会谈，有允设自治区政府之决定，此项自治区政府，管辖区域、范围大小，固应有周详之考虑，而隶属问题，实与边防治安及蒙民利益，有密切之关系。且内蒙与绥、察，界线难分，人民方面，蒙汉连系之事，极其错综复杂，倘隶属机关，稍有不合，则边事日多矣。揆之事实，及蒙汉现状，内蒙自治区，无论如向〔何〕划分，于蒙民有无利害，当以能否隶属于当地省政府为断，若隶属于当地省政府，则利多而弊少，否则百弊丛生。敝会等为边防前途、蒙民利益着想，谨将内蒙自治区必须隶属于当地省政府之理由分述于左：

（1）查绥远蒙民，享受之优待事项，如运货免税，征收岁租，不纳村差，征收炭捐，征水草费，无代价发给自卫子弹等，已于前建议书内详述之矣。今既允设自治区政府，划分自治区域，则蒙汉之分别统治，势在必行，而汉人对蒙人之优待事项，亦必随之而废除，此必然之事理。虽然，若内蒙自治区政府隶属于当地省政府之下，则上述优待事项，尚有保存之可能，否则，汉人必誓死反对，政府亦无法强制。此就蒙人利益方面言，则内蒙自治区政府，必须隶属于当地省政府者一也。

（2）外蒙既为苏俄侵占，东蒙又被日本所夺，国土日蹙，绥、察遂成为华北之国防重地，而蒙旗兵力，极其单薄，若允设自治区政府，又不隶属于当地省政府，一旦边防告警，中国则鞭长莫及，绥、察政府又无权过问，以极单薄极散漫之自治兵力，保卫国土，以御外侮，势必沦于灭亡之途。此就边防关系言，则内蒙自治区政府，必须隶属于当地省政府二者也。

（3）绥远因蒙汉杂处，旗县错综之故，盗匪极易藏逃，然有省政府指挥各蒙旗及当地驻军，合力剿除，匪患未致蔓延。若内蒙自治区政府，与当地省政府不相隶属，各自为政，则盗匪乘机窜扰，忽旗忽县，无法扑灭，始而扰害人民，继而危及边防，前途危险，在在堪虞。此就剿除盗匪方面言，则内蒙自治区政府，必须隶属于当地省政府者三也。

（4）绥省蒙汉杂处，历有年所，休戚相关，庆吊互通，感情方面，尚称融洽。遇有争执发生，赖省政府为此公道解决，种种争执，借以消弭，蒙汉人民，乃熙熙攘攘，得各安生业。若内蒙自治区政府成立，不隶属于当地省政府，则蒙汉界限立分，双方感情，无以维系，感情破裂，则纠纷继起，蒙汉人民，各以片面理由，奔告于该管长官之前，吁援请助，而两政府各受种族观念之支配，则纠纷扩大矣。始而蒙汉私人之争，继而蒙汉团体之争，终而为蒙汉两民族之争，事态演变，将不知伊于胡底。此就维系蒙汉感情，免除蒙汉纠纷言，则内蒙自治区政府，必须隶属于当地省政府者四也。

（5）乌、伊两盟十三旗有汉人十七万，经商与务农，其保护者，则为绥远省政府，若许内蒙自治区政府成立，不隶属于当地省政府，则在蒙旗之十七万汉人，生命财产，顿失保障，蒙汉纠纷，极易发生，星星之火，或可燎原。此就保护在乌、伊两盟十三旗之汉人言，则内蒙自治区政府，必须隶属于当地省政府者五也。

（6）蒙藏委员会，为处理全国蒙藏事务之中央机关，故其组织，隶属行政院。内蒙自治区政府，为处理省内蒙旗事务之地方机关，组织系统，自〈应〉隶属于省政府之下。此就行政系统言，则内蒙自治区政府，必须隶属于当地省政府者六也。

五、绥远汉人未有给内蒙自治区政府纳税之义务：据报载，有内蒙自治区政府劈分租税决定。但绥远纳税租者，均系汉人，蒙人无与也。内蒙既欲自组政府，所需经费，当由蒙人自行负担，绥省汉人，不但对内蒙自治区政府，无负担经费之义务，即从前对蒙人优待事项，亦应从此废止。况绥远设省未久，收入不多，刻已入不敷出，感受财政拮据之苦，若将所有租税，再分于内蒙自治区政府，则政费愈感不足，政费不足，必向人民再起，彼时税捐过重，人民无力负担，固无论矣，即以省政府统率之汉人，而与内蒙自治区政府纳税，且与蒙人缴纳岁租，亡国奴之生活，亦不过如此。当局总〔纵〕即不顾事实，强人民所难，以图迁就苟安，出此下策，而绥省数百万汉人，对于此点，绝不能忍受。希望当局，详加考虑。

上述各节，均为蒙汉实际情形。解决内蒙自治问题，自应以蒙汉各种连带事实为前提，庶可得蒙汉两利之途径。否则，以不相隶属两政府之人民，杂居于一地，为迁就一时，必贻祸于无穷，或以个人意气，或以微末问题，惹起风波，始而感情破裂，继而互相仇视，再而大起冲突，终于不可收拾，招致外患，驯至沦亡而后已。敝会等有见及此，乃胪陈事实，谨再具建议书。恭请鉴核采纳，不胜翘盼之至。谨呈。

绥远省省农会代表　温廷相
绥远省省教育会代表　樊库
绥远省商联会代表　张仰贤
绥远省地方自治促进会代表　郭维藩
绥远省归绥市商会代表　赵连城

中华民国二十二年十一月　日

三、《大公报》社论

可注意之内蒙自治问题

自从内蒙古锡林果勒、乌兰察布、伊克昭三盟定期在达尔罕王镇〔旗〕喇嘛庙举行自治会的消息传出以后，颇引起中央政府之注意，并有派黄绍雄、白云梯二氏北行指导的消息。我们对于内蒙真正自治及中央派员指导之举，在原则上衷心赞成，而同时尚有多少怀疑。第一，现在内蒙所谓自治，是否即为中央一般法令中所规定之自治？是否含有种族、土地或何种特别组织之意义？政府对于政治上一切新发生的情事，往往轻下判断，负责人员发表谈话，乐观悲观，也都随着个人的主观，不一定切合情势。白云梯所谓“内蒙实行自治，旨在自卫，党政诸端仍由中央处理，各盟统共兵力不满三万，不致别有作用”，是否即为内蒙自治运动之真相？这些都不能不加注意。第二，如果说现在内蒙之所谓自治，与中央的意旨及现行法令中所规定的不同，那末是自动的呢？还是被外力指示而被动的？内蒙封建势力直到现在还没有消灭，真正的蒙古人民仍在重重压迫之下，现在所谓自治，仅是少数王公的运动呢？还是王公和民众一致的要求？如果是少数王公的运动，那末能否控制民众？如果名为自治，而实际近于脱离中央，那末是否于民众有利？这些也不能不加注意。第三，蒙古之有自治运动，由来已久了。譬如外蒙独立，虽则脱不了俄人的关系，然而外蒙民众对于自治有相当的意识，是不容否认的。现在内蒙的民众意识怎样？现在所谓自治，如果出于民众意识，自然应该赞成他，尊重他。可是日本对于满蒙，处心积虑，经营已久。日本制造所谓“满洲国”。对“满洲”的把戏已经揭穿了。据许多可信的报告，日本还想建设一个所谓“蒙古国”。日人从前在热河大坂地方密设机关，从事勾煽，是一种事实。占据热河以后，把德王等七个人用飞机载往长春，加以鼓动和诱惑，又是一种事实。固然，我们不敢相信内蒙王公人人都甘受煽动勾诱，但是我们关于日人多少年来为实现蒙古独立而努力经营的事实，却不能不有所畏惧。这次内蒙自治，究竟有没有国际背景，实不能令人无所怀疑，这更是不能不加注意的。

在满清时代，政府对于蒙古是有一定政策的。自从清末以来，蒙古一切政教，政府便无暇顾及，蒙古对中央，也渐渐地疏远了。迨至国民革命军完成北伐，更因迭次内战，对于蒙事，根本未及注意。直到九一八事变发生以后，中央对于蒙古才略知注意，如刘守中等之先后视察，如蒙委会之颁发文告，都可以说是注意蒙古问题的事实。不过一时的努力，总比不上人家积年的经营，空头文〔支〕票也不能解除蒙古民众的痛苦，所以我们希望政府这番对于内蒙问题，要十二分慎重的处理，万不可轻视，更不可自欺。

四、《中央日报》社论

内蒙要求自治问题

最近内蒙王公要求自治，锡林果勒、乌兰察布、伊克昭三盟，定期在达尔罕王镇〔旗〕喇嘛庙，举行自治会。按自治运动，载在党纲，列有专条，内蒙的自治，如果纯基于全部民众自动的要求，我们毋宁倾诚赞许。不过内蒙在中国领域上，占着特殊的地位，且有错综的国际关系和复杂的政治、历史，所以任何举动，必须较国内其他地域分外审慎，尤其是自治运动关系全民的幸福与康乐，更不能不注意到下举几项原则：

第一，要认清本身的地位。中国国内向来没有民族问题，总理说中国是一个国族，所以中国国内全体人民是一律平等的，无论哪一种人，不宜自视稍异，也不能自负居于特殊情势之下，不遵守国内共同遵守的法令，自外于国家，在政治上、法律上及历史习惯上，内蒙人民应认识此点，在推行自治运动前，更须认清此点。

第二，要认清现时的局势。现在是外侮凌逼，国势危殆的当儿，国内各族，要团结一致，共图自救，蒙族尤其宜与国内各族，取同一态度，据同一立场。任何举措，不违背这个原则的，都可进行。对这原则有丝毫关碍或不良影响的，便宜绝对克制，自治运动，当然不能例外。

第三，要依据现行法令。更明白点说，要不妨碍国家行政的统一，党政诸端，自然应待中央处理。自治运动，中央早颁有法令，也不可任意违背，自别于国内各处措办的同一运动，形成特殊的征象。

如果上述三个原则，都已充分考虑过了的话，我们相信内蒙要施行自治，一定还有许多前提，而且非把这些前提完成了，纵自治运动已经开始，结果也不会好。这些前提中最重要的有两项：（一）提高人民知识程度：内蒙人民知识程度，较国内一般为低，这是不可讳言的事实，其原因，一是封建势力尚未消灭，一是文化运动未曾推行，所以必须先解除人民种种束缚，再灌输以新的知识，然后施行自治，方才有效；（二）充实边境国防：内蒙地位，处国防最前线，形势最为危迫，而国防也最未讲求，邻国对内蒙，处心积虑，谋攫取为快已非一日，在建立满洲伪国后，第二步计划在他们心目中的，便是建立"蒙古国"，历年来蒙中匪军庞杂，政治不安定，是由于哪一方面在作祟，明眼人自然知道，要不赶紧从肃清匪祸，精练士卒，充实边防着手，内蒙前途，必然不保，自治运动，在这局势下不能推行，更是显然了。

这右列的三项原则，两桩前提，是我们希望内蒙当局在要求自治以前先加严重考虑的事，我们尤其希望内蒙全体人民，能严密注意这个问题，务求其在消极方面，不妨害国家行政的完整，积极方面，不自陷于深渊。自身的恶运，要以自己的力量来打开，才能得真幸福，才能有真收获，决不可轻受外来的诱惑，更不可屈服于外来的恶势力。假如内蒙人民，有了此种觉悟，全国人民，愿全体站起来倾诚地帮助他们。

五、《晨报》社论

内蒙自治问题

所谓内蒙自治运动，已成严重之问题矣。分离乎，单一乎？战争乎，和平乎？茫茫前路，莫知所届！而当局犹无具体应付之方案，一般人亦漠不关心，大有一任其自然推移之趋势，此诚一可异之现象也。吾人今请就此事而一言，以促当局之注意。

内蒙自治运动之实体究作何状？吾人可于驻平内蒙王公代表之要求及各盟旗王公在乌兰察布盟贝勒庙会议所通过之《自治政府组织大纲》中见之。驻平内蒙王公代表所要求者，为内蒙之高度自治，为收回蒙地。其《自治政府组织大纲》，则规定："内蒙自治政府总揽内蒙各盟旗之治权；内蒙自治政府以原有之内蒙各盟、部、旗之领域为统辖范围；内蒙自治政府除国际军事及外交事项由中央处理外，俱依本自治政府法律、命令行之。"查高度自治一名词，乃完全自主的变名，非英美式之"人民自治"，非德法式之"团体自治"，与普通人所谓"地方自治"，截然不同，今内蒙王公代表所要求者，既为除却国际军事及外交事项以外之完全自主权，则其运动之非以地方自治为目的，不待言矣，其运动不以地方自治与〔为〕目的，则其意必为造成一独立之国家，亦不待言也。虽其表面犹愿举国际军事、外交事项之两者以听命于中央，然此两权如不与内政上之统治权相结合，则殊无所附丽。就世界各国自治领之历史言之，则自治程度不论高至何等，均无中央政府徒拥宣战、媾和之虚名而不干涉其他内政之成例。英帝国之自治领最多，且十九均有高度自治之名，顾各自治领中则无不有代表英帝国监督自治之总督；虽予自治领以较多之自主权，亦终有其不能逾越之铁限。良以自治与独立，其性质不同，倘为自治，则无论为何等高度之自治，终须容纳国家之干涉与监督，然后此自治区域始成为国家行政区域之一部，只有独立国家或半独立国家始能从其独立政治领域中完全逐出他国之干涉与监督，而构成一内政不受干涉之政治体也。今内蒙王公代表之要求及其自治政府组织之大纲，既采内政不受干涉之原则，非欲自解于政治独立之主权国而何乎？其所授予中央之国际军事及外交权，尚何所附丽乎？然则此次内蒙王公之要求，盖非要求自治，而为要求从单一之中华民国中分离而构成一独立之"内蒙国"，其所谓举国际军事及外交两权奉诸中央者，亦不过一种仅仅承认中国应享有“宗主权”之形式而已矣。

六、《新闻报》社论

一 内蒙要求自治之言论不背于中央规定之原则乎

内蒙要求高度自治，其动机之由来，早有人加以叙述。吾人深知此为极少数王公之倡导，非出自蒙族全体之公意，故始终以诤友之义，忠告善导，冀其明了今日蒙古所处之形势，能亲附中央，〈能悔悟自纳于轨范〉，共图治理，则尚可黾勉图存，如果惑于佥壬之言，自行携贰，必致同归于尽，而蒙族实先受其祸。[能悔悟自纳于轨范，] 不谓今日德王一派所发之言论，其见于报纸纪载者，愈咄咄逼人，真相尽露，如谓中央对蒙地移民汉族，及军队进入屯垦，使蒙民日渐无法生活，不能立足，并有为蒙民打开出路，性命牺牲，亦所不惜之说，其所划自治范围，竟指定为张垣以北，察、绥两省全部，而宁夏省所属之阿拉善旗，亦划入辖境，甚有所谓蒙地还蒙之语。异哉此言，此非变相之独立而何？吾人当知昔年俄人煽诱外蒙独立，即先以三事要求中国，一为不设官，二为不驻兵，三为不移民，其后民国二年十一月，中俄订结外蒙协定，虽仅认外蒙之自治权，无独立字样，并声称仍认外蒙古为中国领土之一部分，然禁止中国〈之〉不设官，不驻兵，不殖民三语，则分别订入于协定第三款，其后果以我军剿办蒙匪，进至游各庙，俄使即出而诘阻，指为越境，陈箓辩解，谓外蒙既为中国领土，国军剿匪，自系正办，何谓越境，俄使竟谓协定换文，承认外蒙系中国领土，原为顾全中国面子起见，只属虚名。（以上情形，略见陈箓自撰笔记。）故自治与独立，并无确定界限，其真实之分队，乃在中央有无设官、驻兵、移民之权限，假使中央政府，对于该地不能行使其统治权，则该地即为脱离母国而独立，纵冠以自治之名称，亦仅为外交上用语，外蒙之事，是其前车。现在内蒙要求自治之一派，既有指斥汉族移民、反对军队进入屯垦之语，而同时所拟之自治政府组织法草案，虽有军事、外交仍归中央之语，但查其草案条文，军事上冠以国际二字，显系专指对外用兵而言，是平时中央不得驻军蒙境，而剿匪亦不得开入蒙境也明矣，此与曩时俄人代外蒙要求中国，不设官、不驻兵、不移民之条件，有何区别。所谓外交仍归中央，当知中俄外蒙换文，亦有关于外蒙政治、土地交涉事宜，由中国政府与俄国政府协商之语，是外蒙对俄外交，名义上仍属诸中央政府，事实上毕竟何如，当为国人所共喻。此等粉饰门面之语，一经剖解，讵有价值。蒙古系民族之名称，非国家之名称，蒙古民族，既为构成中华民国之一分子，则中国全国版图，皆为五族所共有，而决不能专指某地为某族所有。如曰蒙地还蒙，是蒙人已不认盟旗为中国领土之一部，显然与国家分离，假使五族咸有此项谬说，则中华民国，讵非立即瓦解。方今各国，欲立足于圆〔圜〕舆，无不以地广民众，为图存要素，即在地广人少之国家，亦皆竭力吸收他国移民，以为已助，锡、乌、伊三盟人口，据称仅三十万左右，以面积与人口比较，每方里仅得一二人，以此寡弱之人口，而谓自立政府，足以北御苏俄，东捍日本，毋乃近于滑稽。故今日蒙古而欲拒绝移民，如非别有用心，实为不智之尤。蒙民生计，应随世界之潮流而共图进步，其中地土，可耕者耕，可牧者牧，果能蒙汉合作，共图所以改良耕牧，则以现在各盟旗之面积，当足以容十余倍或数十倍于今之人口，此正实边固圉，为蒙民谋乐利之至计，而乃深闭固拒，显示畛域，甚至谓蒙人决不肯弃其土地人民，而来京就边政部长之职，揣其用意，无非欲中央不与闻内蒙之事，而内蒙亦不与闻中央之事而已。此与外蒙独立之后，俄使阻我国会设立外蒙议员名额，同一用意，盖谓非此不足以表示独立之气概。

中央对于蒙事，曾由汪院长提一改革蒙古行政系统案，略谓改革蒙古制度，对于已设省治县治地方，以不破坏其原有行政区域及其行政系统为原则，并主张于省行政区域及省行政系统之下，增设一地方政务委员会，受边务部之指挥监督，专管蒙古地方行政，此项原则，已于十月十八日之中央政治会议，议决通过。内政部黄部长之赴蒙，据其表示，亦称在中央规定原则之下，扶助其成功，否则即准备采取有效适当之方法，从事制止。是知德王一派，具有独立色彩之举动，中央当然不能认可，所谓从事制止者，民元张绍曾为绥远将军时，办理曾有成案，此则希望宋、傅二氏之能辅助黄部长，好自为之而已。

二 再评内蒙之要求高度自治

内蒙自治问题，自十月十五日，锡、乌、伊三盟王公，在白〔百〕灵庙开全体大会，起草自治政府组织法以来，其真相如何，言人人殊。接近德王之一派，力辩此举并无背景，略谓内蒙如果真欲脱离政府，自可径行独立，何必再向中央请求。另一报告，则谓此次会议，各盟旗代表，共到六十五人，中有来自热河之东蒙代表二人，会中对要求自治事，由德王提出，各王公多主慎重将事，故一切政治性质之议案，皆未加讨论。吾人证诸以上情形，是王公中显分两派，其锐意欲改弦更张者，实居少数，而蒙古旅平之青年学生等，则赞成盟旗制度之改革，并反对班禅入蒙之宣慰，是为王公而外之又一派。论主张以蒙古青年之一派为最彻底，论人数以主慎重将事之一派王公为最多，论号召之能力，又当以德王一派为居首。〈吾〉人对于蒙族，认为构成中华民国之一分子，故自始不愿以逆亿之心相待，所谓别有背景之说，吾人亦深愿其出于无稽。特是既当利害切要关头，有不得不开诚为蒙族同胞告者，此次白〔百〕灵庙会议，起草之自治政府组织法，大致谓自治政府，除军事、外交，仍归中央外，关于内蒙古行政各项，均由自治政府处理，其最高机关为自治政府委员会，下设政务、参议二厅，及法制委员会，政务厅之组织，包含总务、秘书、教育、警备、实业、交通、交际、建设等八处，按蒙古现行制度，以盟为最高组织，盟之下有旗，照现拟办法，无非于盟之上设一统治机关，使东蒙之一盟，西蒙之二盟，悉受其指挥，是则从前之盟旗，直辖于蒙藏委员会，今则直辖于自治政府。吾人以为内蒙自治，其动机果为御侮图存者，应注意于蒙汉合作，不在于扩大组织，盖此次各盟旗所呈部院，要求自治之文，既痛斥设县置省，为蒙古致命之伤，是一方欲保存其部落制度，与世界潮流相背驰，一方又以高度自治相号召，将合作二字起一障壁，是则所谓御侮图存，已近于毫无意义，而所谓自治政府，直等于变相之藩属。吾人犹忆朝鲜在光绪初年，军士由北洋派员教练，内乱由中朝派兵戡平，外交则大事咨白北洋，小事就近与项城会商，而与欧美各国立约，北洋并派马建忠相助，是朝鲜当日，何尝非内政由其自理，而军事、外交，由中朝主持，徒以朝鲜人财两乏，虽得自理其政事，而教育、建设毫无进步，卒亡于日本之手。内蒙之人力、财力，自审较之朝鲜如何，乃欲并合三盟，自立政府，自理内政，谓足以图强而却敌，毋乃昧于大势，视事太易。内蒙今日所需要者，在以合作求进步，故必蒙汉合作，盟旗与省县合作，王公与人民合作，始足以革新政治，保固边隅。有清三百年，其抚驭蒙古，失之于徒知怀柔羁縻，自入民国，又微嫌失之于隔阂放任，质言之，即失于付王公以全权，而中朝一切不问，使其政事停滞无进步，故蒙古之积弱，并非在于无高度之自治，况中华民国之组织，既合五族而构成，则蒙古之各盟旗，一方固为自治组织，一方亦为国家行政区划，与各行省之兼有官治自治、两种地位者相同，今标以自治政府之名，是无异不承认现有盟旗为国家行政区划，兼有官治、自治两种性质，其地位不且超越于现在之行省，而与昔年藩属之朝鲜差相近似乎？内蒙之行政组织，系沿袭前清之旧制，出于清政府之手订，今日内蒙王公，纵认为不合时宜，应予改革，亦应依照立法手续，由国家制定法规施行，与省制、市制之改订，情形相同。若以少数王公之意思，强国家以必从，甚至如德王所谓希望中央能容纳蒙民之要求，使其实现，否则蒙人将自寻其另一方之出路，是含有革命之方式，而非请愿之正轨，又何怪于外间猜疑之纷起。所谓自寻另一出路，不外于挟外力为后盾，昔之朝鲜，今之外蒙，皆其前鉴，此而谓御侮图存，其可谓违心之论矣。昔俄人于煽诱外蒙独立之后，即强迫中国承认呼伦贝尔都统之自治，以为割裂黑龙江统治权之计。胁〔协〕定条件多款，凡一切财政及行政事件，中央政府，以及黑龙〔江〕省政府，概不得过问，此亦今之所谓高度自治也，直至民七外蒙独立取销，而呼伦贝尔迫条件，始予解除，此尤足为今日言高度自治之参考，愿眷怀蒙事者之注意及此也。

七、《中国日报》社论

内蒙自治之要求

内蒙自治问题，自各盟正副盟长发出愿电以后，复经各盟旗联合驻京办事处招待本京报界，郑重解释，外间所传脱离中国与另有背景之谣言，似可不辟而自戢，国人之疑虑亦可由此打消。惟愿电中有所谓“采用高度自治，凡事自治自决”一语，揣其原意，不过以中央力所不及，由各盟就地组织推动地方政治之机关，以便随时应付环境。惟其立词失当，足以惑远道之听闻，是不可以不论也。

中山先生之训民族，谓欧美国家有民族而无国族，中国数千年由一个民族造成，根于自然力结合，最适称为国族。故辛亥革命以后，宣布共和，以五族为一家，同享国民之权利，此为汉族不自尊大，不歧视国内各民族之铁证。帝国主义之侵略中国，除政治、经济两种压力外，另有人口压方〔力〕向我土旷人稀之边疆袭来，日、鲜移民满蒙，至于侵夺东北四省，即其显例。故边疆为国土之屏藩，需要国力作有计划之防护，非边民自力所能胜，此又任何人不能否认。民三划热、察、绥为三特别区，盖鉴于外蒙之失，急起直追，作统一国防之准备，不幸军阀内乱，因循无有措施。十七年国民政府改三特别区为省，盖进一步使热、察、绥之行政组织与其他省区平等，热、察、绥境内之人民同享国家政治上、法律上之权利，无复有汉蒙畛域之嫌，且欲使内地文化、工商之繁荣推及边民，而均被其利益也。不幸内外交乘，治化未及行远而日祸骤起，东北沦亡，延及内蒙，皆为震动。各盟旗怀〔懔〕于危亡，发奋团结，凡有血气，畴能议其自救之不该？然谓边民自有组织，国家不问其组织之能力如何，亦不问其是否能达自救之目的，骤然放弃国家应负之责任而听其自为，亦万万无此理。本党第一次全国代表大会宣言，对于民族主义，揭两种意义，一为中国民族自求解放，一为中国境内各民族一律平等；前者为中国整个国族对外斗争，非国内少数民族对多数民族分解运动之谓也，后者为五族之平等结合，不压抑，不歧视，非各据一地，平分统治权之谓也。故宣言有曰：“今国民党在宣传主义之时，正欲积集其势力，自当随国内革命势力之伸张而渐与诸民族为有组织的联络，及讲求种种具体的解决民族问题之方法。”十七年以降，党有内蒙选举之代表，政则热、察、绥三省政府内蒙分治之机关，民族之联络不能谓无组织。惟盟旗制度、王公地位与现行省制杂然并存，漠不相顾，遂使省权拥有其名，盟长领导其实，联络之法不密，组织之效乃亦不彰。今后应注意者，在党政当局与各盟旗领袖讲求合作，如何增进组织之效力，以达到具体的解决民族问题之目的。地方自陈其需要，中央则求所以适应地方之需要，固不必变更现行行政区划，则为自治自决之名词，增强地方之离心力，致骇国内听闻而启外人觊觎也。

蒙汉既同化为一国族，享受同等之政治权利，被治于一个制度之下，不应再有鸿沟，已如前文之所述矣。顾盟旗领袖仍以自治为请，愿电且引总理遗教与二十年国民会议议决时许外蒙自治之先例，以证其请求之合理。吾人推黄族亲亲之义，诚不欲以寡识责内蒙之同胞，惟于自治与自决之界说，不能不稍加引申，以破其谬执之误解。夫自治本有两种形式：其一为根据十七年颁布《训政纲领》及一切自治法令所许可之自治制度，系与官治为对待者，自治能力增高一分，官治势力即减少一分，此正中央期望各省区之及早完成者，岂复待其要求？内蒙既属察、绥，其事又岂有例外？其又一则为政治完全独立之邦，如英之坎拿大、南非、澳洲等地是，其组织不但享有最高度之自治权，且可派遣代表出席国联，俨然另为一国际政治单位。今内蒙各盟所要求之自治，既曰军事、外交仍然仰仗中央，则不得称为高度自治；性质既别于英之海外自治领地，则无疑的不能越出中央所颁自治法令之范围，何以单独请求设立自治政府？借曰自治政府即指分县自治之县政府而言，察、绥两省已次第推广县治，盟旗之民即为所在之县民，何以不化除盟旗界域而归纳于县？夫游牧民族变为固定之垦农，再进而为都会之工商，此自然之进化也，蒙古昔由部落统治于满清，改为盟旗，入民国后由盟旗改为官治之县，再进则为自治县，亦进化之历程也；奈何盟旗领袖见不及此，姑退一步，认盟旗为数百年来因袭之制度，不易轻予变更，以免引起骚动，则所谓自治，亦只能以盟旗之区划为基础，各就本旗界内设一单位组织，选举旗长及佐治人员，办理开垦、兴学、练警、交通等事，而仍受监督于代表中央之省权。明末清初之时，蒙古种族统一之力甚微，清政府为易于怀柔计，利用分化之弱点，划为多数之旗以削其势，于各旗任命一世袭札萨克，使为旗长，世治其民，得专断旗内诸事。又于札萨克及王公中选任盟长、副盟长总理各旗大事，解决各旗间之交涉，其异于旗长者，由政府任命而非为世袭而已。此外中央派遣都统分驻张家口、热河、绥远，又有乌里雅苏将军及库伦办事大臣，原为控制各盟旗，兼管无札萨克之部族，故前清治蒙实采三级之制，世袭札萨克为各旗自治之首领，都统、将军、办事大臣等为官治之代表，盟长不过官治、自治间之连络，仅负承上约下之任务，于蒙民不发生直接关系。今清制既废，民国之省权又未能普辖各旗族，如欲提高蒙民自治程度，自以各旗为单位，由省政府直接管辖之，不当由盟长垄断而压抑各旗也。假令如愿电所云，设立一各盟旗联合之自治政府，将使盟旗之长平等参与乎？仅以最高权力属于盟长乎？此一疑问也。将盟与盟联而采合议制乎？抑另产生一太上盟长之集权制乎？此亦一疑问也。且使自治政府之说行，其治权将遍于内蒙各旗族所居之地，然则因盟旗自治而废察、绥等省制乎？抑省府治汉，盟旗政府治蒙而分庭抗礼乎？此又一疑问也。要求高度自治之盟旗首领，亦有以语吾人否？

《蒙藏政治训练班季刊》
南京蒙藏委员会蒙藏政治训练班
1933 年 1 期
（李红权　整理）

绥远省民政厅办事细则

绥远省建设厅　撰

第一条　本细则依本厅组织例制定之。

第二条　本厅依修正《省政府组织法》规定之掌理事务及其他法令特定事项分设秘书处暨各科处理一切事务。

第三条　本厅设秘书主任一人，秘书二人，承厅长之命掌理机要事务、审核文稿、撰拟章则、计划、编制报告并省政府例会交付召集委员审查事项。

第四条　本厅各科各设科长一人，承厅长之命掌理本科主管一切事项，科员若干人，承科长之命分任本科事务。

第五条　本厅设蒙文翻译一人，办事员若干人，承长官之命办理各科事务并翻译蒙文文件。

第六条　本厅为处理事务及缮写文件，得设习学办事员暨书记各若干人，并指定一人为书记长，专任分配稿件、监视一切缮写事宜。

第七条　本厅收发、监印、校对、管卷、会计、庶务各职员由厅长于科员、办事员中分别指定之。

第八条　本厅秘书主任、秘书、科长遇有重要文件或经厅长指定均须自行拟稿。

第九条　本厅秘书主任、科长就其主管事务对于所属有监督指挥之责。

第十条　本厅秘书主任暨各科长均须依照厅长判行时间准时集

合判行室联席办公。

第十一条 本厅关于民政兴革事项应随时讨论改进，得于必要时设各项委员会。

第十二条 本厅为讨论厅务之进行，由厅长定期召集厅务会议，以秘书主任、秘书、科长、科员组织之。

第十三条 本厅各职员依事务之繁简，得由厅长随时指派兼办他项事务。

第十四条 秘书处及各科事务有互相关联者，协商办法由关系较重者主稿，如关系相等或意见不同，应请厅长裁夺。

第十五条 凡本厅未经宣布文件，各职员均应严守秘密，但经厅长许可者不在此限。

第十六条 各职员对于主办事务之权限不得侵越或放弃，并于事务之处理均应负担责任，随到随办，不准积压，但关于汇办暨调查文件须稽核及查明后再行办理。

第十七条 凡每日一切公文、函电到厅，由收发处摘由登记于收文总簿，即分送各科，由各该科长签拟办法，仍交收发处送秘书处核定盖章，连同送判稿件汇呈厅长核阅判行，但系密启或亲启文件，只须登记，不准拆阅摘由，即径呈厅长阅看。

第十八条 凡各处科拟办稿件，应先由主稿员署名盖章，连同原卷送经各该科长核后签署，再送秘书处覆核，然后送呈厅长核判。

第十九条 各项稿件一经判行后，均送收发处交由书记缮写，缮讫送由校对员校正无讹，加盖校对员各戳，即行送印，印讫再盖监印名戳，仍送收发处分别封发，原稿归档。

第二十条 本厅各项卷宗均由管卷员负责保管，各处科调阅时应书调卷证，并须签盖名章，以凭查考，否则管卷员拒绝调阅。

第廿一条 每届月终，各处科应将所收文件分别已办、未办汇办存查，分晰列表，以备考查。

第廿二条　本厅经费之收支由第三科饬会计员主管，于每月发放职员俸薪时，由第三科通知领取，差役工资各自具领。

第廿三条　本厅应需一切物品之购置，由第三科饬庶务员专司其事，并分别登记册簿，以备查考。

第廿四条　各处科领用物品，应于领物簿上书明品类、数量，签盖名章，送由庶务员发给。

第廿五条　本厅每月经费预算书表、凭单由会计员编造，计算书、单据、表件由会计员与庶务员会同编制之。

第廿六条　本厅办公时间除依另定办公规则办理外，遇必要时得延长之。

第廿七条　本厅应设有考勤簿，各职员须按时签到以备查考，其规则另定之。

第廿八条　本厅职员在办公时间内凡有宾客来访，除因公外其余概不得延见，其会客时间另定之。

第廿九条　本厅职员于法定办公时间外须轮流值日，以免有误要公，其规则另定之。

第三十条　职员之休息以星期例假及中央政府通令放假之纪念日为限，但遇紧要文件仍应随时承办。

第卅一条　职员请假须呈经厅长批准方得离厅，前项假期如在一月以上者，其职务得请人代理，须呈厅长核准，其规则另定之。

第卅二条　本细则如有未尽事宜得随时修正之。

第卅三条　本细则自核准公布之日施行。

《绥远民政刊要》（不定期）

绥远省民政厅

1933年1期

（李红权　整理）

本厅[1]各科职掌

绥远省民政厅　撰

一　第一科掌理事项如左（人事）：

（一）关于吏治考核事项（凡官吏任免、奖惩及记注录〔录注〕册等事项均属之）。

（二）关于所属各机关编制事项。

（三）关于行政诉愿事项。

（四）关于各县区整顿考核事项。

（五）关于外交事项。

（六）关于交通事项。

（七）关于统计事项。

（八）不属于其他各科事项。

二　第二科掌理事项如左（行政）：

（一）关于地方自治事项。

（二）关于行政区划事项。

（三）关于审核视察报告事项。

（四）关于荒歉赈恤、救济事项。

（五）关于选举及公共团体事项。

（六）关于社会公益、慈善事项。

---

① 绥远省民政厅。——整理者注

（七）关于褒扬节义、整饬风纪事项。

（八）关于祠宇及礼俗、宗教事项。

（九）关于著作出版事项。

（十）关于调查、保存古迹古物事项。

（十一）关于市行政事项。

（十二）关于剪发、放足事项。

（十三）关于禁烟事项。

三　第三科掌理事项如左（总务）：

（一）关于稽核所属官署出纳造报事项。

（二）关于本厅监印、校对事项。

（三）关于本厅庶务事项。

（四）关于本厅会计事项。

（五）关于本厅收发事项。

（六）关于土地调查、测量、收用及官地收放事项。

（七）关于蒙旗各事项。

四　第四科掌理事项如左（警务）：

（一）关于警察法规编察事项。

（二）关于规划警政改进事项。

（三）关于各县公安机关之设置及区划分配事项。

（四）关于各县局警官之任免、保障、赏罚、抚恤事项。

（五）关于警察教育及纪律事项。

（六）关于集会、结社之保护及取缔事项。

（七）关于外人游历或传教之保护、取缔事项。

（八）关于卫生防疫事项。

（九）关于团防事项。

（十）关于清乡及剿匪事项。

（十一）关于户口之调查事项。

（十二）关于交通警察事项。

（十三）关于消防警察事项。

（十四）关于司法警察及违警处罚、行政处罚之审核事项。

（十五）关于强制处分之审核事项。

（十六）关于军器、爆烈物及其他之危险物之取缔事项。

一　本厅因调查、催督、监察及其他临时发生事故得酌设视察员、特务员。

《绥远民政刊要》（不定期）
绥远省民政厅
1933 年 1 期
（李红权　整理）

绥远省民政厅员司请假暂行规则

绥远省民政厅　撰

第一条　本规则所定事项，凡属本厅职、雇各员均适用之。

第二条　有左列事项之一者得呈请给假：

一、父母之丧。

二、己身婚姻。

三、己身疾病。

四、其他事项。

第三条　父母之丧得请假两星期，己身婚姻得请假一星期，如路途辽远故〔或〕遇其他变故不能如期销假者不在此限，但须事前呈明，至多不得逾二十日。

第四条　因本身患病实系不能从公者，应将职务委托同人代理，并由科长转请厅长核示。

第五条　临时请假须经科长许可方准离职，但在半日以上者，得书明事由呈请厅长核示。

第六条　事假至多每月不得超过三次，由本厅置请假簿一本，每届月终由第一科汇核勤惰，送呈厅长阅核。

第七条　如有托故请假或逾假不归者，一经查出，予以相当处分。

第八条　请假事项有未经本规则规定者，应呈请厅长酌定准否。

第九条　本规则如有未尽事宜得随时修正之。

《绥远民政刊要》（不定期）

绥远省民政厅

1933年1期

（李红权　整理）

绥远省民政厅员司值日暂行规则

绥远省民政厅　撰

第一条　本厅设值日簿一本，每日轮派职员一员、录事一员，挨次当值，其规定如左。

第二条　值日职员以各科科员、办事员轮流分任（其程序另表规定），其录事值日程序由第一科规定之。

第三条　当值日时间平日每日以上午七钟起至下午十钟止，但星期例假及明令放假日其值日人员得于次日午前休息半日。

第四条　如遇事变或戒严时，于寻常值日外添加夜班，依次轮值，其时间自晚十时起至七时止，值夜班者得于次日午前休息半日。

第五条　当值日时间遇有紧急及重大警讯，应即报告主管科长转呈厅长核办。

第六条　当值日人员有因事请假者，即由挨次之员代值，但销假后仍须补一次。

第七条　当值日人员均须自书姓名、月日于值日簿内，并须详记事项，于散值后送交秘书处转呈厅长核阅。

第八条　本规则如有未尽事宜得随时修正之。

《绥远民政刊要》（不定期）

绥远省民政厅

1933 年 1 期

（李红权　整理）

绥远省民政厅职员接见来宾规则

绥远省民政厅　撰

一　本厅职员在法定办公时间内，凡宾客非因公来访者概不得延见。

二　在本厅办公时间内，如因公来厅急须当面接洽者，应由传达处先行转达，得于接待室或会客厅会见之。

三　在办公时间内，外宾客来访，应先到传达处说明来意，候转达后再于接待室或会客厅延见之。

四　凡宾客来访，如系私人事件，会谈时间至多不得过二十分钟，以免有碍办公，倘遇特别事件经长官许可者不在此限。

五　本厅职员不得私自引导来宾径入各处科室致碍办公。

《绥远民政刊要》（不定期）
绥远省民政厅
1933 年 1 期
（李红权　整理）

绥远省政府训令

绥远省政府　撰

令民政厅

为令行事：顷准中华民国参加芝加哥博览会筹备委员会铣代电开：我国参加芝加哥博览会，经实业部拟具《筹备委员会章程》及《办事细则》，呈奉院令核准公布，并刊发木质关防一颗，文曰“中华民国参加芝加哥博览会筹备委员会之关防”；又小章一颗，文曰“中华民国参加芝加哥博览会筹备委员会委员长之章”。依照章程规定，由公博自兼委员长，并聘委委员，由部于蒸日电达在案。本筹备委员会会址附设上海江海关四楼国际贸易局内，已于本月十五日成立，启用关防小章，开始办公，积极筹备。惟兹事体重大，动关国际观瞻，筹划进行端赖群公合作，公博等才能有限，谫陋是虞，一切措施愿闻明教等因。准此，除分令外，合行令仰该厅知照。此令。

主席傅作义

中华民国二十一年六月二十九日

《绥远民政刊要》（不定期）

绥远省民政厅

1933 年 1 期

（李红权　整理）

绥远省政府训令

绥远省政府　撰

令民政厅

为令行事：案奉行政院令开：为令行事，案奉国民政府洛字第一二九号训令内开：查《弹劾法》现经修正，明令公布，应即通饬施行。除分令外，合行抄发该法修正条文，令仰知照，并转饬所属一体知照。此令等因。奉此，除分令外，合行抄发原件，令仰知照，并转饬所属一体知照。此令等因。计抄发修正《弹劾法》一份。奉此，除分令外，合行抄发原件，令仰知照，此令。

计抄发修正《弹劾法》一份。

主席傅作义

中华民国二十一年七月十九日

《绥远民政刊要》（不定期）

绥远省民政厅

1933 年 1 期

（李红权　整理）

绥远省政府训令

绥远省政府　撰

令民政厅

为令行事：查政治实察所业经裁撤，所有该所职务归并本府办理，自应另订规则，以资进行。兹据本府秘书处拟定《视察员视察简则》及《视察员应办事项》，当经提交本府委员会议决修正通过在案，除分令外，合行印发修正原件，令仰该厅知照。此令。

附发　绥远省政府视察员视察简则一份

绥远省政府视察员应办事项一份

远远省政府蒙务视察员视察规则一份

绥远省政府蒙务视察员应办事项一份

主席傅作义

中华民国二十一年七月二十六日

《绥远民政刊要》（不定期）

绥远省民政厅

1933 年 1 期

（李红权　整理）

绥远省政府训令

绥远省政府　撰

令民政厅

为令知事：查本府视察员业经委任王恩荫、赵云岫、齐寿康、张登鳌、黄昌等在案。兹派王恩荫视察归绥、武川、陶林等县，赵云岫视察丰镇、兴和、集宁、凉城等县，齐寿康视察萨县、托县、和林、清水河等县，张登鳌视察包头、固阳、东胜等县，黄昌视察五原、临河及安北设治局。除令各该员前往各该县局分别查报外，合亟令仰该厅知照。此令。

附发视察区域及视察员姓名表一纸

主席傅作义

中华民国二十一年七月二十七日

《绥远民政刊要》（不定期）
绥远省民政厅
1933 年 1 期
（李红权　整理）

绥远省政府训令

绥远省政府　撰

令民政厅

为令行事：案查前据政治实察所呈，以该所奉令裁撤，所有密查、实察各员服务成绩，自应照章考核，加具评语，列表呈请鉴核等情到府，当经提交本府第一八一次例会议决，除本省考取县长归班任用及由本府选用视察员外，其余各员交各厅以县佐治人员尽先任用等因在案。除王恩荫、赵云岫、齐寿康、张登鳌、关恩泽等五员业经本府分别委为视察员及蒙务视察员外，其段洛文、张永寿、高秉彝、李逢唐、王耀、董占飞、白焕章、李生廉、刘廷栋、郭文、逯□等十一员应以县佐治员尽先任用。除分行外，合亟令仰该厅遵照。此令。

主席傅作义

中华民国二十一年七月二十九日

《绥远民政刊要》（不定期）

绥远省民政厅

1933 年 1 期

（李红权　整理）

绥远省政府训令

绥远省政府　撰

令民政厅

为令知事：案准实业部咨为咨行事：案查一九三三年美国芝加哥博览会本部前准外交部咨转驻华美詹使照请参加，经于上年三月间呈请行政院提出国务会议议决，应予参加，咨覆外交部转达知照。本部现为开始实行筹备，复经拟具《筹备委员会章程》，呈奉行政院核准，并由本部制定《办事细则》，并案公布各在案。事关国产与赛，自应群策群力，积极进行。除分咨外，相应检同前项《章程》暨《办事细则》各一份，咨请查照，并饬属一致赞助为荷等因。准此，除分令外，合行抄发原件，令仰知照。此令。

计抄发《中华民国参加芝加哥博览会筹备委员会章程》一份

《中华民国参加芝加哥博览会筹备委员会办事细则》一份

主席傅作义

中华民国二十一年八月一日

《绥远民政刊要》（不定期）

绥远省民政厅

1933年1期

（李红权　整理）

绥远省政府训令

绥远省政府　撰

令民政厅

为令行事：案奉行政院训令开：为令行事：案查前奉中央政治会议函开：据委员兼南京市市长石瑛提议，南京市筹备地方自治，发现种种困难，请妥筹救济办法一案。当经提出本会议第三百二十次会议讨论，并经决议：南京市办理自治选举发生困难，坊民大会延缓举行。关于选举之法定人数，应依据内政部所定条文交行政院训令南京市政府遵照办理。除关于自治法规及推进自治问题另有决议交政治报告组法制审查外，相应函达，查照办理等因。奉此，经令饬南京市政府遵办，并令行内政部知照在案。兹据内政部呈称：窃查地方自治为训政时期要政，本部秉承中央决定之方针与步骤，督促各省市切实进行，职责所在，未尝少懈。在此筹备时期，进行上当不无窒碍之处，但不能因噎废食遽尔中断，各省市政府尤不能轻于变更预定计划，以致朝令夕改，动摇自治基础。本部对于各省市地方自治之进行，具有监督指挥之权，计划稍有更张，影响及于全国，允宜特加慎重。此次南京市政府筹备自治进行既有困难，事前似应咨商本部，呈由钧院核夺办理。如杭州等市限期完成区以下自治组织，亦有同样困难，均先后由该省政府咨请展期，经本部转呈钧院核准在案。倘钧院对于此种情形仍难决定，则应由钧院提中政会核议，如此行政上既有一定之系统，实施时斯有一定之步骤，事关推行全国地方自治，本部未敢漠视。奉令前因，理合备文呈请钧院鉴核。以后各省市政府筹备自治，事实上如须变更法令，或因法令未臻完备，进行上发生困难时，统应咨由本部妥筹救济办法，转呈钧院核定，以符程序而免参差，并乞钧院俯赐通令各省市政府一体遵行，实为公便等情。据此，查所请系为推行地方自治、申明行政系统起见，自应准予照办。除指令并分行外，合行令仰该省政府即便遵照此令等因奉行，合行令仰该厅即便遵照。此令。

主席傅作义

中华民国二十一年九月二十一日

《绥远民政刊要》（不定期）

绥远省民政厅

1933 年 1 期

（李红权 整理）

晋绥各军事机关暨各军队车辆、牲畜行走汽路惩罚办法

作者不详

第一条　晋绥境内各汽车路专供汽车行驶之用，除晋省东一段、西二段汽路特准平轮车行驶外，其余车用大车、牲畜，无论何时非经本署特许一概不得行走，但山野重炮车在不得已时不在此限。

第二条　违犯前条之规定者，其带领车辆、牲畜上路行走之官长应有赔偿之责，如系士兵夫，处以重禁闭，由其直属长官负赔偿之责。

第三条　因违犯第一条之规定并殴打路员，情轻者其带领车辆、牲畜上路行走之官长除赔偿损害外，并处以降级或撤职处分。如系士兵夫，应即革除，由其直属长官负赔偿之责，并记过一次。

第四条　晋省包路专商遇有违犯第一条情事不据实报告者，应由汽车路临时管理委员会查明路面损害情形，酌令该专商出款补修，在绥省应由管理汽路人员负责。若有第一条情形而不据实报者，应即酌罚薪金，补助修路。

第五条　本办法自公布之日施行。

附传达法　各司令集合全部官士兵夫、团营长，集合所部官士兵夫讲解之。

每连（队）以上各部各一份，汽路管理委员会二十份。

《绥远民政刊要》（不定期）
绥远省民政厅
1933年1期
（李红权 整理）

绥远省产马比赛会规程

作者不详

第一条　参加比赛人员、马匹均应遵守本规程之规定。

第二条　本会规定本年十一月十二日、十三日为预赛日，十四日为决赛日。如参加众多，比赛未完，得延长一日。每日上午十时至下午三时为举行时间。

第三条　各蒙旗、各县局参加马匹预赛均系单位，分列于下：

甲　蒙旗

达尔汗旗　四子王旗　茂明安旗　东公旗　中公旗　西公旗　杭锦旗　鄂托克旗　乌审旗　扎萨克旗　郡王旗　土默特旗　达拉特旗　准噶尔旗

乙　各县局

归绥县　萨垃〔拉〕齐县　包头县　丰镇县　临河县　五原县　东胜县　托克托县　固阳县　武川县　陶林县　集宁县　凉城县　和林县　兴和县　清水河县　安北设治局　沃野设治局

各蒙旗、各县局参加人员到绥报名注册以十一月一日起，截至八日止。

第四条　各蒙旗、各县局比赛马匹，由蒙旗来者，得由扎萨克发给印照，土默特产马来者，得由土默特总管公署发给印照，由各县区来者，由县政府、设治局发给印照。到绥后持照赴本会报名注册，以便派员招待，如无印照者不得参加。

第五条　参加人员、马匹报名注册后发给执照，即由本会比赛股审查组审查马匹体格、走跑、口齿、毛色以及出产所在地、牧养优劣，以便发给徽章、号码，如不合格者得剔除之。

第六条　审查后再经裁判组裁判马匹能力，支配比赛次序，并公布通知。

第七条　每单位预赛以三匹为一组，由参加人员声明马之走跑或有特别之技能，再由审查、裁判两组分类编组。决赛时得以预赛最优马匹比赛，比赛数目由比赛股支配。如两马有同样之走跑技能，应以全能为总锦标，决赛时由裁判委员会裁判之。

第八条　比赛时如临时自愿弃权，应即向比赛股声明，并将徽章、号码交回注销。

第九条　比赛时参加人员应遵守本会所定罚则。

第十条　比赛时须按所颁比赛须知比赛，以免手续舛错，妨碍秩序。

第十一条　比赛马匹愿在场出售者，应照章交纳税捐，不得取巧，免税办法另定之。

第十二条　比赛时入场无徽章、号码者不得参加。

第十三条　本规程经本会议决呈准之日施行。

《绥远民政刊要》（不定期）
绥远省民政厅
1933年1期
（李红权　整理）

绥远省政府蒙务视察员视察规则

作者不详

一　本省乌、伊两盟十三旗派视察员二人分盟视察，以三月为一期，至〔自〕七月一日至九月末日为一期，自十月一日至十二月末日为第二期，以次类推。

一　蒙务视察员奉委后，即依照所派盟旗前往视察，应将自己工作逐日作成日记，每一月呈送一次，以便覆查而考勤惰。

一　蒙务视察员每到一旗，须将到旗日期先期呈报，离旗时亦同。

一　蒙务视察员应按指定盟旗，斟酌程途，巡回考查，如期完竣，但每旗至少须到一次以上。

一　蒙务视察员应遵照所发表式及应办事项分别切实查报，其报告分函报、表报二种，表报六个月呈送一次，函报随时呈报，但宜注意事实，不得摭拾浮言，须亲自缮写，不得假手他人。

一　蒙务视察员视察所得情形，除应详细函报外，并应附具意见或按语及办法。

一　蒙务视察员视察方法宜相机为之，如有必须调阅卷宗时，可向旗署查询。

一　蒙务视察员在旗时，如奉到本府临时委查事件，应即尽先查办，专案呈报。

一　蒙务视察员对于密查事项应严密访察，随时专函呈报，不得泄漏。其报告机密事件信封上可盖用名章，以免私拆，其有本府委令密查事件亦同。

一　蒙务视察员在所在地如遇有特别重要事件发生，须即时作成报告，请由旗署差派专差送呈，通邮或通电地方发报，不得延误。

一　蒙务视察员到旗，应注意旗地方之实况，亲往民间视察，不得坐守旗署，循例敷衍。

一　蒙务视察员到旗，对旗官、旗民应和蔼相接，勤与言谈，不得轻逞意气，致生反感。

一　蒙务视察员到旗，旗扎萨克或所属官吏对于该旗或全盟兴革事项如有意见，应随时斟酌接受，转报本府核夺。

一　蒙务视察员于每旗查毕后，应将概括情形作总报告，书呈报本府，以备覆查。

一　蒙务视察员薪旅费统由本府发给，到旗后除遇必要时得由旗地方供应本府规定之乌拉外，不得任意需索或收受差费、物品，违者查实从严惩办。

一　蒙务视察员不得干预行政及调解词讼。

一　蒙务视察员若办事不力、查报不实或有循情隐庇、受贿讹诈情事，即予严厉处分。

一　蒙务视察员如办事认真、查报翔实、操守廉洁、成绩卓著，即予特别奖励。

一　本规则如有未尽事宜得随时修改之。

一　本规则自七月一日施行。

《绥远民政刊要》（不定期）
绥远省民政厅
1933 年 1 期
（李红权　整理）

绥远省政府蒙务视察员应办事项

作者不详

一　调查各蒙旗地方状况及社会情形。

一　调查各蒙旗民生状况。

一　调查各蒙旗吏治状况。

一　调查各蒙旗军队状况。

一　调查蒙边情形及各旗边防设备。

一　调查各蒙旗宗教状况及有无望重活佛喇嘛支配旗务情事。

一　调查各蒙旗民政、财政、教育、司法、交通、垦务等状况，并随时劝导各扎萨克尽力整顿改良。

一　考查各扎萨克及所属官吏办事能力及成绩。

一　考查各扎萨克及所属官吏思想倾向及与旗民感情如何。

一　商同各扎萨克或所属官吏，招集旗民，宣布政治进行纲要及政府对蒙注意，考查所至，并得随招时〔时招〕集旗民讲演要政。

一　商同或劝导各扎萨克督饬改进旗务。

一　查办本府及各厅局临时委查事件。

一　密查各扎萨克及所属官吏有无特别政绩或劣迹。

一　密查各旗王公贵族有无把持旗务、鱼肉旗民情事。

一　密查各旗民众有无“赤化”及其他反动分子。

一　密查各扎萨克及所属官吏有无不满政府表示或其他活动。

一　密查各旗临时发生特殊事件。

《绥远民政刊要》（不定期）
绥远省民政厅
1933 年 1 期
（李红权　整理）

绥远省政府视察员视察简则

作者不详

一　本省十八县局派视察员六人，分县视察，以三月为一期，自七月一日至九月末日为一期，自十一月一日至十二月末日为第二期，以次类推。

一　视察员奉委后，即依照所派县份前往视察，应将自己工作逐日作成日记，每十日呈送一次，以便覆查而考勤惰。

一　视察员每到一县，须将到县日期及住址先期呈报，离县时亦同。

一　视察员应按指定县份斟酌程途，巡回考查，如期完竣，但每县至少须到二次以上。

一　视察员视察事项分函报、表报二种，应遵照所发表式及应办事项分别查报。表六个月呈送一次，函报随时呈报，但亦注意事实，不得遮拾浮言，须亲自缮写，不得假手他人。

一　视察员视察所得情形应详细函报并应附具意见及办法。

一　视察员视察方法，宜相机为之，如有必须调阅卷宗时，可向县府或各机关查询，但除因公外不得与官绅往来宴会，致贻口实。

一　视察员在县时如奉到本府临时委查事件，应即尽先查办，专案呈报。

一　视察员对于密查事项应严密访察，随时专函呈报，不得泄漏。其报告机密事件，信封上可涂以火漆，盖用名章，以免私拆，其有本府委令密查事件亦同。

一 视察员在所在地遇有特别重要事件发生，即时电报，不得延误。

一 视察员到县应注意乡镇之实况，亲赴各区及重要市镇详细视察，不得坐守城镇，循例敷衍。

一 视察员每到一县区视察时，应召集乡镇长副演讲本府政治方针及农工利益。

一 视察员于每县查毕后，应将概括情形作总报告书呈报本府，以备覆查。

一 视察员薪旅费统由本府发给，到各县时不得借住县府，并不得需索供应、收受差费及酒席物品，违者查实从严惩办。

一 视察员不得干预行政及调解词讼。

一 视察员所至县份应认真视察，如有事实有据之案件在三个月内不能检举者应即撤差。

一 视察员若办事不力、查报不实或有循情隐庇、受贿讹诈情事，除撤差外，并予严厉处分。

一 视察员如有办事认真、查报翔实、操守廉洁、成绩卓著者，即予分别奖励。

一 本规则如有未尽事宜得随时修正之。

一 蒙务视察员视察规则另定之。

一 本规则自七月一日施行。

《绥远民政刊要》（不定期）
绥远省民政厅
1933年1期
（李红权 整理）

绥远省政府视察员应办事项

作者不详

一　调查地方状况。

一　调查民生状况。

一　调查吏治情形及政绩。

一　调查乡治情形。

一　视察各县民政、财政、教育、建设、司法、垦务等状况。

一　视察各县乡治是否合法，如有不合或应变通办理之处速为纠正，一面附具意见呈报核夺。

一　查办本府及各厅局临时委查事件。

一　调查各县政府及所属各局区办理政务是否适宜，经费能否敷用，各职员能否胜任，随时详细函报。

一　商同县局长或区长，招集人民宣布本省政治，考查所至村镇并得随时讲演要政。

一　在城在乡遇有地方开会，涉于公益等事，随时辅助或指导进行。

一　密查各县长、各局长、县佐治人员、各区区长、各机关职员有无特别政绩或劣迹。

一　密查各县禁烟实在情形及地方收支各款种类、数目，随时具报。

一　密查各县城乡有无劣绅土豪把持县政、鱼肉乡民。

一　密查各县民众有无不合法团体组织及反动分子鼓动风潮等事。

一　密查地方临时发生之特殊事件。

一　本府蒙务视察县〔员〕应办事项另定之。

《绥远民政刊要》（不定期）
绥远省民政厅
1933年1期
（李红权　整理）

由热河失守预告察省沦亡

白子瑜　撰

川原带领一百二十八个人闯入承德（三月三日），前后一周的工夫，夺取了河热全省（二月二十五日—三月三日）。这样神速不测的行军，惹起当时各方极大的注目。在外国人的眼里，只标榜日人行军的敏捷，忽略了中国失守的原因，兹为读者方便起见，先写两个电下来：

路透社电讯：日本由开鲁进攻赤峰，一日行军逾五十英里（当合一百五十余华里），长驱直入，如过无人之境。

日本联合社四日电：二昼夜突破凌源、承德间三百五十里道路而入承德，乃近世战史上稀有之纪录也。

在我们中国人的眼里，看到热河失守的这样快，是个不解的大谜。以地理而言，我们有凌源、凌南之天险；以军队而言，赴前线者确数已达十四万，毗连后方者不下三十五万众（据日本调查）。敌攻我守，虽不能必胜，亦当对持数月，但是结果，完全出乎我们意料之外。这个大谜究竟如何解释呢？有人说热河失守有三个原因：第一由于中国器械不及日本；第二由于中国在热河的军队缺乏组织；第三由于汤玉麟的误国。其实这话真未免有点管见。十九路军当年在淞沪挫敌，他们的器械也不见得较好。至于第二、第三两点实是抗日战线上的枝节问题。依我看来，热河失守的原因，并不如此简单。我们应该特别注意的，是下列两点：

第一，苛政的反应——自汤主热以来，鸦片满田，土匪遍地，绿林军队本来就难脱抢掠的恶习，加之饷项积欠竟达十六月之久，兵民恨汤入骨，无时不想报复。下列事实，足为信征：

1. 三日五日《大公报》：“……即汤之忽忽退出，亦由民团起事，汤受胁迫不得不速走。迟则恐不能逃生也。”

2. “战事起后，丁喜春自保定至凌南三日赶到。团长死去三人。因汤治热失政，热民恨汤，因而恨东北军，谓其作战系助汤也，是所到多受民团之牵制。……”

3. 日攻热之初，到处散发传单，迎合人民心理，大事标榜为热民驱逐五毒：1. 汤玉麟，2. 鸦片，3. 军队，4. 土匪，5. 义勇军。

4. 在日本报界欢迎冷口将士席上，一个武官谈称此次日本所以胜利原因有三，其中第三个原因就是“战争无论如何激烈，但中国民众始终尽力帮忙，使后方不感困难”。

第二，南北当局敷衍的结果——汤之为政，倒行逆施，人所共知；汤之军队，漫无训练，本不足以应敌，亦人所共知。政府对此何不未雨绸缪？锦州报警，热河已亟，其间一年之久，政府从无准备！叶柏寿失守后，我方之钢板、铁丝，经半年始运至平泉。所谓我方最后决身阵地，亦不过三四尺深之一条直沟，较之内战相差甚远！究竟当局是否有真诚有决心去抵抗，我们不得而知。但是从要人们的电文中，也可看出一点：

上海三月五日专电：代理行政院长宋子文谈话：“……各军事长官询余个人观察热河可守若干时，余答一星期至十日……”按此可知政府对热河，当初就是马马虎虎。

最滑稽的是我们汤主席，自己不战而逃，离开承德之后，还拍出一个堂皇的通电：

十一日《大公报》：汤玉麟通电：“……筹备布防，不遗余力。……各部队苦战数日。……以少御众，浴血肉搏，激战结果，无一生还。……惟国土失陷，不能不力图恢复。……拼命反攻，战而胜，有以为我同胞：战而不胜，宁死疆场，以谢党国。……”

从报纸上看来，要人们的言论，没一个不是“血战的”“牺牲的”，但是摆到目前的事实：〈（一）〉日敌未来，主席先逃，日兵一百二十八人安抵承德；（二）战事正式接触第七日，中国军队大部退出热河，断送祖国疆土六十万方里。我们闭住眼作个回想，当局是不是敷衍？

古人说：“见兔顾犬，亡羊补牢，未为晚也。”现在热河已经是失守了，我们也不必过于伤心。我们应注意热河失守后，我们如何活下去？自然有主张马上收复失地的，但是我看来目前最切迫的问题还是要政府先关心将失而未失的土地，使不至再蹈热河的覆撤〔辙〕。

从上面的分析，我们知道热河之所以亡，由于军事上的敷衍（主因之一），亡的这样快，由于苛政压迫下的民众之愤恨。我们现在要守察省，抵抗日本的侵略，究竟能不能做到呢？如何做去呢？我们先看看察省的政治、军事、人民是怎么样？

I 地瘠民贫

察哈尔，名义上是十六县组成的，其实北部的六县（大部属内蒙古）除了沙漠、帐幕、王公的马群，简直看不到什么，其余十县是从前河北省的口北道（十七年改隶）。大家都知道这是很有名的穷地方，所以当它隶属河北的时候，每次摊派苛捐杂税，总要减轻，甚至免收。呼天不佑，自从隶属察省以来，反而变成全省惟一的首善区域，税捐的主要对象。我们与其说察省是十六县凑合的，倒不如说是十县组成的。人民生活极勤俭：中产之家一年也不过吃四五次白米、白面，其余概食小米、马铃薯、黍糕、莜麦……等。生活之苦，可想而知。

Ⅱ 土匪不绝

察省有两大匪区：东则沽源、赤城一带，西则阳原、蔚县一带，时出掠夺，骚扰地方。自民国以来，未曾彻底解决过。当张大元帅坐镇北京的时候，在察东一次收编过五旅土匪，归褚玉璞节制，土匪之盛，由此想见。

Ⅲ 财源断绝

察省之经济来源有二：第一，由于察蒙通商。内外蒙古之毛皮、牲畜多至张垣集散（民国十八年以前），同时察西阳原、蔚县各地人民，三分之二经营蒙古商业。自中俄绝交（民国十八年七月十日），张、库交通断绝（张家口至库伦），察省税收，每月顿减数十万。在蒙古之察商备受苛待，十之八九被迫还乡，造成多数失业商人。第二，由于农产物的输出。察省地广人稀，人民业农为生，每年有大批食粮运往省外。近年以来，省府屡下禁令，不准食粮出境，不啻致农民于死地。从前宣化一斗米（小斗）可卖一元六七，现在仅卖三角；从前赤城一斗米价洋二十二三元，现在仅售三元四角左右。省府成年的要捐要税，老百姓的粮食连贱卖都没有人卖，奈之何其不贫且困也！

Ⅳ 税捐奇重

察省是怎样小，怎样的穷，大家都有个印像，但是察省的税捐公然宣布照浙江省的办法（抽营业税百分之十，其余杂税一概不收）征收。关于这一层我有两个疑点：

第一，营业税的抽法，按中央规定，凡资本够五百元以上者得抽千分之六点五，何故察省假借税捐划一，将资本降为八十元，仍抽千分之六点五?

第二，照浙江省的办法也罢，但是政府不该既抽“营业税”又抽“杂税”（有木料税、牲畜税、烟酒税、蒙盐税、煤灰税、车捐、米粟税、印花税、泥水税、麻革税、硝碱税、油税、面税、山干水果税、糖税、斗秤税、屠宰税、柴草税、鸡蛋税……等等）。

税捐这样的繁重，察民已不堪生活了。然政府犹以为未足，还想别开生面，另想办法：

（一）巧列税目——察省早有斗牙税（一曰斗捐税），按价征收百分之二，政府借税务划一为题，既征斗牙税又征斗捐税，按斗牙、斗捐本二而一，所以然者为的是能征收两次。

（二）各地因出产不同，税捐本分“特别税”与“普通税”二种，现在一概划为普通税。这也罢，省府还想出个巧妙法子来，把一个税名，解作多种意义，例如：

1. 涿鹿县之“豆粉”捐（原为特别捐），把一个“粉”字解释为“面粉”，结果，豆粉可上捐，面粉也可上捐了。

2. 万全县之“梭布捐”本来专指“梭捐”而言，后来解释成“梭捐”与“布捐”，借此可以征收两种税。

3. 当初各地的税则高低不同，自税捐划一以后，择一二地之特重者作为全省税则的标准。

由于税捐划一的结果，人民负担，重而且繁，就以赤城一县来说，原有的税不过四五种（斗、秤、屠宰、麻革），以后增至二十九种。全县面积，南北二百余里，东西六十余里，这样小的县份设立九处税捐分卡。地方税如此繁重，所收之捐款倘用于本省建设，则察民亦无怨言。查本省之省府政费，每月开支二十余万；月贡华北军事领袖（张学良）三十万，用于地方者不过三万，当然是谈不道〔到〕什么建设的。

V 政治压迫

察民那样穷苦的生活和薄弱的生产力，怎样能经得起苛捐杂税的敲诈呢？但是政治的压迫力是无可奈何的。我还不愿多说空话，且举几件事实：

（一）民国二十年省府规定清理官产的办法：凡察民之房院地基无粮串（田赋缴粮禀）者皆指为黑地（即官地），数代相传之房院契纸，凡不载明地基者，一概认为官产，应重行估价领受，是则察省民众，有地无不黑，有房无不官，人民无路可走，遂有两县的民变：

1. 延庆一县集聚二千余人包围“清理官产处”。这种举动，纯系农民迫于无奈，挺而走险者——没有组织，也没有领袖。军警弹压的结果，枪决八个，送到狱里二百多，就这样算完了。

2. 宣化的民变比较到延庆要有计划一点，他们事前准备下两个老头子，决意要把清理官产的人打死，自动的去当凶犯，虽然经过一度的集队游行，但是终久敌不过军队的武器，抱头窜散了。

（二）民国二十一年，因为税捐划一，老百姓无法担负，于是各县相约到张垣集合，打算一方开会，一方请愿，结果，代表尚未到齐，即被省府驱散，代表们不得已改在宣化开会，省府得报马上又派人赶到宣化，一面威胁炯〔恫〕吓，一面实行拘捕，一部分代表被迫化装逃至北平，其余也都各至东西，饮恨而散了。

察省政治上的惊人事绩，到处都有，绝难事事写出；我记得民国二十一年春，赤城的李县长和我谈话。他说：“赤城的人，都以为我的罚款太多。其实，我有我的苦衷，上宪不管是否有人犯罪，总是指定数目，每月向我要罚款，我不怕说出来有人反对，这是公开的秘密。”这是多么的逼真呀，这算是我们的政治!?

Ⅵ　国难影响

自热河失守，大部义军及土匪，多半退入察省。加之冯玉祥揭旗抗日以来，广召四方同志，一时云集察省的军队不下三十余万，再加上庞军、关师、冯师十余万，零零整整总有五六十万，除中央军自带粮饷外，十之八九就地征发，察民的真正痛苦，外间实难想及。还是用事实说明：

1. 本年五月十五日，阳原县城人民，因不堪义军之苦，与军队发生冲笑〔突〕，召致大炮二百余发，轰炸县城，死伤不计其数，幸而晋军赶到，居间求情，始允和解，否则，阳原全成焦土了。

2. 赤城县人民单就军费的负担说，三月至九月间所摊者，已超过十八万元——孙军开拔时欠地方款八万，刘军第一次要二万五千，第二次又要八万。

3. 察东一带，燃料缺乏，平时靠村夫山中打柴，现在农民都奔走逃命，无人工作。故当地驻军将沽源、独石口一带之民房多半拆毁，当做燃料，此后农民不单是无业可作，而且无家可归了。

总起来说，现在察哈尔的民众，好像缚到杀场的囚犯，他们也不论救国，也不管体面，惟一的需要就是怎样可以使他们的生命延续下去！受苦也不怕，负担也不怕，只要使他们有饭能安心吃下去，有房能安心住下去，他们绝不想望做危险的事情，他们现在有一种共同的自然趋向，渴望政府立刻肃清土匪式的军队，办理急赈，假如政府始终莫〔漠〕不关心，不注意他们的痛苦，他们自然要蹈热河的覆辙了。

政府对于察省民众究竟如何想法，我不得而知。政府对于察省的防务究竟如何准备，我也不得而知。张垣至多伦间是一条平川大道，无险可据，敌如出兵两支，一由丰宁出动，直扑康庄，截断平、绥交通；一由多伦调来唐克车直冲之张家口，察东、察西不战即下。热河之亡，用了七天，察省之亡恐将用不了七天，我为察省前途惜，我为中国未来悲！

《西北论衡》（月刊）
西安西北论衡社
1933年1期
（李红权　整理）

内蒙自治问题

张韶仙　撰

内蒙的自治问题，从报纸上看去，发生的突如起〔其〕来。要考查这个问题，有两点应注意的：第一，这次自治问题的发生，与察局的变化有无关系；第二，成立自治政府的要求，是否为多数蒙人自动的共同意志？

关于第一个问题，我们在事先听到一种传说，当冯玉祥氏揭旗抗日的时候，曾经与锡林果勒盟的正盟长索诺木拉布坦、副盟长德穆楚克栋鲁普有一度的会商，允许在相当时机位以某某军政要职。这种传说的可靠性有多少，我们不得而知。但是这次察省政府改组后，中央已经发表了要他们两人和卓特巴扎普作省委。这至少可以窥测出中央的意思，对他们事先的确有一种顾虑，因为中央的官，虽然是不管厅的空头委员，也是不轻意任命的。不过这种处置与他们所期望的相形太远，所以直到现在还不见有一个人就职。

原来内蒙王公的虚荣心很大，政治的企望也很高。近几年来，一部分蒙古青年因为与内地不断的往来，以及新文化薰染的结果，渐渐地感觉到一种新的政治生活的要求。国民政府成立以来，虽然有蒙藏委员会的设立，然而二十多个委员中，隶属蒙籍的不过四人而已。在蒙古有势力有声望的王公，反而没有充分参加中央政治的机会，用以改善他们的政治生活。有智识的青年，更不满意蒙藏委员会的设施。于是王公便会与青年结合起来，共同找他们适宜的政治出路。

关于第二个问题，我们以为在现在说这次举动纯粹出于蒙人的要求，实在不敢相信。去年春季，德王曾到长春与日人对蒙古问题有过一次协议，决定“西蒙宣告独立；东蒙（热河北部）各盟划归德王，不归伪国，伪国以友邦关系，充分接济”，很显明的看出西蒙独立早已在长春决定好了。而这次百灵庙会议，“到王公六人，贝子、〈贝〉勒十余人，发言只德王一人，附和者甚少”，又显然由德王一手包办。况且既云“自治”，又说“高度”，究竟高到什么程度，也不能不使我们起绝大的怀疑。但是反过来说，这次举动绝对的受日人指使，在没有确实的证据以前，还不敢施行武断。近几年来国民政府对于蒙古理而不理的作法，确实不能令人满意，为了解决本身问题，他们去年也到南京走过一趟，但是活动的毫无结果。在这种急于要找政治出路的情形之下，政府的设施又不能满足他们的要求，自然很容易走上变相的独立路上去。

我们以为，要从自治的本身与国民党的政纲讲起来，本来没有什么考虑的地方，他们的要求是合理的。假如没有背景，他们提出来这种要求，倒反而是政府的耻辱。扶助弱小民族与实施地方自治，是国民党喊了好多年而不曾努力过的政纲。所以这次自治的要求，如果纯粹出于蒙人的意志，政府正应指导他们自治，奖励他们自治。因为他们很替国民党实行了政纲。我们觉得政府太抱歉的地方，是问题已经发生两个整月了，还不曾有什么准备。直到现在才从容地派人出发调查，拿礼物来请求原谅。我们不反对调查，我们只觉得汪院长的股肱太不灵敏了。本来政府一向对西北是不注意的。等到事情发生了，马上感觉手忙足乱的苦处。这次内蒙自治问题的解决，又是政府一块试金石，我们且看汪院长如何处理吧！

《西北论衡》（月刊）
西安西北论衡社
1933年1期
（朱宪　整理）